ANDRÉ VIREL

Dictionnaire
de Psychologie

Vocabulaire des psychothérapies

marabout

collection
marabout université

© Librairie Arthème Fayard, 1977

Les collections **marabout** sont éditées par la S.A. Les Nouvelles Éditions
Marabout, 65, rue de Limbourg, B-4800 Verviers (Belgique). — Le label
marabout, les titres des collections et la présentation des volumes sont déposés
conformément à la loi. — Distributeurs en **France** : HACHETTE s.a., Avenue
Gutenberg. Z.A. de Coignières-Maurepas, 78310 Maurepas, B.P. 154 — pour
le **Canada** et les **États-Unis** : A.D.P. Inc. 955, rue Amherst, Montréal 132,
P.Q. Canada — en **Suisse** : Office du Livre, 101, route de Villars, 1701
Fribourg.

Liste des collaborateurs

*Avec indication des initiales
dont ils ont signé leurs articles*

A. R. :   ANGIBOUST Roger. Docteur en médecine, maître de recherches du service de santé des armées — Chef de laboratoire central de biologie aéronautique.

A. A. :   ARTHUS André. Docteur en médecine — Directeur de l'Institut international de Psychologie et de Psychothérapie (Genève).

B. J. :   BARBARIN Janine et FURLAN Pierre. Maîtres en psychologie.

B. J.-C. :   BENOIT Jean-Claude. Docteur en médecine — Ancien chef de clinique à la Faculté — Médecin des hôpitaux psychiatriques.

C. J. :   CHEVALIER Jean. Professeur de philosophie.

C.-P. Ph. :   COURT-PAYEN Philippe. Docteur en médecine.

F. A. :   FAIVRE Antoine. Professeur à l'Université de Bordeaux III (Chaire de littérature et pensée germaniques).

F. R. :   FRETIGNY Roger. Docteur en médecine — Président du Syndicat National des Psychothérapeutes.

G.-G.-G. :   GUY-GILLET Geneviève. Membre de la Société internationale de Psychologie Analytique (Zürich).

H. E. :   HUMBERT Elie. Membre de la Société internationale de Psychologie analytique (Zürich).

ABANDON (névrose d'). Terme introduit en 1950 par une psychanalyste suisse, Germaine Guex, et qui désigne un type de patients, les « abandonniques », dont la vie psychique est dominée par le problème de la sécurité affective et de la crainte de l'abandon. L'étiologie de cette névrose serait préœdipienne, l' « abandonnique » n'ayant jamais affronté l'Œdipe.

J. R.

ABRÉACTION. Liée à la méthode cathartique, l'abréaction est une décharge d'affects « étouffés » grâce à laquelle le sujet se libère d'un événement traumatique.

L'abréaction joue un rôle primordial dans les *Etudes sur l'hystérie* (1895) de Freud et Breuer ; cette décharge émotionnelle explique à leur yeux l'efficacité thérapeutique de la méthode cathartique ; elle permet en effet au patient de se remémorer et d'objectiver par la parole l'événement traumatique et de le libérer ainsi du quantum d'affects qui le rendait pathogène.

Toutefois, note Freud dans son article « La méthode psychanalytique de Freud » (1904), le schéma simple de cette opération thérapeutique se compliquait presque toujours, du fait que ce n'était pas un unique émoi « traumatisant », mais la plupart du temps une série d'émois, difficiles à saisir d'un seul coup, qui avaient participé à la formation du symptôme.

J. R.

ABSTINENCE. Voir à *Principe d'abstinence*.

ACAUSAL. Caractérise le fait qu'une relation entre événements d'ordre physique et psychique soit significative et ne puisse cependant être attribuée à aucune cause connue ou simplement pensable.

Dans un deuxième sens, les observations sur la relativité de l'espace, du temps et de la causalité conduisirent Jung à supposer entre les phénomènes un ordre de relations acausal, c'est-à-dire contingent et lié par un rapport d'équivalence. Cette hypothèse écarte l'alternative hasard-nécessité, comme dépendante du seul schéma de causalité. (Voir aussi : *Synchronicité*.)

H.E.

ACCOMMODATION. Processus biologique, physiologique ou psychologique permettant à l'être de s'adapter au changement des circonstances extérieures. Le mécanisme de la thermorégulation permet à l'organisme de réagir en fonction de la température ambiante. Le degré de contraction ou de dilatation de la pupille réalise un dosage de la quantité de lumière qui doit frapper la rétine. En ce qui concerne la netteté des images, elle est assurée par la déformation du cristallin et l'accroissement de son pouvoir de réfraction en fonction de la distance de l'objet.

Semblable à un mécanisme qui maintient l'équilibre entre le sujet et son environnement physique (température, lumière, vision nette des objets), il existe un processus adaptatif de l'être à son environnement social. Grâce à des modifications de son schéma de comportement, l'individu arrive à affronter de nouvelles situations. Le pouvoir créateur de la fonction psychique lui assure ainsi des possibilités extraordinaires d'accommodation.

S. H.

ACQUISIVITE. Possibilité d'acquérir de nouvelles connaissances, d'apprendre de nouvelles conduites. L'acquisivité est particulièrement grande chez le jeune enfant. Elle persiste toute la vie de l'être humain, mais diminue chez le sujet vieillissant. Certaines détériorations mentales accélèrent la perte de l'acquisivité.

S. H.

ACTES MANQUES. Les actes manqués, comme les lapsus, représentent une brèche dans la censure, une irruption brusque et intempestive du refoulé.

Tout acte manqué résulte de la perturbation d'un vouloir par un contre-vouloir qui, agissant à l'insu de la conscience, tantôt réussit pleinement à se réaliser en prenant la place de l'acte consciemment projeté, tantôt se borne à contrarier celui-ci et à en compromettre l'aboutissement.

J. R.

ACTIF-PASSIF. Une des modalités de la vie pulsionnelle. Les pulsions à but actif ou à but passif peuvent subir des renversements en leur contraire. L'équation freudienne du passif et du féminin a été très vivement critiquée par les analystes femmes.

J. R.

ACTING OUT. En français, ce terme est généralement traduit par « passage à l'acte ».

Dans les groupes dont la règle est de « tout dire mais ne rien faire », le passage à l'acte est une transgression de la règle (ce qui n'est pas le cas dans des groupes comme ceux de Gestalt ou de Bio-Energétique où les actes sont favorisés). L'*acting out* peut se manifester par des paroles, des gestes, ou une attitude (refus de participation, détournement de la direction du groupe, plaisanteries, bagarres, etc.). Le passage à l'acte étant souvent inconscient, c'est le leader ou le groupe qui vont décider que tel comportement constitue un *acting out*. Cette interprétation peut donc être très tendancieuse, et plusieurs auteurs relèvent que le directeur de groupe qualifie parfois de passage à l'acte un comportement qui a le seul tort de le remettre en question !

B. J.

ACTIVATION. « Animation de l'atmosphère psychique » (*cf.* 132, p. 70) qui survient lors d'un « effondrement de la volonté jusque-là dirigeante. De ce fait, une masse d'énergie se trouve libérée ; elle disparaît du conscient et en quelque sorte tombe dans l'inconscient. Cela entraîne une modification radicale du sens des choses et de la vie » (*cf.* 122, p. 105). (Voir aussi : *constellation*.)

L. D.

ACTIVATION PSYCHOTHÉRAPIQUE. Nom donné par J.-C. Benoit et M. Berta (*cf.* 31) à l'ensemble des moyens utilisés par le psychothérapeute pour neutraliser les facteurs qui figent la situation thérapeutique (restauration de la capacité de réagir du malade). L'activation inclut, selon les auteurs, le recours possible successif ou simultané à toutes techniques (sans exclure les adjuvants psychopharmacodynamiques). Elle sous-entend une attitude généralement directive avec les inconvénients qu'elle comporte (voir *Directivité*).

F. R.

ACTIVITÉ-PASSIVITÉ. La vie étant mouvement, l'organisme humain est doté d'activité. Le degré de cette activité est bien souvent déterminé par l'éducation des premières années de la vie de l'être. Il suffit qu'on interdise à l'enfant ses déplacements, qu'on l'incite dès sa première enfance à rester souvent au repos, réduisant ainsi son rayon d'action, pour que se développe en lui une tendance à la passivité que nous retrouvons pendant toute sa vie. Le degré d'activité dont dispose un sujet n'est pas héréditairement donné, mais acquis dès les premières années de la vie.

L'enfant difficile se présente avec différents degrés d'activité. Les enfants sauvages, entêtés, querelleurs et autonomes ont évidemment un degré d'activité plus élevé que les enfants timides, réservés, rêveurs, anxieux ou dépendants.

Chez l'adulte, le délinquant présente une activité plus grande que le névrosé ou le psychotique.

Pour évaluer l'activité d'un sujet il faut la rapporter à un système de référence qui est l'espace social. C'est par rapport à lui qu'il nous est possible d'apprécier le degré d'activité ou de passivité d'un sujet.

S. H.

ADAPTABILITE. La psychologie adlérienne voit dans l'adaptation au milieu une des grandes fonctions du psychisme. L'être humain appelé à vivre dans son milieu social doit donc savoir s'adapter à ce milieu. Mais l'adaptation à n'importe quel milieu n'est pas souhaitable. Si l'être humain doit apprendre à établir des relations avec autrui pour ne pas vivre dans une solitude stérile, il lui faut savoir distinguer le milieu social pour lequel une adaptation est désirable et celui qui ne le mérite pas. Les événements des années 1939-1945 ont montré que si la faculté de s'adapter, l'adaptabilité, est une fonction du psychisme, l'adaptation sociale n'est pas à souhaiter dans tous les cas.

S. H.

ADAPTATION. Interaction entre l'individu et le milieu où il vit. L'adaptation marque, d'une part, la modification harmonieuse du comportement vis-à-vis des conditions du milieu, d'autre part, l'évolution du milieu dans lequel et sur lequel l'individu agit. L'adaptation n'est pas une simple réponse passive au milieu, mais aussi un processus actif de création ; il y a une « transformation des deux termes en présence » (cf. 90).

Chez l'enfant l'adaptation sociale est une nécessité pour le développement : elle domine le premier stade de sa vie ; elle est ensuite la tâche pédagogique essentielle de l'éducation. Deux tendances s'expriment à ce propos.

• Pour le psychologue il convient de rechercher comment l'individu peut s'adapter à la société ; l'adaptation sociale a finalement un pouvoir d'ordre moral par « l'individuation progressive poursuivie à travers une suite d'adaptations différentes » (cf. 104).

• Pour le sociologue il convient de rechercher la place que la société tient dans la formation de l'enfant, l'évolution de celui-ci consistant plus à se laisser modeler par le milieu qu'à y adapter sa personnalité propre.

Le pychothérapeute attache une grande importance aux conditions d'adaptation sociale de l'enfant : dans ses rapports avec les autres l'individu devenu adolescent et adulte continue à reproduire inconsciemment les réactions qu'il a acquises dans son enfance, spécialement au sein de sa famille (*cf.* 174).

J. R.

AFFECT. Dans la théorie freudienne, l'affect est généralement lié à la notion de quantité d'énergie pulsionnelle, ce qui nous renvoie au point de vue économique.

Dès les *Études sur l'hystérie* (1895), Freud observe qu'un souvenir dénué de charge affective est presque totalement inefficace. Déjà, dans son article sur les « Psychonévroses de défense », il soulignait que dans les fonctions psychiques il y a lieu de différencier quelque chose (quantum d'affect, somme d'excitation) qui possède toutes les propriétés d'une quantité — même si nous ne sommes pas à même de la mesurer —, quelque chose qui peut être augmenté, diminué, déplacé, déchargé et s'étale sur les traces mnésiques des représentations un peu comme une charge à la surface des corps.

Sommairement, on peut dire que Freud voit dans les affects la part la plus archaïque de l'homme : celle que le langage peut accompagner, mais qui suit son chemin indépendamment de lui.

Sans la dimension de l'affect, note André Green dans *Le Discours vivant* (1972), l'analyse est une entreprise vaine et stérile. Le même auteur observe que dans l'œuvre de Lacan l'affect est explicitement interdit de séjour. « Si le langage est seul pris en considération, écrit-il, c'est l'affect qui est négativé ; et l'on ne comprend plus pourquoi Flaubert vomit en écrivant Bovary, Proust s'asphyxie au fur et à mesure que le texte progresse et Kafka s'angoisse jusqu'à la mort. »

J. R.

Synonyme d'émotion pour Jung qui le décrit comme « une réaction instinctive involontaire qui perturbe l'ordre rationnel de la conscience par des éruptions élémentaires. L'affect n'est pas fait par la volonté, il a lieu » (*cf.* 130, p. 263). Il participe donc de l'autonomie de l'inconscient et trouve son origine dans l'énergie propre à l'archétype dont il exprime la numinosité (*cf.* 114, VIII, p. 436). C'est un événement qui saisit le sujet dans sa totalité somato-psychique, ce qui le différencie du sentiment. Jung insiste sur l'importance de la participation du corps, facteur majeur d'engrammation dont le rôle est capital dans la constitution et l'économie des complexes (*cf.* 114, III, p. 41*sq.*). Par ailleurs, au cours de l'affect, le conscient perd sa suprématie, laissant émerger de nouveaux contenus. Selon la résultante de la force de l'affect et de la solidité du moi qui lui est confronté : ou bien le moi est submergé, possédé par une vague d'affects et de contenus incontrôlés ; ou bien l'affect vient renforcer un complexe déjà existant et alimenter sa tendance compulsive ; ou bien une prise de conscience et une intégration vont s'ensuivre (*cf.* 119, p. 25) permettant « une modification et un ajustement du sentiment » (*cf.* 114, XIV, p. 248). Enfin, c'est dans la mesure où l'on est affecté que les événements synchronistiques se produisent (*cf.* 114, VIII, p. 437). (Voir aussi : *archétype, complexe, conscience, inconscient, numineux, sentiment, synchronicité.*)

L. D.

AFFIRMATION (de la personnalité). Ce n'est que vis-à-vis de l'autre que notre propre personnalité peut être reconnue ou rejetée. Voici pourquoi dès les premières années de son existence l'être humain cherche auprès de ses semblables l'affirmation ou l'infirmation de sa propre valeur.

S. H.

AGORAPHOBIE. Conduite d'évitement des espaces libres qui angoissent le sujet.

AGRESSIVITE. Une des manifestations de l'instinct de mort. Pour les psychanalystes qui n'admettent pas le concept d'une pulsion de mort, l'agressivité est décrite comme la réponse à une frustration.

J.R.

C'est en 1908, dans un travail intitulé *L'Instinct d'agression dans la vie et dans la névrose*, qu'Adler formule pour la première fois sa conception d'un instinct agressif qui donne aux autres activités instinctuelles leur mordant et leur dynamisme. C'est l'époque où Adler s'efforce de trouver dans des phénomènes organiques et physiologiques le point de départ des manifestations psychiques. Il n'utilise pas le terme d'instinct suivant son usage habituel, d'impulsion naturelle en vue d'une conduite d'autoconservation ou de reproduction. Il dénomme le besoin fonctionnel de voir, d'entendre, de sentir, de goûter par les termes d'instinct visuel, instinct auditif, instinct olfactif, instinct gustatif. A l'origine indépendants, ces instincts peuvent fusionner. L'instinct alimentaire résulte d'une fusion de l'instinct visuel et de l'instinct gustatif. Associés à l'instinct agressif ils donnent naissance à l'instinct de chasse. L'instinct sadomasochiste résulte de la fusion de deux instincts : l'instinct sexuel et l'instinct agressif, ce dernier dirigé contre soi-même (masochisme) ou contre le partenaire (sadisme).

D'autres modalités de la transformation des instincts sont :

a) le changement dans leur opposé : le besoin de manger se transforme en refus alimentaire ;

b) le déplacement du but : l'affection inconsciente pour le père s'élargit et se transforme en affection pour l'enseignant, le prêtre, le médecin, le voisin ;

c) l'inversion sur la propre personne : l'instinct inconscient de regarder se transforme en besoin conscient d'être regardé.

Par l'idée d'une fusion des instincts, Adler exprime dès 1908 sa tendance à considérer la personnalité comme une unité. Il abandonne par la suite le point de vue instinctuel pour considérer l'agressivité dans la vie comme un dynamisme menant au succès, à l'affirmation de la personne (s'attaquer à un problème, dominer un problème). Dans la névrose, par contre, l'agressivité conduit à l'exploitation et à la soumission de l'entourage, attitude socialement négative.

S. H.

Dans une perspective très différente, d'éminents spécialistes de l'étude du comportement animal, et notamment K. Lorentz, ont été conduits à formuler un certain nombre d'affirmations qui ont connu une très large diffusion dans le public non spécialisé, concernant les mécanismes de l'agressivité humaine. Pour Lorentz, en effet, il existe un instinct combatif qui a besoin de se manifester chez presque tous les animaux supérieurs et, l'homme, donc, ne saurait y échapper. L'agressivité apparaît alors comme une véritable fatalité biologique particulièrement liée à l'existence du territoire et à l'établissement nécessaire des hiérarchies... Pour d'autres biologistes, au contraire, l'agressivité n'est pas uniquement, ni même essentiellement instinctive, mais aussi et peut-être surtout acquise. Pour Laborit (1973) l'agressivité, comme tout comportement humain, « est le résultat d'interactions complexes entre un donné génétique et les influences formatrices d'un environnement socioculturel où se développe l'expérience individuelle ». Dans le contexte de la psychothérapie, la connaissance des mécanismes psychoéducatifs et culturels qui participent à la formation ou au renforcement du comportement agressif doit être complétée par l'analyse des mécanismes généraux qui assurent la permanence de l'individu dans l'espace et la durée (*cf.* 139, 166, 193).

(Voir aussi : *affectivité, émotion.*)

L. J. F.

ALCHIMIE. Une erreur encore répandue de Marcelin Berthelot consiste à voir en l'alchimie l'ancêtre de la chimie. Celle-ci put se développer parfois grâce à celle-là, mais ce fut de manière limitée, nullement significative. De même, il faut maintenant renoncer à expliquer l'alchimie par l'histoire ou par la sociologie.

L'alchimie se présente d'abord comme une théosophie (*). Si elle reste à ce niveau on parle d'alchimie spirituelle, qui est technique d'illumination, transmutation de l'adepte lui-même. Si elle débouche aussi sur une expérience matérielle (transmutation des métaux en or, recherche de la panacée) on parle de Grand Œuvre. Si elle se limite à une tentative de transmutation des métaux il convient de parler de spagyrie (et de spagyristes, ou de « souffleurs »), et ce dernier cas ne nous intéresse pas ici.

Peut-être peut-on proposer de l'alchimie la définition suivante : une *Weltanschauung* à la fois cosmogonique, cosmologique et eschatologique, dépourvue de tout dualisme — mais non point de toute dualitude —, accompagnée d'une pratique spirituelle tendant à retrouver l'unité originelle et glorieuse — mais perdue — de la matière et de l'esprit, cette pratique pouvant s'exercer sur un élément matériel dont la « manipulation » suppose la fusion intime du sujet et de l'objet.

L'alchimie repose sur une pensée logique qui remplace les principes aristotéliciens d'identité, de non-contradiction et de tiers-exclu, par celle d'une bivalence logique où la dualité d'exclusion fait place à une constructive « dualitude ». A cela s'ajoute la reconnaissance implicite, toujours effective, de trois notions qui au XXᵉ siècle permirent aux physiciens et aux logiciens une nouvelle approche méthodologique : l'idée de *quanta*, le phénomène d'homogénéisation et d'hétérogénéisation, celui de potentialisation et d'actualisation (*cf.* les travaux de Stephane Lupasco).

La structure du processus alchimique est essentiellement dynamique et repose généralement sur la reconnaissance et l'utilisation (spirituelles et matérielles) de quatre éléments et de trois principes. Les quatre éléments représentent des états, des modalités, de la matière, beaucoup plus que les réalités concrètes dont ils portent le nom (feu, eau, air, terre) ; ce sont des liens organiques entre le monde et le divin, car il n'y a pas de corps sans esprit, pas d'esprit sans corps. De même que l'on distingue quatre éléments, on dénombre trois substances ou principes constitutifs, de la matière. Tout corps réel est composé de ces trois substances, réalités symboliques dont les quatre éléments ne sont que la condensation. Le Soufre, masculin, actif, corporifie les choses, les compacte (Yang chinois) ; c'est un feu réalisateur, une ardeur vitale expansive. Le Mercure, féminin, passif, concentré (Yin chinois), sert d'élément « liant ». Le Sel réunit le Soufre et le Mercure ; il est fixe et volatil, zone active et vraie où les deux premiers principes se rejoignent, s'allient.

Carl Gustav Jung est le premier et jusqu'ici l'unique psychologue qui ait étudié l'alchimie de façon très approfondie et non réductrice. Jung nie la réalité de la transmutation mais il voit dans ces textes « hermétiques » la projection des contenus fondamentaux de l'inconscient individuel et collectif, la réaction contre une culture occidentale essentiellement rationaliste ou étroitement théologique, et surtout une des expressions les plus remarquables du processus d'individuation. Des deux ouvrages qu'il a consacrés à l'alchimie, le second (*cf.* 115), point encore traduit en français, est le plus riche et le plus complet.

F. A.

« C'est tout le problème du processus d'individuation qui s'exprime dans la symbolique alchimique », écrit Jung en 1944 (*cf.* 132, p. 51). La concordance entre ses propres découvertes sur l'inconscient et la recherche des alchimistes se révéla à lui dès 1928, à la lecture du manuscrit d'un traité chinois taoïste : *Secret de la fleur d'or* : « C'est en découvrant l'alchimie que je discernais clairement que l'inconscient est un processus et que les rapports du moi à l'égard de l'inconscient et de ses contenus déclenchent une évolution, voire une métamorphose véritable de la psyché » (*cf.* 127, p. 243). De 1942 à 1956 paraissent plusieurs ouvrages consacrés à une interprétation psychologique de l'alchimie : commentaires au *Secret de la fleur d'or* (avec R. Wilhem, 1929-1957) : *Paracelsus* (1942) ; *Psychologie et alchimie* (1944) ; *La Psychologie du transfert* (1946) ; *Mysterium coniunctionis* (1955-1956), et certaines études insérées dans *Les Racines de la conscience* (1971). En travaillant sur les symboles alchimiques Jung se rendit compte que, tout en réalisant des expériences sur la matière (transformations chimiques), l'adepte vivait des expériences psychiques. Elles lui apparurent du même ordre que celles vécues au cours d'une analyse. L'image de la pierre philosophale, par exemple, représente l'idée d'une totalité qui coïncide avec ce que la psychologie analytique appelle le Soi. A propos de la réunion des contraires, il établit une équivalence entre le rôle qu'elle joue en alchimie et « le processus psychique déclenché par la confrontation avec l'inconscient. [...] C'est pourquoi le choix de symboles analogues et même identiques n'a rien d'étonnant ». (*Cf.* 131, p. 453.) (Voir aussi : *Individuation, Inconscient, Opposés, Soi.*)

G.-G. G.

ALCOOLIQUES ANONYMES. Fondée aux Etats-Unis dans les années 30 par deux anciens alcooliques, cette organisation a pour règle de n'employer que d'anciens buveurs. L'alcoolique, qui participe aux réunions de groupe, est pris en charge par des « anciens ».

Utilisant une psychologie empirique mais éprouvée, les A. A. ont réussi à lutter plus efficacement que n'importe quelle autre organisation ou méthode pour guérir des alcooliques. Ils commencent à être bien implantés en France. (Voir aussi *Communautés thérapeutiques*.)

B. J.

ALPHA (rythme alpha). Activité électrique cérébrale caractéristique des régions postérieures de l'encéphale, survenant généralement à la fermeture des yeux, chez l'homme éveillé, en état de détente psychosensorielle.

D'allure quasi sinusoïdale, le rythme alpha apparaît parfois sous forme de fuseaux. Sa fréquence est de l'ordre de 10 cycles par seconde et son amplitude moyenne oscille entre 50 et 100 microvolts. A l'ouverture des yeux, le rythme alpha est le plus souvent suspendu (réaction d'arrêt visuelle), pour faire place à une activité de plus faible amplitude et de fréquence plus élevée (tracé désynchronisé). Ce type de réponse caractérise les sujets dits réactifs, qui représentent environ 70 pour 100 des individus. Les autres se partagent en type « minimum » (sujets ne présentant que peu ou pas d'alpha) et en type permanent (sujets conservant au contraire une activité de type alpha, même à l'ouverture des yeux). A la pauvreté de l'alpha spontané correspondent généralement la difficulté ou l'impossibilité d'atteindre l'état de détente psychosensorielle, la pauvreté ou l'absence d'images mentales spontanées ou induites, la pauvreté de l'activité onirique au cours de l'éveil comme du sommeil (Virel 1967 ; Frétigny et Virel, 1968).

La stimulation lumineuse n'est cependant pas seule susceptible de bloquer le rythme alpha. La réaction d'arrêt peut en effet apparaître chez un sujet qui, tout en conservant les yeux fermés, est soumis à une activité intellectuelle précise telle que la résolution d'opérations arithmétiques ou l'élaboration de réponses verbales complexes. Pour Virel (1967) on ne saurait toutefois admettre de corrélation étroite entre rythme alpha et affaiblissement de la conscience. En effet, contrairement à ce qui avait d'abord été admis, il a été montré que les états de méditation et d'extase, notamment chez les sages orientaux, se déroulent en rythme alpha. En outre, chez les sujets quelque peu entraînés aux techniques de l'imagerie mentale, l'état de détente psychosensorielle s'accompagne d'un rythme alpha singulièrement stable alors que se manifestent par ailleurs des états de conscience très riches. (Virel, 1967 ; Frétigny et Virel, 1968). (*Cf.* 34, 52, 53, 64, 93, 135, 199, 201.)

(Voir aussi : *Alphagénie, Alphamanie, Electroencéphalogramme, Vigilance.*)

L. J.-F.

ALPHAGENIE. Technique permettant l'initiation et l'installation de rythme alpha harmonieux chez des sujets présentant un trouble ou une absence partielle ou totale de cette activité. L'induction ou plus précisément l'entraînement du rythme alpha est réalisé grâce à un générateur délivrant une tension sinusoïdale de fréquence équivalente à celle du rythme physiologique, dérivée vers la partie postérieure du crâne par l'intermédiaire de deux électrodes posées sur le cuir chevelu.

Il ressort des travaux conduits par Virel dans le service du professeur Soulairac (Centre psychiatrique Sainte-Anne) que l'entraînement artificiel du rythme alpha semble atténuer l'anxiété chez les sujets anxieux, faciliter et amplifier le surgissement d'images mentales et faciliter éventuellement l'activité onirique hypnique ou du moins sa mémoration. Un nombre suffisant de séances d'activation artificielle restaure généralement l'expression d'une activité alpha spontanée, harmonieuse et équilibrée. (*Cf.* 93, 199, 201).

(Voir aussi : *Alpha, Alphamanie, Alphaxator.*)

L. J.-F.

ALPHAMANIE. Etat de transe induit chez un individu par l'écoute de son propre rythme alpha, amplifié afin de moduler l'émission d'un son audible par l'intermédiaire d'un dispositif électronique élémentaire. Les sujets sont placés dans des conditions permettant la relaxation sensorimotrice propice à l'apparition spontanée du rythme alpha. La survenue de ce dernier enclenche alors un mécanisme d'induction rétroactive, l'écoute de l'alpha par le sujet paraissant faciliter en retour sa propre production. Il s'ensuit donc l'installation d'un état auto-entretenu, particulièrement stable, propice au développement d'états de conscience tels que la méditation ou l'extase. Ce procédé ne s'applique évidemment pas aux sujets dépourvus d'alpha spontané. En outre, cette technique ne doit pas être confondue avec l'Alphagénie qui, bien que n'ayant pas connu la publicité faite autour de ce qui nous vient des Etats-Unis, lui est largement antérieur (Virel, 1967). (*Cf.* 201.)

(Voir aussi : *Alpha, Alphagénie, Apprentissage par rétro-action biologique.*)

L. J.-F.

ALPHATHERAPIE. Pratique de l'entraînement artificiel du rythme alpha, aux fins de provoquer ou de faciliter l'apparition de l'état subvigile de détente psychosensorielle propice à l'évocation et au déroulement de l'imagerie mentale, dans le cadre de l'onirothérapie (*cf.* 93, 199, 201).

(Voir aussi : *Alpha, Alphagénie, Alphaxator, Onirothérapie.*)

L. J.-F.

ALPHAXATOR. Dispositif électronique mis au point à partir des travaux de Virel (1967) sur l'induction du rythme alpha. L'Alphaxator fournit une tension sinusoïdale dont la fréquence peut être comprise entre 4 et 40 Hz et l'amplitude entre 0 et 4 volts efficaces.

Ce dispositif, particulièrement adapté à l'entraînement artificiel de rythme alpha, permet l'induction de niveaux de vigilance abaissés propices à l'installation de l'état de relaxation et de décentration (*cf.* 199, 200, 201). Etant donnée sa gamme de fréquence, l'alphaxator permet d'entraîner non seulement le rythme alpha, mais aussi le rythme thêta et la « réaction d'arrêt » (30 à 40 Hz), cette dernière facilitant la focalisation d'attention *.

(Voir aussi : *Alpha, Alphagénie, Electroencéphalographie, Focalisation d'attention.*)

L. J.-F.

ALTERATION DU MOI. Modifications quasi définitives du Moi sous l'effet d'un conflit névrotique, et cela dans un sens limitatif et anachronique, alors même que la situation originaire et traumatique n'a plus cours.

J. R.

AMBIOTHERAPIE. Branche de la psychothérapie définie par Roger Fretigny comme « ayant pour objet de placer le sujet traité dans le cadre, le milieu et les conditions de vie les plus propres à favoriser sa guérison, et qui peut dans certains cas, constituer à elle seule une psychothérapie ». Elle se fonde sur les données de l'ambiologie, science des ambiances dont les principes posés par le même auteur, intègrent, dans une optique psychosociologique, les données de l'ergonomie, une typologie des lieux, des milieux et des styles, et une caractérologie de l'individu dans ses rapports avec le groupe et l'environnement.

V. A.

AMBIVALENCE. Sentiments opposés, l'amour et la haine, par exemple, se portant sur un même objet.

Pour Mélanie Klein, la pulsion est d'emblée ambivalente : l' « amour » de l'objet ne se sépare pas de sa destruction ; d'où le clivage entre un « bon » et un « mauvais » objet (voir *autisme, syntonie, schizophrénie*).

J. R.

Créée en 1911 par Bleuler, psychiatre suisse, ce terme désigne l'apparente contradiction entre deux tendances dans les domaines rationnels (approuver et réfuter), affectif (aimer et détester) et volitionnel (agir ou rester inactif). Cette disposition d'esprit trouve chez le schizophrène sa plus marquante expression. On considère cette particularité comme étant le témoignage d'un manque d'unité du Moi. Dans la perspective unitaire adlérienne de la personnalité, l'apparente bipolarité exprime l'indécision du sujet et mène au maintien du statu quo.

Le comportement discordant traduit en réalité un *non* face aux problèmes existentiels.

S. H.

La symbologie génétique (voir ce mot) considère que l'imaginaire procède de l'onirique mais n'atteint la consistance propice à l'étude qu'après sa maturation collective. C'est sous cet aspect collectif que la notion de « centre » prendra toute sa valeur après avoir retracé rapidement le schéma du développement des bipolarités qui caractérisent l'imaginaire.

Le premier stade (premier dans l'ordre génétique) est représenté par l'ambivalence, enfermée sur elle-même, intérieure à la conscience individuelle et collective. A ce stade, la notion ambivalente est à la fois cristallisée et chargée d'un dynamisme quasi explosif, qui n'engendre pourtant aucun mouvement résolutoire. Si angoisse il y a, elle est fixée ; si polarité il y a, elle est occulte ; si force il y a, elle est tension stationnaire.

Le deuxième stade correspond à une projection partielle de la polarité. C'est le cas du rêveur qui imaginera voir son propre personnage agir et auquel l'analyste pourra expliquer qu'il s'agit d'un des deux personnages constituant la personnalité ambivalente du rêveur. C'est à ce phénomène qu'on donne le nom commun de dédoublement. Il n'a pas de vertu résolutoire, car il reste enclavé dans le jeu onirique et ne peut donc à aucun moment prétendre atteindre l'objectivation.

Il en est de même pour les projections réalisées par le primitif, prisonnières elles aussi d'un monde mythique non objectivable — le monde étant à ce stade un prolongement subjectif de l'imaginaire.

Alors que le deuxième stade réalisait une projection du double, le troisième opère ce que nous appelons la projection dédoublée, c'est-à-dire qu'il projette hors de la pensée subjective le couple ambivalent, groupe fortement polarisé d'images traduisant les deux aspects contradictoires de l'ensemble ambivalent initial. La projection dédoublée a donc abouti à l'extériorisation du double objet de l'ambivalence, à la distinction entre ce couple et le sujet qui l'a projeté, en d'autres termes à la réalisation du triangle dont le sujet occupe un sommet et dont le double objet occupe les pôles du côté opposé. Cette réalisation constitue aussi une création orientée puisque, désormais, la médiane, partant du sujet, découpe dans le monde deux aspects polaires, générateurs de synthèses futures.

En définissant l'ambivalence, Bleuler se limitait à l'univers clos du schizophrène. C'est, disait-il, un état dans lequel semblent coexister des affectivités contraires.

Freud, par la suite, dépassant le plan de la projection sur l'écran du rêve, a appliqué la notion d'ambivalence aux états archaïques relatifs au tabou et au totem, à la coexistence d'une force dangereuse et d'une force protectrice. Le fondateur de la psychanalyse rappelait aussi que des idées contraires, comme force et faiblesse, sont, chez certains primitifs, exprimées par un seul et même mot. En élargissant encore l'application du mot « ambivalence » à l'ensemble de la pensée mythique, on pourrait dire que l'ambivalence est corollaire d'une certaine indifférenciation de l'individu archaïque et de sa collectivité, de l'individu primitif et de son milieu. Cette notion d'indifférenciation appliquée aux primitifs appelle sans doute des réserves. Pour autant, nous ne souscrivons pas à celles qui rejettent totalement cette notion. Il semble plutôt que le problème soit mal posé. Nous devons rappeler que cette indifférenciation est inséparable d'une tendance quotidienne à la différenciation, d'une opposition permanente de l'individu à son groupe. C'est à cette coexistence d'états contraires que nous pensons lorsque nous parlons de l'ambivalence du monde archaïque. Des positions diamétralement opposées ont été prises au sujet de ce problème. La difficulté réside peut-être dans le fait que la « logique » de l'imaginaire ressemble à la logique proprement dite, mais ne se confond pas avec elle. Chronologiquement et génétiquement, elle n'est ni une logique, ni une prélogique (et les premiers auteurs qui ont abordé la question ont involontairement créé beaucoup de difficultés en la nommant ainsi). Ce n'est pas non plus une protologique, mais une structuration, ce qui est résolument différent. Pour avoir confondu structure et logique, on a pu se montrer surpris du fait que le primitif est, à certains égards, « plus logique » que nous, et à certains égards « prélogique » ; il est en réalité (relativement à nous) alogique et hyperstructuré. Nous ne devons pas confondre la systématisation avec l'hyperlogicisation.

Si la symétrie est l'image spatiale de l'ambivalence, comme la répétition en est l'image temporelle, l'ambivalence de la pensée mythique trouve un écho symbolique dans les images gémellaires. Mais, plus généralement, le primitif projette son ambivalence dans le monde extérieur, par exemple sur un lieu qu'il charge d'un tabou, ou sur un animal totémique, etc. Ces projections peuvent être commodément considérées comme des centres, centres de la collectivité et centres du milieu naturel. Tout se passe comme si chacun projetait son *milieu* naturel et son milieu humain en un *mi-lieu,* centre régulateur commun à l'individu et à la collectivité. Ce centre régulateur est donc essentiellement ambivalent et doit, en plus, être toujours interprété à la lumière du double aspect individuel et collectif. C'est pourquoi la pensée archaïque, dans la mesure où elle projette son ambivalence en un centre, nous paraît correspondre plus exactement à ce que nous avons défini comme deuxième stade du développement des bipolarités, le stade du dédoublement qui succède au stade de l'ambivalence et précède celui de la projection dédoublée.

La symbologie génétique distingue deux formes d'ambivalence : une ambivalence de succession et une ambivalence de simultanéité. Elle illustre ces deux formes par la cyclophrénie ou folie maniaque-dépressive, alternance de deux polarités opposées, et par la schizophrénie, simultanéité de deux polarités opposées. Elle propose pour image de l'ambivalence d'alternance le docteur Jekyll et pour image de l'ambivalence de simultanéité celle des frères siamois. (*Cf.* 198, pp. 110-116.)

V. A.

AMNESIE INFANTILE. Sous l'effet du refoulement les impressions datant de la première enfance sont recouvertes d'un voile épais ; l'amnésie infantile ouvre la période de latence qui survient au déclin du conflit œdipien. Un des buts de l'analyse est de lever cette amnésie.

J. R.

AMPLIFICATION. Méthode utilisée par Jung dans l'interprétation des rêves. Elle est complémentaire de la méthode des associations en ce qu'elle consiste à traiter le rêve, non pas en fonction du contexte factuel et personnel du rêveur, mais en tant qu'il emploie des images et des séquences appartenant à la fantaisie commune. Il s'agit de mettre les éléments ou le tout du rêve en rapport avec leurs analogues mythiques, historiques, rituels, poétiques... Il y faut une large connaissance des langages humains et la rigueur d'appréciation nécessaire pour serrer au plus près les particularités. L'emploi des rapprochements et des images permet au conscient de mieux percevoir la signification et la valeur de ce qui s'est passé dans le rêve. (Voir *Rêve.*)

H. E.

ANALYSE. *Au propre :* Toute méthode permettant de remonter aux causes. *En psychoth.* : Exploration des souvenirs, des états de conscience et des comportements en vue d'en déceler l'enchaînement causal.

ANALYSE DIRECTE. Proposée en 1953 par Rosen pour la psychothérapie de patients psychotiques, l'analyse directe a pour but de faire pénétrer l'analyste dans l'univers fermé des psychotiques. Des interprétations directes sont données au patient, de manière à établir une communication d'inconscient à inconscient.

J. R.

ANAMNESE. Le terme désigne la partie de l'observation médicale qui se réfère aux renseignements fournis par le malade ou son entourage concernant le début de la maladie et son évolution jusqu'au moment où il se trouve soumis aux investigations du médecin.

L'observation psychiatrique se définit dans le même sens et concerne des faits objectivement observables.

En psychothérapie, l'exploration du passé du sujet, de son vécu, de ses souvenirs, de ses relations avec le couple parental et les éléments de la fratrie font partie, dans une certaine mesure, des données anamnestiques.

S. H.

ANAPHRODISIE. Absence de désir sexuel.

ANESTHESIE MORALE. Insensibilité vis-à-vis des règles de jeu de la société et de ses impératifs. Elle aboutit à une anomalie du comportement. Elle n'est pas l'expression d'une déviation, d'une tendance naturelle comme nous la trouvons d'après certains auteurs dans la perversion sexuelle. Elle suggère une insensibilité aux valeurs morales chez des sujets dont la malignité désire le mal qu'ils préfèrent au bien. L'anesthésie morale se rencontre chez les déséquilibrés, les instables, les personnalités psychopathiques. Elle est indiscutablement l'expression d'un style de vie asocial.

S. H.

ANGOISSE. Selon Pierre Janet l'angoisse est un sentiment (ou une conduite subjective, mieux organisée que les automatismes d'un bas niveau) de tonalité dépressive, avec des éléments de peur et de souffrance psychologique, accompagnant toujours une réaction d'échec concernant un acte quelconque. L'angoisse ainsi décrite se distingue des états anxieux cliniquement constatables et en particulier de ce que P. Janet appelle les « agitations viscérales », c'est-à-dire les spasmes et éréthismes divers des organes somatiques (*cf.* 109, 110, 111).

B. J.-C.

Si, dans un premier temps, Freud a lié l'angoisse au refoulement, ce dernier étant dû à des causes externes d'ordre sociologique, il a dès 1926, dans *Inhibition, Symptôme et Angoisse,* soutenu que l'angoisse n'apparaît pas comme la conséquence du refoulement, mais comme sa cause, ce qui conduit à rechercher le moment de la première angoisse, de l'angoisse originaire.

Au terme d'*Inhibition, Symptôme et Angoisse,* Freud mettra l'accent sur le fait que l'angoisse doit être tenue pour le produit de l'état de détresse psychique du nourrisson qui est évidemment la contre-partie de son état de détresse biologique. Nous retrouvons là le principe déjà mis en avant par Freud d'une faiblesse infantile spécifique liée aux particularités du développement humain, faiblesse originelle qui serait la racine d'une « nature humaine ».

En résumé, selon Freud, l'état d'angoisse répéterait en le reproduisant, l'état de détresse du nourrisson à la naissance. Cette détresse a deux aspects, biologique (l'interruption du renouvellement du sang et le passage brutal à la respiration externe) et psychologique (la séparation de la mère et de l'enfant) : elle est le prototype de toutes les angoisses devant l'obscurité, la solitude, un visage étranger, qui répètent la caractéristique psychologique essentielle de l'angoisse originelle : la séparation d'avec la mère.

Mélanie Klein, radicalisant sur ce point la théorie psychanalytique, aboutit à la conclusion que l'angoisse résulte directement de l'action de la pulsion de mort au sein de l'organisme.

J. R.

On désigne par ce terme une peur irraisonnée se manifestant sur le plan somatique par des signes physiologiques, ce qui la distingue de l'anxiété où la perturbation émotionnelle reste strictement psychique. Séquelle d'un état affectif qui autrefois provoquait chez l'animal une attitude adaptée avec réflexe de fuite, ses manifestations neurovégétatives n'ont actuellement aucune raison d'être : pâleurs, sueurs froides, accélération du rythme cardiaque, de la respiration, tremblements, trouble de la vue. Les premières manifestations d'angoisse se présentent chez le bébé vers l'âge de 8 mois lorsque, en l'absence de sa mère, il se voit approché par un étranger.

Adler a insisté sur le fait que dès les premiers mois de la vie du bébé la mère éveille et fait s'amplifier l'affectivité de l'enfant et son intérêt pour autrui. Par la suite l'enfant découvre l'effet que produit son angoisse sur sa mère en particulier, son entourage en général, lorsqu'il est laissé seul. Grâce à l'angoisse il arrive à assujettir son entourage. Dans la névrose d'angoisse des accès d'intensité exceptionnelle avec appréhension extrême, sensation de mort imminente et signes neurovégétatifs viennent éclater sur un fond d'inquiétude permanente. (Voir *Signal d'angoisse*.)

S. H.

ANIMA — ANIMUS. Personnification de composantes féminines dans l'homme (*anima*) et masculines dans la femme (*animus*). L'observation psychologique rejoint les données biologiques de la bisexualité pour affirmer l'existence de ces composantes. Les conséquences en sont de deux ordres. D'une part le processus par lequel le corps se sexualise est antérieur au rapport à l'objet, antérieur à la séparation d'avec la mère et constitue une des premières différenciations. D'autre part, chaque individu rencontre l'autre sexe par la similitude qu'il porte en soi.

Dans la mesure où le sexe du corps marque la vie consciente, la différenciation sexuelle sert de forme à celle du conscient et de l'inconscient. L'anima et l'animus : *a*) font la médiation avec l'inconscient ; *b*) sont les principaux facteurs de projection ; *c*) représentent l'inconscient. Ils se projettent habituellement, dans les rêves et dans la vie, sous les traits, respectivement, d'êtres féminins et masculins.

Au niveau du comportement, ils se manifestent chez l'homme par des humeurs et chez la femme par des opinions. Dans les sociétés contemporaines, l'anima est porteuse de l'Eros, l'animus porteur du Logos. Tant qu'ils ne sont pas reconnus, ils agissent comme des complexes autonomes qui organisent en fonction de facteurs inconscients, indifférenciés et inadaptés, la vie de relation et de sentiment chez l'homme, l'affirmation de soi et le rapport aux idées chez la femme. Ils se constellent mutuellement, en sorte que la discussion d'un couple devient rapidement un dialogue d'anima et d'animus. S'ils forment les images qui permettent à l'homme d'entrer dans un rapport privilégié avec certaines femmes et réciproquement, ils sont également à l'origine d'une insatisfaction profonde car l'anima correspond au féminin et non à la femme, l'animus au masculin et non à l'homme. La relation avec un partenaire de l'autre sexe ne trouve sa réalité que dans la mesure où sont reprises ces projections qui firent la rencontre.

La considération de l'anima et de l'animus apporte des précisions importantes à la clinique de la sexualité. La mère et le père ne sont pas à l'origine de la différenciation sexuelle mais donnent figure à des schèmes déjà existants. La triangulation œdipienne doit être affinée en tenant compte de la masculinité et de la féminité inconscientes des parents. Certaines homosexualités se structurent en fonction de la sexualité inconsciente.

L'anima et l'animus sont probablement la forme première de l'identité archaïque. L'accès à la fonction symbolique dépend de leur intégration. Tel est, pour Jung, le sens et la portée du transfert. (Voir *Eros, Identité archaïque, Transfert, Bisexualité*.)

H. E.

ANIMISME. Tendance à attribuer une pensée et des intentions aux objets ou aux phénomènes naturels.

ANNULATION. Mécanisme de défense visant à effacer les effets d'un fantasme ou d'une action jugés après coup dangereux.

ANOREXIE MENTALE. C'est le refus de se nourrir qui s'observe surtout chez les jeunes filles vers l'âge de 13 à 20 ans. Cette déperdition de l'appétit s'accompagne d'amaigrissement et de suppression des règles. Il exprime une révolte de sujets ambitieux, mais découragés, vis-à-vis de l'autorité parentale, une contestation du milieu où grandit l'adolescente, une révolte contre la féminité. C'est un essai de retarder le développement du corps féminin.

Enfants, ces sujets avaient déjà éprouvé la valeur du « refus d'aliment » comme possibilité de domination sur leur entourage dans un milieu où on insiste particulièrement sur la fonction alimentaire. C'est un moyen de pression permettant à la jeune fille de se placer au centre de l'attention de la famille.

L'accès d'anorexie mentale survient généralement à la suite d'un conflit avec la mère, d'un changement dans la hiérarchie de la fratrie. C'est un acte de vengeance et un exercice de la tyrannie sur les autres membres de la famille (*cf.* 7, XVII, p. 215 *sq.*).

S. H.

ANTHROPOS. Désigne le Soi en tant que : *a*) il correspond à l'hypothèse d'un principe d'hominisation, « matrice et organisateur de la conscience » (*cf.* 114, vol. IX/2, p. 198) ; *b*) il se projette dans le mythologème de l'homme primordial : Chen-Yen, Purusha, Christ... ; *c*) il introduit dans le psychisme humain une exigence et une possibilité d'unité face à tout ce qui tend à la multiplicité · loi du contraire, polymorphisme des instincts, pluralité des archétypes. Signifiant l'unité, créatrice de l'humain dans la rencontre, il est Phallus ; rencontre, il est l'Androgyne originel ; puissance créatrice au-delà de l'individu et du groupe, il est Dieu-et-Homme.

H. E.

ANTICIPATION. La fonction psychique ne se contente pas d'enregistrer les faits grâce à la mémoire, de juger et de discerner. Elle doit aussi prévoir, devancer les événements. Cette fonction du psychisme permet au sujet de prendre position vis-à-vis d'un événement à venir, d'éviter un danger, de réaliser un projet. Dans ces conditions l'imagination l'évoque et le présente en fonction de la tonalité affective qui sous-tend l'attitude du sujet vis-à-vis du problème en question. Cette attitude se retrouve aussi bien dans la vie consciente que dans la vie inconsciente de la personne. Voici pourquoi nous retrouvons exprimé dans les rêves et leur contenu latent un état affectif correspondant à cette attitude. Cette fonction prospective du rêve crée chez le sujet l'état d'âme renforçant son orientation vis-à-vis de l'événement en question. Il est significatif qu'à la veille d'un examen le candidat rêve d'une ascension en montagne qui finit par une chute, un accident, ou par contre par l'atteinte du sommet, où une vue merveilleuse s'offre à lui.

S. H.

ANTIPSYCHIATRIE. Doctrine selon laquelle la maladie mentale est conditionnée par l'appareil social et asilaire, et qui préconise en conséquence de remplacer la psychiatrie par une réforme de la société et la suppression de toutes hiérarchies et barrières.

F. R.

ANTITHETIQUE (pensée). Mode de pensée par lequel on souligne l'opposition de deux idées ou de deux jugements. Face à l'infime variété des aspects de notre monde avec ses nuances, ses gradations, le névrosé, dans un but de simplification, adopte un mode de pensée antithétique. Il classe les gens, les événements, les expériences suivant deux registres. Les sujets qu'il rencontre sont formidables, supérieurement intelligents, d'une bonté extrême, ou alors des « minables », des imbéciles, des égoïstes invétérés. C'est tout l'un ou tout l'autre. Les formes de passage et l'infinité des modalités spécifiques lui échappent (cf. 1).

S. H.

APERCEPTION. « Processus mental par lequel un contenu psychique est amené à une compréhension claire » (cf. 114, III, p. 13). C'est un phénomène complexe où interviennent la pensée qui permet la reconnaissance et le ton affectif qui donne une estimation de valeur (cf. 123, p. 13). Pour qu'un contenu inconscient puisse devenir conscient et « fixé » dans l'esprit, un certain savoir préalable est nécessaire. « Car sans l'existence de concepts conscients, l'aperception est impossible. Ceci explique nombre de perturbations névrotiques qui sont dues au fait que certains contenus sont constellés dans l'inconscient mais ne peuvent être assimilés faute de concepts aperceptifs pour les saisir » (cf. 114, IX, 2, p. 169). Les contes et les légendes, les idées religieuses et philosophiques jouent ce rôle. (Voir *Assimilation, Constellation, Pensée, Sentiment, Symbole.*)

L. D.

APERCEPTION ANTITHETIQUE. En fonction de la pensée anti-téthique que nous trouvons fréquemment chez le névrosé ce dernier aperçoit le monde suivant un schéma où prédomine l'opposition bon-mauvais, haut-bas, etc. Le névrosé se situe par rapport aux autres dans l'optique de la formule hégélienne maître-esclave et il cherche à définir sa place dans ce schéma (cf. 1).

S. H.

APERCEPTION TENDANCIEUSE. L'individu n'aperçoit pas le monde de façon objective. Parmi les phénomènes qui se déroulent autour de lui il fait un choix, retenant certains, rejetant d'autres. C'est en fonction de sa structure, de son style de vie que ce choix se réalise ; des événements en concordance avec la personnalité sont retenus, d'autres écartés. Prenons un exemple : quatre personnes se promènent en forêt. Le premier admire la qualité du bois et pense aux meubles qu'on pourrait en tirer. Le second apprécie la diversité des couleurs et imagine le tableau qu'il pourrait peindre. Le troisième, inspiré par l'ambiance, crée une poésie. Le quatrième goûte la tranquilité et le calme du lieu. Inutile de dire qu'il s'agit d'un fabricant de meubles, d'un peintre, d'un poète et d'un ami de la nature. Leur axe d'intérêt et leur finalité coïncident avec la structure de leur personnalité.

S. H.

APHONIE PAR INHIBITION VOCALE (dite psychogène). Disparition complète de la vibration des cordes vocales pendant la parole (donnant à celle-ci l'aspect d'une voix chuchotée), due à l'existence de facteurs psychologiques particuliers : La voix est vécue inconsciemment par le sujet comme nocive, ce qui aboutit à l'inhibition de celle-ci malgré ses efforts éventuels pour « sonoriser » sa parole.

Les troubles psychologiques en cause peuvent être de gravité très variable : de l'hystérie authentique jusqu'au simple malentendu concernant la fonction vocale.

L'inhibition vocale peut survenir, alors qu'il y a une atteinte organique de l'organe vocal (traumatisme et chirurgie laryngée) d'où parfois un problème de diagnostic délicat.

L'aphonie peut-être remplacée par une dysphonie d'un caractère très particulier.

Le traitement phoniatrique permet souvent une récupération vocale rapide, mais au-delà de cette action au niveau symptomatique, il se propose d'orienter le patient vers la maîtrise de son comportement relationnel (par la rééducation vocale) et vers une meilleure appréhension des problèmes psychologiques sous-jacents (désomatisation). Il sera éventuellement complété par un abord psychothérapeutique de ceux-ci.

L. H. F.

APRAGMATISME. Incapacité à toute réalisation.

APPRENTISSAGE PAR RETRO-ACTION BIOLOGIQUE (Bio-feed-back-training).

Technique ayant pour but de développer le contrôle autogène de certaines activités nerveuses et somatiques. Le phénomène à contrôler est traduit sous une forme sensible permettant au sujet d'en évaluer les variations. Cette évaluation rétro-agit (*feed-back*) sur l'induction de nouvelles modifications qui renforcent ou maintiennent à l'équilibre l'état recherché. Après un entraînement suffisant, le sujet est sensé parvenir à la maîtrise spontanée de certaines activités biologiques normales ou pathologiques. (Voir aussi : *Alphamanie*.)

L. J.-F.

APRES-COUP (l'). Par l'effet d'*après-coup*, un événement traumatisant — mais qui n'a pas été compris consciemment en son temps comme tel — peut à la suite d'un second événement qui n'est pas forcément traumatisant, mais qui présente cependant avec le premier quelques analogies, précipiter le sujet dans la névrose.

Il est évident que l'évolution de la sexualité favorise grandement, par les décalages temporels qu'elle comporte, le phénomène de l'après-coup.

Dans une lettre à Karl Abraham, Freud écrit . « Je crois avoir indiqué que la théorie peut voir dans le phénomène de latence sexuelle la condition fondamentale des névroses. L'enfant n'est pas armé pour la maîtrise de fortes impressions sexuelles, c'est pourquoi il réagit à elles par compulsion, comme inconsciemment. C'est la première faille dans le mécanisme ; ces impressions, par suite du renforcement somatique de la maturation sexuelle, déploient plus tard " après-coup " et sous forme de " souvenirs " des effets plus forts qu'au moment où ils étaient des impressions réelles, et c'est là la deuxième faille psychologique parce que cette constellation du déplaisir du souvenir renforcé après coup permet le refoulement qui face à des perceptions ne réussirait pas. »

Tout se passe comme si tous les événements de la vie, pourtant importants parfois en eux-mêmes, n'acquéraient leur importance réelle, leur valeur, leur signification que par rapport à un souvenir oublié encore en activité.

La notion d'après-coup vient enfin heureusement corriger une interprétation sommaire qui réduirait l'histoire du sujet à un déterminisme linéaire envisageant seulement l'action du passé sur le présent.

J. R.

APROSEXIE. Déficience de la capacité d'attention.

F. R.

ARCHÉTYPE. L'observation répétée chez ses patients, en particulier chez les schizophrènes, d'images et comportements archaïques, ne pouvant se réduire à la résurgence d'expériences oubliées, conduisit Jung à la notion d'un Inconscient dont les contenus « montraient des analogies patentes avec des formations mythologiques » (*cf.* 114, III, p. 188). Puis se précisa la notion que « ces motifs ne sont pas inventés mais plutôt découverts ; ce sont des formes typiques qui apparaissent spontanément à travers le monde, indépendantes de la tradition, dans les mythes, les contes de fées, les imaginations, les rêves, les visions et les systèmes délirants des malades mentaux » (*cf.* 114, III, p. 261). Par ailleurs, « en raison de leur énergie spécifique, ces images (qui se comportent comme des centres autonomes chargés d'énergie) exercent une influence fascinatrice qui, s'emparant de la conscience du sujet, est capable de l'altérer profondément » (*cf.* 134, p. 130).

Deux points de vue se dessinent : *a*) celui des représentations avec la notion d' « image primordiale », assez proche, semble-t-il, des « fantasmes originaires » de Freud. « Il émane de l'inconscient des effets déterminants qui assurent dans chaque individu isolé la similitude et même l'identité de l'expérience ainsi que la formulation par l'imagination » (*cf.* 131, p. 69). Ainsi se répètent des « situations humaines qui prévalent depuis les temps les plus anciens : jeunesse et vieillesse, naissance et mort, il y a fils et filles, pères et mères, il y a accouplement, etc. » (*Cf.* 117, p. 230). Cette direction suggère la notion de frayage. « L'archétype est une sorte de disponibilité, de propension à reproduire toujours à nouveau les mêmes représentations mythiques ou des images analogues » (*cf.* 134, p. 129) ; *b*) le point de vue des modalités d'action qui identifie l'archétype aux *patterns of behaviour* biologiques : ce sont « des attitudes typiques, des modalités d'action, pensées, processus et impulsions qui peuvent être considérés comme constituant le comportement typique de l'espèce humaine » (*cf.* 114, III, p. 261). L'archétype serait donc le pouvoir organisateur commun à la représentation et au comportement.

Le glissement constant entre images primordiales et archétype est à l'origine du malentendu concernant les « représentations héritées ». Jung a pourtant bien précisé : « Je n'affirme nullement la transmission héréditaire des représentations, mais uniquement la transmission héréditaire de la capacité d'évoquer tel ou tel élément du patrimoine représentatif » (*cf.* 134, p. 122). Il s'agit en somme de « facteurs organisateurs qu'il faut considérer comme des modes fonctionnels innés et dont l'ensemble constitue la nature humaine » (*cf.* 124, p. 542). « Ce serait une erreur de les considérer comme des idées héritées, alors qu'ils sont bien plus des conditions néces-saires à la formation des représentations en général, tout comme les instincts sont les conditions dynamiques nécessaires aux divers modes de comportement » (*cf.* 114, III, p. 255).

Les archétypes ont un rapport très étroit avec l'instinct. « Tout comme la conception consciente donne à l'action forme et fin, la conception inconsciente détermine par l'archétype la forme et la fin de l'instinct » (*cf.* 133, p. 103).

En lui-même, l'archétype est insaisissable. C'est « un élément vide, formel, qui n'est rien d'autre qu'une *facultas praeformandi*, une possibilité donnée *a priori* de la forme de représentation » (*cf* 131, p. 95) : c'est pourquoi Jung le définit comme un « facteur psychoïde » (*cf.* 114, VIII, p. 515, et 131, p. 538) dont le dynamisme créateur se retrouve chez les animaux comme dans le domaine de la physique ainsi que le suggèrent les phénomènes de synchronicité.

En résumé : l'archétype est une hypothèse qui permet de tenir ensemble des perspectives antinomiques : *a*) celles de la représenta-tion et des modalités d'action ; *b*) celles des phénomènes psychiques et physiques par son caractère psychoïde ; *c*) celles de structure et création dans le temps, d'ordre et de hasard, et de la synchronicité.

« Dans l'expérience pratique, les archétypes sont à la fois des images et des émotions. L'on ne peut parler d'archétype que lorsque ces deux aspects se présentent simultanément » (*cf.* 120, p. 96). Ils ont une charge énergétique spécifique et « développent des effets numineux qui s'expriment comme des affects » (*cf.* 114, VIII, p. 436), et qui leur confèrent une autonomie pouvant entraîner des phéno-mènes de fascination et de possession (*cf.* 131, p. 57). « Quand une situation survient qui correspond à un archétype donné, celui-ci est activé et une tendance compulsive apparaît qui, comme une pulsion instinctuelle, poursuit son chemin contre toute raison ou volonté, ou produit un conflit » (*cf.* 114, IX, 1 p. 48). Il prend forme alors grâce à la projection (*cf.* 131, p. 95) qui permet de le rencon-trer comme un partenaire autonome. « Si la conscience réussit à interpréter l'archétype d'une manière conforme à la fois au sens et au moment » (*cf.* 124, p. 394), celui-ci apparaît sous une forme susceptible d'être intégrée. La capacité de relier l'archétype et le conscient individuel est appelée « fonction transcendante » (*cf.* 134, p. 176 *sq.*).

L. D.

ARC REACTIF. Désigne le schéma fondamental (des trois moments nécessaires de toute notre activité : recevoir, élaborer, restituer, soit : sentir, penser, agir) de toute manifestation psychologique et qui répète celui de l'arc réflexe neuro-physiologique (*cf.* 22, p. 8).

A. A.

ARRANGEMENT NEVROTIQUE. Le névrosé, du fait de son aperception tendancieuse, ne se situe pas face au monde dans une perspective réaliste. Il force la réalité jusqu'à ce qu'elle cadre avec la structure et les visées de son individualité. Poursuivant son but de supériorité, sacrifiant toute son activité à ce but, au détriment de la coopération, plus préoccupé à paraître qu'à être, le névrosé cherche par tous les moyens le prestige, l'affirmation de sa personne, tout en se soustrayant à toute responsabilité. Ces sujets perdent facilement confiance en eux-mêmes et dans les autres. Déjà, avant l'éclosion de leur névrose ils montrent une attitude ambitieuse, mais aussi hésitante, élaborant ce qu'Adler appelle leur mensonge vital. Du fait de leur arrangement névrotique ils arrivent à défigurer les faits et les événements, à les arranger pour les faire cadrer avec leur besoin de supériorité et d'auto-appréciation (*cf.* 7, chap. XXI : « mensonge vital et responsabilité dans la psychose et la névrose »).

S. H.

ARRIERATION AFFECTIVE. Dissociation entre le développement intellectuel et le retard du développement de la vie affective.

F. R.

ART THERAPIE. Ensemble de modes d'abord et de techniques utilisés en pathologie mentale à des fins occupationnelles, sociothérapiques ou psychothérapiques, issus des différents domaines artistiques. L'*expression plastique et picturale* constitue le secteur certainement le plus familier en ce qui concerne la « psychopathologie de l'expression » (P. Volmat), mais a aussi un but psychothérapique. Chez l'enfant, en particulier, la possibilité de projection directe des fantasmes et des pulsions constitue une aide précieuse, « médiatisante » tant par les thèmes et les personnages représentés que par l'expressionisme plastique et coloré, éclairant des traits de personnalité. Sont utilisées des techniques telles que la peinture directe aux doigts, la participation à l'atelier collectif ou l'expression en tête à tête avec le thérapeute, la bande dessinée, la peinture collective, la représentation corporelle ou la nature morte, etc. Par ses possibilités de représentation en trois dimensions, *le modelage* apporte une aide expressive importante à des patients psychotiques ou à la recherche d'un matériel « régressif ». Plus proches de l'art-thérapie, les utilisations diverses de la musique, écoutée ou jouée, en séances individuelles ou en groupe, trouvent d'intéressantes applications chez des patients que l'expérience verbale ou trop formalisée rebute. La création par percussion (méthode Orff) ou la musicothérapie d'écoute (méthode Jost) ont acquis un développement notable. Si la théâtrothérapie a pu parfois ouvrir la scène aux malades mentaux, ses résultats demeurent incertains. Par contre l'*emploi de l'art dramatique* et de certaines de ses formules a pu trouver des développements très intéressants. (Voir *Expression scénique.*)

D'autres modalités de création ou d'expression s'intègrent à des activités soignantes, souvent conduites par des cothérapeutes coopérant sur plusieurs plans (par exemple chimiothérapie + thérapie d'expression). La *danse* ou le *mime,* au sein de l'expression corporelle, la *poterie* décorative au sein des activités ergothérapiques, les *marionnettes,* la *photographie,* ces diverses formes d'expression peuvent prendre place parmi des tentatives d'abord du schéma corporel ou de la projection affective.

B. J.-C.

ASCENSION. Adler considère la vie psychique comme mue par un dynamisme appelé à agir et à réagir face aux événements du monde environnant. Or, qui dit dynamisme dit mouvement. Tout mouvement suit une ligne qui, d'après Adler, dans la fonction psychique part d'un point inférieur pour rejoindre un point plus élevé. Ce mouvement ascensionnel caractérise la vie psychique. (Voir aussi : *Lumière, Schème d'Intégration* et *Symbologie génétique.*)

S. H.

ASSIMILATION. Désigne « l'interprétation réciproque des contenus conscients et inconscients, et non pas l'appréciation, l'assujettissement et la déformation unilatérale des contenus inconscients par la tyrannie consciente « (*cf.* 121, p. 259). Dans un sens plus général, assimilation est également employée par Jung pour désigner « l'adjonction d'un nouveau contenu conscient à des matériaux subjectifs disponibles avec lesquels il fusionne » (*cf.* 126, p. 412 *sq.*), ce qui la distingue de l'aperception pure. (Voir aussi : *Aperception.*)

Pour Piaget l'assimilation est « l'activité mentale des enfants déformant le réel pour le rendre semblable à un schème mental ».

L. D.

ASSOCIATIONS LIBRES (les). La méthode des associations libres, qui succède à la méthode cathartique, marque véritablement la naissance de la psychanalyse. Elle consiste à inviter les patients à dire tout ce qui leur traverse l'esprit, même s'ils le trouvent inadéquat, inutile ou stupide. Aucune idée, aussi honteuse ou pénible qu'elle apparaisse au sujet, ne doit être omise.

C'est ce nouveau procédé imaginé par Freud qui lui permit de pénétrer dans le royaume jusqu'alors inconnu de l'inconscient proprement dit ; la méthode des « associations libres » évolua peu à peu entre 1892 et 1896, s'épurant et se débarrassant toujours davantage de ses adjuvants : l'hypnose, la suggestion, la pression, les questions qui l'avaient accompagnée à ses débuts.

R. J.

ASSOCIATIONS (test). Dès 1902-1903, la mesure du temps de réaction et l'observation des réponses données à un mot inducteur permirent à Jung de découvrir ce qu'il appela les complexes affectifs ainsi que leur pouvoir d'assimilation (*cf.* 121, p. 181 *sq.*).

Une méthode de test en naquit, recherchant les « indices de complexes » : allongement du temps de réaction, absence de réaction, réponses perturbées, inadéquates, stéréotypées, lorsque le mot « fait allusion au complexe » dont le sujet n'a pas conscience ou qu'il veut dissimuler (*cf.* 121, p. 143 *sq.*). Cette méthode est une des bases empiriques sur lesquelles Jung a fondé l'ensemble de ses élaborations théoriques. (Voir aussi : *Complexe, Assimilation.*)

L. D.

ASTHÉNIE. Le terme d'asthénie a été intégré par Pierre Janet dans le néologisme « psychasthénie », manifestant l'importance donnée par cet auteur à une conception énergétique et dynamique des conduites. La tension psychologique — valeur qualitative — et la force psychologique — valeur quantitative — s'unissent pour donner leur niveau de synthèse et leur puissance aux actions. Le défaut de la force psychologique, ou apathie, et celui de la tension, ou asthénie, s'observent couramment en clinique. Dans la vie courante la baisse de la tension psychologique se manifeste lors d'états tels que la fatigue, le sommeil, l'émotion. Cette notion voisine avec celle de tension psychologique dans le domaine psychopathologique. Pour Janet, asthénie et sentiment d'asthénie sont des faits différents. Le premier comporte une valeur théorique basale qui permet d'identifier une des grandes névroses, la psychasthénie, englobant la névrose obsessionnelle (*cf.* 109, 110, 111).

B.J.-C.

ATTIDUDE. « Disposition de la psyché à agir ou à réagir dans une certaine direction » (*cf.* 126, pp. 413 à 416), fût-elle inconsciente. Elle « fixe l'habitus réactionnel et détermine non seulement le mode d'agir, mais aussi le mode d'expérience subjective et même, le mode de compensation par l'inconscient » (*cf.* 123, p. 209). Empiriquement, Jung distingue deux attitudes fondamentales : l'extraversion, qui oriente intérêt et énergie vers un objet extérieur ; l'introversion, qui polarise vers le dedans du sujet. C'est donc un rapport d'adaptation entre sujet et objet.

L'attitude est un mécanisme qui « consiste en la présence d'une certaine constellation subjective dans l'inconscient qui détermine telle ou telle direction de l'activité ou telle ou telle interprétation du stimulus externe. C'est la combinaison des contenus prêts qui décide de ce qui est ou n'est pas convenable. L'attitude est donc une expectative » (*cf.* 134 p. 112) et, de ce fait, un des piliers du processus d'aperception.

C'est aussi « un phénomène automatique, raison essentielle de l'unilatéralité de l'orientation consciente. Il mènerait au déséquilibre complet s'il n'y avait une fonction autorégulatrice et compensatoire de la psyché pour corriger l'attitude consciente. En ce sens, la dualité d'attitude est un phénomène normal » (*cf.* 126, pp. 413 à 416), systole et diastole dont la succession harmonieuse est un art de vivre (*cf.* 134, p. 112). L'attitude générale résulte à la fois d'une disposition innée et de l'influence du milieu, du vécu personnel et du travail de différenciation. (Voir aussi : *Extraversion, Introversion.*)

L. D.

ATTITUDE HESITANTE. L'élan, l'enthousiasme avec lequel le sujet se lance dans la réalisation de ses projets sont caractéristiques de l'intérêt qu'il leur porte. Mais le sujet peut aussi ralentir son rythme et, tout en faisant semblant de souhaiter son aboutissement, freiner son avance. L'attitude hésitante traduit alors le doute vis-à-vis du but à atteindre, doute qui est l'expression d'un complexe d'infériorité et du manque d'assurance et de confiance du sujet en lui-même. C'est ainsi qu'on se trouve en face de sujets qui tantôt avancent avec confiance dans une direction donnée, puis ralentissent leur mouvement, l'arrêtent même, et dans certains cas reculent.

S. H.

AUTISME. Par ce terme le psychiatre suisse Bleuler a dénommé en 1911 un état psychique caractérisé par un détachement du sujet de la réalité avec une prédominance de la vie intérieure. Le sujet autistique perd le contact avec le monde extérieur et donne à ses productions imaginaires valeur de réalité. Chez le schizophrène on trouve l'autisme dans ses aspects les plus typiques. (Voir *Schizophrénie* et *Syntonie*.)

S. H.

AUTO-ANALYSE. Investigation personnelle des processus inconscients à travers l'analyse des rêves, les associations libres, l'interprétation des lapsus, actes manqués, etc. ; il manque à l'auto-analyse le ressort essentiel de la cure : le transfert.

J. R.

AUTO-EROTISME. Dans un sens large, mode de satisfaction libidinale que le sujet tire de son seul corps (par exemple : la masturbation, la succion du pouce, la rétention et l'expulsion fécales, etc.).

Dans un sens plus spécifique, plaisir que le nouveau-né tire de l'excitation d'une zone érogène, avant même la constitution de son Moi et la possibilité de relations objectales. Karl Abraham parle d'un stade auto-érotique qui coïnciderait avec le stade oral précoce de succion.

J. R.

AUTO-ESTIME. Il est hors de doute que chaque être humain a de lui-même et du monde une opinion suivant laquelle il agit. Il n'est pas question d'une opinion juste et objective. Le sentiment ou le complexe d'infériorité, le complexe de supériorité influencent grandement cette opinion. Le sujet peut surestimer ses forces et ses possibilités, il peut les sous-estimer. Sa façon de se comporter dans la vie traduit cette auto-appréciation, exprimée par son style de vie, où nous retrouvons ses tendances asociales ou antisociales ou par contre son courage social (*cf.* 3, II).

S. H.

AUTOGENIE. (Voir *Symbologie génétique* et *Image*.)

AUTOMATE. Image des conduites plus plus stéréotypées, les plus monotones, celles que commande essentiellement le « principe de répétition » (*cf.* 11). L'automate lui correspond comme le ça au principe de plaisir et le moi au principe de réalité. Il existe une véritable morale de l'automate (*cf.* 23).

A. A.

AUTOREGULATION. Ce terme introduit un point de vue énergétique en psychologie. Il désigne la capacité du psychisme à s'équilibrer et s'orienter par soi-même. Cela suppose que les multiples facteurs psychiques s'organisent en couples d'opposés entre lesquels joue un rapport de compensation dont le fonctionnement est soumis à un régulateur. Ce processus est inconscient quand il se produit aux niveaux des pulsions et des complexes, mais il peut également s'établir entre le moi et l'inconscient. Le régulateur est alors la fonction transcendante. L'autorégulation n'est pas une homéostase et ne suit aucun schéma, même dialectique. Elle est une possibilité aléatoire, car la fonction transcendante ne se dégage qu'au terme de nombreux conflits, et elle a un caractère paradoxal, car elle ne joue son rôle que dans la mesure où le Moi acquiert la liberté. (Voir aussi : *Compensation, Fonction transcendante, Troisième terme.*)

H. E.

AUTORITE. C'est la volonté imposée aux autres pour se faire obéir. Dans d'autres cas c'est l'ascendant dont bénéficient certains grâce à leur savoir, leur connaissance, leurs qualités morales. L'autorité parentale et surtout paternelle érigée en droit depuis l'Antiquité (*pater familias*) est aujourd'hui mise en question. A la conception de la domination du chef sur les autres membres de la famille, de son autorité, se substitue aujourd'hui la notion d'une collaboration entre les différents éléments constituant le groupe familial. La notion d'une coopération bienveillante avec l'épouse et les enfants a été relancée et suggérée par Adler dès ses premiers écrits. L'autorité paternelle trop dominatrice crée souvent chez les enfants une résistance ouverte ou cachée qui, à la longue, imprime au caractère son cachet particulier. La contrainte d'une éducation particulièrement sévère donne naissance chez l'enfant à une contre-contrainte. C'est ainsi qu'en cas d'obsession l'analyse retrouve toujours dans l'enfance du sujet une attitude particulièrement autoritaire des parents en général, du père en particulier.

S. H.

AUTOSUGGESTION. Réalisation d'une idée par l'intermédiaire d'un mécanisme subconscient, et sans effort volontaire conscient. Cette idée peut être proposée au sujet par autrui (hétérosuggestion) ou se former dans l'esprit du sujet même (autosuggestion). Méthode psychagogique utilisant ce processus (*cf.* 23).

A. A.

AVEUGLEMENT SPECIFIQUE. Formulée en 1950 par Roland Cahen, la loi de l'aveuglement spécifique « a été anticipée par la notion de scotomisation signalée par Freud, Jung, Steckel, Laforgue ». Tout contenu mental conscient constelle dans l'inconscient des contenus qui lui sont reliés « par un lien de compensation et de contrepoids ». Leur dynamique est celle d'une paire d'opposés ne pouvant de ce fait parvenir au conscient simultanément. Un décalage de temps ou l'aide de l'analyste, modifiant la position du conscient, en permettent la prise de conscience secondaire.

L. D.

B

BATYPSYCHOLOGIE. Syn. de psychologie des profondeurs.

BEGAIEMENT. Trouble de la parole caractérisé par l'existence de répétitions de syllabes (bégaiement clonique) de blocages (bégaiement tonique) ou de suspension momentanée de la parole (bégaiement par inhibition).

En fait tous ces troubles existent dans la parole normale. Mais ce qui caractérise le bégaiement c'est que le bègue réagit à ceux-ci par une augmentation réflexe de sa tension psychomotrice, alors que le sujet normal y réagit par une diminution réflexe de cette même tension psychomotrice, ce qui permet à la parole de reprendre rapidement son cours normal.

Ce phénomène *d'inversion du réflexe normal de décontraction au moment des difficultés de la parole* prend naissance à l'occasion d'efforts faits malencontreusement par le sujet au moment de l'apprentissage de la parole pour améliorer ses performances verbales, sous la pression perfectionniste de son entourage et sous l'influence de dispositions psychologiques particulières.

Un certain nombre de désordres secondaires découlent de ce premier trouble, en particulier la perte du caractère spontané de la parole, qui devient « réfléchie ».

Le traitement est d'autant plus efficace qu'il est précoce. Avant 5 ans il s'agit essentiellement d'éviter les attitudes nocives de la part de l'entourage; *a*) reproches, moqueries, menaces ; *b*) conseils ; *c*) fausse indifférence ; et de provoquer une attitude « d'aide bienveillante » évitant au sujet le recours de l'effort (tout effort de parole fait courir un risque d'apparition du bégaiement).

Plus tard il s'agit de rectifier tous les conditionnements fautifs, en les analysant et en proposant au sujet un entraînement adapté (relaxation technique du souffle, technique articulatoire et vocale, entraînement au contact verbal, etc.), sans négliger le traitement éventuel des désordres psychologiques sous-jacents.

L. H. F.

BEHAVIOUR THERAPY. Psychothérapie s'appuyant sur une doctrine selon laquelle le comportement normal ou anormal de l'homme ne procède que d'apprentissages et qui, en conséquence, vise essentiellement à réduire chaque symptôme par un déconditionnement suivi d'un reconditionnement. Utilisant des données pavloviennes et expressément étrangères aux vues de la psychanalyse, la Behaviour Therapy tient peu compte de la globalité de la personne. Elle diffère de la psychanalyse par le fait qu'elle s'applique à des patients non consentants (Eysenck et Rachman, 1965, cités par Rycroft, 1968, cf. 178). A ce titre, elle s'apparente aux psychothérapies directives (voir *Directivité*).

F. R.

BENEFICE PRIMAIRE ET BENEFICE SECONDAIRE. Il faut entendre par là la satisfaction, les avantages, que tire le patient de sa maladie. Ces satisfactions ne sont pas négligeables. Elles peuvent faire obstacle à la cure. Les symptômes, en effet, pour douloureux qu'ils soient, procurent au sujet divers avantages : pratiques d'abord, puisqu'ils lui permettent de manipuler, d'influencer des membres de son entourage, parfois de toucher une rente — on parlera alors de « bénéfices secondaires » —, et également de pouvoir « fuir dans la maladie » (régression), évitant ainsi conflits et angoisses — on parlera alors de « bénéfices primaires ».

Freud note à ce propos dans *Dora* (1905) : « L'existence d'un profit primaire de la maladie doit être reconnue dans toute névrose. Le fait de devenir malade épargne tout d'abord un effort ; il est donc, au point de vue économique, la solution la plus commode dans le cas d'un conflit psychique (fuite dans la maladie), quoique l'impropriété d'une telle issue se révèle ultérieurement sans équivoque dans la plupart des cas. »

J. R.

BESTIALITE. Assouvissement du désir sexuel sur des animaux.

BISEXUALITE. La bisexualité psychique reflète un fait biologique : la détermination du sexe effectif est la résultante d'une prédominance des gènes mâles ou femelles ainsi que d'un certain rapport hormonal. Chaque individu est donc porteur de caractères de l'autre sexe qui restent inexprimés et inconscients. Les natures féminine de l'inconscient de l'homme et masculine de celui de la femme ont été étudiées par Jung avec les images archétypiques de l'anima et de l'animus. (Voir aussi : *Anima, Animus.*)

L. D.

BLOCAGE. Fixation d'une attitude mentale par une situation conflictuelle.

F. R.

« BON » — « MAUVAIS ». Ces concepts sont propres à l'œuvre de Mélanie Klein et ne se trouvent pas chez d'autres théoriciens de la psychanalyse. C'est à elle qu'ils doivent d'avoir acquis droit de cité dans la théorie et, à ce titre, d'être repris dans le *Vocabulaire de la psychanalyse* de Laplanche et Pontalis (*cf.* 144).

Il désignent la qualité fantasmatique des premiers objets partiels ou totaux, externes ou internes, auxquels l'enfants se trouve confronté. Le « bon » objet est celui qui convient à la pulsion libidinale et le « mauvais » objet celui qui va à son encontre. Encore faut-il préciser que les qualités de « bon » et de « mauvais » sont attribués aux objets non point tant en fonction de leur caractère gratifiant ou frustrant que du fait de la projection sur eux des pulsions érotiques ou destructrices du sujet.

Selon Mélanie Klein, l'objet partiel (le sein, le pénis) est clivé en un « bon » et un « mauvais » objet, ce clivage préfigurant celui de la mère (objet total) en une « bonne » et une « mauvaise » mère. Le clivage est l'un des processus de défense les plus primitifs contre l'angoisse.

Laplanche et Pontalis marquent bien que c'est la dualité des pulsions de vie et de mort, telle que Mélanie Klein la voit opérer dans son caractère irréductible dès l'origine de l'existence de l'individu, qui est au principe du jeu des « bons » et « mauvais » objets. C'est même au début de la vie, selon Mélanie Klein, que le sadisme est à son « zénith », la balance entre libido et destructivité penchant alors en faveur de cette dernière.

J. R.

BOUC EMISSAIRE. Personne qui, dans un groupe, reçoit les projections négatives des autres membres. Elle est tenue pour responsable de la frustration du groupe. C'est pour des raisons personnelles qu'un participant accepte, au moins temporairement, de se soumettre à ce rôle. Le phénomène du bouc émissaire se retrouve dans presque tous les groupes.

B. J.

BOUDDHISME. Le bouddhisme est un système religieux élaboré dans tout le Sud-Est Asiatique à partir de l'enseignement du Bouddha Çakyamuni au vᵉ siècle avant J.-C. Il se présente plus comme une vision métaphysique du monde que comme une religion proprement dite, tout au moins dans certains de ses aspects (comme le zen) dérivés de sa forme dite Mayayana ou grand véhicule (par opposition à son autre forme d'expression dite Hinayana ou petit véhicule).

L'un des traits qui fonde le bouddhisme est la négation de l'existence d'une entité individuelle, d'un « Ego », dont la perception subjective résulte d'une illusion : « l'illusion du Moi », cette illusion naît de l'intéraction de cinq éléments, les « Skandas » (le corps, les perceptions, les affects, les impulsions, les actes de conscience) selon le processus impersonnel qui lie les causes et les effets. La perception subjective d'une entité personnelle, d'un Moi, résulte donc d'une ignorance fondamentale qui est la source directe de la souffrance et de l'angoisse. Le but de l'existence humaine est alors de dissiper cette illusion et cette ignorance par « l'illumination » (Bouddha signifie « l'illuminé » ou « l'éveillé », l'illumination étant venue à Çakyamuni pendant qu'il méditait au pied de l'arbre de Bodhi). Tout homme est un bouddha en puissance, et peut réaliser l'état de Bouddha par l'expérience du nirvâna qui dissipe l'illusion primordiale du moi.

Les formes les plus élaborées du bouddhisme Mayayana (tantrisme, zen) visent donc à fournir à l'homme ordinaire, encore soumis à l'illusion d'un ego séparé, des moyens qui lui permettent d'accéder à une « vue juste » dans une expérience transcendant l'intellect et débouchant sur la saisie immédiate de la réalité. (Voir *Zen*.) Ces moyens ont en commun de tendre à libérer le sujet de l'emprise totalitaire du mental hyperrationnel et logique, du flux ininterrompu des associations d'idées et d'images, du réseau serré d'identifications paralysantes, qui lui masquent l'essence de sa réalité profonde (dont l'expérience directe réalise le « satori » du zen). Or ces techniques employées dans les différentes formes du bouddhisme ont aussi en commun d'être toujours utilisées dans le cadre de la relation maître-disciple, qui comporte certaines analogies avec la relation transférentielle analyste-analysant : « Le candidat demande une transformation de son état actuel, une libération [...] Il reconnaît par là qu'il porte en lui-même les obstacles à cette transformation qu'il désire. [...] La relation du candidat et du Guide présente un caractère privilégié et constitue l'élément central du processus. Le transfert en psychothérapie ou la dévotion complète au Guru signifient que toute la structure relationnelle du candidat doit s'articuler et se transformer dans et par sa relation exclusive au guide qui incarne et condense l'autre » (Chambron, *cf.* 51). En outre, qu'il s'agisse de guérir une névrose (en situation psychothérapeutique) en libérant le Moi des obstacles complexuels qui s'opposent à son épanouissement, ou qu'il s'agisse d'aider le sujet à se défaire de sa croyance à un

Moi illusoire (en situation maître-disciple dans le bouddhisme), un des procédés essentiels de la cure est la désidentification.

Mais ces analogies dans le travail de la cure psychothérapeutique et de l'initiation bouddhique ne peuvent masquer la différence des perspectives dans lesquelles chacune de ces situations évolue : les psychothérapies de psychoses et névroses visant à reconstruire ou à épanouir le Moi, alors que l'initiation bouddhique part d'un Moi suffisamment solide et épanoui qu'elle cherche à transcender.

M. J.

BOULIMIE. Syndrome névrotique ou psychotique caractérisé par un appétit insatiable.

F. R.

BOURREAU DOMESTIQUE. On désigne par ce terme l'attitude de l'homme, du mari, du père qui tyrannise sa famille, s'impose par une autorité brutale et inhumaine. Souvent cette attitude contraste avec le comportement du sujet vis-à-vis d'étrangers, attitude serviable et bienveillante. Un sujet est capable d'être un employé modèle, faisant preuve d'une amabilité parfaite vis-à-vis de la clientèle. Une fois rentré à la maison il se transforme en véritable bourreau domestique. C'est dans sa finalité que se comprend le comportement caractériel d'un être.

S. H.

BOVARYSME. Syndrome mythomaniaque orienté vers la satisfaction d'ambitions sentimentales démesurées.

F. R.

BRADYPSYCHIE. Lenteur de l'idéation sans atteinte de sa qualité.

F. R.

BUT FINAL. La psychologie adlérienne s'efforce de comprendre les manifestations psychiques conscientes et inconscientes en fonction de leur finalité. Face à un phénomène psychique elle s'interroge moins sur le comment que sur le pourquoi de son apparition... « personne, et en aucune circonstance ne peut au cours d'un événement se faire une opinion, sans avoir à tenir compte de cette ligne directrice qui semble relier toutes les manifestations psychiques d'un sujet en vue d'un but fictif » (*Pratique et Théorie*, I). « En plus, connaissant le but d'une personne, je sais à peu près ce qui doit se passer. » Le sujet ne sait que faire de sa personnalité tant que celle-ci n'est pas dirigée vers un but donné. La ligne directrice que la personnalité s'élabore dès les premières années de la vie de l'être humain, la prise de conscience de l'équipement constitutionnel, de ses imperfections, l'influence du milieu environnant et l'utilisation de ces matériaux par la force créatrice du sujet, l'établissement d'un projet et d'un but concordent pour élaborer une structure caractérielle, ayant sa finalité propre. Il nous est impossible de penser, de sentir, de vouloir, d'agir sans qu'un but fixé donne à cet ensemble une direction voulue.

Il est indubitable que cette conception d'une finalité correspond beaucoup plus à la réalité psychique que ne le fait une vue causale déterministe. C'est grâce à cette vue finaliste qu'il est possible d'intégrer à l'ensemble certains phénomènes apparemment isolés et de saisir le sens des rêves et des premiers souvenirs (*cf.* 7, 1).

S. H.

BUT PULSIONNEL. La fin que vise la pulsion, c'est la décharge qui réduira la tension interne.

C

ÇA (le). Dans le cadre de la deuxième topique, une des trois instances — avec le Surmoi et le Moi — de l'appareil psychique. Le terme vient de Nietzsche à travers Groddeck : Nietzsche désignait par là : « ... ce qu'il y a de non personnel et, pour ainsi dire, de nécessaire par nature dans notre être ».

D'un point de vue génétique, le Ça est l'instance la plus primitive, la plus élémentaire, la plus infantile en un mot, de la psyché. « Son contenu, écrit Freud, comprend tout ce que l'être apporte en naissant, tout ce qui a été constitutionnellement déterminé, donc avant tout les pulsions émanées de l'organisation somatique. »

Le Ça est essentiellement dirigé par le principe de plaisir; il tend à la recherche d'une satisfaction immédiate, sans aperception de ses conséquences. Cette primarité découle justement du caractère infantile du Ça, de son absence d'organisation : les catégories du temps et de l'espace, les notions morales, les raisonnements logiques, la pression de la réalité extérieure, sont trop élaborés, exigent un niveau mental très au-dessus des capacités du Ça. De là ces possibilités de satisfactions hallucinatoires (rêves, délires) ou imaginaires (phantasmes, œuvre d'art), ces déplacements (un objet de désir est remplacé par un autre) qui paraissent étranges au sujet conscient.

Il convient enfin de souligner que le Ça reprend la plupart des propriétés qui, dans la première topique, définissaient le système inconscient, mais dans une perspective cette fois plus « biologisante ». (Voir *Topique*.)

J. R.

CAENESTHOPATHIES. Désordres ou hallucinations de la sensibilité proprioceptive.

F. R.

CANNIBALISME. Fantasmes liés à l'activité orale et à la relation primaire à la mère où les angoisses et les désirs de dévoration prédominent. Le stade cannibalique est synonyme de stade oral ; Karl Abraham parle d'un stade sadique-oral qui serait plus particulièrement « cannibalique ».

J. R.

CAPTATIVITE. Tendance égocentrique à capter l'attention et l'affection de l'entourage.

F. R.

CARACTERIELS (troubles). Perversions du comportement créant des difficultés d'adaptation au milieu.

F. R.

CARACTEROLOGIE. La caractérologie est à la personnalité ce que le tempéramment est au corps, c'est-à-dire un mode de comportement et de réactions propres à un individu donné. La psychothérapie, quelle qu'elle soit, préjugeant d'un mode de réaction du patient, est intéressée au type auquel il appartient. La difficulté réside dans la multiplicité des systèmes selon lesquels on a classé les individus tantôt à partir de leur émotivité, de leur communicabilité, du stade psychanalytique auquel ils sont fixés, de leur ressemblance avec les types pathologiques, etc. Il est à noter que les psychothérapies fondées sur une doctrine qui les dépasse, sont tributaires de leur caractérologie. D'autres, comme l'onirothérapie d'intégration, qui sont en prise directe avec la filiation des états émotionnels, semblent échapper aux impératifs caractérologiques des malades (dont il faut tout de même, de toute façon, tenir compte quant aux indications que le psychothérapeute a pu donner pour la réadaptation à la vie).

A noter que les types caractérologiques selon Freud sont les types érotique, obsessionnel, narcissique, érotico-narcissique, narcissique-obsessionnel, et érotico-obsessionnel ; que pour Jung il existe deux types : extraverti et introverti. (Pour Adler, voir *Caractérologie adlérienne*.)

F. R.

CARACTEROLOGIE ADLERIENNE. Contrairement à l'opinion courante, Adler considère la structure du caractère non comme héréditaire, mais comme acquise. C'est dans les cinq premières années de la vie que s'élabore ce qu'Adler dénomme le style de vie du sujet, terme par lequel il exprime sa conviction d'une formation caractérielle élaborée par la force créatrice du sujet sous l'effet de différents facteurs :

1) la valence des organes,
2) la position dans la fratrie,
3) les relations avec le couple parental,
4) les situations psychosociales.

1) Les différents organes et appareils du corps humain ne présentent pas tous une égale valeur fonctionnelle et un identique pouvoir de résistance aux agressions. Certains se trouvent au-dessous de la moyenne. Adler les appelle les organes en état d'infériorité. Du fait de leur infériorité ils sont plus exposés aux agressions, plus vulnérables, plus aptes à succomber à la maladie. Ils captent par contre l'attention du psychisme et créent des axes psychologiques qui impriment leur cachet à toute la personnalité. Un sujet atteint d'une infériorité de l'appareil visuel est particulièrement attentif au monde de la vision, saisit mieux les nuances, les ombres et les lumières, les gradations. Il est attiré par la lecture ; il se cultive. Son infériorité visuelle trouve sa compensation dans son appétit culturel.

2) La position dans la fratrie est significative. L'aîné, près du père, est généralement respectueux de l'autorité, s'intéresse au métier de ce dernier et prend souvent sa succession. Seul pendant les premières années de sa vie, il se voit par la suite détrôné par le cadet. Ce dernier, constamment aiguillonné par la présence de l'aîné, plus fort, plus instruit, s'efforce de l'égaler, de le surpasser.

Le benjamin, enfant de parents vieillissants, souvent sous la protection excessive de sa mère, est doté d'un dynamisme extraordinaire (il porte des bottes de sept lieues). Il a devant lui des frères et sœurs plus âgés qu'il a du mal à égaler. Deux modalités caractérisent son évolution. Il peut facilement douter de lui-même et sombrer dans la névrose. Grandissant dans une atmosphère de serre, comme une plante exotique, le contact avec les difficultés de la vie, pour la solution desquelles il n'est pas préparé, lui est préjudiciable. D'autres fois son très grand dynamisme le conduit à des réalisations importantes.

L'enfant unique, une fille dans une fratrie de garçons, présentent des traits caractériels typiques.

3) La relation de l'enfant avec le couple parental, avec la mère, le père, nous donne le tableau de l'enfant délaissé, détesté, non désiré ou par contre très gâté.

4) L'ambiance d'une famille vivant dans des conditions psychosociales particulières (minorité ethnique, religieuse, raciale, très grande indigence) modèle également le caractère de l'enfant.

H. S.

CARDIAQUE (névrose). Syndrome anxieux caractérisé par l'obsession de troubles cardiaques graves. Peut se superposer à une cardiopathie réelle mais légère.

F. R.

CAS-LIMITE. Se dit d'un syndrome se manifestant à la limite de la psychose et de la névrose.

F. R.

CASTRATION (complexe de). Lié au complexe d'Œdipe, le complexe de castration désigne les fantasmes infantiles ayant trait à la perte possible du pénis.

La crainte de la castration est une donnée universelle ; quelles que soient les circonstances de son développement psychosexuel aucun garçon n'y échappe. Freud fut tenté d'y voir un héritage phylogénétique, le souvenir d'une castration réellement pratiquée par le père à titre de châtiment au cours de la préhistoire (*cf. Totem et Tabou,* 1912) ; les psychanalystes kleiniens ont tendance à interpréter l'angoisse de castration comme une variété des angoisses paranoïdes du sujet.

Chez la fille, l'absence de pénis est ressentie comme un préjudice subi qu'elle cherchera à nier, à compenser ou à réparer.

J. R.

CATALEPSIE. Maintien prolongé d'un membre dans une position quelconque sans utilité. Symptôme de schizophrénie. Peut aussi procéder d'un état hypnotique.

F. R.

CATATONIE. Entité réunissant plusieurs symptômes (voir *Catalepsie*), négativisme, troubles neurovégétatifs, impulsions et gestes stéréotypés.

F. R.

CATHARTIQUE (méthode). Se dit de la méthode, à la frontière de l'hypnose, utilisée par Freud avant la découverte de la psychanalyse ; il s'agit essentiellement d'une libération, d'une décharge d'affects pathogènes liés à la reviviscence d'une situation traumatisante. On nomme ainsi, depuis, les techniques dont la mise en condition place le sujet en état subvigile au cours duquel les images surgissent spontanément. (Voir *Décentration* et *Imagerie mentale*.)

F. R.

CAUCHEMAR. Rêve à dominante angoissante provoquant le plus souvent le réveil.

CENSURE (la). Fonction interdisant au désir inconscient d'accéder à la conscience. Cette notion, approfondie par Freud dans *L'Interprétation des rêves* (1900), explique le mécanisme de la déformation des rêves. « En vertu de la sévérité de la censure, écrit Freud, les pensées oniriques latentes doivent consentir à des modifications et à des atténuations, qui rendent méconnaissable le sens réprouvé du rêve. »

La censure est l'ancêtre théorique du Surmoi.

J. R.

CENTRAGE (Effet de). « Si l'inconscient peut être reconnu comme un facteur codéterminant avec le conscient, et si nous pouvons vivre de telle sorte que les demandes conscientes et inconscientes sont prises en compte autant que possible, le centre de gravité de la personnalité change alors de position. Il n'est plus dans le Moi, qui est simplement le centre du conscient, mais dans un point hypothétique entre le conscient et l'inconscient. Ce nouveau centre peut être appelé le Soi » (*cf.* 114, vol. XIII, p. 45). Hors d'atteinte en lui-même, on en fait l'expérience sous la forme d'un effet de centrage, dont l'inclination vers l'avenir devient le guide de la vie quotidienne (*cf.* 114, vol. XIV, p. 544). De cette manière il est le Tao, c'est-à-dire à la fois le chemin et le monde. On l'éprouve dans la perception d'un axe intérieur, qui est, en même temps, un rapport juste avec les autres et une correspondance, souvent inattendue, avec les circonstances. Tout se passe comme si d'être relié au centre de soi-même nous reliait au centre du monde. Bien sûr, cette expérience est précaire. La loi de totalité brise par de nouvelles poussées les instants de totalité. Cependant l'expérience est là. D'une part elle montre l'existence d'un tel axe de croissance, d'autre part elle pose la question des correspondances entre l'extérieur et l'intérieur. (Voir aussi : *Soi, totalité.*)

H. E.

CERVEAU (Encéphale). Elément céphalique du système nerveux, dont l'importance n'a cessé de croître au cours de l'évolution. Le cerveau est un ensemble de structures complexes, organisées en niveaux hiérarchisés, chaque étage contrôlant ceux qui le précèdent.

L'évolution phylogénétique et ontogénétique de l'encéphale ainsi que l'analyse de ses mécanismes fonctionnels ont conduit à le diviser en Myélencéphale (partie caudale du cerveau, bulbe rachidien), Métencéphale (cervelet, partie antérieure de la protubérance annulaire), Mésencéphale (pédoncules cérébraux), Diencéphale (thalamus, hypothalamus, cerveau « central ») et Télencéphale (hémisphères cérébraux, cortex). Le regroupement des trois premiers étages constitue le tronc cérébral, véritable cerveau primitif contrôlant les fonctions biologiques élémentaires (respiration, circulation, automatismes moteurs, etc.). Le Rhinencéphale (hippocampe, complexe amygdalien), ensemble télencéphalique primitivement dévolu à la fonction olfactive, peut être considéré, en liaison étroite avec la région hypothalamique (diencéphale), comme le cerveau de l'émotion. Le liquide céphalo-rachidien est contenu dans des cavités appelées « ventricules cérébraux », qui communiquent entre eux et se prolongent dans la moelle par le canal de l'épendyme (cf. 65, 135, 139, 166). (Voir aussi : *Cortex, Olfaction, Spinal, Synapse.*)

L. J.-F.

CHIMIOTHERAPIE. Si des médicaments stimulants, calmants ou hypnogènes sont connus depuis des siècles, les recherches des professeurs Delay et Deniker, celles de Laborit également ont permis la création d'une thérapeutique spécifique des états psychopathologique. C'est en 1952 que la chlorpromazine (largactyl) a été lancée comme premier neuroleptique agissant sur la schizophrénie.

Les antidépresseurs et les antiépileptiques ont complété l'arsenal thérapeutique.

S. H.

CHOIX D'OBJET. Par objet, il faut entendre : objet d'amour ; et par choix d'objet l'acte qui consiste à élire une personne ou un type de personne comme objet d'amour. Freud distingue un choix d'objet narcissique (où l'objet représente la personne propre) et un choix d'objet par étayage (où l'objet est élu sur le mode des figures parentales).

J. R.

CHRISTIAN-SCIENCE. Médecine de l'organique et du mental, basée sur la foi chrétienne.

F. R.

CHROMOTHERAPIE. Application des données des coloris fonctionnels à la thérapie, utilisant l'influence des couleurs sur les états d'âme et l'attitude affective.

F. R.

CLIVAGE DE L'OBJET. Lié à la position schizoparanoïde, le clivage de l'objet, tel que l'a décrit Mélanie Klein, est l'une des défenses les plus primitives contre l'angoisse ; il s'exerce sur des objets partiels qu'il scinde en « bon » et « mauvais » ; ce clivage primordial permet l'expulsion, la projection du « mauvais ». Si l'expulsion du « mauvais » ne peut avoir lieu, le « mauvais » reste incorporé et empoisonne le Moi sous la forme d'une persécution interne. C'est là l'origine des angoisses schizoparanoïdes persistantes décrites par Mélanie Klein ; c'est dire qu'il est de la plus grande importance que la mère soit à même d'accepter, d'accueillir et de renvoyer sous une forme transformée les fantasmes destructeurs de l'enfant. L'œuvre de Winnicott, comme celle de Bion, témoigne de cette importance.

Dans la perspective kleinienne, le clivage des objets s'accompagne d'un clivage du Moi en « bon » Moi et en « mauvais » Moi, le Moi étant pour l'école kleinienne essentiellement constitué par l'introjection des objets.

J. R.

CLUB THÉRAPEUTIQUE. S'inspirant d'une expérience du Dr Cameron au Canada, le psychiatre anglais J. Bierer a créé à Londres les premiers clubs thérapeutiques. J. Bierer est élève d'Alfred Adler. Convaincu de l'énorme importance de la relation inter-humaine pour la consolidation de la structure de la personnalité, Bierer a voulu créer un milieu privilégié où le sujet, amélioré par la psychothérapie, trouve une ambiance favorable, lui permettant grâce à des activités sociales de parfaire sa socialisation et partant sa guérison.

S. H.

COLLECTIF. Cet adjectif n'a pas chez Jung le sens qu'il a ordinairement en sociologie ou dans les sciences politiques. Il appartient à la dialectique du devenir conscient et désigne l'état d'un facteur psychique (comportement, motivation, représentation) qui s'impose au sujet sans que celui-ci en ait pris la mesure, se soit situé par rapport à lui et l'ait finalement intégré. Il correspond à l'emploi du neutre dans les langues qui le possèdent. (Voir aussi : *Inconscient, Conscience collective, Archétype.*)

H. E.

COMMUNAUTÉS THÉRAPEUTIQUES. Depuis plusieurs années, à côté des groupes thérapeutiques se réunissant à date fixe, se sont développés d'autres types de groupes plus inclusifs allant jusqu'à la vie communautaire. De telles communautés, souvent organisées autour d'un problème précis (par exemple, alcoolisme ou toxicomanie), fonctionnent souvent sans thérapeute en titre, les membres se prenant en charge les uns les autres. C'est le cas de Synanon et de Daytop pour la drogue, et des Alcooliques anonymes pour l'alcool. Depuis le mouvement antipsychiatrique et les *free clinics* américaines, des communautés plus spécifiquement psychiatriques sont apparues, telles Kingsley Hall à Londres, fondée par R.D. Laing et D. G. Cooper, puis dirigée par Joe Berke.

Le but de la communauté n'est pas tant de resocialiser les membres que de créer une vie parallèle plus satisfaisante pour eux. Certaines réussites sont spectaculaires, en particulier Synanon *.

B. J.

COMMUNICATION. Relation avec autrui. Elle permet à l'enfant de prendre conscience de soi-même : d'abord à partir des attitudes de son entourage immédiat, spécialement de sa mère (stade de la précommunication qui se termine vers six mois), puis à partir du comportement des adultes envers lui (communication sociale). La communication normale « comporte l'établissement d'une liaison informationnelle réciproque entre deux individus ou entre un individu et un groupe d'individus » (Perdoncini et Yvon). « La communication doit être un échange et non se limiter à un mouvement unilatéral ; elle entraîne même une évolution dans le comportement des deux partenaires » (cf. 146).

R. J.

Dans le prolongement des progrès cybernétiques, la psychologie et la psychothérapie bénéficient de recherches concernant les échanges interpersonnels. Ces théories sont centrées sur la relation qui unit « émetteur » et « récepteur » en tant qu'elle est médiatisée par la communication, c'est-à-dire par la circulation d'informations. La psychologie de la communication est issue de cette loi : « on ne peut pas ne pas communiquer ». Dans cette perspective sont identifiées différentes données : a) l'importance de la communication concernant la nature de la relation (méta-communication) ; b) la distinction entre communication analogique, approximative, par exemple émotionnelle, et communication digitale, précise, par exemple chiffrée ou verbale ; c) les unités de comportement sont aussi des unités de communication ; d) la difficulté de communiquer la négation analogique ; e) les chaînes relationnelles stéréotypées ; f) les phénomènes caractéristiques des couples, symétrie (compétition en escalade) et complémentarité (rigidité). Les applications à la pathologie ont été remarquables dans le domaine des thérapies familiales et de la relation avec les malades en situation de dépendance chronique.

B. J.-C.

COMPENSATION. Le point de départ de cette notion chez Adler est un problème biologique et médical.

On savait depuis toujours que les organes faibles cherchent à compenser leurs déficiences. Ainsi, en cas d'insuffisance valvulaire, l'hypertrophie du cœur est constante. Après ablation chirurgicale d'un rein, son homologue assume le travail des deux organes.

En cas de tuberculose pulmonaire, le collapsus du poumon malade provoqué par le pneumothorax — tel qu'il se pratiquait avant l'utilisation des antibiotiques — obligeait le poumon sain à prendre en charge toute l'oxygénation de l'organisme.

Cette fonction vicariante n'est qu'un des exemples de la loi de réparation que nous trouvons dans la nature. Là où il existe une déficience, un processus de compensation tend à rétablir l'équilibre. La loi du processus de compensation est valable pour le monde organique tout entier. Tout ce qui se trouve en état d'infériorité tend vers la supériorité et s'efforce de réagir avec une vigueur particulière aux sollicitations et aux stimuli qui l'assaillent. Si, dans certains cas, cette compensation se fait au niveau de l'organe ou grâce à l'interaction d'autres organes — jeu des glandes endocrines, etc. —, Adler souligne le fait que la fonction déficiente d'un organe peut être rééquilibrée grâce à sa superstructure psychique. L'insuffisance de l'organe fait alors converger tout le psychisme dans le sens de la déficience, lui impose un axe d'intérêt, une dominante.

On peut affirmer que les organes, dans leur état d'infériorité, aspirent non seulement à un équilibre, atteint grâce à la compensation, mais mieux encore à une augmentation notable de leur rendement, à la surcompensation. Ce processus peut échouer ou réussir et, dans les cas privilégiés, mener à des résultats brillants. La plus-value compensatrice peut être parfaite et les relations psychiques et physiques accrues, ainsi que leurs associations, façonnent tout le psychisme et lui donnent son aspect particulier. (Voir *Surcompensation*.) (*Cf.* 5.)

La médecine et la psychopathologie s'étaient surtout intéressées aux processus de dégénérescence et de transmission héréditaire des maladies. Adler attira l'attention sur un autre mécanisme non moins présent dans la vie biologique et psychique, celui de la compensation réparatrice.

Une fois admise l'existence de l'infériorité organique et de son corollaire psychique, le sentiment d'infériorité (voir *Sentiment d'infériorité*), Adler approfondit et élargit la signification de leurs tendances compensatrices. Car il se rendit compte que ce sentiment ne se trouve pas seulement en liaison avec un état d'infériorité organique, mais qu'on le rencontre également en cas d'infériorité sociale, réelle ou alléguée. L'analyse du contexte familial et social démontre une autre modalité du processus de compensation.

Dans la fratrie, le besoin de compensation se manifeste de différentes façons. Il incite souvent le benjamin à s'attaquer à des problèmes très difficiles. Réalisant que ses frères et sœurs plus âgés le dépassent de loin, son ambition vise haut et, là où des obstacles ou des facteurs de découragement insurmontables n'interviennent pas, il fonce et arrive à de belles réussites sociales.

Le folklore a bien remarqué cette tendance compensatrice chez le dernier-né. Le Petit Poucet et ses bottes de sept lieues en sont une illustration évidente.

Des conditions sociales particulières peuvent également déclencher le mécanisme de compensation. L'appartenance à des minorités raciales, religieuses, ethniques, des conditions économiques, en particulier une très grande indigence, génératrice d'un sentiment d'infériorité chez le sujet, peuvent produire dans son psychisme un besoin de compensation.

S. H.

Une des lois principales de la dynamique psychique. Traduction littérale de l'allemand, ce terme est utilisé en psychologie analytique avec une signification différente de celle qu'il a couramment. Il ne s'agit pas de rétablir l'équilibre, mais de fournir les conditions d'un changement. Il ne s'agit pas davantage d'amener sur un autre plan, celui par exemple d'une satisfaction imaginaire, ce qui n'a pas été réalisé. La compensation n'est pas corrélative de la frustration mais du vécu. Elle est le processus par lequel est mis en activité le facteur nécessaire pour corriger une situation consciente définie. La correction se fait en fonction du dynamisme de la totalité. Le facteur constellé est généralement psychique, mais il peut être également physiologique ou physique (somatisation, synchronicité). La correction peut porter sur le vécu, par exemple en activant les opposés d'une position unilatérale ou en proposant un troisième terme dans un conflit. Elle peut porter sur l'état de conscience en réagissant à une appréciation erronée ou à un défaut d'assimilation. Dans la plupart des cas, les rêves mettent en scène des facteurs compensatoires de la vie diurne. Ils jouent par là un rôle capital dans l'autorégulation du psychisme. Pour les interpréter, aussi bien que tout autre phénomène, il faut discerner où et par rapport à quoi joue la compensation. (Voir aussi : *Totalité, Autorégulation, Troisième terme*).

H. E.

COMPLAISANCE SOMATIQUE. Liée à l'hystérie la notion de « complaisance somatique » indique que le corps ou une partie du corps du patient peut fournir une issue aux processus psychiques inconscients en les exprimant symboliquement.

J. R.

La tension nerveuse trouve dans le domaine organique une disponibilité pour la maladie et une certaine attitude complaisante. Il résulte de l'étude d'Adler sur l'état d'infériorité des organes que ces derniers présentent un triple intérêt :

— ils créent dans le psychisme des axes qui guident la structuration de la personnalité : le sujet atteint d'une infériorité de l'appareil visuel s'applique à surmonter cette insuffisance en cherchant à mieux voir, mieux saisir le monde grâce à son appareil visuel. Il lira beaucoup, suivra une carrière intellectuelle, il dessinera, il deviendra peintre ;

— ils contribuent à produire le complexe d'infériorité, corollaire de l'état somatique, générateur de névrose ;

— la tension nerveuse est canalisée vers l'organe en état d'infériorité. Elle trouve là une disponibilité lui permettant de s'exprimer (hystérie, médecine psychosomatique).

S. H.

COMPLEXE. Terme proposé par Bleuler et repris par les représentants de la psychologie des profondeurs. Laplanche et Pontalis, dans leur *Vocabulaire de la psychanalyse* (*cf.* 144) le définissent comme un ensemble organisé de représentations et de souvenirs à forte valeur affective partiellement ou totalement inconscients.

S. H.

La méthode des associations (1902-1906) conduisit Jung à mettre en évidence l'existence de groupes de représentations à charge émotionnelle qu'il a appelées « complexe à tonalité affective », introduisant pour la première fois ce terme dans la psychanalyse (1907). Tout complexe consiste en : *a)* un élément nucléaire porteur de la signification et soustrait à la volonté consciente ; *b)* une série d'associations reliées à ce noyau et provenant en partie de dispositions personnelles innées, en partie d'expériences individuelles conditionnées par le milieu ambiant ; *c)* un conglomérat de contenus idéo-affectifs qui trahissent leur existence par des perturbations typiques du comportement. Les complexes se forment à partir d'une influence traumatique, ou par un processus de refoulement, ou par l'impossiblité pour certains facteurs inconscients d'entrer en rapport avec le conscient. Leur structure s'organise selon des schèmes archétypiques et en reçoit une part de son énergie. Doués d'une charge affective autonome, ils tendent à s'imposer au conscient sur un mode répétitif, et commandent de nouvelles possibilités d'accomplissement dans la mesure où ils sont reconnus. Dans la *Psychologie de la démence précoce* Jung analyse les complexes dans leur relation au Moi considéré lui-même comme un complexe privilégié. (Voir aussi *Archétype.*)

H. E.

Groupe de tendances qui fonctionnent solidairement (*cf.* 25). Le nom de *complexe* peut s'appliquer à des condensations durables et embrouillées qui peuvent dater de l'enfance, profondes et accompagnées de déplacements. Ils déterminent pour une bonne part les tendances acquises du sujet : ils orientent tout le caractère ; ils stimulent l'innéité (*cf.* 26). Le propre du complexe est de grouper plusieurs tendances disparates et de les activer simultanément, alors même qu'elles appartiennent, génétiquement, à diverses époques et à divers stades (*cf.* 11).

A. A.

COMPLEXE DE CAIN. Terme créé par Baudouin et qui désigne la rivalité fraternelle (*cf.* 23).

A. A.

COMPLEXE DE DIANE. Terme créé par Baudouin pour désigner ce que Freud appelle « homosexualité psychique de la femme » Diane, fille de Jupiter et de Latone, obtint de son père de ne jamais se marier. Jupiter lui donna des flèches et elle ne s'occupa plus que de chasser. Dans ce mythe apparaissent en effet le thème de la castration féminine et le désir réalisé des attributs masculins (les flèches et la chasse) (*cf.* 11).

A. A.

COMPLEXE DE SUPERIORITE. Le complexe d'infériorité peut donner naissance, par un mécanisme de compensation, à un complexe de supériorité caractérisé par une attitude arrogante, désinvolte, vaniteuse, dédaigneuse vis-à-vis des autres. Convaincu de sa supériorité par rapport à ses semblables le sujet éprouve un perpétuel besoin de les dévaloriser, déprécier, ironiser (*cf.* 3, III, « Le complexe de supériorité »).

S. H.

COMPLEXE D'INFERIORITE. C'est l'amplification pathologique d'un état affectif courant du psychisme normal, le sentiment d'infériorité. Ce sentiment est le corollaire psychique de l'état d'infériorité des organes. On le trouve chez l'enfant placé face à l'omniscience et la toute puissance des adultes. « Etre homme c'est se sentir inférieur » dit Adler. Ce sentiment stimule le sujet pour compenser son infériorité. Le complexe d'infériorité est l'hypertrophie pathologique de ce sentiment. Il envahit tout le psychisme, s'y installe de façon permanente, condamnant le sujet à d'éternels échecs, à d'interminables doutes, lui faisant juger toute entreprise inutile, toute initiative vaine, tout effort illusoire, l'astreignant à une perpétuelle inactivité. Adler considère le complexe d'infériorité comme le noyau central de toute névrose avec ses hésitations, ses doutes, ses craintes et ses éternelles et stériles interrogations (*cf.* 3, III, « Le complexe d'infériorité »). (A. Farrau et H. Schaffer, *La Psychologie des profondeurs*, Payot, 1960, p. 93.)

S. H.

COMPLEXE SPECTACULAIRE. Désigne le complexe groupant les tendances d'être vu (exhibitionnisme), de voir de se cacher, enfin de savoir (curiosité interdite) (*cf.* 29 et 23).

A. A.

COMPORTEMENT. (Voir *Behaviour Therapy*.)

COMPORTEMENT SOCIAL. Si le comportement est la manière d'être et d'agir d'un homme dans sa totalité il est important de connaître l'orientation qu'il prend vis-à-vis des autres. Dans ce sens on peut distinguer une attitude bienveillante, chaleureuse, oblative, attentive, pleine d'égards pour son prochain, qui traduit le profond intérêt que porte un être à ses semblables. Ce comportement se dénomme social. Il est sous-tendu par un état affectif : le sentiment social. Dans d'autres cas l'être humain est manifestement indifférent à tout ce qui ne concerne pas sa propre personne. On le nomme asocial. Une troisième modalité de comportement est celle d'une agressivité délibérée s'efforçant de nuire à autrui (Comportement antisocial).

S. H.

COMPROMIS (formation de). Tout symptôme, tout rêve sont des formations de compromis entre d'une part l'exigence pulsionnelle et d'autre part l'opposition à laquelle elle se heurte.

J. R.

COMPULSION DE REPETITION. Processus d'origine inconsciente lié, semble-t-il, au caractère fondamentalement conservateur de la pulsion et, peut-être, à la pulsion de mort, par lequel le sujet se place activement dans des situations pénibles, répétant ainsi des expériences anciennes sans se souvenir de celles-ci, et avec au contraire l'impression très vive qu'il s'agit de quelque chose qui est pleinement motivé dans le présent.

J. R.

CONDENSATION. Accumulation de sens dans un seul élément (thème, personne, objet). Le rêve, les lapsus, les symptômes névrotiques traduisent d'une façon abrégée, condensée et symbolique, les idées et les sentiments d'une personne. Dans le rêve, la condensation, surtout celle des personnages, aboutit parfois à une extrême concision et contribue à lui donner son caractère énigmatique.

J. R.

Dans les rêves, les images se juxtaposent, se combinent. La condensation est la forme par excellence de l'association affective. La forte condensation, signe d'une forte affectivité, est l'imagination créatrice par excellence : mais, en vérité, c'est le sentiment (conscient ou subconscient) qui est créateur et qui synthétise les images en des unités nouvelles (*cf.* 21, pp. 14-15).

A. A.

CONDUITES (Psychologie des). La notion de conduite, chez Pierre Janet, ajoute la valeur du sens (« comprendre la conduite », tel est le projet du psychologue) à l'observation d'autrui fondée sur la psychologie objective. Janet se rapproche volontairement des psychologues behavioristes par une ambition expérimentale qu'il étend de façon explicite à l'observation active et thérapeutique en psychopathologie (voir : *Hypnose, Médications psychologiques*). Ainsi la conscience elle-même est considérée comme une « conduite particulière » qui accompagne, complète ou complique l'action. Elle se distingue par la présence d'un haut niveau de tension psychologique (voir *Tension psychologique*). Les sentiments jouent un rôle important dans le système descriptif de Janet. Ils correspondent également à des conduites. Ainsi, dans le domaine pathologique, Janet décrit le sentiment d'incomplétude — et non seulement l'incomplétude — ou encore le sentiment de doute — et non le doute lui-même. De telles expressions impliquent une phénoménologie des conduites englobant de façon simultanée et équivalente le champ vécu du sujet et ses actes manifestes du moment. Il existe une « hiérarchie des conduites », allant des plus simples, les actions réflexes ou « automatismes psychologiques », « formes inférieures de l'activité humaine », jusqu'aux conduites les plus complexes, qui, nécessitant un haut degré de tension psychologique, impliquent globalement l'individu, regroupent de nombreuses tendances, créent une synthèse nouvelle face à une situation originale. (Voir *Behaviour Therapy*.)

B. J.-C.

CONFLIT. C'est avec l'investigation systématique du conflit émotionnel — jusqu'alors en dehors de la sphère de la science médicale — que naît la psychanalyse.

Freud a réduit les conflits émotionnels à l'action de forces fondamentales de fins opposées, c'est-à-dire de pulsions antagonistes. Tout au long de ses recherches, il a maintenu cette approche dualiste des processus psychologiques et insisté sur la nécessité de comprendre la nature des pulsions. Au début, acceptant le contraste généralement admis entre la faim et l'amour, il vit ces forces pulsionnelles en opposition dans les pulsions d'autoconservation, d'une part, et les pulsions sexuelles de l'autre. Plus tard, il établit la différence entre les pulsions du Moi et les pulsions sexuelles, et pensa que ce dualisme s'accordait avec le double rôle de l'être humain comme individu et comme représentant de l'espèce. Mais les progrès de ses recherches ne confirmèrent point cette distinction et, en dernière analyse, il arriva à la conclusion que les premiers moteurs du comportement étaient une pulsion de vie et une pulsion de mort.

J. R.

La psychologie des profondeurs ramène la névrose à un conflit entre deux instances. Dans la psychanalyse ce conflit se situe entre le besoin de satisfaction et la sécurité, entre les défenses du Moi et les pulsions du Ça. Dans cette perspective ce conflit est intrapersonnel ; il se passe à l'intérieur de la personnalité.

Pour Adler l'apparition de la névrose est due à un conflit entre la personnalité et les exigences du monde extérieur. Toutes les fois que le sujet, avec ses structures psychiques propres, se trouve confronté avec les problèmes de son existence, problèmes qu'il ne sait pas ou croit ne pas pouvoir résoudre, les prémisses pour l'éclosion d'une névrose sont données.

S. H.

Pour Jung comme pour Freud, le conflit est l'expérience cruciale à l'origine des névroses et des psychoses. Jung la fonde « en dernière analyse sur l'impossibilité apparente d'acquiescer à la totalité de la nature humaine » (cf. 121, p. 189). D'un point de vue topique, il naît de la tension, voire de la dissociation entre le Moi conscient et l'inconscient, personnel et collectif : confrontation au Surmoi (cf. 130, p. 249) et à l'Ombre (cf. 114, xiv, p. 365). D'un point de vue dynamique, il est habituellement projeté ou réprimé ; mais lorsqu'il est conscient, il maintient la tension nécessaire entre les opposés, accroît « la production d'énergie psychique et la faculté de différenciation ultérieure, toutes deux indispensables au développement de la conscience » (cf. 114, xiv, pp. 418-419). Il faut toutefois que le sujet puisse en porter la souffrance (cf. 114, xvi, p. 194). « C'est un processus et une méthode à la fois » (cf. 114, xi, p. 489), qui « réclame une solution réelle et a besoin d'un troisième terme en qui les opposés puissent s'unir. Celui-ci ne peut être que de nature irrationnelle, un processus énergétique qui agit symboliquement » (cf. 114, xiv, p. 495). Voir aussi : Différenciation, Dissociation, Névrose, Ombre, Troisième terme.

L. D.

CONFORMITE. C'est le respect des règles de conduite d'un groupe. Elle s'oppose à la déviance.

B. J.

CONFRONTATION. Concept jungien central, la confrontation (*auseinandersetzung*) du conscient et de l'inconscient est, pour Jung, la définition même du processus analytique : « affrontement dialectique » (*cf.* 132, p. 4 *sq.*), où le conscient n'est que l'un des partenaires d'une rencontre et d'un dialogue. Il doit y abandonner sa suprématie pour ouvrir la voie aux dynamismes inconscients. « La confrontation produit une dissolution de la personnalité et en même temps la regroupe en un tout » (*cf.* 114, XIV, p. 222). L'intégration de la personnalité qui en résulte est aussi une prise de responsabilité par le Moi ; en effet, « la confrontation avec l'archétype ou l'instinct signifie un problème éthique de premier ordre » (*cf.* 131, p. 531), celui de l'intégration de l'ombre. (Voir aussi : *Auto-Régulation, Imagination active, Fonction transcendante.*)

L. D.

CONSCIENCE. « Le rapport des contenus psychiques au Moi conscient forme ce qui peut être désigné du nom de conscience » (*cf.* 131, p. 501). « La relation d'un contenu psychique au Moi constitue le critère de son état conscient, car aucun contenu ne peut être conscient à moins qu'il ne soit représenté à un sujet » (*cf.* 114, IX, p. 3). Le présupposé de la conscience est donc l'existence d'un sujet, d'un Moi conscient, c'est-à-dire d' « une différenciation entre sujet et objet et une relation entre eux » (*cf.* 114, IX, 2, p. 193). C'est la séparation d'avec la mère — mère personnelle d'abord, mère inconscient toujours — qui permet ce face à face (*cf.* 124, p. 658 et 131, p. 114). « La conscience est phylogénétiquement et ontogénétiquement secondaire » (*cf.* 127, p. 395). C'est un « état temporaire qui repose sur une performance physiologique et qui est régulièrement interrompu par les phases d'inconscience du sommeil » (*cf.* 130, p. 26 et 2, p. 73). C'est aussi un état progressif qui, chez l'enfant jusque vers quatre ans, « manifeste une discontinuité insulaire » du fait de la précarité du Moi (*cf.* 131, p. 78). C'est enfin un état relatif : « Il n'y a pas une conscience pure et simple mais toute une gamme d'intensités de conscience, comme il n'y a pas de contenu conscient qui ne soit inconscient à un autre point de vue » (*cf.* 131, p. 504). Enfin la notion de seuil, non seulement inférieur, mais aussi supérieur (*cf.* 131, p. 488), « présuppose un point de vue énergétique d'après lequel la conscience des contenus psychiques dépend essentiellement de leur intensité » (*cf.* 131, p. 488), et aussi de leur valeur (*cf.* 131, p. 483). De ce fait, la conscience est un système de perception (*cf.* 131, p. 504). Quant au mécanisme de la prise de conscience, il s'inscrit dans une dialectique entre inconscient et conscient. En effet, d'une part valeur et intensité caractérisent l'affect qui accompagne le contenu psychique et grâce auquel la prise de conscience a lieu. Il trouve son origine dans l'énergie spécifique liée aux archétypes. Ainsi, paradoxalement, c'est l'inconscient qui est la matrice de la conscience, laquelle, pour Jung, « représente une manifestation spontanée du Soi » (cf. 131, p. 287). D'autre part, le Moi conscient offre une structure d'accueil grâce aux concepts aperceptifs (cf. 131, p. 487 et 114, IX, 2, p. 169) et à l'énergie libre de la volonté qui permet un nouvel assemblage des contenus fragmentés (cf. 131, p. 287). Enfin, l'élaboration consciente a un retentissement sur les formes que peuvent prendre les archétypes (cf. 131, pp. 15-16), modifiant ainsi parfois les lois éternelles des images primordiales (cf. 122, p. 285). Le rôle de la conscience apparaît donc essentiel. Par le jeu des fonctions psychologiques, elle permet l'orientation extérieure et intérieure (cf. 121, p. 84). Par ailleurs, c'est « lorsqu'elle remplit sa tâche jusqu'aux limites du possible » que « l'inconscient fonctionne de façon satisfaisante, perdant son aspect contraignant et angoissant pour jouer son rôle compensatoire » (cf. 130, p. 79). Ainsi s'accroît « la liberté empirique de la volonté » (cf. 131, p. 469). La conscience humaine, enfin, a une valeur cosmique : « La première, elle a créé l'existence objective et la signification et c'est ainsi que l'homme a trouvé sa place indispensable dans le grand processus de l'être » (cf. 127, p. 295). Deux dangers sont la contrepartie du développement de la conscience : l'unilatéralité (cf. 121, p. 43) et la perte des instincts (cf. 122, p. 285). (Voir aussi : *Affect, Archétype, Energie, Fonctions psychologiques, Inconscient, Moi, Unilatéralité. Vigilance, Volonté.*)

L. D.

CONSCIENCE COLLECTIVE Apparentée au Surmoi freudien (cf. 131, p. 13n) tout en le dépassant, la conscience collective véhicule « les vérités généralement reconnues », le consensus social, « la vision du monde » (cf. 131, p. 544), l'esprit du temps « dont l'individu est en partie conscient et en partie inconscient » (cf. 131, p. 13n). Etant une projection de l'inconscient collectif, elle fournit à la conscience individuelle nombre de ses éléments constitutifs, en particulier les concepts aperceptifs ; mais elle lui est en même temps un piège. « Lorsque la conscience subjective préfère les représentations et les opinions de la conscience collective et s'identifie à elles, les contenus de l'inconscient collectif se trouvent refoulés. Plus forte est la charge de la conscience collective et plus le moi perd de son importance » (cf. 131, p. 545). La conscience personnelle se dégage de la projection « en reconnaissant son ombre (le Surmoi), aussi bien que l'existence et l'importance des archétypes » (*cf.* 131, p. 547 *sq.*).

L. D.

CONSENSUS. Accord conscient d'un groupe sur les décisions, le fonctionnement, les actions communes. L'*hypothèse de base*, en revanche, est inconsciente.

B. J.

CONSTANCE. (Voir *Principe de constance.*)

CONSTELLATION. Terme emprunté à Nietzsche qui s'applique surtout aux contenus de l'inconscient ; parfois synonyme d'activation. Animation particulière de l'inconscient (*cf.* 124, p. 714) marquée « par l'agglutination et l'actualisation de certains contenus » (*cf.* 121, p. 194) survenant lorsque l'attitude du conscient n'est plus adaptée à la nature de l'individualité totale (*cf.* 121, p. 214). C'est «une opération automatique, spontanée, involontaire » (*cf.* 121, p. 179) résultant du rapport dynamique qui lie conscient en inconscient. Elle est conséquente : *a)* à la perte de rétention du conscient dont les contenus s'usent, appelant une énantiodromie ; *b)* au dynamisme propre des archétypes qui s'actualisent par la voie des symboles, des rêves et des complexes ; *c)* à l'influence des événements extérieurs et du climat collectif régnant (*cf.* 121, p. 179) ; une synchronicité est alors possible avec l'évolution psychique individuelle. De nombreuses perturbations névrotiques sont dues à la présence de contenus constellés mais non assimilés ou assimilables (*cf.* 114, vol. IX/2, par. 259). (Voir aussi : *Activation, Enantiodromie, Symbole, Rêve, Complexe, Assimilation.*)

L. D.

CONSTELLATION FAMILIALE. La constellation familiale est indubitablement un facteur important pour le développement psychique de l'individu. Le point de départ de toute relation avec autrui est la dyade mère-enfant. Le comportement social de l'enfant trouve dans cette relation ses premières ébauches (voir *Caractérologie adlérienne*).

S. H.

CONTACT SOCIAL. L'être humain est appelé à vivre en société. Son contact avec autrui ne saurait se réaliser de façon satisfaisante s'il n'est pas sous-tendu par un état affectif qu'Adler appelle le sens social, le sentiment social ou encore le sens communautaire (*Gemeinschafts gefühl*).

S. H.

CONTAGION MENTALE. Propagation d'un trouble psychique d'un sujet à d'autres suggestions.

F. R.

CONTAMINATION. Fusion de deux ou plusieurs contenus psychiques, caractéristique de l'inconscient. « Contrastant avec la distinction claire et la différenciation des formes dans la conscience, les contenus inconscients sont incroyablement vagues et de ce fait ont une grande capacité de contamination » (*cf.* 114, vol. XI, p. 491). C'est ainsi que dans les rêves « des significations diverses sont condensées en un seul objet qui les exprime toutes » (*cf.* 121, p. 374). La contamination joue également entre complexes et entre archétypes. Le pouvoir de contamination de l'inconscient peut s'exercer sur le conscient lorsque celui-ci « s'identifie plus ou moins complètement avec les facteurs inconscients » (*cf.* 114, vol. XVI, p. 292). Il s'agit alors d'un processus d'inflation (*cf.* 114, vol. XVI, p. 294) et d'une faiblesse de l'aperception (*cf.* 114, vol. III, p. 24). (Voir aussi : *Archétype, Complexe, Aperception, Inflation.*)

L. D.

CONTENU LATENT ET CONTENU MANIFESTE. Les éléments formant le récit du rêve constituent le contenu manifeste, cependant que les associations libres du rêveur en révèlent le contenu latent.

J. R.

CONTINUITE DES SOINS. La notion de continuité des soins est à la fois le reflet et un aspect essentiel des progrès thérapeutiques en psychiatrie, en particulier marqués par le développement des chimiothérapies. Les psychoses ont le plus souvent un déroulement porteur de chronicité et d'invalidité. Il appartient aux thérapeutes de tenir compte des possibilités préventives essentielles que constituent le maintien de l'appui relationnel et psychothérapique sur un temps suffisant qui peut se compter en années. Il en va de même, d'ailleurs, dans les soins donnés aux états névrotiques les plus marqués. Parmi les facteurs de chronicisation auxquels la continuité des soins doit s'opposer, on relève : l'absence de sédation suffisamment rapide des épisodes aigus, les ruptures relationnelles lors des périodes de convalescence, de consolidation ou de rechute, l'hospitalisme, c'est-à-dire la prolongation excessive des séjours et de la dépendance hospitalière avec la distension des liens familiaux et socio-professionnels qui découlent de ces isolements trop prolongés. Il existe ainsi un élément fondamental de continuité de l'action thérapeutique, en particulier chez les psychotiques. Parmi les mesures institutionnelles utilisées dans ce sens, on note le développement de la « politique de secteur », c'est-à-dire la réponse possible au niveau même du lieu de résidence du patient, disponibilité de soins de prévention et postcure, hospitalisation dans un contexte libéral, formes d'aides thérapeutiques et sociales souples, tels les hôpitaux de jour, les foyers et ateliers protégés. La même équipe soignante s'occupe des patients issus d'une aire géographie définie (70 000 habitants en moyenne) et veille à les assister à chacune des étapes de leur évolution. Ces dispositions sont loin d'exclure une référence aux praticiens privés et peuvent progresser en fonction des possibilités matérielles et en personnel de l'équipe. L'hôpital psychiatrique perd sa place centrale dans le dispositif de santé mentale tandis que se développent les possibilités de soins dans la cité. Un « transfert institutionnel » semble pouvoir s'établir sur ce collectif soignant qui assume de façon coordonnée ses responsabilités vis-à-vis d'une population définie. En pratique privée, il va de soi que les mêmes impératifs d'assiduité et de continuité de la prise au soin des malades psychiatriques existent. Ils jouent un rôle de prévention essentiel, prévention secondaire visant l'aggravation des atteintes de la personnalité, tentative de prévenir le passage à l'invalidité ou à l'hospitalisation de durée indéfinie.

B. J. C.

CONTRE-IMAGE. En onirothérapie, dans le cas où le champ d'attention du sujet est investi par une préoccupation obsessionnelle, une image peut être induite pour se substituer à l'image obsessionnelle ou pour la modifier. C'est la méthode dite de contre-image (Caslant) ou de substitution d'image (Janet).

F. R.

CONTRE-INVESTISSEMENT. Energie psychique utilisée pour maintenir le refoulement de systèmes de représentations, d'attitudes, de pensées susceptibles de faire irruption dans la conscience.

J. R.

CONTRE-TRANSFERT. Par ce terme on désigne généralement les réactions inconscientes du psychanalyste à la personne de son patient. Freud n'y a que peu fait allusion. Nombreux sont les psychanalystes qui mettent aujourd'hui l'accent sur le contre-transfert et qui rappellent opportunément que c'est moins avec ses connaissances et son expérience qu'avec son contre-transfert que l'analyste fait l'analyse. « C'est par le contre-transfert que toute interprétation est donnée et que se scandent les alternances de la parole et du silence dont on ne cherchera qu'a posteriori les justifications techniques », écrit S. Viderman (*La Construction de l'espace analytique*, 1972).

L'importance du contre-transfert appelle « l'analyse didactique » du psychanalyste qui doit être suffisamment averti et maître de ses propres transferts pour ne pas tomber dans les diverses formes de « passages à l'acte » inconsidérés.

R. J.

CONTROLE (psychothérapie de). Consiste à faire pratiquer à un débutant, sous la surveillance d'un praticien confirmé dans l'utilisation d'une technique, une psychothérapie selon cette technique.

F. R.

CONVERSION. Il faut entendre par là le saut du psychique au somatique par lequel se trouve transformé, « converti », en innervation somatique un conflit psychique ; le symptôme a alors une signification métaphorique : à travers lui, les représentations refoulées « parlent ».

J. R.

CORPS IMAGINAIRE. (Voir *Décentration.*)

CORTEX (ECORCE CEREBRALE). Partie superficielle du télencéphale considérée comme l'instance supérieure du système nerveux. On y reconnaît des aires privilégiées pour la réception des informations sensorielles, d'autres spécifiques de la commande motrice, d'autres enfin, dites associatives, dont le rôle intégrateur est essentiel. Il peut être intéressant de signaler qu'il existe une représentation relativement précise du corps au niveau des aires sensorielles et motrices, de part et d'autre de la scissure de Rolando (homonculus). On peut voir dans cette double représentation la base neurophysiologique du schéma corporel. Par ailleurs, le néocortex frontal, particulièrement développé chez l'homme, a souvent été considéré comme le « siège » des fonctions intellectuelles supérieures. S'il est important de considérer cette région frontale comme un élément essentiel à la régulation des conduites complexes et à la réalisation des activités intégratives, il faut bien se garder de tout localisationnisme étroit en ce qui concerne le prétendu siège des activités intellectuelles supérieures. Ces activités sont le produit du fonctionnement harmonieux et global du cerveau, considéré comme un ensemble de circuits et non l'expression de l'activation d'une structure unique et autonome (*cf.* 52, 65, 135, 139, 166). (Voir aussi : *Cerveau, Schéma corporel, Synapse.*)

L. J.-F.

COSMOGENIE. (Voir *Symbologie génétique.*)

COUNSELING. Psychothérapie consistant en une répétition de longs entretiens avec le malade.

F. R.

COUPLE D'OPPOSES. Le dualisme fondamental de la pensée freudienne (opposition de l'amour et de la haine, de la pulsion de vie et de la pulsion de mort...) se trouve exprimé par le concept *couple d'opposés* qui renvoie soit à la psychopathologie (exemple : sadisme-masochisme, voyeurisme-exhibitionnisme), soit à la métapsychologie.

J. R.

CREATIVITE. L'être humain se trouve confronté avec toutes sortes de situations et c'est grâce à sa créativité et sa fonction imaginative qu'il arrive à résoudre les problèmes qui se présentent à lui. A première vue le mot créativité évoque l'activité de l'artiste. Mais il faut insister sur le fait qu'elle joue aussi dans des activités beaucoup plus modestes de la vie journalière et professionnelle. Adler a particulièrement souligné la créativité du petit enfant. Dès les premières années de sa vie, sous l'influence de son équipement constitutionnel, des impressions qui lui viennent de son milieu et de la force créatrice dont il dispose, le sujet modèle une structure de sa personnalité qui le caractérise pendant toute sa vie (*cf.* 3). Tramer a par la suite repris ce thème de la créativité chez le petit enfant.

S. H.

C'est à propos de la nature psychique de l'œuvre alchimique (*cf.* 132, p. 319) que Jung fait apparaître le rôle de l'imagination dans la création : représenter et réaliser. « Le fait d'imaginer contient une part d'activité physique qui s'insère dans le cycle des transformations de la matière, qui les détermine et qui est à son tour déterminée par elles » (*cf.* 132, p. 359). Cette conception de l'imagination créatrice, en tant « qu'extrait concentré des forces vivantes, aussi bien physiques que psychiques » (p. 365), fait comprendre la nécessité de la complète participation de l'artiste à son œuvre : lui-même devenant « la condition indispensable de sa propre expérience » (*id.*). Dans cette perspective la fonction de créativité revient à l'animus chez la femme et à l'anima chez l'homme, dans la mesure où les contenus inconscients qui constellent ces figures ont été suffisamment reconnus par le conscient pour libérer l'accès créateur au monde intérieur masculin de la femme et au monde intérieur féminin de l'homme. (Voir aussi : *Imagination active, Anima, Animus.*)

G.-G. G.

CRIMINOLOGIE. Science étudiant la délinquance et la criminalité pour en dégager les causes.

F. R.

CRISE D'ORIGINALITE JUVENILE. Au moment de sa puberté l'adolescent présente parfois des attitudes originales, contradictoires, contestataires vis-à-vis des parents. Il s'intéresse à des courants d'idées insolites, il s'habille de façon extravagante. Cette attitude correspond à un besoin d'indépendance et d'autonomie. L'originalité des conduites impose parfois la nécessité d'un diagnostic différentiel avec une phase de début de la schizophrénie.

S. H.

CRISTAL-VISION. Technique qui consiste à regarder longtemps et avec fixité une surface brillante, une boule de verre, un cristal à facettes, et voir de petites images très précises et souvent colorées qui apparaissent spontanément sans intervention de la volonté (*cf.* 109, p. 1).

CULPABILITE. Sentiment lié à la transgression d'une injonction morale. Pour les analystes kleiniens, il existe dans tous les cas un sentiment de culpabilité ; il découle de la conscience qu'a le sujet de détruire ce qui est aussi aimé, de défier ce à quoi on est soumis.

J. R.

CULTURALISME. C'est un courant du mouvement psychanalytique dont les représentants insistent sur l'importance du milieu culturel dans lequel grandit l'être humain. Parmi eux Karen Horney, Erich Fromm, Harry Stack Sullivan.

Karen Horney insiste sur le facteur socioculturel. Il n'y a pas de séparation nette entre le névrosé et le normal.

Il existe dans notre culture quatre voies qui mènent à la sécurité et à la protection :
— gagner l'amour de son entourage ;
— aspirer à la puissance et personne n'osera me faire du mal ;
— se soumettre à l'autre ;
— la fuite.

Karen Horney a repris chez Adler la notion de la protestation virile (sans se servir de ce terme) se manifestant par un esprit de chicane, de domination. Les qualités viriles ou féminines sont d'origine culturelle et non sexuelle.

Erich Fromm souligne le facteur socioculturel et surtout éthique et religieux. Les instincts sont conditionnés biologiquement mais agencés en fonction des facteurs sociaux. Il recommande une « vie vertueuse », sous-entendu une existence d'où le sens communautaire n'est pas exclu.

Harry Stack Sullivan insiste sur l'inter-relation personnelle du sujet dans la vie comme dans la relation thérapeutique. L'altération de la réactivité d'origine émotionnelle (parataxic-distorsion) représente la situation de transfert d'après Sullivan. La thérapie a pour tâche de conduire le malade de ses expériences irrationnelles vers un niveau plus élevé de conscience qui se rapproche de la réalité. Sullivan considère la psychiatrie comme une discipline socio-psychologique, et demande de la part du thérapeute de l'honnêteté, de la souplesse et de la patience.

S. H.

CURE-TYPE. Par opposition à toutes les psychothérapies d'inspiration psychanalytique la cure-type (que certains auteurs préfèrent nommer : « courante ») représente le traitement psychanalytique dans ses normes techniques et théoriques les plus pures.

La situation analytique va être réalisée par et dans des conditions spéciales (séances préanalytiques, règle fondamentale, associations libres, névrose de transfert, interprétations, effacement imperceptible des frontières du présent et du passé...) qui visent à obtenir des modifications structurales du Moi afin de permettre cette « scission thérapeutique » dont parlait Fénichel, qui suppose qu'une partie du Moi déraisonne, tandis qu'une autre partie observe et intègre le matériel issu de la diminution du contrôle.

La cure-type implique la relation fauteuil/divan, le patient étant allongé dans une semi-obscurité, ce qui permet un relâchement général des fonctions du Moi. Les séances durent entre quarante-cinq et soixante minutes ; il y en a au moins deux par semaine, souvent trois ou quatre. Le patient ne prendra pas de vacances en dehors de celles de son analyste et réglera toutes les séances, même celles qu'il a manquées pour des motifs « valables ».

Le contact entre l'analyste et l'analysé sera réduit au minimum en dehors de la situation analytique ; c'est dire l'intense frustration que va provoquer cette situation, frustration qui entraînera une régression favorable au traitement.

Les cures-types sont de plus en plus longues (de trois à dix ans ou plus) ; elles aboutissent moins à resocialiser le sujet, à le « normaliser », qu'à l'ouvrir à son histoire, à sa problématique. Elles substituent à une souffrance névrotique une souffrance simplement humaine. Freud considérait que le lever de l'amnésie infantile était un des critères les plus sûrs de la fin de l'analyse.

J. R.

CYCLOTHYMIE. Alternance de phases d'euphorie hyperactive et d'atonie mélancolique. Peut n'exister qu'à l'état de tendance (constitution cyclothymique) ou donner lieu à une psychose chronique (maniaco-dépressive). (Voir *Syntonie*.)

F. R.

D

DAMNATION. Excès délirants à forme de scrupule religieux faisant le fond de certains états anxieux dépressifs.

F. R.

DEBILITE. Retard de développement des fonctions mentales. Le déficit est rarement harmonique et, selon Zazzo, c'est même la dyschronie de développement (motricité, langage, socialisation, coordination) qui caractériserait le mieux la débilité — avec un fond anxieux latent. On distingue les débilités profondes (Quot. Intel. 30 à 50), moyennes (50 à 65), légères (65 à 85). Elles peuvent résulter d'une régression (démence, sénilité).

F. R.

DECENTRATION (Technique de). L'onirothérapie d'intégration utilise la décentration comme mise en condition d'un sujet afin d'obtenir un surgissement spontané d'images mentales. Le sujet est habituellement allongé, les yeux fermés, dans une pièce obscure ou aux éclairages très atténués. Il lui est demandé d'oublier ce qu'il peut savoir de la concentration et de la relaxation. Par définition, la concentration implique un effort d'attention sur un département sensoriel ou sur une fonction sensorielle. Ici le sujet doit s'abstenir de tout effort, d'où le nom de décentration donné à la technique. Toute attention doit s'effacer pour une *attente*.

Le but de la mise en condition n'est pas la recherche d'un état de relaxation, puisqu'il convient ici d'accepter les contractures qui précèdent généralement, et parfois de façon douloureuse, le stade de dissociation de l'image corporelle.

Initialement, la technique digitale peut faciliter l'entrée dans cet état d'attente passive. Le sujet est amené à abandonner les filtrages habituels imposés à ses perceptions sensorielles, et à percevoir par exemple la circulation du sang à l'extrémité de ses doigts (*cf.* 200, pp. 227-239).

La palpitation du sang emplit le champ de la conscience perceptive. Les mains semblent grossir, se déformer, changer de position souvent de façon dissymétrique. Puis les divers départements sensoriels parlent anarchiquement.

Le sujet, soudain, sent sa jambe droite s'allonger démesurément jusqu'au bout de la pièce et sa jambe gauche, au contraire, rétrécir ; il perçoit son corps comme se dédoublant, l'un en dessus et l'autre en dessous du divan ; ses mains, qu'il sait être là, sont perçues comme étant ailleurs. « Je sais, dit-il, que mes mains sont immobiles sur le divan mais je les perçois en l'air... ou : « je les sens derrière mon dos... », ou : « j'ai quatre mains, c'est idiot, j'en ai deux à droite et deux qui sont à gauche et je ne sais plus laquelle est la vraie ».

Un autre sujet dira :

« Je me sens complètement disloqué, c'est drôle, complètement en biais. Je n'arrive plus à me sentir sur le dos, comme si je flottais. La tête flotte toute seule. Mon corps est à quelques mètres au-dessus du sol mais il n'est pas droit. Il n'est pas horizontal. Je suis à 45°, le plan des jambes incliné à 45° vers la gauche et le plan du corps incliné à 45° vers la droite et puis alors, les bras, ils sont comprimés, alternativement comprimés et détendus comme si j'étais soumis à des pulsions, curieuses d'ailleurs. Et maintenant cela devient de plus en plus difficile à essayer de définir la position relative... J'ai l'impression que je suis une énorme hélice et que tout tourne dans des sens différents. Ce qui est certain, c'est que je n'arrive pas à retrouver l'équilibre. Maintenant j'ai l'impression que le haut du corps se retourne comme si le dos venait en l'air et le ventre en bas. J'ai froid. »

La décentration recherche donc la levée des filtrages qui séparent constamment chaque sensation particulière de cette perception globale qu'impliquent l'existence et le maintien du moi.

C'est l'anarchie de la perception opposée à la synarchie de l'intégration. Tout filtrage étant aboli, le sang bat au rythme cardiaque à l'extrémité de chaque doigt, mais il peut être perçu comme battant à un rythme différent dans chacune des deux mains. Tour à tour et sans aucun choix par le Moi, chaque organe, chaque fonction, prend le droit de parler seul. C'est ici ou là, dans tel organe ou sur telle surface, la chaleur ou le froid, la pesanteur ou la légèreté, la réduction ou l'amplification de la forme, et c'est même parfois les deux contraires au même instant, une ambivalence sensorielle plus ou moins localisée.

La technique de décentration évoque celle des physiologistes pratiquée dans les laboratoires de cosmonautique et qu'ils nomment *isolement sensoriel* * ou *faim sensorielle*. Nous préférons, pour notre part, parler d'*égalisation sensorielle*.

Ainsi, nous lisons dans *La Psychologie et le Cosmos* de Gagarine et Lébédev (éd. de Moscou, 1969, p. 226) ce récit d'expériences : « Les sujets furent plongés dans un réservoir d'eau spécialement aménagé où ils étaient isolés non seulement de la lumière et du bruit, mais encore de l'information qu'on tire d'ordinaire du fait qu'on s'appuie sur une surface quelconque. » ; et plus loin (p. 127) : « Se trouvant dans l'eau, beaucoup entendaient nettement un bourdonnement d'abeilles, des chants d'oiseaux, des voix humaines, de la musique. D'autres apercevaient de brusques lueurs, diverses figures géométriques, voire des scènes entières : l'un voyait une procession d'écureuils, sac sur l'épaule, marchant dans un champ enneigé, d'autres assistaient à un match de basket-ball ou à des épreuves de natation, d'autres encore voyaient des gouttes d'eau tomber du plafond. Les sujets avaient l'impression que leur corps changeait de place, que leur tête et leurs mains se détachaient du tronc, qu'à côté d'eux apparaissait leur sosie, etc. »

En onirothérapie d'intégration *, et au cours de la phase de décentration, ce stade d'égalisation sensorielle où surgissent des images, nous l'avons nommée « perception métamorphique du corps » (P.M.C.). Il s'agit d'une perception désintégrée du corps réel dont le sujet garde encore conscience. Dès ce stade surgissent déjà des images, d'abord corporalisées (je suis une énorme hélice), puis des images mentales discontinues, enfin des paysages cohérents dans lesquels le sujet va imaginer se mouvoir, debout, habitant en quelque sorte un corps imaginaire comme au cours du rêve hypnique. C'est le stade de l'imagerie mentale *. Le corps imaginaire s'est en quelque sorte constitué et le sujet porte son attention sur l'univers imaginaire qui l'entoure ; il projette autour de lui des images et des personnages fantasmagoriques ou fabuleux, transposant sur un monde visuel les difficultés psychiques qu'il avait précédemment saisies sur un mode coenesthésique. Ce monde fabuleux qu'il crée autour de lui, ces personnages qui l'entourent, expriment les problèmes affectifs que la vie lui avait interdits d'exprimer autrement, et éventuellement les troubles organiques qui en sont l'expression psychosomatique.

Ce faisant, le sujet se débarrasse progressivement de ses difficultés psychologiques. Il se vide en quelque sorte des monstres qui l'habitent et qui, dans le langage courant, s'appellent conflits intérieurs, complexes, barrages, inhibitions. Du même coup il peut se trouver débarrassé aussi de l'ulcère d'estomac ou des troubles cardiaques qui l'affligeaient.

à travers lequel elle s'exprime d'habitude jusqu'au point où la pensée

Il s'agit donc d'abord de dissocier la pensée du corps matériel du sujet sera aussi libérée qu'elle peut l'être dans les rêves hypniques. Au cours de la technique, le tracé électro-encéphalographique passe en rythme alpha, la température du corps s'abaisse, le pouls se ralentit, le corps est engourdi, et les images surgissent abondamment. Le patient les décrit à l'intention du psychologue qui se tient près de lui. Il raconte les sensations qu'il éprouve, les scènes auxquelles il se trouve mêlé, les personnages qui surgissent et les sentiments qui habitent son Moi imaginaire.

Lorsque le patient est bien intégré dans son corps imaginaire (et c'est là le secret de la réussite de la technique) il peut se mouvoir dans l'espace comme dans le temps, et notamment revivre ses expériences de la première enfance. Chose curieuse : lorsque c'est le corps imaginaire qui revit les expériences d'un passé lointain, elles acquièrent une précision, une intensité, un luxe d'états affectifs parallèles auxquels le souvenir lucide n'atteint jamais, même chez les gens doués d'une mémoire exceptionnelle.

Le Moi corporel imaginaire ne s'astreint pas nécessairement à restituer des tranches de la vie passée. Le plus souvent même il amènera le patient à explorer le monde infini des expériences possibles ou des mondes possibles, quelquefois aussi de l'univers mythique traduisant le passé légendaire ou réel de l'espèce humaine. L'imagerie mentale diffère donc de la rêverie en ce qu'elle suppose une mise en condition bien déterminée et la présence d'un psychologue à l'intention duquel le sujet raconte tout haut le film de ses affabulations. L'expérience montre que si la rêverie est stérile, l'imagerie mentale, en présence d'un opérateur, a au contraire la vertu de débarrasser le patient de ses perturbations affectives, angoisses, inhibitions, etc. et de leurs symptômes, insomnies, agitations, inadaptation sociale, etc.

Le rôle du Moi corporel imaginaire est multiple. Tout d'abord il permet, comme on l'a vu, de revivre des époques et des scènes où se sont cristallisées les difficultés et les conflits qui ont déterminé pour tout le reste de la vie un comportement affectif faussé. Cette restitution et la prise de conscience qui s'ensuit n'est pas un phénomène silencieux : quand les images critiques surgissent le sujet est violemment agité de sentiments et d'émotions intenses. Ce phénomène affectif est nommé l'abréaction. Il caractérise cette phase cruciale du traitement appelé l'onirodrame.

Au retour de ce voyage, le patient se trouve enrichi d'un vécu symbolique et plus authentique de lui-même.

Rapportons par exemple le cas d'un jeune homme affligé d'une grande difficulté à s'adapter à la société et singulièrement à la compagnie des femmes. Au cours d'un exercice d'imagerie mentale son imagination le porte à s'engager dans une galerie au bout de laquelle se trouve un miroir. Précisons que ce jeune homme portait un collier de barbe et qu'il voit tout d'abord son image très fidèle comme lorsqu'on se regarde dans une glace. Au moment où il imagine se raser la barbe, le sujet s'exclame : « Ah ! Ma sœur ! » Le sujet avait découvert, avec émotion, qu'il s'était identifié à un personnage féminin par suite de blocages divers de l'enfance. Point n'avait été utile d'ailleurs de fournir au jeune homme des explications sur ce qui s'était passé. En revenant à la conscience lucide et en reprenant sa vie active, il portait en lui une vue nouvelle de son propre personnage et une perspective neuve sur ses problèmes.

Il arrive qu'à l'issue d'une imagerie mentale consécutive à la décentration, le sujet, qui s'assied sur le bord du divan, dise quelque chose comme : « C'est curieux, je savais bien que j'avais un corps, je l'ai toujours senti mon corps, mais c'est la première fois que je le sens ainsi, la première fois que j'ai l'impression d'avoir vraiment un corps. » Cette impression est en effet très difficilement exprimable. A l'issue de la décentration, suivie ou non d'imagerie mentale proprement dite, le sujet, de lui-même, réintègre la perception de son corps réel centré et relaxé. Ainsi la technique de décentration peut s'accompagner de sensations corporelles pénibles, mais le sujet sera pourtant relaxé en fin de séance. Ce retour à l'état vigile, au réel, doit faire l'objet de précautions aussi minutieuses que la mise en condition précédant l'imagerie mentale. Si dans cette dernière la directivité souffre des critiques nombreuses, l'opérateur ne doit pas hésiter, par contre, à être résolument directif lorsqu'il amène le sujet à l'état hypnoïde et lorsqu'il guide son retour au réel. Nous insistons sur le fait que le problème de la directivité est différent selon la phase considérée et qu'en conséquence une directivité peut être requise dans l'une des phases et contre-indiquée dans l'autre chez un même sujet au cours d'un même cycle thérapeutique.

Quelle que soit la directivité nécessaire au départ, la décentration est une technique de mise en condition de liberté. Elle est la technique initiale de choix de l'onirothérapie, dite d'intégration. On peut la comparer aux rites d'initiation ou rites de passage. (Voir *Alphaxator, Focalisation d'attention, Initiation, Isolement sensoriel, Schème d'intégration* et *Imagerie mentale*.)

V. A.

DEDOUBLEMENT (de la personnalité). Coexistence, chez le même sujet, de deux types de comportement ; l'un normal, sous-tendu par des motivations conscientes bien adaptées, l'autre pathologique, lié à des motivations inconscientes. Le roman *Dr. Jekyll et Mr. Hyde*, publié en 1886 par Robert Stevenson, reprend ce thème de la personnalité multiple. En réalité il s'agit d'une seule personnalité présentant ses différentes facettes. Morton Prince, médecin américain de Boston, rapporte le cas de Mlle Beauchamp, infirmière, qui montrait trois personnalités : la « sainte », la « femme » et le « démon ». Ce phénomène psychopathologique se trouve chez les hystériques, les schizophrènes.

S. H.

DEFENSE. Le terme de « défense » désigne, selon Freud, tous les procédés dont se sert le Moi dans les conflits susceptibles d'aboutir à une névrose. Il faut y ajouter les mécanismes de défense d'ordre psychotique.

Parmi les principaux mécanismes de défense, on peut citer : le clivage, l'introjection, la projection, le refoulement, la formation réactionnelle, la sublimation.

J. R.

C'est un mécanisme inconscient par lequel le Moi se défend contre les pulsions considérées comme dangereuses. Le terme est courant dans la psychanalyse. Dans la conception adlérienne il n'y a pas conflit entre conscient et inconscient. Les deux se trouvent au service du style de vie avec sa finalité face aux problèmes exogènes.

S. H.

DEFORMATION. Altérations que subissent les pensées latentes du rêve du fait de la censure. (Voir : *Travail du rêve*.)

J. R.

DEFOULEMENT. Libération par tous ordres d'expression, des tensions conflictuelles.

F. R.

DELINQUANCE JUVENILE : C'est bien souvent le manque de chaleur humaine, l'indifférence affective qu'on trouve à la base de ces structures psychologiques qui aboutissent à la délinquance. Les innombrables méfaits que commettent les enfants au sein de la famille échappent bien entendu aux statistiques.

Le plus mauvais des principes pédagogiques est de dire à un enfant qu'il ne réussira jamais à rien et qu'il a une nature mauvaise. Adler ne croit pas à l'hérédité criminelle. Le stade de la prédélinquance se situe souvent à l'âge scolaire, mais aussi avant cet âge. L'enfant subit alors des influences qui ne proviennent pas directement de l'éducation qui lui est prodiguée, mais indirectement. L'enfant est impressionné par les difficultés qui accablent le père dans sa lutte pour la vie, il réalise l'hostilité du monde, il considère le travail comme infériorisant et se situe par rapport à la vie dans une relation négative. La peur de la vie et la crainte des punitions caractérisent l'enfance de ces sujets issus bien souvent de milieux défavorisés. Ils manquent de confiance en eux-mêmes et sont indécis. Par un mécanisme de compensation ils cherchent des succès faciles et rapides ce qui les mène à la délinquance.

S. H.

DEGUISEMENT (d'un désir). Le rêve est la réalisation symbolique d'un désir, en entendant par symbole le jeu combiné des lois de condensation et de déplacement, ce qui ne suppose pas nécessairement une censure pour déguiser, mécanisme courant du refoulement selon Freud. Mais une tendance peut-être contrecarrée sans être ipso facto rejetée dans le subconscient ; elle suffit alors à provoquer des rêves où le déguisement n'a pas de raison de se produire (cf. 21, pp. 50-54).

A. A.

DEJA VU. Trouble de la reconnaissance des souvenirs (paramnésie) dans lequel on identifie le « jamais vu » avec le « déjà vu », et inversement.

F. R.

DELIRE. Système de pensée basé sur des convictions morbides ou hallucinatoires échappant à la critique rationnelle.

F. R.

DENEGATION. Procédé par lequel le sujet nie, tout en le formulant, un désir refoulé ou une perception désagréable.

J. R.

DENI. Mécanisme de défense rendant compte selon Freud du fétichisme et des psychoses ; il s'agit du refus du sujet d'admettre la réalité d'une perception traumatisante, par exemple celle de l'absence de pénis chez la femme.

J. R.

DEPERSONNALISATION. Sentiment curieux de certains malades qui leur fait ressentir le monde extérieur comme modifié, étrange, et leur propre personnalité comme inexistante. Ce sentiment fréquent dans beaucoup d'états délirants se rencontre surtout dans la schizophrénie.

S. H.

DEPLACEMENT. Mécanisme psychique inconscient par lequel une charge affective (émotion, pulsion) est transférée sur un objet substitutif (par exemple, le petit enfant à qui on enlève le sein maternel se met à sucer son pouce), mais fait aussi que l'accent, l'intérêt, l'intensité d'une représentation ou d'une pensée sont susceptibles de se détacher d'elle pour passer à d'autres représentations originellement peu intenses, reliées à la première par une chaîne associative.

Le déplacement a été particulièrement mis en évidence par Freud, dans le rêve. En effet, la comparaison entre le contenu manifeste et les pensées latentes du rêve fait apparaître une différence de centrage : les éléments les plus importants du contenu latent sont représentés par des détails qui semblent insignifiants, alors que le contenu manifeste brouille, dissimule le sens véritable du rêve. Il y a eu déplacement. Le déplacement est un mode du fonctionnement des processus inconscients.

J. R.

On parle de déplacement quand l'énergie qui chargeait une tendance, un complexe, passe à une autre tendance, à un autre complexe (*cf.* 23). C'est le travail qui tend à détacher le sentiment ou l'émotion de son objet principal pour les attacher à des objets accessoires. Ce qui se produit dans le rêve et aussi dans le jeu (*cf.* 21, pp. 17-50).

A. A.

DEPRECIATION (tendance à la). Dans son besoin de s'affirmer, l'être humain peut chercher les voies de la réussite sociale. Mais il peut aussi trouver sa satisfaction et son auto-appréciation en dépréciant les autres. Le pesant complexe d'infériorité et l'insufffisant développement de son sentiment social font que le sujet croit pouvoir s'affirmer à ses propres yeux comme aux yeux de ses semblables en dévalorisant, en dépréciant les autres.

S. H.

DEPRESSION. Trouble de la relation au monde et à soi-même, qui est dû à une perte de l'énergie consciente : la « perte d'âme des primitifs ». Jung l'a fort peu étudiée dans son œuvre psychiatrique. Dans sa psychologie, il situe son origine soit dans la mauvaise utilisation de l'énergie à la disposition du conscient (états de négligences diverses) qui reflue alors vers l'inconscient et l'anime (*cf.* 114, VIII, p. 180), soit dans la régression qui fait suite au conflit, soit dans l'activation « spontanée » de l'inconscient qui « dispose d'un pouvoir d'attraction qui va jusqu'à retirer leur valeur aux contenus conscients » (*cf.* 122, pp. 237 *sq.*). La valeur se trouve alors dans l'inconscient, aussi faut-il « donner la parole » à la dépression et aux fantasmes qu'elle suscite (*cf.* 122, p. 240). Loin d'être un abandon névrotique, cette attitude est la prise en compte de l'inconscient par le jeu de la fonction transcendante. Elle est caractéristique des périodes d' « incubation » de l'existence : de changement d'orientation, de créativité (*cf.* 114, VIII, pp. 180 *sq.*) et d'intégration des conflits (*cf.* 122, pp. 58 sq.). (Voir aussi : *Conflit, Créativité, Fonction transcendante, Incubation, Intégration, Régression, Syntonie.*)

L. D.

DESINTEGRATION. Employé sporadiquement par Jung, ce terme désigne une forme particulière de dissociation au cours de laquelle le complexe-Moi est « dépouillé de son habituelle suprématie » (*cf.* 114, vol. III, pp. 240, 522). Les fonctions de la conscience et les complexes se comportent alors comme des personnalités fragmentaires et autonomes (*cf.* 132, pp. 431-432, *cf.* 114, vol. III, p. 250). Lorsque le Moi est assez fort pour s'y confronter, surgit de l'inconscient un processus de centrage salutaire (*cf* 114, vol. VIII, p. 101). (Voir aussi : *Décentration, Dissociation, Complexe-Moi, Centrage.*)

L. D.

DESINTRICATION (des pulsions). Désunion des pulsions. Certains états pathologiques mettent en évidence une défusion des courants pulsionnels. Freud considérait par exemple que la pulsion de mort se manifestait à l'état pur chez le mélancolique, au niveau de son Surmoi, qui se montre d'une rigueur et d'une cruauté inexorables.

J. R.

DESINVESTISSEMENT. Abandon de l'intérêt porté à des objets.

DESIR. Lié aux souvenirs inconscients de l'enfance, le désir vise à rétablir, selon les lois du processus primaire, les signes se rattachant aux premières expériences de satisfaction. Le désir est le ressort du rêve ; il est également un des pôles du conflit défensif. L'écart entre le désir et sa « réalisation » constitue un des éléments essentiels du « progrès » pour l'être humain.

J. R.

DEUIL. selon la définition de Bolwby, ensemble des processus psychologiques qui sont mis en train par la perte d'un objet aimé et qui aboutissent généralement à ce que le sujet renonce à cet objet.

Le travail de deuil s'accompagne d'une identification à l'objet perdu ; il se rapproche à bien des égards de la dépression.

J. R.

DIALOGUE. La conversation entre deux ou plusieurs personnes peut avoir un caractère purement conventionnel, stéréotypé, ou se passer de façon détendue et authentique. La psychotérapie adlérienne attribue au dialogue authentique une importance capitale. Thérapeute et sujet se trouvent face à face. Adler préfère cette situation à la position infantilisante du divan qui ne permet d'ailleurs pas d'échanges authentiques. Dans le dialogue en vis-à-vis le sujet se trouve au même niveau que son interlocuteur, il peut s'exercer dans la relation verbale interpersonnelle et le thérapeute bénéficie de l'observation de la physionomie du sujet.

S. H.

DIDACTIQUE. Psychothérapie selon une technique déterminée à laquelle se soumet une personne désirant pratiquer la psychothérapie selon cette technique.

F. R.

DIFFERENCIATION. « Développement du distinct, acte d'isoler les parties d'un tout » (*cf.* 126, pp. 423-424), la « différenciation constitue l'essence même et la condition *sine qua non* du conscient » (*cf.* 122, p. 216). Jung a d'abord appliqué ce concept aux fonctions psychologiques. Pour devenir opérationnelle une fonction doit se distinguer des autres fonctions et ses parties entre elles, « car la direction d'une fonction, son orientation propre, reposent sur la séparation et l'exclusion des éléments qui ne conviennent pas » (*cf.* 126, pp. 423-424). Puis Jung a étendu le concept dans sa définition de l'individuation comme le « processus de différenciation qui a pour but de développer la personnalité individuelle » (*cf.* 126, pp. 449-450). Il s'agit ici d'isoler l'individu de la psyché collective : « toute différenciation insuffisante entraînant une dissolution immédiate de l'individuel dans le collectif, auquel il se mélange et dans lequel il se perd « (*cf.* 122, pp. 83, 265-266). La dernière modalité se trouve dans les ouvrages alchimiques et concerne la confrontation avec les opposés. (Voir aussi : *Fonctions, Indifférenciation, Individuation.*)

L. D.

DIRECTION MORALE. Pierre Janet prend à son compte cette expression en rappelant d'une part l'importance de la personne du thérapeute dans les soins psychologiques et, d'autre part, la constance dans la vie sociale de telles interventions, sous les formes historiques du confesseur et du directeur de conscience. Les sujets de type psychasthéniques, assez peu suggestibles, sont cependant particulièrement sensibles à une telle aide indirecte. Selon Janet, il est difficile de méconnaître la valeur de cette « béquille », ceci avec toutes les nuances souhaitables, en consacrant une attention suffisante à la continuité, à l'évolution de cette aide, à sa conclusion. La valeur psychothérapique de la « direction » dépend essentiellement de son habileté et de sa discrétion, donnant ainsi une dimension de type pédagogique à une part importante des interventions psychothérapiques. (*cf.* 109, 110, 111).

B. J. C.

DIRECTIVITE. L'éducation et les méthodes pédagogiques classiques s'efforcent d'imposer au sujet une direction. Cette attitude est le résultat d'une conception pédagogique autoritaire. Adler a toujours conseillé la non-directivité aussi bien dans la rencontre thérapeutique que dans l'action éducative. Rogers a repris cette même attitude dans son propre système.

S. H.

Attitude psychothérapique suggérant impérativement au sujet (quelle que soit la technique employée) des idées, des images, des orientations ou des conduites qu'il n'aurait pas choisies spontanément. Exceptionnellement, la directivité est indiquée pour opérer un « décrochage » initial chez un malade qui a perdu toute faculté de réaction. (Voir *activation.*) Il convient de distinguer la directivité utilisée sur un sujet vigile de celle, plus dangereuse, utilisée sur le sujet placé en état subvigile ou hypovigile (voir *vigilance*), (états hypnotique, sophronique, hypnoïde, hypnique ou même de relaxation favorisant la suggestibilité). Cette dernière encourt en effet le reproche de s'apparenter à un « fascisme scientifique » (viol de la personnalité par manœuvre de l'inconscient). Elle trahit en tout cas la mission thérapeutique, qui est de restaurer les voies normales et authentiques de la catharsis, et l'aptitude à la créativité.

F. R.

La directivité est un procédé technique qui consiste à imposer au sujet, lors d'une séance d'imagerie mentale, une image de départ et à orienter très étroitement le déroulement de l'imagerie qui en découle. C'est dans ce sens qu'il faut comprendre la directivité telle qu'elle est mise en œuvre dans le rêve éveillé dirigé où, notamment, la consigne de monter et de descendre est systématiquement donnée au cours de l'imagerie. Ne relèvent pas de la directivité : le fait de proposer au sujet avant le début de la séance un thème général qu'il développera librement ; les interventions (toujours interrogatives) que l'opérateur est appelé à faire pour obtenir une précision sur l'image vue ou pour relancer la production imaginaire ; l'attitude autoritaire que peut avoir à prendre le psychothérapeute à l'égard de son sujet pour obtenir qu'il adopte dans la vie un comportement favorable au travail psychothérapique.

F. R.

DISPOSITIF DE SECURITE. Dans une perspective finale, Adler a tenté de grouper les aspects infinis de la vie suivant des tendances en quelque sorte antithétiques :

a) la tendance centripète personnelle recherchant la sécurité, le besoin de valorisation, l'égocentrisme, l'individualisme ;

b) une tendance centrifuge avec sa finalité biologique, son sentiment social, son oblativité, son sens de la réalité. Dans la première modalité le sujet recourt à toute sorte de stratagèmes lui assurant la sécurité et la soumission de son entourage. L'angoisse chez l'enfant est un mécanisme de sécurité qui oblige ses parents de ne pas le laisser seul. Autrefois, dans la marche évolutive, dispositif de sécurité signalant une situation menaçante, l'angoisse est aujourd'hui — dans la grande majorité des cas — l'expression du sentiment ou du complexe d'infériorité. Elle avertit le sujet de ce que son auto-appréciation doit redouter une défaite.

S. H.

DISSOCIATION. Un des symptômes fondamentaux de la schizophrénie, elle traduit la scission de la personnalité, la discordance du comportement du sujet. C'est en 1911 que le psychiatre suisse Bleuler a insisté sur cette particularité du sujet schizophrène. En 1912 Chaslin, psychiatre français, parle de discordance entre la pensée et son expression.

S. H.

Jung a emprunté le terme de dissociation à P. Janet dont il a fait sienne la notion de dissociabilité de la psyché (*cf.* 114, vol. VIII, p. 96). Celle-ci, rançon de la conscience (*cf.* 121, p. 64), est due au fait « que la connexion des processus psychiques entre eux demeure très relative » (*cf.* 131, p. 485), qu'il s'agisse du conscient et de l'inconscient, ou des processus conscients entre eux. « La tendance dissociative survient lorsqu'un abaissement du niveau mental est suffisant pour mettre en mouvement pulsions et désirs multipliant les centres de gravité de la personnalité » (*cf.* 114, vol. XVI, p. 173). Les contenus dissociants peuvent être de deux origines : collective sociale, lors des conflits avec le groupe social et le Surmoi (*cf.* 130, p. 249) ; archétypique : lors de l'assimilation du conscient par les complexes (*cf.* 121, p. 186) qui se comportent alors comme des personnalités fragmentaires (*cf.* 130, p. 269). Seule l'intégration des contenus inconscients lors de l'établissement de la fonction transcendante (*cf.* 134, p. 204) et par l'intermédiaire des symboles permet de jeter un pont sur cette dissociation : « opération synthétique dénommée processus d'individuation » (*cf.* 131, pp. 57-58). (Voir aussi : *Conscience collective, Assimilation, Fonction transcendante, Symbole, Individuation*.)

L. D.

DISSOCIATION DES SOUVENIRS. (Voir : *Substitution des images*.)

DISSOLUTION. Terme emprunté au vocabulaire alchimique (*separatio*) qui caractérise une phase de la confrontation du Moi aux tendances opposées de l'inconscient. Dans cette mise en pièces, le Moi risque de s'identifier aux facteurs inconscients. Le sujet court alors un danger de suicide ou de retour à l'inconscience (*cf.* 114, XVI, p. 292). C'est de là pourtant que naît la « solution » (*cf.* 114, XVI, p. 241) qui conduira à l'intégration des tendances opposées. (Voir aussi : *Confrontation, Moi, Opposés*.)

L. D.

DIVISION DE CONSCIENCE. A. Binet décrit sous ce nom un phénomène spontané différent de la rêverie et qui se produit parfois pendant qu'on lit : « Les yeux continuant à lire machinalement, la pensée est ailleurs. »

DOMINANTE DU CONSCIENT. Structure psychique selon laquelle les contenus s'ordonnent pour devenir conscients. C'est habituellement le complexe-Moi qui joue le rôle de dominante ; mais « il peut arriver qu'un complexe particulièrement fort et relativement autonome en prenne la place. Il tient alors lieu de centre du conscient (*cf.* 126, p. 269), exerce la censure, organise ses défenses et tend à figer le conscient dans l'unilatéralité ». (Voir aussi : *Complexe, Moi, Unilatéralité*.)

L. D.

DOMINATION (besoin de). Dès les premières années de la vie de l'être humain se dessinent dans la personnalité, d'après Adler, deux tendances :

a) une tendance égocentrique exprimant le besoin d'auto-affirmation par l'exploitation des autres et la domination de ses semblables ;

b) une tendance où prédomine le sens social avec une attitude bienveillante envers autrui.

Dans le premier cas l'être humain cherche à réaliser cette relation que la philosophie d'Hegel a caractérisé par le rapport maître-esclave. Le sujet s'efforce de s'assurer une place de supériorité par rapport à l'autre, de le pousser dans une situation d'infériorité. Dans le deuxième cas il reconnaît la valeur et la dignité de l'autre. C'est le degré du développement du sentiment social ou par contre son absence qui décident de la modalité qui déterminera le choix.

S. H.

DONJUANISME. Comportement conditionné par des fixations et des sentiments d'infériorité, conduisant celui qui en est atteint à calmer son angoisse par d'incessantes victoires amoureuses.

F. R.

DOUBLE. Le double, chez le primitif, c'est l'âme, c'est cette existence délestée de matière ; mais ce peut être d'autre part la bête : à la fois *animus* et *animal,* pourrait-on dire en latin, où ces deux réalités continuent de s'exprimer par deux mots si étroitement apparentés. Cela montre la complexité de l'appréhension importante et confuse que l'homme a essayé de se représenter à lui-même sous la figure de son double... De ce qui n'est, chez certains, qu'expérience psychologique étrange, on passe facilement au franc dédoublement morbide, soit de la forme hystérique, soit de la forme schizophrénique. On pourrait être tenté par une interprétation extrême, et considérer comme un simple symptôme de cette constitution (bipolaire) les idées même des penseurs qui ont édifié la doctrine de la dualité du Moi. Les troubles du Moi qui se manifestent dans les cas de dédoublement (de la personnalité) représentent une régression à des stades antérieurs et primitifs, mais il faut maintenir que ces états primitifs forment le soubassement normal de la mentalité actuelle, à la manière de couches géologiques, et que si ces couches sont mises à jour par la régression morbide, elles peuvent l'être aussi, en dehors de toute pathologie, par les puits artésiens que creusent le génie, la méditation, enfin certaines méthodes d'exploration.

A. A.

Dans le psychodrame, le double est une personne qui prend la même identité que le protagoniste ou qu'un autre acteur. La différence d'identité entre deux personnes est ainsi annulée. Si le protagoniste est A, le double est aussi A. Le double peut aider et soutenir le protagoniste et lui permettre d'atteindre une dimension à laquelle il ne pourrait arriver de lui-même.

B. J.

DOUTE (folie ou obsession du). Forme fréquente de la névrose obsessionnelle. Le doute se retrouve au premier plan du tableau pathologique avec une incertitude rebelle à tout raisonnement. Il entraîne une inquiétude permanente du sujet, incapable de s'engager dans une activité ou de prendre une décision. Adler voit dans cette attitude l'expression d'une recherche de la perfection, recherche qui, dans l'incertitude de l'atteindre, paralyse toute décision et toute action.

S. H.

DRAMATISATION. Mode par lequel le rêve traduit en images visuelles la pensée conceptuelle.

J. R.

DROGUES PSYCHOTROPES. Substances chimiques capables de modifier le fonctionnement cérébral en interférant soit avec la synthèse et la dégradation des neuro-transmetteurs, soit avec l'activité métabolique générale du tissu nerveux. L'étude de ces substances, leur définition et leur classification concernent la psychopharmacologie (cf. 67, 139, 166). (Voir aussi : *Médiateur chimique, Psychopharmacologie.*)

L. J.-F.

DYNAMIQUE DE GROUPE. Terme appliqué par Kurt Lewin (1945) aux processus évolutifs interactionnels à l'œuvre dans un groupe restreint. Lewin étudie le groupe comme un *champ* dont il veut dégager la structure. Il a spécialement appliqué ses concepts aux Training Groups dont il est l'inventeur.

Dans un autre sens, l'expression « dynamique de groupe » s'applique à l'intervention active effectuée dans un groupe pour en modifier le fonctionnement d'ensemble. Par extension, on désigne par dynamique de groupe toutes les manifestations attribuables à un groupe dans son ensemble et les facteurs qui les déterminent.

B. J.

DYNAMISME FINALISTE. Adler considère le psychisme comme mû par des forces, des dynamismes qui suivent une direction donnée. Cette direction est déterminée par la structure du style de vie ayant sa finalité propre. Pour Adler la vie psychique, consciente aussi bien qu'inconsciente, est guidée par un but. Les rêves nocturnes, les rêveries diurnes, les fantasmes, l'évocation des souvenirs, les projets d'avenir sont tous soumis à ce but. Sa connaissance permet au thérapeute une compréhension satisfaisante de toutes ces productions psychiques.

S. H.

DYSLEXIE. Impossibilité d'accéder à la pratique de la lecture courante chez un enfant par ailleurs normal.

F. R.

DYSORTHOGRAPHIE. Impossibilité d'apprendre l'orthographe chez un enfant normal par ailleurs.

F. R.

ECHEC (névrose d'). Le terme fut introduit en France par René Laforgue et désigne la structure d'un style de vie qui poursuit avec une ténacité inébranlable son propre malheur, ses propres insuccès. Nous trouvons à la base de ce type de névrose un complexe d'infériorité conditionné par la prise de conscience d'insuffisances somatiques ou plus souvent encore par l'ambiance familiale où le sujet se trouve constamment exposé à la critique ou aux railleries du père, de la mère ou de leur substitut, ou encore des éléments de la fratrie.

S. H.

ECHEC SCOLAIRE. Si l'on excepte la débilité intellectuelle, l'échec scolaire exprime le plus souvent une réaction de l'enfant à des problèmes affectifs ou familiaux.

Il existe deux périodes propices à l'échec : l'entrée au cours préparatoire, le passage du cycle primaire au cycle secondaire.

1) Le début de la scolarité, c'est-à-dire l'admission au cours préparatoire est le moment habituel de l'échec. Celui-ci est généralement global, portant sur toutes les matières, mais il peut être sélectif et concerner uniquement la lecture. Les enfants qui échouent se répartissent dans des proportions à peu près égales en déficients intellectuels, en sujets présentant un retard de maturation (langage, latéralité, etc.), d'autres ayant un retard affectif. L'échec du début de la scolarité est souvent passager, mais il peut aussi se prolonger et compromettre la scolarité.

L'échec scolaire est plus rare entre 8 et 10 ans ; il se manifeste généralement de façon globale. Il concerne des enfants de niveau intellectuel normal, mais qui n'éprouvent pas d'intérêt aux activités scolaires, en raison soit de problèmes familiaux soit de problèmes d'adaptation au milieu scolaire.

2) Le passage du cycle primaire au cycle secondaire, c'est-à-dire l'entrée en sixième, est aussi un moment critique et l'occasion d'échecs. Cela tient pour une part à la forme de la scolarité qui change brusquement : professeurs multiples, augmentation du nombre des matières enseignées, rythme de travail plus rapide et moins libre ; mais entrent également en jeu de manière non négligeable la personnalité de l'enfant et le milieu culturel de la famille.

L'enfant qui échoue est alors entraîné dans un cercle infernal, dont il lui est difficile de sortir et qui le conduit à toutes les formes de réaction d'opposition. L'échec provoque le désintérêt, celui-ci la réprobation et les sanctions, qui entraînent l'instabilité, l'opposition, voire les fugues, ou l'inertie et l'apathie. Toute l'évolution scolaire de l'enfant risque d'être ainsi profondément marquée par un écueil initial non reconnu (*cf.* 145).

R. J.

ECOLOGIE. Science qui étudie les rapports des êtres avec leur milieu.

F. R.

ECONOMIQUE (point de vue). Concerne dans la métapsychologie freudienne le point de vue énergétique (quelles sont les forces en présence ?).

J. R.

EDUCABILITE. Capacité d'un sujet de profiter de l'éducation qui lui est prodiguée. Si dans l'ensemble tout sujet bénéficie de l'éducation, les oligophrènes (arriérés mentaux) voient leur éducabilité diminuer en fonction de la gravité du cas. L'idiot est inéducable. On peut lui faire acquérir quelques automatismes nécessaires pour l'accomplissement des besoins élémentaires de la vie.

S. H.

EDUCATION. Ensemble des moyens permettant l'instruction et la formation d'un être ; jusqu'à présent les programmes scolaires se sont surtout occupés d'instruire l'élève, laissant aux parents le soin de la formation de la personnalité enfantine. Or il s'est avéré que tous les parents ne sont pas de bons éducateurs. La formation et l'épanouissement de la personnalité devrait donc se faire ou se parfaire en milieu scolaire. Le courant éducatif, dit pédagogie active ou éducation nouvelle s'efforce d'agir sur l'enfant dans ce sens. Il le place dans des situations privilégiées qui lui permettent de participer activement à la vie de l'école et à l'intégration du programme scolaire. Ce courant s'efforce de développer le sens des responsabilités, l'initiative, la créativité de l'élève. Dans le groupe le sujet apprend un comportement qui ne va pas à l'encontre des intérêts d'autrui.

Avec l'avènement de la psychologie adlérienne et la compréhension en profondeur de la structure de la personnalité, la pédagogie se trouve à un tournant de son évolution. Car elle ne saurait ignorer les apports de la doctrine d'Adler concernant l'élaboration de la personnalité en général, de celle de l'enfant caractériel en particulier. A la lumière d'une étude de l'enfant caractériel dans ses aspects conscients et inconscients le comportement le plus incompréhensible, le plus insolite apparaît sous un jour nouveau.

S. H.

EDUCATION ADLERIENNE. L'éducation adlérienne s'efforce d'éveiller et d'amplifier chez l'enfant le sentiment social sans lequel on ne saurait imaginer un développement harmonieux de la personnalité. Adler s'efforce d'étudier les circonstances qui dans les premières années de la vie de l'enfant ont jugulé l'épanouissement de ce sentiment. L'état d'infériorité des organes incite le sujet à se replier sur lui-même ; il oublie ainsi l'existence des autres.

L'éducation qui gâte trop l'enfant lui enlève tous les obstacles, l'empêche de se mesurer avec les difficultés que l'existence nous présente à tous les âges de la vie. L'enfant n'apprend pas à lutter et plus tard il ne sera pas armé pour se défendre.

L'enfant détesté, haï, maltraité, non désiré, grandit dans l'ambiance froide d'une famille indifférente. Il ne connaît pas la chaleur humaine et il ne saura pas en prodiguer.

Le développement du sentiment social se trouve à la base de la conception pédagogique adlérienne, le renoncement à l'autorité qui gêne son épanouissement en découle.

S. H.

EFFORT. Facteur de la réalisation active d'une idée ; il paraît être essentiellement constitué par les déplacements qui doivent être réalisés dans ce but, sur ce trajet de l'idée vers l'action.

EGO-AUXILIAIRES. Appelés également « Moi-auxiliaires », ce sont, dans un Psychodrame, des assistants thérapeutiques. Leur rôle consiste à aider et à encadrer le groupe, à faciliter le jeu dramatique, par exemple en intensifiant les relations interpersonnelles.

B. J.

ELABORATION. Travail psychique visant à une intégration des diverses excitations internes ou externes qui parviennent au sujet.

J. R.

ELECTRO-ENCEPHALOGRAPHIE. Méthode d'investigation permettant l'enregistrement et l'analyse de l'activité électrique cérébrale globale telle qu'elle se manifeste à la surface du crâne. Cette activité est recueillie par l'intermédiaire d'électrodes disposées en différents points du cuir chevelu, puis amplifiée et enregistrée sous forme de tracés (électro-encéphalogramme = E.E.G.) exprimant le décours temporel des variations de tension qui se manifestent entre deux électrodes données. Ces tracés se présentent sous la forme d'oscillations périodiques plus ou moins régulières dont la fréquence et l'amplitude varient en fonction du site de recueil, de l'état d'activation du système nerveux et de la qualité de son fonctionnement. On a pu ainsi décrire un certain nombre de tracés et de figures, les uns caractéristiques des différents niveaux de vigilance, les autres significatifs de dysfonctionnements particuliers permettant notamment le diagnostic de l'épilepsie, la localisation des tumeurs cérébrales ou la mise en évidence d'insuffisances fonctionnelles, circulatoires ou métaboliques (*cf.* 34, 135, 139, 140, 166). (Voir aussi : *Alpha, Cortex, Sommeil, Vigilance.*)

L. J.-F.

EMERGENCE. Concept suggéré dans l'œuvre de Jung par la notion de seuil de conscience et de « somme d'énergie qui rend possible la prise de conscience » (*cf.* 131, p. 483 *sq.*). Le terme est employé actuellement pour mettre l'accent sur le caractère dynamique du phénomène de prise de conscience. (Voir aussi : *Conscience.*)

L. D.

EMOTION. L'émotion représente l'aspect psychologique aigu de l'instinct, dont l'aspect psychologique constant est la *tendance*. Par l'émotion une part de l'énergie provenant de l'instinct est détournée de sa fonction originelle (*cf.* 21, pp. 60-61).

A. A.

L'émotion est l'ensemble de manifestations motrices et neurovégétatives survenant en réaction à la rupture de l'équilibre psycho-biologique interne, généralement consécutive à une modification brutale des rapports entre l'individu et son environnement physique et social.

Ainsi défini, le comportement émotionnel apparaît comme une activité adaptative. Dans ses limites physiologiques, il permet en effet d'ajuster le fonctionnement de l'organisme aux besoins immédiats dont la satisfaction est nécessaire au maintien de l'intégrité de l'individu.

On peut, au contraire, définir l'émotion comme une décharge d'énergie supérieure à celle simplement nécessaire à l'accomplissement d'une conduite, ou encore comme une réponse dont l'intensité inhabituelle et anormalement élevée est génératrice de processus étrangers à la réaction adaptée. L'émotion est ici considérée comme un débordement inopportun et inopérant, un trouble massif et global de l'adaptation correspondant à un niveau de vigilance dont l'intensité excessive entrave l'accomplissement harmonieux des conduites.

L'émotion est une composante normale de tout comportement, nécessaire à l'équilibre des conduites. Toutefois, il est évident que ce mécanisme régulateur peut connaître des perturbations qui le feront dépasser son objet et pourront être à la base de troubles comportementaux et psychiques graves. L'émotion n'est pas, en soi, pathologique, mais il existe une pathologie de l'émotion. Ainsi, lorsque les moyens physiologiques habituels sont insuffisants ou inadaptés, un état de déséquilibre plus ou moins permanent peut s'instaurer et conduire au développement de troubles chroniques, de nature psychosomatique ou comportementale (troubles du sommeil ou du comportement sexuel par exemple).

Les principaux indices de l'émotion sont de type électro-encéphalographique et surtout neurovégétatif (rythmes cardiaque et respiratoire, vaso-motricité, réponse électrodermale, etc.). Le déroulement physiologique des processus émotionnels met en jeu un certain nombre de structures nerveuses, généralement non spécifiques mais largement interdépendantes (hypothalamus, hippocampe, complexe amygdalien) dont le fonctionnement harmonieux suppose une étroite synergie de leurs activités pharmacologiques, notamment en ce qui concerne l'équilibre entre catécholamines, acétylcholine et vraisemblablement sérotonine. Des drogues permettent d'intervenir sur ces substances cérébrales, et donc, ainsi, de corriger certains dérèglements émotionnels.

Les manifestations de l'émotion concernent à la fois les sphères motrices et neurovégétatives. Il est important de noter qu'une forme d'expression est généralement privilégiée et que des sujets calmes et peu émotifs en apparence peuvent développer des troubles psychosomatiques, notamment viscéraux (ulcère à l'estomac, infarctus du myocarde), très importants, que l'on ne rencontrera que rarement chez les sujets extériorisant violemment leurs accès émotionnels. Il faut donc conserver une attitude prudente face aux manifestations de de l'émotion. D'une part, il ne faut pas considérer comme trouble une composante nécessaire à l'accomplissement harmonieux et gratifiant d'un comportement, et, d'autre part, il ne faut pas négliger le caractère singulièrement pathologique de certaines formes d'inhibition de cette composante émotionnelle qui débouchent généralement sur une symptomatologie psychosomatique très importante.

Le caractère social de l'émotion mérite enfin d'être souligné. Le comportement émotionnel apparaît en effet comme une réponse biologique dont la signification sociale interfère avec l'élaboration, le développement, et surtout avec la permanence du schéma corporel dans l'espace et la durée.

Alors que les techniques analytiques classiques mettent l'accent sur la verbalisation et finalement la rationalisation des affects, les techniques de l'imagerie mentale privilégient au contraire l'expression des composantes émotionnelles. La régulation du comportement émotionnel s'opère à la fois par la résurgence d'images et d'affects correspondant à une situation conflictuelle antérieurement vécue — résurgence qui peut être exclusivement symbolique — et par la résolution, vécue dans l'image, de ces mêmes conflits.

L'analyse des mécanismes de l'émotion n'est qu'une façon d'envisager la question générale de l'affectivité. Elle doit être complétée par l'étude des motivations et des pulsions, de l'agressivité, du plaisir et de la douleur, etc., à leurs différents niveaux : physiologique, psychologique et social. Le psychothérapeute doit se garder d'ignorer les aspects biologiques fondamentaux de l'affectivité, notamment en ce qui concerne les mécanismes neurobiologiques qui assurent la continuité du système vivant. Il peut être intéressant, par exemple, de rapprocher la conception neurophysiologique d'un système de la récompense et d'un système de la punition, des notions de pulsions de vie et pulsions de mort. Toutefois, contrairement au modèle freudien, les deux systèmes neurobiologiques, bien qu'antagonistes, concourent ensemble à la conservation de l'individu. Adaptation ou désorganisation : la question de la finalité de l'émotion est toujours ouverte (cf. 34, 135, 139, 166, 192). (Voir aussi : *Affectivité, Agressivité, Cerveau, Electro-encéphalographie, Imagerie mentale, Médiateur chimique, Onirothérapie, Psychopharmacologie, Psycho-somatique, Réponse électrodermale, Schème d'intégration, Vigilance.*)

L. J.-F.

EMPATHIE. Terme créé par les psychologues et thérapeutes de langue anglaise par lequel ils dénomment le processus d'identification intellectuelle et aussi affective grâce auquel le praticien « saisit » le psychisme du sujet. Adler disait qu'il fallait voir avec les yeux du sujet, entendre avec ses oreilles, sentir avec son cœur. Le mot allemand « *Einfühlung* » exprime cette même attitude et a d'ailleurs préexisté au terme « empathie ». Dans le langage français l'expression anglaise a été maintenue.

S. H.

ENANTIODROMIE. Terme emprunté à la philosophie d'Héraclite pour désigner la « plus merveilleuse des lois psychologiques, à savoir la fonction régulatrice des contraires » (cf. 134, p. 133). Lorsqu'une

tendance trop unilatérale domine la vie consciente, apparaît une
« contreposition inconsciente, qui se manifeste d'abord par une
inhibition du rendement conscient et qui interrompt progressivement
l'orientation trop unilatérale de celui-ci » (*cf.* 126, pp. 424-425). Il
se produit un renversement du comportement et des valeurs qui est
l'énantiodromie proprement dite, c'est-à-dire « la transformation en
son contraire » (*cf.* 124, p. 623). De ce fait, la structure énantio-
dromique d'un processus psychique « représente un mouvement de
négation et d'affirmation, de perte et de gain, de clarté et d'obscurité » (*cf.* 131, p. 56). (Voir aussi : *Unilatéralité.*)

L. D.

ENCOPRESIE. Défécation souillante chez un enfant capable de
continence.

F. R.

ENCOURAGEMENT. La critique et la punition sont les attitudes
éducatives de base de certains systèmes pédagogiques. Leurs défen-
seurs pensent par ces mesures aiguillonner le zèle de l'élève et stimuler son amour-propre. L'expérience prouve qu'il n'en est rien.
Dans la grande majorité des cas l'élève s'effondre sous le poids de
ces mesures. Dans la psychopédagogie adlérienne, l'élève est *encou-
ragé.* En insistant sur ses rendements positifs on l'incite à avancer
et ses résultats seront indubitablement meilleurs.

S. H.

ENDOGENE (facteur). Toute éclosion d'une névrose est le résultat
de la confrontation de deux facteurs :

  a) le facteur exogène ;

  b) le facteur endogène.

Nous considérons comme facteur exogène l'exigence avec laquelle
se trouve confronté le sujet. Cette exigence, ce problème que doit affronter le sujet peut concerner la vie professionnelle, la vie affective,
la vie relationnelle de l'amitié. (Le facteur endogène est représenté
par la structure de la personnalité élaborée en fonction de son équipement constitutionnel, les données de la fratrie, de la relation aux
partenaires du couple parental, de l'ambiance familiale.) Elle est caractérisée par une finalité d'égocentrisme, de recherche de la domination ou par contre d'intérêt et de loyauté envers autrui. Or c'est
le sentiment social qui donne à la personnalité sa finalité spécifique,
soit vers autrui, soit contre l'autre (ou du moins indifférent à ce
dernier). Là où face à un problème l'être humain ne sait pas ou croit
ne pas pouvoir l'affronter et le résoudre la névrose fait son apparition. Le facteur endogène du sujet avec son complexe d'infériorité

n'a pas su s'attaquer à la solution du problème (*cf.* 3, chap. x, « Névrose »).

S. H.

ÉNERGIE LIBRE — ÉNERGIE LIÉE. La libre circulation de l'énergie caractérise les processus primaires régis par le principe de plaisir, cependant que la « liaison » de l'énergie, l'endiguement de celle-ci, est propre aux processus secondaires, régis, eux, par le principe de réalité.

J. R.

ENFANCE INADAPTÉE. Adler invoque comme facteur de l'inadaptation chez les jeunes un pesant complexe d'infériorité, résultat d'une grande indigence ou d'une désunion dans la famille, de l'absence réelle ou virtuelle du père, de son abdication face à son rôle d'éducateur, de l'absence réelle ou virtuelle de la mère. Il faut noter que tous ces facteurs n'agissent pas avec un déterminisme rigide et immuable. Mais ils constituent le terrain sur lequel pousse la démoralisation de la jeunesse. Le complexe d'infériorité incite le jeune à des activités de compensation. Chez le sujet « normal » ces activités visent des réussites dans la vie sociale et professionnelle. Chez le sujet dont le complexe d'infériorité est doublé d'une manifeste absence de sens social le besoin de compensation se traduit par un désir de réussite, d'efficacité que le jeune dévoyé satisfait par des vols de voiture, des cambriolages, des attaques à main armée. Le nombre des délits de cette nature est en perpétuelle augmentation. Pour expliquer cette augmentation, faut-il invoquer la drogue, la trop grande bienveillance vis-à-vis des jeunes, l'inefficacité de la justice, la formation de bandes organisées ? Faut-il constater le désintérêt du jeune pour toute vie collective qui impose ses règles de jeu à l'individu qui en fait parti ? Faut-il penser à cette notion d'anomie chère au sociologue Durkheim qui constate un besoin chez le jeune de se soustraire à toute coercition que peut exercer le groupe sur l'individu qu'il s'agisse du groupe familial, politique, patriotique ou autre. C'est ainsi que le jeune ayant grandi dans l'ambiance glaciale, indifférente du foyer désuni, enfant non désiré n'ayant pas connu la chaleur de la vie familiale et de la relation interpersonnelle, conçoit le monde en fonction de sa propre conception de l'univers, un univers sans pitié et sans bienveillance (*cf.* 7, chap. xxix, « Enfants démoralisés »).

S. H.

ÉNURÉSIE. Miction souillante chez un sujet capable de continence.

EPILEPSIE (aspects psychologiques de). La biotypologie distingue différents types de sujets dont l'apparence morphologique correspond à un aspect caractériel particulier, aspect qui peut en cas de maladie aboutir à un état psychopathologique défini. Kretschmer décrit ainsi le sujet petit, trapu, gros, ayant la disposition caractérielle et normale de la cyclothimie et, en cas de maladie, l'apparition de la psychose maniaco-dépressive. Le sujet longiligne, maigre, aux épaules tombantes, frêle, froid, indifférent, distant et apathique (schizothyme) est prédisposé à la schizophrénie. Par la suite Kretschmer ajoute le type dysplasique et épileptoïde. Le sujet prédisposé à l'épilepsie présente cette viscosité mentale dénommée glischroïdie. Elle se manifeste par un ralentissement des processus psychiques, une affectivité collante à l'égard des autres et des choses.

Les troubles psychiques des épileptiques peuvent être de différentes natures. Citons d'abord le ralentissement des fonctions psychiques dû à l'absorption de médicaments anticomitiaux.

La confusion mentale à aspect anxieux ou agité avec crises de colères clastiques, d'autres fois sous l'aspect d'état crépusculaire avec obnubilation confusionnelle globale ou d'état second avec « rétrécissement du champ de la conscience » représente d'autres modalités des aspects psychopathologiques de l'épilepsie. Des crises hallucinatoires existent parfois avec adhésion totale du sujet à cette manifestation psychopathologique.

La destructuration brutale de la conscience avec anxiété diffuse, parfois avec adjonction d'hallucinations gustatives ou olfactives (crises uncinée), complète cette énumération à laquelle il faut ajouter les troubles passagers du cours de la pensée, des impulsions brèves, des accès coléreux.

Les psychoses aiguës apparaissent parfois sur terrain épileptique. Elles sont à début brutal et terminaison plus progressive. Les psychoses chroniques peuvent évoluer vers une démence épileptique. L'épileptique conscient de son état développe parfois des névroses venant se greffer sur l'état comitial : névrose d'angoisse, névrose d'échec, névrose dépressive. Le suicide n'est pas rare chez les épileptiques. (V. Delay et P. Deniker.)

L'arriération intellectuellle peut être accompagnée d'épilepsie (Gastaut). Mais dans l'ensemble le quotient intellectuel des épileptiques n'est pas inférieur à celui de la population générale.

Epileptoïde (*constitution*) : constitution épileptique ou glischroïde, comportant avec une viscosité psychique spécifique, avec affectivité collante, lenteur d'esprit, des dispositions explosives avec irritabilité et colères violentes.

S. H.

ERGOTHERAPIE. En psychiatrie institutionnelle, la recherche de l'activité, de la projection, de tentatives de réemploi peut jouer un rôle thérapeutique capital, en luttant contre l'apragmatisme, l'inhibition, l'invalidité, facteurs associés très souvent aux troubles psychiatriques. L'hospitalisation répond habituellement à des troubles d'évolution prolongée qui rendent ces facteurs particulièrement menaçants. Il a donc toujours existé une tendance à l'organisation des activités proposées aux patients. Ceci est devenu véritablement systématique avec les thérapeutiques modernes qui permettent de restructurer les comportements et qui imposent donc un effort parallèle de mise en forme de la vie quotidienne. A côté des modalités sociothérapiques, les ateliers d'ergothérapie ont pris ainsi une place importante dans la vie institutionnelle des établissements psychiatriques. Une première tendance vise donc à créer des activités occupationnelles, où des tâches suffisamment attrayantes sont proposées afin de combattre l'apragmatisme. Il s'agit surtout d'ateliers artisanaux, type tissage, reliure, vannerie, couture, etc., où la présence du moniteur infirmier, ou ergothérapeute diplômé, incite les patients à occuper une place dans le groupe concerné par une tâche en commun. Dans certains cas ces travaux prennent un aspect projectif manifeste, gravure sur bois, peinture, dessin, sculpture ou modelage, photo ou film. Il se constitue une dynamique relationnelle plus intense, soit dans la relation individuelle avec le thérapeute, soit dans la structure organisée d'un groupe, ouvert ou éventuellement fermé, et, dans ce dernier cas, défini nettement dans ses tâches et sa durée. Ainsi se constituent des expériences de psychothérapie de groupe, plus évidentes encore dans les formes les plus proches de l'art-thérapie, où les échanges peuvent s'intensifier beaucoup. Une force inverse d'ergothérapie se réalise avec certaines techniques où l'accent est mis sur une productivité du malade. Il peut s'agir de tâches quasi-industrielles, rémunérées valablement — en général, tâches d'assemblage, ateliers de bois ou de métal, d'imprimerie, etc. Une telle orientation aboutit à la constitution d'ateliers protégés (formules d'assistance), ou d'ateliers thérapeutiques (formules de réadaptation). La circulation de l'argent devient ici, en théorie, plus importante quantitativement, bien que ce soit toujours, qualitativement, un des élément à valeur sociothérapique dans les activités mêmes occupationnelles ou projectives. Les institutions qui assument ces activités, ou coopèrent avec de tels ateliers lorsqu'ils sont autonomes, doivent rester conscientes de l'aspect sociothérapique, réadaptatif et évolutif de telles formes de soins. Des dangers guettent en effet ces modes thérapeutiques, par évolution soit vers une forme essentiellement industrialisée, soit vers un oubli des aspects professionnels et sociaux. Entre ces deux extrêmes, nombre d'expériences originales et positives sont possibles.

B. J.-C.

EROGENES (zones). En relation étroite avec les pulsions partielles qui trouvent en elles leur source somatique, les zones érogènes (orale, anale) demandent à être envisagées d'une manière à la fois constitutionnelle — prédominance érogène de telle zone à tel moment du développement — et affective — rôle qu'elles occupent durant un temps dans la relation mère-enfant. Notons encore que toute partie du corps peut devenir érogène.

J. R.

EROS. Dans la théorie psychanalytique, le terme grec Eros recouvre l'ensemble des pulsions de vie.

J. R.

Le terme Eros est employé par Jung comme une « aide conceptuelle » pour désigner la fonction de relation basée sur un sentiment des valeurs. Dans l'état actuel, « la conscience de la femme est caractérisée davantage par la qualité relationnelle de l'Eros que par la discrimination et la connaissance associées au Logos » (cf. 114, IX; 2, p. 14) qui caractérise le conscient masculin. En tant qu'il est un instinct fondamental, l'Eros a pour opposé la volonté de puissance et non l'instinct de mort (cf. 134, p. 62 et 103). « Un Eros inconscient s'exprime sous forme de puissance » (cf. 131, p. 104 sq.). De même que l'anima porte dans l'homme le développement de l'Eros, de même l'animus porte le Logos de la femme (cf. 114, IX ; 2, p. 16).

L. D.

ETAYAGE. Terme introduit par Freud dès *Les trois essais sur la théorie de la sexualité* (1905) et qui vise à décrire comment les pulsions sexuelles, dans un premier temps, sont associées aux pulsions d'autoconservation ; l'apaisement du besoin alimentaire, par exemple, se double d'un plaisir qui ne se confond pas avec la satisfaction de ce besoin, mais qui prend appui sur lui.

J. R.

ETHNO-PSHYCHIATRIE. Etude des affections mentales en fonction des groupes ethniques ou culturels auxquels appartiennent les malades.

F. R.

EUTONIE. Technique de contrôle et d'harmonisation du tonus décrite par Gerda Alexander. Comporte l' « inventaire du corps », le « contact » avec l'environnement, le « mouvement », l' « étirement spontané », et des « positions de contrôle », en vue d'acquérir une maîtrise de soi.

F. R.

EVOCATION. Première des principales lois affectives de l'association, l'évocation ou association affective est le fait que deux idées portant la même coloration d'émotion ou de sentiment tendent à s'évoquer l'une l'autre (*cf.* 21, p. 30).

A. A.

EXERCICES SPIRITUELS (d'Ignace de Loyola). Au XVIᵉ siècle les *Exercices spirituels* font d'Ignace de Loyola, fondateur de l'Ordre des Jésuites, le précurseur en Occident des différentes techniques modernes de psychothérapie. Les *Exercices* se présentent comme une cure complète pratiquée en un mois à raison de quatre à cinq séances par jour, soit environ cent cinquante séances. Chaque séance dure une heure, est précédée d'une présentation en quinze minutes du thème proposé par le « directeur », et suivi de quinze minutes de réflexion sur la séance avec rédaction d'un compte rendu.

Ignace de Loyola propose des indications toujours très précises et en même temps très souples. Il partage les *Exercices spirituels* en quatre semaines que l'on adapte de cas à cas au retraitant. Les *Exercices* peuvent être soit des méditations (faisant appel à la réflexion, aux associations d'idées, aux souvenirs du passé), soit des contemplations dont l'ensemble s'articule dans la première semaine sur l'angoisse et la condition de créature, dans la deuxième semaine sur la vie du Christ dans son enfance, dans la troisième semaine sur la vie publique du Christ et sa Passion, dans la quatrième semaine sur sa vie de la Résurrection à l'Ascension. Ces « contemplations » sont de véritables séances d'*imagerie mentale* (*) selon une technique synthétique. Chaque séance met en place un espace imaginaire, situe le sujet dans un vécu précisé depuis sous le nom de « moi corporel illusionnel » (Guillerey) ou de *corps imaginaire* (Virel) (voir *Décentration*), dynamise l'image et met en jeu tous les sens « spirituels », c'est-à-dire, en notre langage, « imaginaires ».

Toute la technique repose sur le mouvement d'une imagination active et créatrice. Le thème des séances est proposé, mais le développement de la séance est toujours entièrement libre. L'enchaînement organique des séances suit pas à pas la vie du Christ et présente donc celle-ci comme un symbole des étapes fondamentales de l'évolution de tout esprit humain vers sa propre et totale libération ou réalisation de lui-même.

Ignace de Loyola complète les séances d'images mentales de contemplation et les séances de méditations par une méthode de respiration rythmée, véritable technique de relaxation.

Les « règles du discernement des esprits » sont une règle d'or pour adapter la conduite à tenir lorsqu'il y a passage d'une phase dépressive à une phase maniaque, ou le contraire.

Les *Exercices spirituels* se présentent donc comme une technique complète et originale, faisant appel à une analyse du passé, à une synthèse dynamique des forces de l'esprit en nous, utilisant aussi bien l'image que l'idée, se modifiant, s'adaptant sans cesse à chacun différemment, et pour chacun à chaque étape différemment, cherchant par toutes les techniques possibles (l'ébauche au moins de toute école ultérieure étant mise en place brièvement), sous le seul souci de l'efficacité, à permettre à l'homme de se mieux connaître et de se mieux vivre, s'appuyant sur des forces fondamentales existant en chacun de nous et susceptibles, sous leur inspiration, de nous mener à une vie qui réalise davantage les potentialités les plus hautes que l'homme porte en lui.

Bien qu'il s'agisse d'une quête spirituelle et non d'une technique thérapeutique, il est intéressant de trouver dans l'œuvre d'Ignace de Loyola une élaboration déjà très poussée de techniques retrouvées dans ce qu'il est convenu d'appeler aujourd'hui les *onirothérapies* (voir ce nom).

C. P. Ph.

EXHIBITIONNISME. Composante normale de la sexualité infantile, l'exhibitionnisme est considéré comme une perversion chez l'adulte. Il a souvent pour fin de prouver au sujet qu'il a quelque chose (un pénis) qu'il croit — ou craint — ne plus avoir (défense contre l'angoisse de castration).

J. R.

EXOGENE (facteur). La vie sociale exige de la part du sujet une prise de position vis-à-vis de toutes sortes de problèmes. Adler en distingue trois groupes :

a) professionnels ;
b) affectifs, amoureux, sexuels ;
c) interrelationnels, les rapports amicaux.

Le névrosé échoue dans ses tentatives pour résoudre certains de ces problèmes. Du fait de son complexe d'infériorité et de son développement insuffisant du sentiment social il craint ne pas pouvoir surmonter le problème. Le sujet remplace sa solution par l'éclosion de la névrose. Dans cet affrontement le facteur endogène se trouve confronté avec l'exigence sociale, que la psychologie adlérienne appelle le facteur exogène.

S. H.

EXONERATION DIALECTIQUE. En onirothérapie c'est le mode de comportement du sujet encombré de préoccupations quotidiennes concrètes qu'il a déjà coulées dans un moule d'idées et d'arguments. Il lui est difficile de décristalliser ce système obsessionnel et le plus court chemin consiste à lui en permettre la vidange avant de s'engager sur la voie de l'expression onirique. Pour cela, il faut consentir à prolonger la phase anamnétique aussi loin que nécessaire, éventuellement pendant des mois, tout en le soumettant parallèlement à de courts exercices de visualisation (*cf.* 200, pp. 187, 194).

EXPERIMENTELLES KATATHYMES BILDERLEBEN. Méthode d'imagerie mentale dans laquelle le Dr Hanscarl Leuner a pour la première fois utilisé, outre les adjuvants psychopharmacodynamiques, pour réduire les résistances, une série type d'images et de thèmes de situations employés de façon systématique.

F. R.

EXPRESSION CORPORELLE. Depuis les alentours de 1950 on désigne par « expression corporelle » des techniques plus ou moins libres, induites ou dirigées, mais se présentant toutes comme différentes de la danse, du jeu théâtral ou du mime. Si elles excluent le langage verbal elles peuvent parfois utiliser le cri. Il s'agit, dans tous les cas, d'exprimer par des mouvements ou successions de positions du corps des rythmes intérieurs et de permettre ainsi la levée de blocages et le dépassement d'interdits. En présence d'un animateur la technique est pratiquée soit par un sujet seul (ou seul devant un groupe), soit par un groupe de sujets.

Les problèmes que pose l'expression corporelle sont fondamentalement relationnels : relation avec soi-même, avec la réalité spatiotemporelle, avec autrui, ces trois champs étant indissociables ainsi que le considère la conception du *schème d'intégration* (*). Si elle est, au sens large, une technique de créativité, elle peut être considérée comme une psychothérapie, utilisée seule ou comme technique complémentaire d'une psychanalyse ou d'une onirothérapie. Elle montre avec évidence son efficacité chez ces malades qui vivent dans un monde de fantasmes et dont le psychisme a perdu toute relation avec leur corps et avec autrui. L'un de ses buts fondamentaux, la créativité, exige qu'elle soit un dégagement de toute copie et de tout modèle. Aussi l'animateur doit-il se garder de recourir à une référence extérieure en portant un jugement sur un geste puisqu'il n'est pas ici de modèle autre que celui que le sujet porte en lui. Par elle on trouve enfin le chemin du « pays de son corps ».

B. J.

EXPRESSION SCENIQUE. Méthode de Dars, application des techniques d'art dramatique à la psychothérapie individuelle et de groupe. Le travail scénique et la lecture à haute voix sont utilisés pour la confrontation avec des situations, des états émotionnels et des modes expressifs susceptibles de concerner les patients. L'action du scénothérapeute est complexe, assistance à l'expression, incitations cathartiques, échanges analytiques. Elle permet la conduite de cures de durée limitée, dans les syndromes d'inhibition affective, d'hyperémotivité, ou de réactivité caractérielle. Chez des malades psychotiques, elle facilite l'abord corporel. Son emploi en groupe s'appuie sur l'induction des échanges autour des textes. Les fragments travaillés à haute voix sont préparés par les thérapeutes à partir d'un très large répertoire. Ils jouent un rôle d'induction et d'acquisition spécifique de la méthode (*cf.* 60).

B. J.-C.

EXPRESSION SCENIQUE DE GROUPE. Technique essentiellement élaborée par E. Dars et visant à utiliser à des fins psychothérapiques ou psychagogiques trois effets de la pratique théâtrale :

1) libération par l'apprentissage et l'exercice de l'expression (diction, respiration, etc.) ;

2) imprégnation du sujet par son rôle (devient, en partie, le personnage qu'il incarne) ;

3) catharsis opérée par le rôle lorsqu'il est en rapport avec les problèmes personnels du sujet. Les textes puisés dans le répertoire sont choisis par le psychothérapeute en fonction des cas en présence, ou aussi par les sujets eux-mêmes.

La technique a été utilisée en milieu hospitalier sur des psychotiques et, en groupes extérieurs, sur des névrotiques légers et adolescents souffrant de complexe d'expression, avec un égal profit.

F. R.

EXTRAVERSION. « Orientation de la libido vers le dehors » (*cf.* 4, p. 425). C'est l'objet qui joue le rôle décisif. L'extraversion habituelle s'exprime « chez un sujet normal, par un naturel prévenant et ouvert, qui se plie aux situations nouvelles, se fait rapidement de nouvelles relations, et qui se lance souvent dans l'inconnu, écartant les objections pouvant lui venir à l'esprit » (*cf.* 134, p. 87). L'adaptation n'est souvent qu'apparente et cache le vide intérieur. L'accentuation pathologique se fait vers l'hystérie. (Voir : *Introversion, Autisme, Syntonie.*)

L. D.

F

FABULATION. Invention de récits auxquels le sujets ajoute foi lorsqu'il s'agit d'un enfant et d'une conviction équivoque lorsqu'il s'agit d'un adulte.

F. R.

FANTASME. Certains auteurs utilisent l'orthographe phantasme pour distinguer le fantasme inconscient du fantasme conscient. (Voir : *Phantasme*.)

FANTASMES ORIGINAIRES (les). Les fantasmes originaires — ou primitifs, selon la traduction — sont des fantasmes « rarement absents », note Freud, dans la réserve des fantasmes inconscients de chacun. Freud les énumère : fantasme de l'observation des relations sexuelles entre les parents, de séduction, de castration, et *autres*. Ces « autres » fantasmes ne sont jamais précisés, sauf un, qui se rattache d'ailleurs à la scène primitive, celui d'avoir assisté *in utero* au coït des parents. Ces trois fantasmes primitifs relevés par Freud n'en font qu'un, ou sont des aspects différents du même fantasme : « le complexe d'Œdipe, ce fantasme universel », selon l'expression de Freud.

Ces fantasmes originaires, rien ne nous permet de postuler dans tous les cas qu'ils tirent leur origine d'un événement observé ; Freud incline plutôt à croire que ces fantasmes originaires font partie de notre patrimoine phylogénétique. « En eux, écrit-il, l'individu atteint, au-delà de son expérience propre, à l'expérience de la nuit des temps (Vorzeit) en des points où sa propre expérience a été trop rudimentaire. Il me semble tout à fait possible que tout ce qui nous est dit aujourd'hui en analyse en tant que fantasme — la séduction des enfants, la flambée d'excitation sexuelle en observant le coït des parents, la menace de castration (ou plutôt la castration elle-même) — fut autrefois événements réels dans les temps primitifs (Urzeit) de la famille humaine, et que les enfants, dans leurs fantasmes, comblent simplement les lacunes de leur vérité individuelle avec la vérité préhistorique. »

Cette conception des fantasmes originaires implique la croyance en la transmission héréditaire des caractères acquis, croyance qui était celle de Freud, mais qui va à l'encontre de la biologie contemporaine. Ce que l'on peut montrer, c'est que tout au long des travaux de Freud, des *Lettres à Fliess* à l'*Abrégé de psychanalyse*, coexistent sans jamais se réduire l'un à l'autre la conception d'un complexe d'Œdipe *constitutif* (structurel) de l'homme et celle d'un Œdipe qu'on pourrait appelé *événementiel* (historique), résultat du passé de l'individu tel qu'il l'a vécu concrètement. Le schéma phylogénétique (la préhistoire ancestrale), insiste Freud, ne doit être pris en considération qu'une fois épuisées les ressources de l'interprétation des événements (la préhistoire infantile).

Dans leur article : « Fantasme originaire, fantasme des origines, origine du fantasme » (in : *Les Temps modernes*, 1964, n° 215), Laplanche et Pontalis ont relevé que les thèmes communs à ces fantasmes originaires se rapportent tous aux origines. Comme les mythes collectifs, écrivent-ils, ils prétendent apporter une représentation et une « solution » à ce qui pour l'enfant s'offre comme énigme majeure ; dans la scène originaire, c'est l'origine du sujet qui se voit figurée ; dans les fantasmes de séduction, c'est le surgissement de la sexualité ; dans les fantasmes de castration, c'est l'origine de la différence des sexes.

J. R.

FASCINATION SECONDAIRE. Etat dans lequel se réalise un certain degré d'isolement sensoriel par blocage des perceptions au niveau d'un objet fixe (voir *Cristal-vision*) ou par automatisation de la perception. (Voir L. Daudet : *Le Rêve éveillé*, biblio. 61.)

FETE. C'est un rite solennel, une *feirlichkeit*. Solennel veut dire qui n'a lieu qu'une fois l'an : les fêtes valent par leur rareté ; elles marquent des actes importants, des moments d'expansion de l'énergie vitale, sous la forme éclatante ou concentrée. La fête, qui avait à l'origine un caractère sacré, tend de plus en plus à se démonétiser ; le besoin de la vraie fête demeure cependant profondément ancré au cœur de l'homme (*cf.* 26, pp. 211 *sq.* ; 59).

A. A.

FETICHISME. Selon Freud, perversion visant à nier la castration et attribuant à cette fin à la femme, sous forme d'un objet fétiche (culottes, chaussures), un pénis. Consciemment le pervers sait que la femme est dépourvue de pénis, mais inconsciemment il refuse de reconnaître ce manque. L'objet fétiche est souvent le dernier objet qui ait retenu le regard avant que ne fût découverte l'absence de pénis chez la femme.

J. R.

FICTION DIRECTRICE. Dès les premières années de la vie d'un être s'élabore une structure de la personnalité ayant ses visées spécifiques (être le première, dominer les autres, etc.). L'être agit comme si toute sa personnalité, consciente aussi bien qu'inconsciente, allait dans une direction, poursuivant un but bien déterminé. Cette fiction directrice donne au psychisme son sens original.

S. H.

FIGURABILITE DU REVE. Terme désignant le fait que toutes les pensées du rêve, même les plus abstraites, s'expriment par des images visuelles.

J. R.

FINALITE PSYCHIQUE. Adler considère la vie psychique comme mue par la finalité. Elle dicte à toutes les manifestations partielles de l'âme (rêves, souvenirs, projets d'avenir, etc.) leur caractéristique spécifique. Dès les premières années de la vie, sous l'effet d'une prise de conscience de son équipement constitutionnel, sous l'influence de facteurs d'environnement et grâce à sa créativité, l'être humain élabore un style de vie qui façonne la personnalité. Le style de vie a ses particularités spécifiques qui distinguent un être humain d'un autre. Cette caractéristique est avant tout définie par la finalité. Contrairement à d'autres écoles de la psychologie des profondeurs, Adler attache moins d'importance aux causes semblant déterminer les manifestations psychiques qu'à l'intention, au projet, à l'effort tendu vers un but, à la finalité qui les suscitent.

S. H.

FIXATION. Persistance à un certain stade du développement libidinal d'un certain mode de satisfaction ; le concept même de fixation implique qu'il n'y a pas eu de progrès satisfaisant et que le sujet cherche par la voie de la *régression* à retrouver des schèmes de comportement infantile.

J. R.

FOCALISATION D'ATTENTION. Nos études électro-encéphalographiques (1961-1965) sur les états de conscience de veille et les niveaux de vigilance (*cf.* 199, 200) effectuées au laboratoire de psychophysiologie de la faculté des sciences de Paris, ont montré que chez les types dits réactifs le rythme alpha * (voir *vigilance*) correspondait soit à un état de relaxation sans contenu manifeste de la conscience, soit à un état de détente psychosensorielle avec surgissement spontané d'images mentales, soit encore à ce même surgissement succédant à une décentration * comme dans les états dits d'isolement sensoriel *. Par ailleurs il était prouvé que la réaction d'arrêt (dite encore blocage de l'alpha) apparaissait sur le tracé E.E.G., soit dans le cas de stimuli externes (ouvertures des yeux), soit dans le cas de stimuli internes (calcul mental par exemple). La différence des deux tracés ne provient donc pas du fait qu'il existe ou non une activité psychique puisqu'une activité très riche comme l'imagerie mentale peut s'accompagner d'un tracé E.E. G alpha, lorsqu'une autre activité telle que le calcul mental peut bloquer ce rythme alpha au bénéfice d'une réaction d'arrêt.

De même que le calcul mental peut s'accompagner de rythme alpha dans le cas où le sujet opère ce calcul avec aisance, sans effort, et dans le cas où, ne pouvant effectuer ce calcul, il accepte l'échec sans éprouver d'émotion, de même l'imagerie mentale peut s'accompagner de réaction d'arrêt dans le cas où le sujet focalise sur elle son attention. Cette focalisation rend certes l'imagerie mentale plus cohérente, mieux organisée, mais au détriment de sa qualité affective et de l'efficacité cathartique requise dans une perspective thérapeutique. L'imagerie mentale de l'onirothérapie d'intégration, analogue (de par sa mise en condition) à l'imagerie mentale des états dits d'isolement sensoriel, est par là donc plus efficace que celle provoquée par des techniques où les inductions fréquentes et directives de l'opérateur bloquent le rythme alpha.

Ce qui différencie ces deux activités mentales est ce que nous avons nommé *focalisation d'attention*, absente dans le surgissement spontané d'images mentales et nécessaire dans le cas d'un calcul mental suffisamment complexe pour le sujet. La focalisation d'attention serait ainsi le critère psychologique permettant de différencier les états E.E.G. subvigile et vigile, cette focalisation de l'attention (sur le monde extérieur comme sur le monde intérieur) déclenchant le passage du rythme alpha à la réaction d'arrêt.

A l'état de veille nous avons donc appelé *vigilance focale* ou *vigilance d'alerte*, toute vigilance présentant une focalisation d'attention (réaction d'arrêt) chez le sujet (de type réactif) ayant les yeux ouverts ou fermés. La *vigilance diffuse*, par contre, pourra, selon les cas, s'accompagner soit de rythme alpha chez les sujets ayant les yeux fermés (état non d'attention mais d'attente ou images spontanées dont le déroulement est laissé libre par la conscience du sujet), soit de réaction d'arrêt chez les sujets demeurant les yeux ouverts, mais dont la conscience est pour ainsi dire flottante, passive aux diverses sollicitations du monde extérieur. Ce dernier état peut pourtant, dans certains cas, conduire au rythme alpha. (Voir : *Vigilance*.)

Tout ceci ne concerne que les niveaux *subvigile* et *vigile*. Mais il convient de souligner le fait qu'un état d'émotion très intense ou encore l'état psychologique d'un sujet sous dysleptique (*cf.* 201) se traduit aussi en E.E.G. par une réaction d'arrêt. L'état de perturbation de la fonction de conscience est donc, dans ce cas, à l'opposé de la focalisation d'attention. Ce qui oblige à définir par un autre mot ce niveau : c'est ce que nous avons nommé niveau *hypervigile*. (Voir tableau des niveaux au mot : *Vigilance*.)

De même que l'entraînement par rythme alpha artificiel peut faciliter l'installation d'un rythme alpha naturel (voir *Alphagénie*), de même l'entraînement par induction d'une « réaction d'arrêt » artificielle, en volées séparées par des silences, semble permettre l'installation plus rapide d'un état de vigilance d'alerte. Cela pourrait peut être trouver une application pratique dans tous les cas où la vigilance devant être exceptionnellement prolongée serait de nécessité vitale (pilotes, aiguilleurs du rail ou du ciel), un contrôle de détecteur E.E.G. déclenchant l'envoi de rythmes rapides en cas de baisse de niveau de vigilance du sujet.

Il résulte de telles approches que l'E.E.G. n'est (actuellement du moins) pas en mesure de permettre une définition précise des niveaux objectifs de vigilance en fonction des états de conscience. La polygraphie, avec l'intervention de la R.E.D. (Réponse électro-dermale) et des mouvements oculaires, apporte sans doute déjà une importante contribution à la psychophysiologie de la veille et du sommeil et mérite d'être poursuivie. Mais de telles études objectives ne pourront jamais donner une équivalence de l'introspection pour une appréhension claire des *états de conscience* qui sous-tendent, dérivent ou accompagnent les manifestations physiologiques périphériques.

Il faut en tout cas insister sur le fait, en ce qui concerne la psychothérapie par l'utilisation de l'onirisme de veille (imagerie mentale) et par la connaissance de l'onirisme du sommeil (rêve hypnique), que ce n'est pas tant la nature apparente du contenu de la conscience qui se transcrit par tel ou tel rythme de l'E.E.G., mais la qualité de l'affect qui accompagne cette activité. L'imagerie mentale, par exemple, peut se situer à l'un quelconque des trois niveaux subvigile, vigile ou hypervigile. Ce qu'il était important de constater était qu'une activité mentale intense permanente pouvait non seulement se situer au niveau vigile mais aussi au niveau subvigile transcrit par le rythme alpha (*cf.* 198, 199, 200 et 201). Tel est en effet le cas de l'imagerie mentale et il semble bien que ce niveau alpha soit spécifique de sa meilleure qualité affective, donc de son efficacité, si l'on excepte les phases d'abréactions fortes (niveau hypervigile) qu'elle paraît faciliter. (Voir : *Alphaxator, Décentration, Isolement sensoriel.*)

V. A.

FOCALITE. (Voir *Syntonie et Autisme.*)

FONCTION PSYCHIQUE. « Forme d'activité psychique qui, malgré le changement des circonstances, reste dans son principe semblable à elle-même » (*cf.* 126, p. 426) ; peu importe le contenu psychique, c'est la manière de l'aborder qui reste identique. Empiriquement, Jung a distingué quatre fonctions fondamentales dont l'application coordonnée « constitue l'essence du processus conscient » (*cf.* 114, vol. IX, 12, 258). Ce sont les fonctions d'orientation. « La sensation constate ce qui existe réellement. La pensée permet de connaître la signification de ce qui existe ; le sentiment — qu'elle en est la valeur — et l'intuition les possibilités d'origine et de but qui gisent dans ce qui existe présentement. Grâce à cela, l'orientation dans le présent devrait être aussi parfaite que la détermination d'un lieu par sa longitude et sa latitude » (*cf.* 123, p. 218). Pensée et sentiment sont des fonctions rationnelles, car elles s'appuient sur un jugement objectif (pensée) ou subjectif (sentiment) ; sensation et intuition sont irrationnelles, car elles résultent d'une perception immédiate. Elles forment deux couples de forces dont les éléments opposés ne peuvent fonctionner simultanément.

Les quatre fonctions sont présentes en chaque être humain mais plus ou moins différenciées. La fonction principale ou majeure est la plus développée ; elle fournit à l'adaptation ses schémas les plus habituels. « On la reconnaît à sa force, sa fermeté inébranlable, sa conséquence, sa sûreté, son adaptation » (*cf.* 123, p. 217). Elle détermine le type psychologique. Une autre fonction, irrationnelle par exemple si la majeure est rationnelle, lui sert de fonction auxiliaire. Les deux autres fonctions sont dites inférieures, non dans le sens d'une morbidité mais d'un retard de développement. La fonction opposée à la majeure est dite fonction mineure, car elle est moins consciente donc « toujours associée à un côté archaïque de la personnalité » (*cf.* 121, p. 116) et peu soumise à la volonté. Leur développement passe par les étapes de la différenciation des fonctions entre elles, puis de leur exercice, c'est à dire de leur actualisation, enfin de leur intégration, c'est-à-dire de leur mise en relation avec le Moi. Le travail sur les fonctions qui est un des temps de l'analyse, s'effectue dans la perspective du développement de la totalité, en évitant l'unilatéralité que la fonction principale tend à instaurer, ainsi que la chute dans l'inconscient de la fonction mineure. (Voir aussi : *Différenciation, Indifférenciation, Intégration, Unilatéralité.*)

L. D.

FONCTION TRANSCENDANTE. Terme emprunté aux mathématiques pour désigner l'ajustement ou inter-régulation du conscient et de l'inconscient par laquelle le psychisme individuel trouve sa direction. Ce terme sert de titre à une étude (*cf.* 114, vol. VIII) rédigée en 1916 où Jung établit le caractère irréductible des dynamismes inconscients et définit l'analyse comme une confrontation (auseinandersetzung). La fonction transcendante résulte d'un double mouvement ; l'un donne la parole aux facteurs inconscients, par exemple par l'imagination active, la considération non réductive des rêves et des symptômes ; l'autre y réagit par la fermeté des valeurs du Moi et de ses buts. Aux conflits qui en résultent et qui opposent notamment le Moi et son Ombre, se substitue progressivement une organisation de la tension, susceptible de proposer au conscient une orientation, qui a généralement le rôle d'un symbole. (Voir aussi : *Autorégulation, Troisième terme, Symbole.*)

H. E.

FORMATION REACTIONNELLE. Mécanisme de défense caractérisé par l'exagération de la tendance opposée à celle qui a fait l'objet du refoulement. Il s'agit d'un « contre-symptôme », une propreté excessive, par exemple, se substituant à une tendance à la saleté ou une pitié envers ses semblables masquant l'agressivité du sujet. Ces contre-investissements demandent au sujet une dépense d'énergie considérable ; ils se caractérisent d'un point de vue clinique par leur rigidité et leur aspect compulsionnel.

J. R.

FRATRIE. Dans ses études sur le développement de la personnalité, Adler attache à la position du sujet dans la fratrie une importance capitale. Dans la mesure où le sujet prend conscience de ses possibilités et de ses imperfections l'équipement constitutionnel avec la valeur relative des organes et des appareils, joue certes un rôle important. La relation de l'enfant avec les partenaires du couple parental n'est pas moins importante pour l'élaboration du caractère, du style de vie, dit Adler. Mais la place qu'occupe l'enfant dans la fratrie modèle ses tendances caractérielles avec autant de vigueur.

C'est ainsi que l'aîné, enfant unique pendant un certain temps, se voit, ou se croit, refoulé à l'arrière-plan de l'affection et de la sollicitude de ses parents, de la mère avant tout, au moment où paraît un deuxième enfant. C'est une situation dramatique que celle de l'aîné détrôné, frustré, luxé de sa place privilégiée. Enfant, il cherche par sa tension nerveuse à attirer l'attention sur sa personne. Adulte, il vit dans l'éternelle crainte de se voir dépassé ou mis de côté par un rival. Dans beaucoup de familles la tradition veut que l'aîné prenne un jour la place du père. Il est souvent le collaborateur du père et le surveillant des éléments plus jeunes de la fratrie. Ainsi investi de la confiance de son entourage, il devient un élément constructif qui poursuit une activité efficace.

Le cadet se trouve en perpétuelle compétition avec son aîné. Cette situation l'aiguillonne et crée une violente poussée psychique chez le cadet. Il voudrait égaler, voire dépasser son aîné et il s'y applique de toutes ses forces. Il développe une grande ambition et il veille sur ses droits et ses prérogatives. Il craint d'être sous-estimé. Si le cadet n'a pas visé trop haut, si ses aspirations ne sont pas surtendues, s'il sait développer son sens social pour pouvoir de façon utile s'intégrer à un groupe, son dynamisme psychique peut le mener loin. Si, dans sa confrontation avec l'aîné — et plus tard dans la vie —, il subit des échecs, il peut dévier vers la névrose.

Le benjamin se trouve le dernier d'une fratrie dont les frères et sœurs le dépassent de loin. Semblable au psychisme du cadet il présente une très grande ambition. Mais il est le plus gâté de la famille. Il est d'autre part l'enfant de parents vieillissants. Ce n'est pas volontiers que la mère lui accorde l'autonomie nécessaire au développement de sa personnalité. Le benjamin grandit alors comme dispensé de responsabilité. Il s'attaque à des problèmes très difficiles, mais il peut aussi abdiquer. Tout dépend de l'ambiance éducative de la famille.

L'enfant unique grandit comme si les autres devaient le servir. C'est du moins la situation vécue par rapport à ses parents qu'il transpose par la suite dans ses relations avec autrui. Il en résulte parfois des difficultés avec le conjoint ou dans la profession.

Une fille dans une fratrie de garçons veut d'abord agir « comme si » elle était un garçon. Elle délaisse les poupées et n'aime que les jeux des garçons. Plus tard, elle persiste dans cette attitude dénommée par Adler : la protestation virile, et elle refuse son rôle féminin aussi bien dans la vie intime que dans la vie sociale. Adler a décrit toute une série d'attitudes caractérielles qui découlent de la position dans la fratrie. Nous venons d'en citer quelques exemples. (*Cf.* chapitre *Caractérologie* ; A. Farau et H. Schaffer : *La Psychologie des Profondeurs*, Payot, 1960, p. 195.)

S. H.

FRIGIDITE. Impossibilité partielle ou totale au plaisir sexuel. Procède très exceptionnellement de troubles neurologiques et presque toujours d'un blocage résultant d'un conflit créé par une expérience traumatisante dans un contexte éducatif culpabilisant.

F. R.

FRUSTRATION. Au-delà d'un certain seuil la frustration, c'est-à-dire le non-accomplissement d'un désir ou d'un besoin, peut être pathogène en suscitant une forte agressivité et de l'angoisse ; le développement du Moi, néanmoins, repose sur la frustration. Le contraire de la frustration est la gratification.

J. R.

FUITE (dans la maladie, dans la guérison). On fuit dans la maladie pour échapper à ses conflits psychiques et on fuit dans la santé pour échapper à son psychanalyste.

J. R.

Cette appellation peut paraître cocasse dans le cas, par exemple, où un homme pourvu de béquilles les abandonne et interrompt sa psychothérapie.

V. A.

FUGUE. C'est le besoin de s'éloigner de son domicile, besoin inattendu, déraisonnable (du moins en apparence), limité dans le temps. Il y a des fugues inconscientes (états seconds des épileptiques) et les fugues conscientes. Il y a la fugue de l'enfant, de l'adulte, du vieillard. Il faut la distinguer de la dromomanie, besoin permanent de voyager chez certains instables et du vagabondage qui survient chez des sujets incapables d'organiser leur vie et de lui donner un point d'attache. La fugue chez l'enfant (et chez l'adolescent) est l'expression de son mécontentement vis-à-vis de l'ambiance familiale ou de la crainte qu'inspire au fugueur l'attitude trop sévère ou incompréhensive d'un des partenaires du couple parental, le plus souvent le père, parfois les deux.

S. H.

FUSION (des pulsions). Selon la théorie freudienne, les deux pulsions fondamentales sont toujours fusionnées l'une avec l'autre. La nature de cette fusion et la nature des événements qui altèrent les proportions des deux pulsions ou l'influence de chacune doivent être de la plus grande importance, mais notre connaissance ne nous mène pas encore jusque-là. Il pourrait bien se faire que ce soit le caractère de ce mélange pulsionnel qui décide si une activité ou une attitude est saine ou morbide.

J. R.

G

GRAPHOTHERAPIE. En écho à la graphologie, pour laquelle l'écriture exprime les modalités du psychisme, la graphothérapie a pour but de modifier les modalités du fonctionnement psychique en entraînant le sujet à modifier son écriture.

F. R.

GROUPE. Le Groupe est la forme d'organisation naturelle de l'être humain, car l'individu est un produit de relations et ne peut vivre qu'en relation. Certains analystes, tel S. H. Foulkes, en déduisent même que la psychothérapie individuelle n'est qu'une thérapie de groupe qui s'ignore. D'ailleurs, même pour Freud, « ... tous les rapports qui ont jusqu'à présent fait l'objet de recherches psychanalytiques peuvent à juste titre être considérés comme des phénomènes sociaux... » (*Psychologie collective et analyse du Moi.*)

Freud postulait aussi un « instinct grégaire » qui apparaîtrait à la suite des relations entre parents et enfants et en réaction aux sentiments de jalousie qu'éprouve l'enfant. Cet instinct n'est pas admis par l'anthropologie. De plus, Freud croyait que l'humanité primitive était constituée par une horde où la volonté individuelle n'existait pas. L'individu ne se serait vraiment différencié de cette horde que tardivement et aurait toujours tendance à se fondre dans le groupe. « Nous devons en conclure, écrit-il, que la psychologie collective est la plus ancienne psychologie humaine. »

Le fait que la perspective interpersonnelle soit nécessaire pour comprendre les processus psychiques a naturellement conduit à la psychothérapie de groupe. Son développement très important au cours des deux dernières décennies a produit une grande variété de groupes. (Voir : *Alcooliques anonymes, Groupe analytique, Groupe bioénergétique, Groupe gestalt, Groupe de nu, Groupe de la* nuit, *Groupe de rencontre, Jeu de rôle, Marathon, Psychodrame, Synanon, Thérapie familiale.*)

Les processus qui apparaissent dans un petit groupe réuni artificiellement sont étudiés par la dynamique de groupe. (Voir en particulier : *Acting out, Bouc émissaire, Conformité, Consensus, Hypothèse de base, Leader, Restitution, Rôle, Sous-groupe, Tâche.*)

B. J.

GROUPE ANALYTIQUE. Groupe thérapeutique élaboré à partir des théories psychanalytiques par S. H. Foulkes, en Grande-Bretagne. L'animateur doit être un psychanalyste. Les échanges verbaux du groupe sont traités comme des « associations de groupe », et les interactions entre les participants sont étudiées et interprétées. On essaie aussi de dégager le contenu latent, « inconscient », des discussions. Un groupe analytique comprend idéalement 7 ou 8 membres, et Foulkes estime qu'il fonctionne mieux « fermé » qu'« ouvert ». Il dure au moins neuf mois et les séances peuvent avoir lieu au rythme d'une fois par semaine, une heure et demie chaque fois. Anthony, Foulkes, et d'autres analystes considèrent que ce genre de groupe est particulièrement indiqué à la suite d'une psychanalyse individuelle. (Voir : *Psychothérapie de groupe.*)

B. J.

GROUPES BALINT. Médecin anglais d'origine hongroise, fondateur de groupes d'études psychologiques. En réunissant des médecins généralistes, des psychiatres et des psychanalystes, Balint s'est efforcé de sensibiliser les médecins à leurs propres problèmes psychiques, d'une part, et de leur ouvrir la voie d'une approche psychologique du malade, d'autre part.

Elève de l'école psychanalytique, il a insisté très tôt sur l'importance de la relation objectale (l'autre), et de ce fait a soutenu une position très proche de celle d'Adler, essayant de jeter un pont entre la conception hautement égocentrique de Freud et le monde objectal (social) de la réalité.

S. H.

GROUPE BIOENERGETIQUE. Alexandre Lowen, disciple de W. Reich, en est à l'origine. William Schutz se situe dans la même tendance.

L'intervention est fondée sur le corps. La forme et l'expression du corps sont interprétées ; l'expression corporelle est dirigée par des exercices mettant en jeu la respiration et les processus énergétiques ; le contact direct entre le patient et le thérapeute est autorisé.

Le but est d'harmoniser chez le patient l'intensité émotionnelle et les tensions musculaires. En réduisant les tensions, on peut libérer les sentiments refoulés.

B. J.

GROUPES DE LA NUIT (Technique des). Technique d'imagerie mentale de groupe expérimentée dès 1962 par R. Fretigny et A. Virel, dans laquelle on introduit successivement quatre ou cinq sujets dans une pièce totalement obscure où se trouve déjà le psychothérapeute. Ils sont installés en situation de relaxation et choisissent un nom d'emprunt. Ils n'ont donc aucun moyen de se voir ni de se connaître. Chacun à son tour décrit une séquence de son imagerie mentale, que le suivant poursuit en l'orientant et la développant à son gré. Pour finir, les sujets analysent les détours du scénario imaginaire. En trois ou quatre séances se soude alors une équipe anonyme d'analyse réciproque et on assiste parfois à des catharsis spectaculaires.

F. R.

GROUPE DE NU. La thérapie de nu, individuelle ou de groupe, repose sur l'idée que les vêtements forment une défense qui sauvegarde l'individualité de chacun en le renfermant dans une sorte de cellule personnelle qui limite le contact avec autrui. Le nu permettrait d'ouvrir symboliquement cette cellule. Dans les groupes de nu, l'accent est mis sur les techniques non verbales.

B. J.

GROUPES D'INFORMATION SENSIBILISEE. Les groupes d'information sensibilisée n'ont rien de commun avec les groupes de sensibilisation ou *Training-Groups*. Comme leur nom l'indique, leur but est de procurer une information sensibilisée, non académique et non livresque. Par exemple, plutôt que de donner sous forme d'un exposé une information sur les groupes Balint ou sur les groupes de relaxation, les assistants sont réunis en groupes larges d'abord et reçoivent des comptes rendus de cas. Une discussion s'ouvre ensuite. Puis, dans un deuxième temps, ces groupes larges sont répartis en petits groupes et fonctionnent comme s'ils participaient à un groupe Balint ou à un groupe de relaxation. Enfin, les petits groupes sont réunis à nouveau en groupes larges pour élaborer cette expérience vécue « à chaud ». Il importe que les moniteurs s'occupant de tels groupes d'information sensibilisée soient bien formés, car ils doivent permettre une pénétration sensible de l'information, tout en évitant toute décompensation qui pourrait survenir à la suite de l'application d'une technique, pendant un court laps de temps et sans lendemain.

S. M.

GROUPE GESTALT. Les groupes de thérapie Gestalt ont été créés à l'Esalen Institute (Californie) par Frederick Perls, élève de Wilhelm Reich et de Kurt Goldstein.

Le groupe se centre succcessivement sur chacun des participants. Le thérapeute essaie de découvrir les « situations inachevées » qui font problème et d'amener le participant à les « clore ». (Voir aussi : *Gestalt* [Thérapie], *Groupe bioénergétique*.)

B. J.

GROUPE DE RENCONTRE. Type de groupe inventé par Carl Rogers pour faciliter le développement personnel et améliorer la communication et les relations interpersonnelles par des expériences vécues. Le groupe de rencontre réunit trois courants : le Training Group de Kurt Lewin, la psychologie Gestalt, et la thérapie « centrée sur le client » de Carl Rogers.

Il en existe plusieurs variétés, parmi lesquelles on trouve le groupe de sensitivité et le groupe de créativité. Ils n'ont pas de visée directement thérapeutique. Pour Carl Rogers, l'effet thérapeutique provient de l'ouverture des participants, du fait qu'ils se considèrent avant tout comme des personnes et que les étiquettes psychiatriques (« personnalité paranoïde » ou choses de ce genre) n'y ont pas cours. Il s'agit d'arriver à des expériences vécues aussi intenses et authentiques que possible.

Les groupes de rencontre se font avec n'importe qui, sans grande sélection préalable. Aussi connaissent-ils aux Etats-Unis une vogue sans précédent. (Voir aussi : *Groupe, Psychothérapie de groupe*.)

B. J.

GUERISON. On définit comme critères de guérison du névrosé son acceptation d'assumer ses problèmes, de prendre des responsabilités et des initiatives, son retour à la joie de vivre, un intérêt pour les autres et leurs problèmes, une amplification du sens social. La disparition du symptôme ne saurait être considérée comme critère de guérison. C'est toute la personnalité du sujet qui doit participer à ce processus. Le terme guérison suppose d'ailleurs un état de maladie. Or, l'école adlérienne considère la névrose comme une attitude dans la vie beaucoup plus qu'une maladie.

Adler considère le sujet psychologiquement sain s'il accepte les vicissitudes de la vie sans s'effondrer, s'il s'efforce de résoudre lui-même ses problèmes, s'il assure un travail, s'il présente une vie affective satisfaisante, s'il a des amis et s'il sait s'intéresser aux autres. Distraire, aider, instruire les autres lui semble résumer la quintessence du sens de la vie. L'homme ne saurait trouver son équilibre psychique s'il se détourne de ses semblables ou s'il reste indifférent vis-à-vis d'eux, encore moins s'il s'efforce de les dominer, de les exploiter ou les manipuler à son avantage (cf. 3).

Dès les premières années de la vie d'un être, l'éducation doit s'efforcer de développer chez lui ce sentiment social sans lequel une bonne intégration dans le groupe, dans la communauté est impensable. L'attitude envers nos semblables, la profession, l'amour, voilà les trois problèmes existentiels que rencontrera l'homme sur le chemin de sa vie. Insuffisamment préparé, le contact avec les autres ne réussit pas et ce sera l'échec et l'apparition de la névrose, de la délinquance, de la perversion, d'une toxicomanie ou du geste suicidaire.

S. H.

GUERRE (névrose de). Forme de névrose déclenchée à la suite d'émotions violentes survenant au moment d'événements dramatiques ayant menacé la vie du sujet : naufrage, bombardements, explosions, éclatements d'obus, ensevelissement, incendie, accident. D'autres fois, c'est à la suite d'une période de tension nerveuse provoquée par des situations périlleuses que s'installe la névrose.

La névrose se manifeste par une fixation du traumatisme qui, par un mécanisme de répétition, revient dans des cauchemars. Elle s'accompagne d'une diminution plus ou moins prononcée du rendement du sujet. D'autre fois le traumatisme est révélateur d'une structure névrotique préexistante. Dans son article « Névrose de guerre », Adler insiste sur le caractère agressif latent du sujet porteur de ce type de névrose. Dans ses revendications le sujet, contrairement à ce qu'on pourrait croire, est moins préoccupé par le gain personnel que par l'idée de réparation du préjudice subi. « Le névrosé de guerre désire se retirer du milieu où l'ont placé les circonstances dans le cercle étroit de la famille. » On utilise, aujourd'hui, le terme de névrose traumatique comme synonyme de névrose de guerre (cf. 7, chap. xxv).

S. H.

GUIDED AFFECTIVE IMAGERY (G.A.I.). Dénomination anglaise de la technique onirothérapique de Hanscarl Leuner appelée *Experimentelles Katathymes Bilderleben* (voir ce mot).

H

HALLUCINATION. Perception sans objet ayant le caractère de réalité d'une perception vraie. Peut affecter tous les sens. Se distingue de la pseudo-hallucination qui est une « impression » de percevoir.

F. R.

HERMAPHRODISME PSYCHIQUE. Dans le chapitre II, « Hermaphrodisme et protestation virile, problème central de la névrose » (*cf.* 7), Adler souligne la nécessité de ramener la totalité des symptômes nerveux à une « commune mesure ». Les fondements psychiques ainsi que la structure de la future névrose sont empruntés à la première enfance. Sous l'effet de différents facteurs : états d'infériorité des organes, situations familiales socialement défectueuses, apparaissent chez l'enfant des traits de dépendances avec besoin exagéré de soutien et d'affection, anxiété, peur de rester seul, hypersensibilité, peur de tout ce qui est nouveau ou étranger, traits caractériels qui confèrent au garçon une allure féminine. Par opposition à cette attitude avec ses traits caractériels de servilité et subordination apparaissent des traits actifs de révolte secrète, de ressentiment, de désobéissance, manifestation d'une opposition masculine. Ces composantes masculines et féminines cherchent leur synthèse. Ainsi naît, s'appuyant sur une ambivalence intérieure, un hermaphrodisme psychique.

S. H.

HALLUCINOSE. Perception sans objet à laquelle le malade, lucide, refuse d'accorder toute réalité.

HEDONIQUE. Qui tend à la recherche du plaisir.

HIPPOTHÉRAPIE. Technique de rééducation des handicapés consistant en une pratique de l'équitation sous contrôle du psychologue et du kinésithérapeute.

F. R.

HISTRIONISME. Particularité caractérielle de certaines personnalités montrant des conduites théâtrales. L'histrionisme se rencontre surtout dans la structure hystérique.

S. H.

HOMEOSTASIE. Terme créé en 1923 par le chercheur Cannon pour désigner la tendance de l'organisme à rétablir l'équilibre de ses différents composants grâce à un jeu de régulation qui se réalise par le truchement du système nerveux et des glandes à sécrétion interne. L'homéostasie confirme l'idée d'Adler d'une compensation des déficiences au niveau biologique.

S. H.

HOMOSEXUALITE. Adler étudia ce problème en 1917 dans sa publication « Le problème de l'homosexualité », en 1918 dans un article « L'homosexualité » (paru dans *Heilen und Bilden*). En 1930, il fait connaître un ouvrage, *Das Problem der Homosexualität*, Hirzel, Leipzig.

L'homosexualité se présente tantôt comme une particularité d'un cercle culturel donné, tantôt comme une activité occasionnelle à apparition sporadique, où peut jouer la séduction et où interviennent des conditions favorables : la prison, la caserne, la pension. Elle peut être concomitante à une activité hétérosexuelle. L'observation prouve qu'elle peut être associée à d'autres perversions, à des états névrotiques, obsessions ou névrose d'angoisse. Parfois l'homosexualité va de pair avec la toxicomanie.

Certains auteurs, Krafft-Ebing (un des premiers), distinguent une homosexualité acquise et une homosexualité innée. Magnus Hirschfeld invoque l'insuffisance de la sécrétion interne des glandes génitales.

Dès 1914, Adler insiste sur la source psychique de l'homosexualité et souligne l'importance des événements fixés de l'enfance. Des erreurs d'éducation jouent un grand rôle. Le fait d'habiller le garçon en fille ou de laisser l'enfant dans l'inconscience de son véritable rôle sexuel. La fille est élevée dans la crainte de l'homme. L'enfant se fixe exclusivement à un des partenaires du couple parental avec exclusion de toute autre relation affective. Adler insiste sur le dédain prématuré dont fait preuve l'homosexuel vis-à-vis du sexe opposé (*cf.* 5). L'homosexualité est accessible à la psychothérapie.

S. H.

HOPITAL DE JOUR. Le terme désigne une grande diversité d'institutions psychiatriques dont les principaux traits sont les suivants : établissement où des prises en soins psychiatriques diurnes, assidues et intensives, peuvent être réalisées, sans hébergement nocturne, avec une disponibilité clinique et thérapeutique diversifiée, grâce à des équipes soignantes pluridisciplinaires et à une structure administrative spécifique. Cet établissement est situé autant qu'il est possible au contact de la population soignée, avec des communications étroites ou facilitées. Il tend ainsi à se constituer en « communauté thérapeutique » liée à d'autres institutions de soins (hôpital psychiatrique plein temps, hôpital général, ateliers thérapeutiques, foyers d'accueil, etc.) ou sociales (services administratifs, sociaux, d'assistance, de police, etc.) concernées par les malades psychiatriques. Il s'intègre le plus souvent à une « politique de secteur », au contact direct avec la population, selon la circulaire de 1960 qui, traçant les grandes lignes d'une évolution institutionnelle psychiatrique, a mis fin à l'hospitalocentrisme, au moins théoriquement. L'action à la demande, les formes de soins ambulatoires diverses, la réadaptation affective, sociale et professionnelle se trouvent facilitées par de telles institutions. Structure souple, tant administrative que soignante, l'hôpital de jour rencontre de nombreuses difficultés, tant de création que de plein fonctionnement. Une coopération étroite entre les participants est indispensable pour faire face aux difficultés comportementales des patients. Cette qualité des communications peut être obtenue si les soignants ont acquis l'expérience d'une diversité de rôles et des bénéfices offerts par l'authenticité des échanges. Ainsi, la dynamique des groupes soignants — et l'implication des administratifs — a-t-elle une action fondamentale sur la dynamique des groupes soignés, des individus malades traités, des participants latéraux (familles, autorités sociales, services extérieurs à l'institution), etc. Les caractéristiques de taille, de modes de soins offerts, d'âge et d'indications varient beaucoup. Il existe en France, actuellement, une centaine d'établissements de ce type pour adultes et le double pour enfants. La souplesse et la diversité évoquées ci-dessus, caractéristiques mêmes de ces institutions à visées communautaires, leur donnent à la fois fragilité et efficacité.

B. J.-C.

HYDROTHERAPIE. Thérapie (souvent complémentaire) utilisant les effets des bains ou des douches à diverses températures — soit pour créer un choc, ou une fatigue — ou plus souvent une détente.

HYGIENE MENTALE. Médecine sociale psycholactique ayant pour objet de supprimer les causes des maladies mentales.

HYPARIQUE (image). On appelle images hypariques, par opposition aux images oniriques *, celles qui apparaissent aux niveaux vigiles et hypervigiles de la conscience. Elles comprennent les images sensorielles, réelles ou illusionnelles, les images eïdétiques, poétiques, phantasmatiques et hallucinatoires. Elles ne comprennent pas les images de veille du niveau subvigile (rêveries, images mentales).

HYPEREMOTIVITE. Disproportion entre les manifestations émotionnelles (pâleur, agitation, tachycardie, inhibition) et leurs causes.

HYPERESTHESIE. Exagération de la sensibilité. Peut exister dans tous les domaines sensoriels.

HYPERTONIE. Accroissement du tonus des masses musculaires, leur donnant une consistance et une raideur anormales.

HYPNAGOGIQUE. Imagerie propre à la période d'endormissement, pendant laquelle la pensée fluente tend à se traduire en images, souvent géométriques.

HYPNIQUE. Qui est en rapport avec le sommeil. L'expression impropre « rêve nocturne » sera toujours remplacée par « rêve hypnique ».

HYPNOPOMPIQUE. Imagerie de la période d'éveil où les images de rêve conservent une certaine réalité et se superposent à l'image du monde extérieur.

HYPONOIDE. Désigne un état caractérisé par un niveau de conscience subvigile, avec disponibilité à l'onirisme et se traduisant généralement par un tracé E.E.G. synchronisé en rythme alpha typique.
(Voir *Hypnoïde* et *Vigilance*.)

HYPNOSE. Après une vogue considérable, l'hypnose a marqué un profond recul avec le développement simultané des sciences psychologiques et de la pratique analytique. Elle demeure utilisée et réapparaît sous des formes variables tels, à titre d'exemple, les rêves expérimentaux et induits ou l'analgésie dentaire. D'emblée passionné, le débat reste marqué par deux thèses, l'une plus physiologique, l'autre plus psychologique. Mesmer, au XVIIIe siècle, opérant avec des métaux « magnétiques », transmettait le fameux fluide tandis que De Puységur découvrait le « somnambulisme provoqué », dont les éléments psychologiques étaient évidents. Après d'innombrables travaux où l'école de Charcot, à la Salpêtrière, et celle de Bernheim, à Nancy, s'opposèrent jusqu'à ce que cette dernière l'emporte, au moment même où l'hypnose s'effaçait de la pratique médicale française, c'est à Pierre Janet que l'on doit les études les plus approfondies sur les états seconds hystériques, le somnanbulisme provoqué et leurs inter-relations dans la pratique hypnotique psychothérapique. Le débat a pu reprendre avec l'école pavlovienne ou celle de médecine psychosomatique, d'inspiration freudienne. En divers pays, l'hypnose est encore pratiquée, mais la méthodologie de son emploi est constamment incertaine. Il existe aux U.S.A. des revues spécialisées où se manifeste bien la diversité encore subsistante de ces pratiques. L'induction de l'état de transe — « sommeil incomplet de type spécial, provoqué artificiellement », telle est l'une des nombreuses définitions du phénomène hypnotique — dépend à la fois de la personnalité du thérapeute, de la suggestibilité (ou mieux de l' « hypnotisabilité », laquelle peut être testée) du patient et dans une certaine mesure de l'absence de pathologie mentale trop manifeste. Le débat concernant les liens entre hypnose et hystérie doit être abordé sous cet angle, étude d'un facteur psychologique normal de suggestibilité. Le « rapport » hypnotisé-hypnotiseur a fait couler beaucoup d'encre, ainsi que la notion de « profondeur » de la transe. Il semble que l'amnésie demeure un des critères de celle-ci, ainsi que la stricte limitation de la relation psychologique à la personnalité et aux inductions de l'hypnotiseur. Les phénomènes de suggestion posthypnotique sont moins utilisés qu'autrefois, mais on semble admettre encore l'intérêt des suggestions directes centrées sur le symptôme ou de l'hypnose cathartique, permettant la réminiscence d'émotions et de souvenirs refoulés, de l'hypnoanalyse utilisant un matériel imaginaire. Les indications de l'hypnose sont très controversées. Il semble que chaque praticien, selon sa personnalité ou ses méthodes, couvre un champ plus ou moins large de la pathologie névrotique.

B. J. C.

HYPNOSE ACTIVE FRACTIONNEE. Méthode due à E. Kretschmer dans laquelle un état hyponoïde ou hypnoïde est atteint par les procédés habituels de l'hypnose.

HYPOCHONDRIE. Préoccupation plus ou moins obsessionnelle de sa propre santé s'accompagnant de sensations proprioceptives pénibles incontrôlables et d'un sentiment d'inconfort permanent.

HYPOTHESE DE BASE. Selon W. R. Bion, c'est l'accord tacite et inconscient selon lequel les membres d'un groupe acceptent de fonctionner. La *mentalité du groupe* est l'expression unanime de la volonté du groupe (c'est le produit des contributions *anonymes* des participants, différentes des contributions *délibérées*) : c'est cette mentalité du groupe qui oblige les participants à respecter l'hypothèse de base.

Dans un groupe thérapeutique (voir : *Psychothérapie de groupe*), l'hypothèse de base la plus fréquente est la dépendance : les membres divinisent l'animateur et nient à tout autre participant le droit de se faire entendre. Mais inconsciemment ils se vengent de leur dépendance en se sentant déçus par l'animateur et en refusant de le voir tel qu'il est (ils exigent de lui un pouvoir et une expertise magiques).

B. J.

HYSTERIE. Classe de névrose présentant un tableau clinique varié, où le conflit psychique est manifesté dans des symptômes corporels divers (crise émotionnelle avec théâtralisme), parfois plus durables (anesthésie orale, paralysie hystérique) ; l'hystérie d'angoisse, c'est-à-dire l'angoisse phobique très prononcée, en est une forme très répandue.

J. R.

IDEAL. L'enfant grandit en choisissant dans son entourage immédiat un modèle auquel il souhaite ressembler. Par un processus d'identification il s'efforce de se conformer à l'image qui lui est fournie par un des partenaires du couple parental, un frère aîné ou tout autre modèle. Plus tard l'idéal ne concerne plus le développement de la propre personnalité.

Chez le névrosé, l'idéal peut être placé si haut que le sujet n'arrive jamais à l'atteindre. C'est ainsi que la jeune fille peut formuler un idéal du partenaire masculin qui doit être très cultivé, très riche, très beau, très sportif, très grand. C'est ce qui rend impossible la véritable rencontre avec un homme.

S. H.

IDEAL DU MOI (l'). Concept introduit, en 1914, par Freud dans la théorie psychanalytique, en même temps que le narcissisme. C'est en effet la rupture du narcissisme primaire absolu régnant dans la vie intra-utérine et tout au début de la vie postnatale qui est à l'origine, selon Freud, de la formation de l'idéal du Moi, la rupture du narcissisme absolu étant liée aux inévitables frustrations que subit l'enfant. « L'homme se montre incapable d'abandonner une satisfaction dont il a joui une fois », dit Freud ; cette satisfaction est celle qui a résulté de la complétude, de la perfection narcissique du tout début de la vie. « Il cherche à recouvrer, écrit Freud, sous la forme d'un idéal du Moi cette perfection précoce qui lui a été arrachée. Ce qu'il a projeté en avant de lui-même comme idéal est simplement le substitut du narcissisme perdu de son enfance, du temps où il était son propre idéal. »

Dans *le Moi et le Ça*, 1923, Freud donne l'idéal du Moi et le Surmoi pour synonymes. Pourtant, avec Bela Grunberger, nous pensons qu'il convient de distinguer l'idéal du Moi comme héritier du narcissisme primaire du Surmoi, héritier du complexe d'Œdipe. Si l'idéal du Moi tend à la fusion avec la mère, le Surmoi, à l'inverse, tend à couper l'enfant de la mère. L'idéal du Moi tend à restaurer l'illusion de toute-puissance dans le fantasme de réunion du Moi et de l'idéal, le Surmoi à promouvoir la réalité : à savoir que le père et non l'enfant est l'objet sexuel de la mère.

Dans « Psychologie collective et analyse du Moi » (1921), Freud fait jouer à l'idéal du Moi dans la constitution des groupes humains un rôle fondamental, les idéaux collectifs tirant leur efficacité d'une convergence des « idéal du Moi » individuels : « ... un certain nombre d'individus ont mis un seul et même objet à la place de leur idéal du Moi, à la suite de quoi ils se sont identifiés l'un à l'autre dans leur Moi », écrit encore Freud.

J. R.

IDEE DIRECTRICE. La conception globale, syncrétique de la personnalité d'après Adler distingue chez chaque être humain une dominante qui sous-tend toute la vie psychique consciente et inconsciente. Elle donne aux rêves, aux souvenirs, aux projets d'avenir leur tonalité et leur finalité propres. Nous vivons comme si une idée directrice inspirait tout notre psychisme. La découverte de cette idée directrice par le thérapeute facilite la compréhension de la structure psychique du sujet. (H. Schaffer : *La Psychologie d'Adler,* Masson, 1976.)

S. H.

IDENTIFICATION. Il faut distinguer entre le terme identifier et s'identifier. On peut identifier une plante, une variété de cristal, etc. L'identification comporte un processus où le sujet s'identifie à autrui ou encore où il identifie autrui à sa propre personne. Là où les deux processus sont présents on assiste à la formation du « nous ».

Adler attache une grande valeur au processus d'identification au cours de la rencontre thérapeutique. Il faut non seulement comprendre le sujet qui nous consulte, il faut s'identifier avec lui, « voir avec ses yeux, entendre avec ses oreilles, sentir avec son cœur. » Plus tard on a dénommé ce processus *l'empathy*. Le terme n'a pas trouvé d'équivalent français.

Il existe aussi une identification sur le plan purement rationnel.

S. H.

L'identification est le processus psychologique capital qui est à l'origine de la personnalité ; en s'identifiant à ses parents, à ses maîtres, la personnalité de l'enfant tout à la fois se constitue et se différencie.

J. R.

IDENTIFICATION PROJECTIVE. Mécanisme psychologique décrit par Mélanie Klein et qui permet au sujet de s'introduire de force dans les objets. En relation étroite avec la position schizoparanoïde, l'identification projective trouve son prototype dans la projection fantasmatique à l'intérieur du corps maternel de parties clivées de la propre personne du sujet.

H. Rosenfeld fait une différenciation entre les identifications projectives normales et pathologiques. Les premières servent à communiquer, les secondes à contrôler, à attaquer ou à posséder l'objet.

J. R.

IDENTITE ARCHAIQUE. Identité inconsciente du sujet et de l'objet, considérée comme situation d'origine du psychisme. « La psyché est d'abord le monde. » Cet état primordial fonde, d'une part, les processus d'introjection et de projection, d'autre part, la constitution du sujet et de l'objet par voie de différenciation. Il permet également d'analyser la mentalité primitive, les phénomènes de la première enfance et nombre d'états conscients postérieurs. Jung désigne parfois cet état du nom de « participation mystique » emprunté à Lévy-Bruhl.

H. E.

IMAGE. Forme primitive naturelle et essentielle de la pensée dont elle constitue l'élément expressif de base, au point qu'on a cru pouvoir, au XIXᵉ siècle, ériger la psychologie en science, en la fondant uniquement sur le mécanisme des images (associationnisme). Spontanée, elle exprime directement ou symboliquement le contenu et les vecteurs du psychisme, soit à l'état de veille, soit pendant la rêverie ou le sommeil. Elle est aussi le véhicule naturel de la pensée collective (arts plastiques, théâtre, mythes, allégories). La fonction irremplaçable de l'image est de libération par l'expression, à chaque instant de la vie individuelle ou sociale. Dès que cette fonction est gênée ou perturbée (interdits, contraintes éducatives, complexes) se crée une névrose. Aussi la psychothérapie utilise-t-elle largement et de plus en plus l'image : pour l'exploration du psychisme (analyse), pour rétablir la catharsis naturelle (onirothérapie) et pour restaurer et développer la créativité, qui est la condition de l'adaptation continue et de l'épanouissement.

Le fondateur de la psychothérapie par l'image est P. Janet (1898),

CLASSIFICATION ET FORMES DES IMAGES

HYPARIQUES

Hypervigiles ou Vigiles .... sensorielles ..
— réelles
= illusionnelles
— consécutives } Etats de veille

eidétiques
poétiques
phantasmatiques
hallucinatoires

Subvigiles ..... (*solitaires*) spontanées, rêveries
provoquées, rêve éveillé
(*dialectiques*) imagerie mentale

ONIRIQUES

Mésovigiles .. hypnagogiques .... Endormissement
hypnopompiques .... au réveil
Hypovigiles .. hypniques .... Sommeil

Les images contemplatives diverses, dont le nom varie avec les ascèses considérées, ont en commun d'appartenir à un état de conscience intense mais pouvant apparaître à des niveaux de vigilance variés. Elles représentent d'ailleurs, dans certains cas, un passage de l'image formelle à la connaissance intuitive informelle. (Voir : *Vigilance*.)

« substituant » des images induites aux images obsessionnelles. Mais c'est A. Binet (1922) qui étudie systématiquement l'imagerie mentale, puis C. Happich (1920-1930) et Guillerey (1925) qui l'utilisent méthodiquement à des fins thérapeutiques.

F. R.

IMAGE (genèse de l'). Qu'est-ce que l'image ? Avant d'être une expression de l'homme qui s'imprime dans le monde extérieur, depuis les premiers dessins pariétaux des cavernes jusqu'aux films cinématographiques, elle est image mentale, c'est-à-dire, en quelque sorte, une expression du monde qui s'imprime au fond de nous. Mais avant même cette apparition d'un double du milieu dans un champ de conscience, l'image est une réplique encore plus primitive et sommaire, parce que d'abord concrète et matérielle : elle est un lambeau du cosmos intériorisé par l'être vivant. On peut même dire qu'il s'agit d'un lambeau *arraché* au cosmos, car cet arrachement deviendra notre déchirure. Condition d'accès à notre joie la schize (la séparation) sera aussi notre douleur. C'est pourquoi la valeur de l'image sera pour l'homme d'être essentiellement *affective*.

A l'origine de la vie, les algues nous donnent un exemple d'une telle intériorisation du monde. Tout d'abord, elles ne possèdent aucun vaisseau. L'apparition de ces vaisseaux et d'une circulation liquide à l'intérieur de la plante constitue bien une intériorisation du milieu fluide environnant, laquelle, notons-le, se double de cette autre caractéristique schizogénique (*), régulatrice qu'est la canalisation. L'algue a, dorénavant, la possibilité de surgir de son milieu originel, d'élargir son univers. Les circonstances la favorisent et, à l'époque dévonnienne, les sécheresses, alternant avec les pluies, placent le psilophyton hors de l'eau. Les simples crampons de fixation tendent à devenir des racines. L'eau est maintenant puisée dans la terre. C'est l'origine des plantes terrestres (*cf.* 198, p. 163 et suiv.).

On peut donner maints exemples de ce processus biologique d'intériorisation. Le sang salé qui irrigue notre corps est encore la réplique canalisée de l'océan. Il contient, en effet, les mêmes ions que l'eau de mer et leurs concentrations relatives sont du même ordre de grandeur. Un autre fait qui « fait image » : chez l'embryon des vertébrés, le tégument se creuse longitudinalement en gouttière dont les bords se souderont pour constituer, à partir du dehors, un organe interne destiné précisément à absorber l'image du monde : c'est le système nerveux qui va être le moyen de toute notre vie de relation.

Mais si le monde se dédouble en se projetant ainsi dans l'être, on sait que l'être se dédouble en se projetant aussi dans le monde. Tel est le processus de sa reproduction, lequel nous donne un bel exemple de l'intériorisation biologique qui conduit à ce que nous nommons autogénie dans le cadre de la symbologie génétique (*). Plus nous gravissons l'échelle des vertébrés et plus nous voyons que l'être, intériorisant ses mécanismes de reproduction, se substitue peu à peu au milieu, jusqu'à se recréer à l'intérieur de lui-même et jusqu'à devenir le milieu nourricier de sa progéniture.

Tout d'abord, poissons et amphibiens femelles pondent les ovules que les mâles viennent féconder de leur frai. Les nouveau-nés sont abandonnés aux hasards du milieu (cosmogénie). Après les poissons et les amphibiens apparaissent les reptiles, dont le système de reproduction est plus régularisé. En effet, avec eux se manifestent deux caractéristiques schizogéniques : la coquille protégeant l'œuf contre l'ambiance et l'intériorisation du milieu (l'eau) dans cet œuf. Le reptile peut abandonner définitivement le milieu originel. Il n'est plus, comme l'amphibien, obligé de retourner périodiquement dans l'eau pour pondre. L'œuf peut rester sur terre. L'embryon se développera dans sa réserve d'eau. Plus tard, l'œuf des premiers mammifères sera protégé des rigueurs de l'environnement en étant maintenu à l'intérieur d'une poche marsupiale où la chaleur le couve. Les marsupiaux proprement dits ne pondent plus d'œufs. Le petit sort vivant et constitué du ventre de la femelle qui s'est donc, en quelque sorte, substituée au milieu. La poche subsiste pourtant, et c'est là que la mère comprime sa mamelle et allaite l'enfant, car celui-ci est incapable de téter. Puis apparaisent les mammifères placentaires dont les petits sont, dès leur naissance, capables de téter.

Or, c'est précisément chez les mammifères placentaires, où la femelle se substitue le plus parfaitement au monde vis-à-vis de sa progéniture, qu'apparaît, avec l'homme, la pensée réflexive, d'abord essentiellement imagée avant que d'être conceptuelle, c'est-à-dire cette possibilité d'intérioriser le monde, de le recréer en quelque sorte à l'intérieur de soi, et de le transformer. Dans la perspective de la création biologique la création psychique apparaît comme une autogénie, puisque tout se passe avec elle comme si nous assistions à la naissance d'un nouvel arbre biologique. En effet, l'être vivant tend à recréer son milieu et à se recréer lui-même à l'intérieur de sa propre personne. La pensée réflexive est une possibilité individuelle de se recréer et de se transformer perpétuellement, dans le même temps où elle cherche à recréer le monde. Avec la pensée réflexive, l'homme se place au centre du monde et, dans le même temps, le monde est au centre de l'homme.

La projection du monde à l'intérieur de l'individu, la création du système nerveux central comme un double en miroir du monde extérieur sont donc des faits primordiaux, et les neurophysiologistes ne nous « expliquent » rien de plus en disant que la pensée réflexive est rendue possible par l'apparition du néocortex. Comment « expliquer » que cette télencéphalisation atteigne précisément son maximum de développement chez les mammifères ? Il est difficile de croire qu'il n'y ait là qu'une coïncidence entre la gestation interne biologique, et cette autre gestation interne qu'est la pensée réflexive. Bien plus que de vaines explications il s'agit en fait de notre implication humaine dans le problème biologique de l'image. Car, nous voici en présence de l'homme, dès son origine, avant même qu'il ait objectivement compris son aventure. Il a déjà construit en lui un autre milieu, un écho intérieur du milieu qui l'entoure... Le monde va renaître de l'homme et de l'imaginaire, cette surréalité. Et l'imaginaire lui aussi se dédouble. Il est projeté. L'homme s'est substitué à l'univers et c'est au tour de l'univers d'intérioriser l'homme : l'imaginaire apparaît dans les replis du monde souterrain. Avec le dessin de l'âge des cavernes l'expression imagée de la collectivité a pris corps.

Habité par l'image de l'animal chassé auquel le groupe s'identifie, l'homme projette cette image et la fixe sur la paroi rocheuse. Elle est dès lors, au-dedans de la grotte, le symbole d'un centre du cosmos, symbole pétrifié à partir duquel va naître et s'épanouir l'arbre de connaissance, notre univers abstrait et conceptuel. Car, c'est en quelque sorte dans le creux laissé au fond de l'homme par cette image projetée au-dehors que va se mouler l'idée, sorte d'image abstraite — si l'on peut déjà qualifier ainsi des éléments qui seront pendant longtemps encore plus symboliques qu'abstraits au sens actuel du mot.

Ce creux lui même est projeté dans le monde. Au-delà de la pensée imagée, imaginante, voici le trou foré par un outil : l'homme préhistorique perce la matière inerte ou l'animal de sa hache de pierre ou de sa flèche. Il projette ainsi, déjà, son pouvoir d'abstraction. Le trou percé dans la pierre, l'os ou la dent est comme un symbole du concept, comme le symbole du symbole. Ce vide, cette lumière, marque enfin la discontinuité du concret, le passage de l'esprit et de la conscience à travers la matière. Dès lors la pensée conceptuelle, sorte d'imaginaire au second degré va, elle aussi, acquérir peu à peu son autonomie avec tous les dangers que comporte une telle aventure.

La symétrie du monde interne et du monde externe procède donc de l'absorption du second par le premier — qu'on aborde le processus génétiquement ou à la lumière de la psychophysiologie de la sensation. L'environnement est initialement absorbé physiquement et psychologiquement. L'homme perçoit donc initialement le monde extérieur comme un monde situé au-dedans de lui, et, par conséquent, le « milieu » comme un « centre interne ». Tel est bien le sens profond de milieu (de mi et de lieu) — et on ne comprendrait pas que le mot « milieu » désigne couramment l'extérieur, si l'on ne faisait pas appel à cette très lointaine origine.

Faute d'y faire appel, on ne comprendrait pas non plus pourquoi la représentation du monde extérieur diffère d'un individu à l'autre. Le « milieu », le centre, ne recueille pas, en effet, l'image du monde à la manière d'une chambre noire photographique, mais opère un travail intérieur à partir des éléments qu'il possède déjà. Le reflet du monde extérieur est appelé habituellement « image » et, de ce fait, prend une nuance définie et statique bien regrettable (ne pense-t-on pas toujours d'abord à l'image visuelle ?) ; ce reflet est structuré en fonction des expériences passées, des potentiels affectifs préexistants, des facteurs émotifs ou passionnels concomitants — et l'imaginaire est par-là même une impression très personnalisée du monde extérieur. Plus qu'une intériorisation brute du monde extérieur, l'image traduit la relation de l'individu et du cosmos.

Notre activité psychique présente donc la possibilité de se différencier du monde extérieur, au contact duquel elle acquiert progressivement son autonomie. Elle est la réplique d'un monde externe qui agit sur elle, mais sur lequel elle peut agir à son tour. Toute pensée, à quelque niveau soit-elle, présente ce caractère d'un monde où les images concrètes elles-mêmes sont d'une autre nature que le monde matériel auquel elles sont empruntées et revêtent à tous les niveaux un caractère plus ou moins apparent « d'abstraction ». Toute pensée est ainsi symbolique du monde extérieur, qu'elle intériorise, mais dans lequel, en retour, elle tend à se projeter. Et c'est en se projetant dans le monde extérieur que, finalement, l'homme arrive à se reconnaître, à prendre conscience de lui-même.

Dans cette optique le problème de l'innéité ou du caractère acquis de l'image perd son sens ou en prend un nouveau. C'est un faux problème si l'on confond l'image optique, l'image biologique, l'image projetée ou rêvée, abstraite ou concrétisée, l'image chaude et mouvante qui naît dans l'instant, facette frémissante du vécu de toute notre peau et de tout notre corps, l'image mémorée, enfouie, ensommeillée... C'est un faux problème si l'on confond le domaine psychologique de l'image et celui que l'on pourrait nommer une métaphysique de l'en deçà par analogie à une métaphysique de l'au-delà.

Dans cette optique encore le problème psychothérapique de réactualiser l'image ancienne ne peut se résoudre qui si l'on réduit le rôle de cette image à n'être que la trace d'une situation passée. Actualiser ce n'est pas faire appel à cette image elle-même qui, entre-temps, s'est intellectualisée et déformée, mais c'est restaurer l'état affectif auquel elle correspond avec son rythme et son dynamisme évolutif. Il s'agit donc d'actualiser un vécu corporel ,c'est-à-dire de le ressaisir dans ses coordonnées initiales d'espace-temps, et l'on pourrait alors parler d'un pouvoir de réincarnation ou de recorporalisation dont seraient dotées certaines représentations imagées. Cette magie de l'image justifie l'importance accordée par l'onirothérapie d'intégration au fait que le sujet parvient à habiter, dans son imagerie mentale, un corps imaginaire. Alors, toute image vue par les regards intérieurs est à nouveau présente et vécue comme telle, en prise avec un corps imaginaire ressenti comme étant réel. Actualiser de telles images du passé c'est essentiellement opérer une désintellectualisation.

Dans cette optique aussi l'usage psychothérapique de l'image ne se limite pas à utiliser des images anciennes, mais à restaurer le pouvoir créateur de notre imaginaire tout entier. Si l'image, en effet, permet le passage instantané entre passé et présent, si elle est ainsi la grande immédiatrice, elle paraît bien venir aussi, dans le même instant, de plus loin que nous-même, messagère d'une relation entre l'être et le monde, riches de leur devenir. Sinon comment l'imagerie serait-elle créativité, c'est-à-dire tout à la fois « co-naissance » d'un nouvel homme et d'un nouveau monde, conscience de cette porte étroite ouverte entre deux infinis ? (Voir : *Décentration, Intentionnalité* et *Isolement sensoriel*.)

V. A.

IMAGES-CARREFOURS. Images qui surgissent très fréquemment dans l'imagerie mentale spontanée, ce qui témoigne de leur grande charge effective et de leur valeur particulièrement significative (*cf.* 200).

IMAGES-CLES. Images inductrices utilisées dans les techniques d'imagerie mentale dont l'emploi se révèle extrêmement fécond mais dont l'apparition spontanée est rarissime (*cf.* 200).

IMAGES DE DEPART. Images utilisées pour orienter l'imagerie mentale. Ces images de départ peuvent être choisies en fonction du cas particulier du sujet ou au contraire (Leuner, Desoille), tirées d'une gamme standard qu'on applique à tous les cas (*cf.* 200).

IMAGE PRIMORDIALE. Urbild. Concept emprunté à Burckardt désignant ce qu'à partir de 1919 Jung a discuté sous le nom d'archétype (*cf.* 114, vol. VIII, p. 133). (Voir : *Archétype, Images-Carrefours, Images-Clés*.)

L. D.

IMAGERIE MENTALE. L'imagerie mentale est d'abord une séquence importante de l'onirothérapie, technique originale différente des techniques analytiques plus connues, freudiennes, adlériennes, ou jungiennes. Ces dernières travaillent, en effet, sur les images mentales des rêves nocturnes dont le sujet se souvient à son réveil. Mais chacun sait qu'il est une autre catégorie d'images mentales : celles que nous avons à l'état vigile, et dont les plus simples sont celles qui se déroulent dans nos rêveries et nos fantasmes.

Tout individu connaît dans la journée des phases de relâchement au cours desquelles il se laisse aller à l'élaboration de scénarios divers qu'il vit un peu à la façon d'un rêve. Dans cet état subvigile il demeure, malgré tout, perméable au monde qui l'entoure, mais sans focalisation d'attention (Virel). Il est passivement « en attente », comme si sa volonté demeurait en marge de la rêverie vécue, bien que gardant la possibilité d'intervenir, pour l'interrompre, à chaque instant. Les images qui surgissent alors peuvent être utilisées, comme les images nocturnes, en tant que matériaux privilégiés d'une psychothérapie. Elles présentent un caractère diagnostique et un caractère thérapeutique : diagnostique, dans la mesure où leur langage symbolique nous renseigne sur les processus inconscients qu'elles expriment ; thérapeutique, dans la mesure où elles permettent à des émotions bloquées ou refoulées de s'exprimer, réalisant une « catharsis » efficace, indépendamment même de la compréhension rationnelle de leur contenu. On peut donc réunir sous le nom d' « imagerie mentale » l'ensemble des méthodes qui visent à privilégier à l'état de veille un vécu onirique. Il s'agit d'un état de conscience diffuse où des images (visuelles, notamment) se succèdent. Cet état de conscience onirique de veille peut être recherché soit dans un but thérapeutique (onirothérapie), soit dans un but de développement psychologique ou même de développement spirituel (technique de saint Ignace de Loyola).

Il semble que les méthodes d'imagerie mentale remontent à l'Antiquité : déjà, il y a deux mille ans, en Grèce, les prêtres médecins plongeaient (par diverses fumigations) leurs patients dans un état d'abaissement du niveau de vigilance propice au surgissement d'images mentales dans un but thérapeutique ; et, dans diverses civilisations archaïques, on sait provoquer, à l'aide de substances naturelles, des états hallucinatoires, soit à titre rituel, soit à titre thérapeutique.

A l'époque moderne, l'utilisation thérapeutique des images mentales semble être redécouverte d'abord avec P. Janet, vers 1898 : celui-ci raconte comment il guérit une femme atteinte de délire hystérique à la suite d'une déception amoureuse, en l'induisant à imaginer de façon répétée son amant nanti d'un groin de cochon.

Parallèlement, divers chercheurs, sans lien apparent entre eux, découvrent l'intérêt de l'imagerie mentale. Ainsi, Alfred Binet et Léon Daudet, en France ; Happich, en Allemagne ; Pierce Clark, psychanalyste freudien qui pratiqua une méthode d'imagerie mentale dès 1923 ; C. G. Jung, enfin, qui entrevit son importance en parlant d'imagination active au début du siècle, technique solitaire plus connue sous le nom de « rêve éveillé » que lui donna Léon Daudet (cf. 61). En France, Robert Desoille développe, en s'inspirant des travaux du parapsychologue E. Caslant (*cf.* 48-49), une méthode d'imagerie mentale, sous le nom de « rêve éveillé dirigé » (R.E.D.). Le patient est allongé sur le divan, dans l'obscurité, et un thème visuel lui est proposé par le thérapeute, thème à partir duquel il va vivre un scénario imaginaire qu'il relate au fur et à mesure qu'il le vit, et que le thérapeute oriente, à certains moments par ses suggestions : parmi celles-ci, les plus importantes sont celles d'ascension et de descente dans l'espace imaginaire où le « rêveur » se déplace, déplacements qui s'accompagnent en général respectivement de sensations d'euphorie ou d'angoisse.

Parallèlement aux travaux de Desoille, donnant à sa technique une interprétation réflexologique, d'autres chercheurs mettent au point des méthodes d'imagerie mentale différentes du R.E.D., insistant sur la notion de créativité. Certains font appel à une imagerie mentale libre, par exemple sans suggestion de thème de départ ou sans intervention systématique et *a priori* du thérapeute. Telle est l'une des méthodes du Dr Marc Guillerey (de Lausanne), puis d'André Virel et Roger Fretigny qui jettent les bases de « l'onirothérapie d'intégration », basée sur la restructuration du « Moi corporel imaginaire » (*cf.* 93-198).

Pour André Virel, l'image naît d'abord du corps, et tel est l'axe majeur de la recherche, celle d'un sens symbolique des images, et de leurs modalités d'action thérapeutique. L'apport essentiellement nouveau en ce domaine est la préoccupation génétique. Ainsi l'onirothérapie dite d'intégration, qui pose le premier fondement d'une symbologie génétique, nous conduit dans un merveilleux voyage à travers les forêts de l'imaginaire collectif où nous apprenons que nous avons deux corps.

Nous savons que tout homme a le sentiment d'habiter son corps dont il possède une image fonctionnelle : un schème corporel. Ce schème résulte de l'intégration des éléments de sa vie perçue, de sa vie agie, et de sa vie pensée. Il permet un ajustement permanent de l'être aux situations mouvantes du milieu. C'est pourquoi, pour André Virel, l'image de notre corps n'est que l'aspect spatial (tridimensionnel) d'un schème corporel quadridimensionnel. L'auteur montre, en effet, comment le schème corporel se forme par intégration successive des quatre dimensions de l'espace et du temps. A chacun de ces stades dimensionnels, l'homme possède une image différente de lui-même. Tout d'abord, c'est le stade de la pensée mythique au cours duquel les hommes, encore peu différenciés, ont une personnalité de groupe. Ce Moi corporel collectif revêt, sur la paroi des cavernes paléolithiques, la forme du dessin de l'animal auquel s'identifie le groupe. La projection de cette image collective transforme du même coup le monde extérieur. Elle provoque alors en chacun une prise de conscience du Moi corporel individuel. Et, un jour, conscient de son corps, l'homme dessine l'homme. C'est l'individuation. Affirmé en tant qu'être vertical, il peut affronter la pesanteur, ériger mégalithes et pyramides. La notion de temps orienté se précise. L'histoire commence. Ainsi, le schème d'intégration (voir ce mot) présente deux versants indissociables et complémentaires : schème corporel d'une part, et schème spatiotemporel d'autre part. C'est dire qu'il se constitue « par une anthropomorphisation du monde et par l'universalisation du corps ».

Cette conception, née d'une étude phylogénétique, trouve une application de choix dans les psychothérapies utilisant l'imagerie mentale et qu'il est convenu de grouper sous le nom d'onirothérapies. Pour André Virel, l'image, centre relationnel du groupe et du monde, ou de l'individu et du « mi-lieu » (milieu), est à la fois expression des conflits et onde porteuse des énergies libératrices. Lui permettre de surgir, c'est retrouver la source (*cf.* 198).

Une technique de décentration (non de concentration) aboutit à une dissolution du corps et rappelle les rites initiatiques où l'homme meurt afin de renaître. A partir de cette mise en condition, l'onirothérapie, comme les états d'isolement sensoriel, permet à l'imaginaire de surgir librement. A la perception métamorphique du corps morcelé, dissocié, puis anéanti, le sujet, au-delà de l'angoisse acceptée, habite un corps imaginaire et agit dans un univers imaginaire, reflet de son passé, de ses potentialités, de ses conflits et de ses devenirs. La conscience de veille s'efface devant l'éveil d'une conscience onirique.

Une dialectique est établie entre cette conscience onirique et l'univers imaginaire dans lequel se meut le rêveur. C'est ici que s'opère une restructuration de l'être, indépendamment de toute analyse rationnelle. Dans le rythme de ce vécu affectif seront levées les somatisations. Au sortir de cette aventure, le sujet réintègre son corps réel. Mais la perception qu'il en a est nouvelle.

Le vécu onirique a changé de schème d'intégration, c'est-à-dire la perception globale du corps et celle de son espace-temps.

Comme bien d'autres méthodes psychothérapeutiques, l'imagerie mentale a été employée dans la thérapeutique de diverses maladies fonctionnelles, dans lesquelles elle permet des guérisons relativement assez rapides lorsque les indications en sont bien posées.

Moins connu est son emploi comme thérapeutique de certaines maladies organiques graves réputées peu ou non curables classiquement, et notamment de certaines maladies auto-immunes. Il est en effet fréquent que l'imagerie mentale permette de mettre à jour chez de tels malades des pulsions de mort inconscientes, dont on peut penser que leur refoulement, et donc l'interdit qui leur est fait de s'exprimer, finit par provoquer l'émergence sous forme somatique dans ces maladies autodestructrices que sont les maladies auto-immunes.

L'imagerie mentale permet l'émergence de ces pulsions sous forme d'images symboliques, souvent sources de fortes abréactions, qui possèdent déjà par elles-mêmes un pouvoir curateur avant même l'analyse qui en est faite dans un second temps.

Les recherches dans ce domaine, qui sont encore à leur début, ont porté sur divers cas de sclérose en plaque, polyarthrite rhumatoïde ou spondylarthrite ankylosante (cf. 156). Elles permettent de penser que l'application de l'imagerie mentale vaudrait la peine d'être tentée dans la maladie cancéreuse. En effet, plusieurs travaux ont été menés ces dernières années, qui montrent l'extrême importance des facteurs psychologiques dans le déclenchement, puis dans l'évolution des diverses sortes de cancer, et dans la qualité (ou l'effondrement) des défenses immunitaires que l'organisme est capable de mettre en œuvre pour s'y opposer (cf. 12). (Voir : *Décentration* et *Onirothérapies*.)

M. J.

IMAGINAIRE (L'). 1. L'imaginaire n'est pas le simulacre de la réalité ni le lieu de rencontre des images mentales. Une conception spatialisante de l'imaginaire ne conduirait qu'aux illusions de l'immanence, de la substance ou de l'idéalisme. Il est un aspect central, non pas statique, mais dynamique, d'un Moi en situation, d'un Moi en relation intentionnelle avec soi et avec l'Univers et se structurant suivant une évolution propre.

Se confondant avec la fonction imaginante, potentielle ou actuelle, il comprend, perpétuellement en voie d'organisation, tout un système de résonances, d'échos et de pulsions, relié à toutes les données intimes du sujet, dont certaines peuvent demeurer inaperçues, et à toutes les données du monde extérieur, tel du moins qu'il est perçu. Cet univers « fantastique » synthétise et dynamise une multitude de rapports, qui échappe à toutes les mesures et prévisions rationnelles.

Il n'est point pour autant « la folle du logis » ; il comporte lui aussi « ordre, poids et mesure », une structure évolutive, une orientation et une forme qui lui sont propres. Mais les méthodes pour les discerner ne sont pas celles des sciences exactes : d'où l'extrême diversité des approches psychologiques. Le champ de l'imaginaire n'est jamais coextensif au langage, à la communication, à la conscience. De l'obscur subsiste jusque dans la clarté, comme de l'inconscient dans le conscient, du non-perçu dans le perçu, de l'invisible dans le visible, de l'irréel dans le réel. Si l'on se propose d'atteindre l'individuel, dans ce qu'il a de plus irréductible, on peut penser à la limite que toute approche de l'imaginaire doit être individualisée.

2. L'imaginaire est aussi le domaine de l'anticipation. Il stimule, guide et parfois égare l'intelligence scientifique. Il n'est pas néces-

sairement trompeur, quand il passe l'entendement. Il sert de centre médiateur aux phénomènes para ou métapsychiques, tels que la télépathie, la prémonition, la lecture à distance des pensées ou des textes. Les rapports de l'imaginaire et de la libido sont également des plus équivoques : il excite, éteint ou satisfait le désir. L'imaginaire joue un rôle des plus importants dans la vie de tous les instincts et, tout particulièrement, de l'instinct sexuel. Du délire à l'intuition géniale, de l'obsession pathologique au libre épanouissement, l'imaginaire toujours présent obéit à une logique inexorable, dont les lois échappent à la logique purement rationnelle. Mais la logique de l'irrationnel, dont relève l'imaginaire, n'est pas pour autant déraisonnable. Elle est seulement plus difficile à comprendre que celle des sciences et des concepts et elle ne dépend pas du seul exercice de l'intelligence.

3. Il est couramment enseigné que l'imaginaire « n'a point de réalité », qu'il « s'oppose au réel ». La relation entre l'imaginaire et le réel est loin d'être, en fait, aussi tranchée, elle se révèle pleine d'ambiguïtés. Un réel s'affirme effectivement autre que celui de l'imaginaire : tel cheval existe bien indépendamment de ma conscience qui me représente son image, tandis que Pégase, le cheval ailé, n'existe que dans et par mon imagination. Je fabule autant que je me représente. Que de chimères n'ont d'existence que par moi ! Elles n'appartiennent pas à ce monde des réalités extérieur à moi-même, sauf si elles existent aussi en d'autres imaginations que la mienne et que je sois influencé par toutes les chimères qui m'entourent, complices, avant de m'habiter. Le problème du rapport de l'imaginaire avec un objet réel extérieur est donc bien différent du problème de la réalité même de l'imaginaire : l'existence de celle-ci est aussi indéniable que celle du cheval. Ce qu'il importerait de rechercher, c'est sa structure et son fonctionnement.

Le sens même du réel joue son sort dans cette distinction entre le réel de l'imaginaire et le réel de l'imaginé, entre l'intériorité et l'extériorité. L'imaginé, c'est le sujet objectivant et posant son objet soit comme déjà existant, soit comme projeté dans un avenir probable ou simplement possible, soit comme inexistant, utopique et irréalisable. Quelles que soient ces différences de modalité, l'imaginé est rendu « présent » par la fonction imaginante, qui se constitue telle par l' « intention » représentative de l'objet ; mais il demeure « absent », dès lors qu'est seule présente en son acte propre d' « information » la fonction imaginante. Constant exemple de présence-absence, l'imaginaire met donc toujours à l'épreuve le sens des réalités. « L'imaginaire, pense également Gilbert Durand, n'est rien d'autre que ce trajet dans lequel la représentation de l'objet se laisse assimiler et modeler par les impératifs pulsionnels du sujet. » Et ce trajet consiste, en d'autres termes, en un « incessant échange entre les pulsions subjectives et assimilatrices et les intimations objectives émanant du milieu cosmique et social ».

4. La fonction de l'imaginaire, capable de reproduire, de combiner, d'inventer, en dehors de la perception actuelle de la réalité sensible, demeure en liaison avec tout le psychisme individuel et collectif, affectif, cognitif et moteur. La vie globale de l'être se résume dans l'imaginaire. L'objectif et le subjectif, loin de s'y opposer, se compénètrent à divers degrés depuis la représentation perceptive mesurée jusqu'à l'hypertrophie mythique et utopique. L'imaginaire dit reproductif (par hypothèse : pure reproduction d'images) et l'imaginaire dit créatif (combinaisons nouvelles et inventions de formes) se trouvent étroitement mêlés, selon l'idiosyncrasie de chaque individu, selon ses tendances prédominantes à la réceptivité ou à la réactivité. La fonction représentative ne s'exerce pas en effet sans l'intervention spontanée de multiples facteurs, qui s'immiscent dans la relation intentionnelle du sujet et d'un objet supposé extérieur. L'imaginaire ne se limite jamais à la simple reproduction, il est toujours synthèse impliquant la totalité de la personne.

Centre focal du psychisme global, il est ainsi « doublement » révélateur : d'une certaine connaissance de l' « autre », plus ou moins consciente, et d'un certain état du « je », plus ou moins inconscient. L'analyse peut théoriquement « dédoubler » l'imaginaire et fixer son attention soit sur l'imagerie apparente, soit sur la source cachée de l'imagerie, sans jamais rompre cependant l'unité du donné. Ici, éclate la distinction entre le patent et le latent, non moins que leur unité.

5. Il est donc encore faux, de ce point de vue, de dire que l'imaginaire n'a pas de réalité. Il en a au contraire une double : la réalité de l'imaginé, qu'il existe ou non extérieurement, et la réalité de l'imaginant. Mais un nouveau piège se trouve ici posé. Au lieu de s'intégrer à la réalité de son être et du monde, le Moi s'imagine et lui-même et le monde et s'enferme dans une construction purement imaginaire, où la relation constitutive de l'objectivité perd tout fondement. Cette séparation du réel au second degré, qui désunit l'individu dans ses rapports avec lui-même, comme dans sa relation au monde, semble se tenir à la base du comportement schizoïde.

Plus un être est déconnecté de certains ensembles, intérieurs ou extérieurs, plus l'imaginaire impose en lui sa loi. Plus il est en un sens « délié », c'est-à-dire dépourvu de relations, plus il est lié à son propre monde imaginaire, fixé sur sa représentation (chargée d'affectivité) qu'il érige en souveraine, et plus il a tendance à rejeter la relation à l' « autre », plus il se prend, lui et son monde imaginaire, pour absolu : imaginaire séparé, monde clos sur lui-même, imperméable et impénétrable, voué à la dérive et au délire. Ainsi coupé de tout réel autre que soi-même, ce monde est cependant animé d'un certain dynamisme, il est polarisé, et ce pôle, s'il se découvre, révèle l'intérêt primordial du sujet. Autour de cette réalité polarisante et dynamisante, on peut tenter de structurer, comme par cristallisation, d'autres intérêts. Un imaginaire enrichi et plus « intentionnalisé » permettrait de reconstituer un imaginaire délabré, appauvri de ses relations avec le réel extérieur. Pourquoi l'imaginaire se replie-t-il ainsi sur lui-même ? Quelle force de polarisation subsiste ? Et pourquoi tel pôle plutôt que tel autre ? Seule, l'analyse individuelle pourrait le découvrir et, notamment, par les méthodes de l'imagerie mentale (*), en une sorte d'homéopathie.

6. La fonction de l'imaginaire s'organise sous l'influence d'un dynamisme, commandé par de multiples facteurs et tendances, d'origine individuelle ou héréditaire, biologique, sociale et culturelle. L'imaginaire se structure à différents niveaux et clivages, que des méthodes variées permettent d'explorer, tels l'interprétation des rêves, les enchaînements de symboles, l'imagerie mentale, les tests projectifs, les jeux spontanés, les activités artistiques.

Que l'imaginaire se structure autour des quatre éléments, eau, terre, air, feu (Gaston Bachelard) ou en régimes diurne et nocturne (Gilbert Durand) (cf. 70 et 71) ou suivant tout autre principe organisateur, il est évident que ces tentatives de systématisation permettent seulement de regrouper beaucoup de symboles et d'établir de remarquables réseaux de correspondances. En ce qui concerne les sructures anthropologiques de l'imaginaire de Gilbert Durand, le régime diurne comprendrait les schèmes ascensionnels, lumineux, solaires, dilatants, purificateurs, héroïques ; le nocturne, les schèmes de descente, de blotissement, de mystère, de ténèbres, d'intimité, de quête d'un trésor. Il est à craindre que cette recherche de structuration, si ingénieuse et éclairante soit-elle, n'entraîne à quelques réductions artificielles ou forcées dans l'analyse de l'imaginaire et n'empêche de saisir ce qu'il comporte précisément d'irréductible, passant ainsi à côté d'un syndrome strictement individuel. Les schèmes structurels présentent, certes, une utilité pour des techniques d'induction, d'incitation, de sollicitation, comme un fil dans un labyrinthe, de même que pour les essais théoriques de systématisation. Mais il convient de se rappeler que, in vivo, il n'y a pas deux labyrinthes psychiques identiques et que la theoria doit éclairer la praxis, sans jamais l'aveugler et l'asservir.

7. Si de telles classifications des mythes et symboles peuvent être utiles aux psychothérapies de type analytique, elles perdent tout intérêt pour le praticien d'une technique où l'imagerie mentale (*) spontanée et libre du sujet a, par elle-même, une valeur curative indépendamment de toute analyse ultérieure. Il s'agit en effet, en onirothérapie (*) d'intégration, de redonner sa liberté à un imaginaire considéré comme fonction biologique. Cette technique s'oppose donc

tout à la fois aux techniques analytiques, comme à la technique réflexologique d'imagerie mentale, dite du rêve éveillé dirigé (*) où mythes et symboles sont injectés, tout au long des séances par le thérapeute dans le champ onirique du sujet selon des scénarios préétablis.

C'est de la réduction à tout ensemble mythique ou conceptuel particulier que tente de s'affranchir la symbologie génétique (*) dans laquelle la structuration de l'imaginaire est saisie comme étant un aspect particulier de toute structuration biologique ou psychologique. Pour André Virel, l'onirisme serait permanent dans les états vigiles et dans les états hypniques, soit qu'il emplisse l'écran de la conscience claire, soit qu'il agisse comme « *onde porteuse des processus conscients* ». Appréhender tout événement réel comme tout mythe dans le rythme ternaire d'une dynamique symbologique n'est plus réduction, puisque tout phénomène se réfère dès lors à un rythme universel de développement, et non plus à tel ou tel système privilégié de classification mythique ou conceptuel.

Il s'agirait alors d'une poétique retrouvée à partir de la connaissance. La tentative apparaît téméraire. En effet, son auteur parle non de science ni d'art, mais d'un artisanat de l'œuvre symbolique. Pour cela, il fait appel aux données des domaines les plus divers de la science, de la biologie à l'ethnologie, jusqu'à la physique moderne (*cf.* 40 et 41). C'est la tentative apparemment désespérée de projeter la science jusqu'à « *la découverte d'une nouvelle ignorance* »... Que l'avenir la retienne et la poursuive ou non, la symbologie génétique met en évidence « *la contradiction même de notre monde actuel entre une science des symboles et l'énergétique de l'imaginaire, entre le capitalisme du savoir et l'anarchie de l'effervescence* ». Si elle ne résout pas le problème, elle pose une question. Elle est une quête de l'intégration qui tente, au-delà de toute synthèse conçue comme terminale, de déboucher sur une créativité.

En ce sens, elle s'avoue « nouvelle mythologie » ou se prétend « *être en définitive pour quiconque sait la mener à terme, un catalyseur provocant et parfois miraculeusement détonateur* ». On reconnaît là quelque héritage du surréalisme, non nié par son auteur et, sans vouloir réduire sa conception, un écho analogiquement génétique de l'alchimie de nos ancêtres.

Il convient ici de préciser que cette quête vient d'un chercheur à la fois symbologue et psychothérapeute, lequel affirme l'imaginaire « *comme étant contradictoirement et tout à la fois terre d'archéologue et ciel de poète* », pour lequel encore « *il s'agit d'intégrer, au sens le plus dynamique du terme, tradition et révolution* ».

Ce défi n'est-il que le ricochet sans lendemain de notre angoisse occidentale actuelle ou, comme l'espère Virel, « *un chemin vers une fraternelle des contradictoires* » ? Est-il un des derniers cris de l'idéalisme occidental ou l'un des appels de cet « *imaginaire qui n'a de sens que si, quelles que soient ses ressemblances et ses hérédités, il nous apparaît comme une perpétuelle nouveauté* » ?

En tout cas, la symbologie génétique apparaît bien désirer laisser à la psychothérapie la possibilité de restituer à la personnalité ses pleins droits d'accès à « *l'imaginaire vif* », la possibilité de réintégrer la réalité d'un réel corporel, biologique et social, et la réalité d'un imaginaire efficace.

8. Il est toujours possible d'aller plus loin et plus profond dans la recherche d'une « structure » de l'imaginaire. La conscience vécue porte en elle-même ses images, ou plutôt les images apparaissent comme des manifestations de sa vie propre de conscience imageante, à qui elles permettent d'appréhender les faits empiriques et d'organiser des schématisations ou des ensembles. Elles précèdent en un sens la perception des faits, comme condition de toute perception, à l'instar d'une forme constitutive. Sans cette structure de l'imaginaire, il n'y aurait pas d'*imago mundi*, de « re-présentation », de science « objective », d'histoire événementielle, de symboles. Un jeu d' « intentionnalités » * le relie à l'univers des formes et se fonde sur l'isomorphisme de la fonction imaginante et de l'objet imaginable.

L'imaginaire ne se laisse pas enfermer dans les dilemmes : mythe ou histoire, inconscient ou conscient, rêve ou réalité. Ni l'un, ni l'autre, il possède sa propre réalité, à quoi répond une réalité « objective » de même ordre. C'est ce monde de correspondances, qui n'est celui ni de l'intellection pure, ni de la sensation pure, que, pour le bien distinguer de l'imaginaire irréel, Henri Corbin appelle l' « imaginal » (*). L'imagination intuitive, précise-t-il, « est un organe de connaissance authentique, elle a sa fonction noétique propre, et le monde qui lui correspond à sa réalité ontologique de plein droit » (*cf.* 58, t. II, p. 60). La conscience humaine, à ce niveau-là, est trop souvent anesthésiée, atrophiée, écrasée entre les deux empires de la perception sensible et de la connaissance intellectuelle. Elle constitue le domaine réservé des poètes et des mystiques, qui ont su la libérer et la ranimer ; ils la redécouvrent comme un monde intermédiaire ou plutôt médiateur. C'est dans les nœuds des entraves qui l'étouffent et l'anéantient que, sans doute, se lovent les serpents de la névrose et de la psychose.

Cette conception de l'imaginaire évite l'illusion de l'immanence, dénoncée par les phénoménologues, dans leurs analyses de l'image, comme celle de la transcendance, propre au réalisme traditionnel, qui extériorise l'objet de connaissance. Le rapport de la conscience et de son objet, à ce niveau de l'imaginaire, est semblable à un passage de l'extériorité à l'intériorité, de l'absence à la présence, de la virtualité à l'actuel, il est synthèse vivante et orientée. L'objet s'intériorise en la conscience, comme absent puisqu'il ne s'identifie pas à elle, comme présent en ce qu'elle est orientée vers lui, et ils s'actualisent l'un l'autre, par une féconde union, comme conscience imageante et comme objet imaginé. C'est essentiellement cette relation, constitutive de l'imaginaire, qu'il importe au psychologue ou au psychothérapeute de déceler. Mais une telle herméneutique exclut, on l'a compris, toute tendance à substantifier l'inconscient ou le conscient, l'image ou l'idée, le rêve ou le raisonnement, le geste ou la parole, comme des entités séparées de la totalité du Moi imaginant. Une évolution dans l'imaginaire entraîne une conversion de la personne, et réciproquement. Découverte de « l'autre » et révélation de soi vont de pair.

C. J.

IMAGINAL. Le mot *imaginal* (du latin *imaginalis*) a été introduit par Henry Corbin, comme la seule traduction possible d'une notion fondamentale de la théosophie shi'ite, et pour exprimer un ordre de réalité dont nos langues occidentales ne pouvaient rendre compte faute d'un terme approprié. *Imaginaire,* trop réducteur, signifie copie du réel, phantasme, fantaisie, et Paracelse distinguait déjà *imaginatio vera* et *Fantasy* (*cf.* 57, t. IV, p. 386). « La perception imaginative », écrit H. Corbin, est l'organe propre de pénétration dans un monde qui n'est ni l'imaginaire ni l'irréel, mais l'*imaginal*, le *mundus imaginalis* (*cf.* 57, II, 188). Au-delà de l'histoire chronologique « existent les faits de la *métahistoire,* ce qui ne veut pas dire posthistoriques, mais tout simplement *transhistoriques* », si bien que le terme *imaginal* désigne l'événement qui n'est ni « historique » au sens ordinaire du mot, ni « imaginaire » (*cf.* 57, I, p. 45).

Les événements de la *hiérohistoire* ne se passent pas dans le temps et l'espace sensible mais dans ceux du *Malakût,* monde de l'âme dans son ensemble, *mundus imaginalis* qui est une réalité non pas imaginaire mais « parfaitement existante *(mawjûd)*, correspondant à l'organe de perception qui lui est propre, la perception imaginative » (*cf.* 57, I, p. 180). Si l'imaginaire ne renvoie qu'à l'allégorie, l'imaginal renvoie, lui, à une expérience visionnaire complète et nous permet même d'admettre ce qu'on pourrait appeler un « réalisme de l'imaginal » (*cf.* 57, IV, p. 151). L'imagination entendue dans ce sens — et c'est ainsi qu'il faut la comprendre chez un Sohrawardî, par exemple —, c'est-à-dire comme organe de perception correspondant à l'univers du *Malakût* (l'intuition intellective correspondant au *Jabarût* et la perception sensible au monde physique), apparaît donc comme « un organe de connaissance authentique, elle a sa fonction noétique propre, et le monde qui lui correspond a sa réalité ontologique de plein droit », en même temps, on comprend que le « corps subtil » soit un corps imaginal et non pas « imaginaire » (*cf.* 57, II, 60 s). (Voir : *Corps imaginaire.*)

Henry Corbin voit, dans cet *être réel* que possède le monde imaginal, la possibilité de se débarrasser du dilemme typiquement occidental entre le mythe et l'histoire, entre l'inconscient et le conscient rationnel. Il s'agit ici d'une connaissance, ou plutôt d'une reconnaissance, qui dépasse de loin l'étude des simples « correspondances folkloriques » ou même les archétypes de l'inconscient collectif, car nous avons affaire à des présences « hiératiques » communes surmontant naturellement, et nous permettant de surmonter, les divorces de notre Occident, par exemple celui de la pensée et de l'être (*cf.* 57, II, p. 140).

F. A.

IMAGINATION. Fonction psychique qui joue un rôle important dans l'exercice de certaines activités psychiques. Autrefois décriée comme folle du logis, elle est aujourd'hui réhabilitée. La fonction imaginative est à la base de toute créativité, de toute inventivité. C'est elle qui assure la vue prospective ; elle est à la base de nombreuses œuvres d'art. Dans sa fonction prospective elle est tournée vers l'avenir, se préoccupe des problèmes que le sujet doit résoudre. Elle s'efforce de prévoir les événements, elle les évalue, elle anticipe sur ce qui pourrait se passer.

— En recherchant la solution d'un problème le sujet met en marche son imagination qui est stimulée par l'inconnu de l'avenir.

— Dans l'œuvre d'art on constate tantôt l'évocation du passé, présenté avec toute l'originalité de l'artiste (Proust), tantôt une création entièrement originale. Elle a son auteur et elle conditionne la venue au monde d'une réalité dont il n'existait aucun exemple auparavant (Maigret, de Simenon). C'est elle que le philosophe G. Bachelard appelle l'imagination imaginante ou imageante.

— L'imagination est génératrice de productions oniriques diurnes et nocturnes.

— Loin de la réalité, l'imagination alimente le monde des délires et des hallucinations.

Dans sa technique psychothérapique, Adler utilisait les productions de l'imagination des rêves nocturnes et diurnes. Il y recherchait les indices de la structure de la personnalité et le degré du développement du sentiment social (*cf.* 2).

S. H.

L'image étant une force agissante, il est légitime de la faire agir ; la constatation que l'image peut avoir une vie autonome indépendante des décisions de l'esprit conscient est déjà une découverte saisissante ; la confrontation avec l'image, ainsi le dialogue avec une personne imaginaire se révèle une démarche efficace, propre à faire évoluer la situation réelle. Pensons à l'Imagerie

Mentale thérapeutique, au rôle du doublage dans le cours du psychodrame, aux méthodes psychagogiques basées sur le dessin, la peinture, le modelage spontanés (*cf.* 22, pp. 62-72) au rêve agi de Baudouin (*). Méconnaître les éléments régressifs des états de rêve n'est plus permis, mais comment oublier leur aspect d'imagination créatrice ? Or, cette imagination est l'inspiratrice de toute action neuve, de toute découverte. Dans le rêve, l'action est suspendue ; mais elle se suspend pour se préparer mieux ; l'imagination prépare l'adaptation du réel à nous-mêmes (*cf.* 21, pp. 46-47).

A. A.

IMAGINATION ACTIVE. Méthode de confrontation avec l'inconscient, élaborée par Jung en 1913 (*cf.* 127, chap. VI — *cf.* 114, vol. VIII, pp. 67-90). Elle consiste à amener un affect à prendre figure afin que le conscient puisse entrer directement en rapport avec lui. Elle emploie tous les moyens spontanés d'expression : imaginer, peindre, écrire, modeler, jouer, danser, parler... Elle ne se contente pas de provoquer l'émergence et ne cherche pas à interpréter. Elle vise à permettre une « explication active » avec les facteurs inconscients et, pour cela, met l'accent sur la nécessité pour le sujet de traiter alors les partenaires imaginaires selon toutes les conditions de la réalité et de se comporter comme dans une situation réelle.

L'imagination active se pratique seul, sans règles ni artifices qui interviennent dans le rapport du sujet et de son inconscient, sans l'adjuvant d'hallucinogènes ou de techniques de concentration. Elle est particulièrement indiquée après une analyse, pour garder la relation avec l'inconscient, et, à titre d'hygiène psychique, pour les psychothérapeutes.

H. E.

IMAGINATION ACTIVE ET IMAGINATION PASSIVE. Eugène Caslant (1921), indépendamment de toute source psychanalytique, différencie l'imagination active et l'imagination passive dans sa « méthode de développement des facultés supranormales » (*cf.* 48). Alors que l'imagination passive est, selon cet auteur, celle qui consiste dans l'apparition spontanée des images et qui permet le fonctionnement des facultés supranormales, « l'imagination active est la faculté de faire apparaître par la volonté les représentations internes, de les associer suivant une finalité ; c'est par elle que le littérateur construit ses romans... Si nous connaissions ses lois et si nous savions les appliquer, nous pourrions guérir nos maladies sans médecin et sans médicament... » (*cf.* 48, pp. 26-27). Carl Gustav Jung (voir article précédent) utilisa ce terme à la même époque pour définir une méthode solitaire de développement de la personnalité, méthode également découverte et largement diffusée à l'époque sous le nom de *rêve éveilllé* par Léon Daudet (*cf.* 61). Si le mérite revient à Caslant d'avoir défini l'imagination active par rapport à l'imagination passive, il faut reconnaître que cette terminologie discutable n'a plus, aujourd'hui, qu'un intérêt historique. Il conviendrait aussi de tenir compte de celle plus élaborée, d'Alfred Binet (1922) qui distinguait une imagination spontanée et une imagination volontaire. Enfin l'imagination active à laquelle C. G. Jung n'a accordé que peu d'importance dans son œuvre écrite est sortie de l'oubli grâce à l'essor indépendant des techniques d'imagerie mentale. Dans notre classification des méthodes d'imagerie, solitaires ou dialectiques, nous avons proposé de nommer d'une part *rêve éveillé* toute technique (ex. : Jung et Daudet) de développement de la personnalité ne faisant pas appel à un opérateur (psychothérapeute ou autre) et de nommer d'autre part *techniques d'imagerie mentale* les techniques où l'imagerie spontanée, volontaire ou induite du sujet surgit et peut être verbalisée en présence d'un opérateur. Lorsque l'imagerie mentale est vécue en relation thérapeutique, elle constitue une séquence d'*onirothérapie* (*). L'imagination pourrait alors être dite plus ou moins active ou passive dans la perspective psychologique de la technique considérée, selon son caractère spontané, induit, intentionnel ou volontaire. L'expression *imagination active* ne serait alors utilisée sans risque d'erreur d'interprétation que pour définir le rêve éveillé d'un sujet se trouvant par ailleurs en cours de psychologie analytique.

V. A.

IMAGINATION VERBALE. L'imagination verbale se distingue de l'imagerie mentale (*) en ce sens que la première est dépourvue de représentation imagée vécue : elle est plus souvent topographique et descriptive. Exemple : Un sujet dira : « Je ne vois pas l'image, mais j'imagine un salon, etc. » (*cf* 200).

F. R.

IMAGO. « Image existant en marge de toutes perceptions et pourtant alimentée par celles-ci. » (*Cf.* 121, p. 235 *sq.*). Elle est habituellement projetée. Le terme, « emprunté au roman du même titre de Spitteler, puis à l'antique représentation des imagines et lares » (*cf.* 124, p. 100) a été employé par Jung à la place de complexe parental (père, mère, frère) pour en accentuer le caractère impersonnel. Plus tard il l'a remplacé par celui d'archétype afin d'insister sur l'autonomie et le caractère collectif. (Voir aussi : *Archétype, Complexe, Inconscient collectif.*)

L. D.

INADAPTATION SCOLAIRE. « L'école agit comme un test sur l'enfant », disait Adler. L'enfant arrive à l'école avec une structure caractérielle spécifique modelée dans la période préscolaire. La prise de conscience de son organisme, la position dans la fratrie, la relation avec le père et la mère, l'ambiance familiale, des données psychosociales (par exemple des minorités raciales, religieuses, une grande indigence) créent les ébauches d'un schéma actionnel et réactionnel ayant sa particularité propre. Cette particularité est soustendue par un état affectif se caractérisant soit par l'intérêt pour autrui, le désir d'aider ses semblables, de se joindre au groupe, en bref par un sens social suffisamment développé, soit par contre par l'indifférence, le désir d'éviter les autres, de s'isoler donc par une attitude asociale, soit enfin par une tendance manifeste à se conduire de façon hostile envers ses camarades, à les maltraiter, à les agresser, à leur nuire, attitude indubitablement antisociale.

Dès les premiers jours de la fréquentation scolaire l'élève traduit par son comportement spécifique un style de vie permettant au psychologue et à l'enseignant d'évaluer le degré de son sens communautaire.

S. H.

INCESTE. Dans ses *Contributions à la psychologie de la vie amoureuse,* 1912, Freud note que pour être, dans la vie amoureuse, vraiment libre et, par là, heureux, il faut avoir surmonté le respect pour la femme et s'être familiarisé avec la représentation de l'inceste avec la mère ou avec la sœur. (Voir également : *Œdipe.*)

J. R.

L'interprétation des fantasmes d'inceste contribua à séparer Jung et Freud. Alors que Freud s'en tenait à la signification concrète des désirs incestueux et attribuait à leur interdiction un rôle-charnière dans l'Œdipe, Jung découvrait que dans les sociétés où l'inceste était prohibé il n'en jouait pas moins un rôle décisif dans les cosmogonies (*cf.* 127, p. 195). Revenant aux observations cliniques il fut amené à penser qu'un schéma organisateur archétypique était à l'œuvre dans les fantasmes et les désirs d'inceste et que, si la thérapie s'appuie sur l'interdiction qui barre la route à la réalisation concrète, elle doit cependant reconnaître à ces fantasmes et désirs leur valeur de symbole et les laisser en prendre la portée.

Le désir pour la mère (*cf.* 124, 1913) porte le mouvement de retour à l'identité archaïque et amène le nécessaire affrontement du Moi avec ses origines et avec l'inconscient. Les pulsions incestueuses fournissent le contenu spécifique du transfert (*Psychologie du Transfert,* 1946, I, vol. XVI). Elles y mettent en scène la question de la conjonction. Elles peuvent provoquer une régression, mais aussi la différenciation du pôle interne féminin ou masculin (anima-animus) de l'analysant et une relation consciente avec lui. Enfin le symbole de l'inceste (*Mysterium Conjunctionis*, 1955-1956, *cf.* 115 et 114, vol. XIV) représente au sens le plus général, un moment où la croissance se fait par l'union d'opposés dans une certaine parenté. (Voir aussi : *Archétype, Anima-animus, Opposés*.)

H. E.

INCOMPLÉTUDE (sentiment d'). Terme créé par Pierre Janet (1859-1947), un des premiers auteurs ayant insisté sur l'unité du psychisme et son caractère dynamique. Il le conçoit comme un ensemble de fonctions hiérarchisées qui s'intègrent dans une « synthèse mentale ». Il crée le terme de psychasthénie, modalité de névrose qu'il oppose à l'hystérie et qui englobe l'angoisse, la phobie ; l'obsession sous-tendue par un sentiment d'incomplétude avec ses préoccupations hypocondriaques, ses doutes, la sous-estimation de soi-même et de ses propres possibilités, ses scrupules. Le sentiment d'incomplétude se rapproche de la notion adlérienne du sentiment et du complexe d'infériorité que nous trouvons à la base de toute névrose.

S. H.

La possibilité ou l'impossibilité de *terminer l'action* constitue pour le sujet un élément énergétique en soi. L'absence de terminaison de l'action peut être due à l'échec, privant le sujet du dynamisme qui accompagne la réussite et décapitant l'action complète à laquelle manquera le « sentiment du triomphe ». Tel est l'un des modèles fondamentaux proposé par P. Janet. L'absence de complétude de l'action peut être due également à l'arrêt de la conduite à un stade de simple émergence de la tendance en cause, pour des raisons extérieures ou pour des raisons pathologiques. L'une de ces dernières, la dépression, inhibant le déroulement normal de l'action, arrête celle-ci à un niveau d'exécution incomplète, par insuffisance d'appel aux forces nécessaires ou limitation d'implication de tendances complémentaires et de synthèse à leur niveau. Ceci est le contexte, en général, où se manifeste le sentiment d'incomplétude qui teinte légitimement les conduites de basse tension caractéristiques de la psychasthénie.

B. J.-C.

INCONSCIENCE. « État de non-différenciation entre le sujet et l'objet » (*cf.* 126, p. 431) qui correspond à l'état primordial avec ses caractères de projection, abréaction des effets, identification à la conscience collective, limitation de la volonté. L'humanité comme l'enfant en émerge par un processus de différenciation. Au cours de celui-ci, les phénomènes d'inflation, de dissociation et de régression risquent de ramener le sujet à l'inconscience (*cf.* 131, p. 341).

L. D.

INCONSCIENT. Dans le cadre de la première topique, le système inconscient désigne l'ensemble dynamique des désirs, tendances, souvenirs refoulés qui, à la différence du système préconscient, ne peuvent accéder au champ actuel de la conscience. Ces contenus sont régis par les mécanismes du processus primaire (mobilité des investissements) ; ils ignorent le temps et la contradiction.

Fortement investis, les souvenirs ou désirs refoulés cherchent à faire retour dans la conscience et dans l'action (retour du refoulé). Mais ils ne peuvent avoir accès à la conscience qu'après avoir été soumis aux déformations de la censure. Ce sont plus particulièrement les désirs de l'enfance qui restent refoulés dans l'inconscient.

Dans le cadre de la deuxième topique (*), Freud a rebaptisé l'inconscient qu'il a appelé le Ça.

J. R.

Partie du psychisme se trouvant en dehors du champ de la conscience. Le terme a été employé par différents auteurs des XVIII° et XIX° siècles. C. G. Carus (1789-1869), médecin et peintre, considère la psychologie comme l'étude de l'âme en tant qu'ascension de l'inconscient vers le conscient. Dans son œuvre, *Le monde comme volonté et représentation*, 1819, le philosophe allemand Schopenhauer a dénommé par le terme volonté la force aveugle des instincts qui commandent la vie, le monde, l'homme. En 1869, E. Von Hartmann publie sa *Philosophie de l'inconscient* où il étudie la vie affective instinctuelle, les traits caractériels, la destinée de l'homme comme élément échappant à notre conscience.

Pierre Janet, psychologue français, reconnaît l'inconscient, mais le considère comme une activité automatique.

C'est le grand mérite de Freud d'avoir repris la notion d'inconscient et de l'avoir incorporée à une doctrine dynamique du psychisme. Il est le domaine des désirs refoulés et des dynamismes archaïques. Chassées hors du champ de la conscience par une instance morale, ces forces se manifestent dans les lapsus, les actes manqués, les oublis, les rêves nocturnes et diurnes et les symptômes névrotiques.

Adler reprend le thème de l'inconscient qu'il appelle aussi l'incompris. Le psychisme du névrosé, afin de pouvoir se diriger vers des buts surtendus, se voit obligé de recourir à des artifices. Un de ces artifices consiste à transférer le but, ou son équivalent dans l'inconscient. Le but final et ses modalités doivent rester incompris ou inconscients pour ne pas risquer de se trouver anéantis par leur contradiction manifeste avec la réalité (*cf.* 7, XIX).

S. H.

Concept empirique qui ne définit pas des contenus, mais la position de contenus ou de processus psychiques par rapport au Moi conscient ainsi que la dynamique qui sous-tend leurs relations. L'inconscient pour Jung est, de ce fait, un processus (*cf.* 127, p. 243). Dans une première perspective, énergétique, sont inconscients, « non seulement les contenus refoulés, mais aussi tous les matériaux psychiques qui n'ont pas atteint la valeur, l'intensité qui leur permettraient de franchir le seuil du conscient » (*cf.* 122, p. 26). Par ailleurs, « il n'y a pas de contenu de la conscience qui ne soit inconscient à un autre point de vue » (*cf.* 131, p. 504) et qui ne puisse redevenir inconscient, la psyché étant une totalité « consciente-inconsciente » (*cf.* 131, p. 521). Cette deuxième perspective, dynamique, met en évidence les rapports complexes existant entre conscient et inconscient, rapports régis par une autorégulation. Dans cette perspective dynamique se situe également l'organisation des contenus inconscients archétypiques et leur centrage par le Soi.

Les rapports de l'inconscient au conscient sont décrits avec les notions de projection, d'autonomie et de compulsion. « Tout ce qui est inconscient est projeté » (*cf.* 122, p. 26). Les manifestations de l'inconscient sont sans mesure ni égard pour la rationnalité du cosmos (*cf.* 132, p. 193) et tendent à se répéter. Inversement, « les rapports du Moi à l'égard de l'inconscient et de ses contenus déclenchent une évolution, voire une métamorphose de la psyché » (*cf.* 127, p. 243), notion clé du processus d'individuation.

L'inconscient possède enfin une dynamique interne dont un des aspects est la formation des complexes à partir de noyaux archétypiques. Leur valeur énergétique, marquée par une forte accentuation affective, détermine le nombre et le choix des constellations spécifiques qui les accompagnent (*cf.* 133, p. 28 *sq.*). Un autre aspect de cette dynamique interne est la tendance à la contamination des contenus entre eux qui « peuvent aisément prendre la place les uns des autres », si bien qu'en dépit de leurs manifestations multiformes, ils semblent constituer au fond une unité (*cf.* 114, XIV. p. 462).

Jung distingue deux systèmes psychiques inconscients :

1. L'inconscient personnel : Il comprend tous les contenus subliminaux, soit par manque d'énergie, soit par refoulement plus ou moins intentionnel. On y reconnaît d'une part « des complexes qui devraient être associés au Moi » (*cf.* 133, p. 244) ; d'autre part, l'ombre (*cf.* 132, p. 232 et 19, p. 33 *sq.*) et la fonction inférieure non différenciée (*cf.* 133, p. 242). Le retour au conscient de ces éléments

(par exemple à la suite d'un traitement psychothérapique) est éprouvé comme un accroissement d'énergie. La guérison d'un bon nombre de névroses s'effectue de cette façon (*cf.* 133, p. 244). L'inconscient personnel de Jung coïncide avec la notion d'inconscient chez Freud (*cf.* 131, p. 13).

2. L'inconscient collectif : C'est un concept empirique et opérationnel créé par Jung lorsque son expérience psychiatrique lui apprit qu'on ne pouvait comprendre et soigner le psychisme uniquement sur la base de son histoire personnelle. « De nature collective, universelle et impersonnelle, identique chez tous les individus, cet inconscient collectif ne se développe pas individuellement » (*cf.* 114, IX, 1, p. 43). Il est fait de « la somme des instincts et de leurs corrélatifs, les archétypes » (*cf.* 133, p. 104). Ce deuxième système est dit objectif « parce qu'il est identique dans tous les individus et donc un » (*cf.* 114, IX, 2, p. 164), « condition ou base de la psyché en soi » (*cf.* 114, IX, 2, p. 7). Il est relativement indépendant de l'espace et du temps, comme le suggèrent les phénomènes de synchronicité. C'est une notion qui permet une compréhension des phénomènes collectifs, les facteurs socioculturels ne pouvant être considérés comme la sommation pure et simple d'inconscients individuels (*cf.* 114, IX, 1, p. 47). Par ailleurs, l'inconscient collectif constitue l'un des pôles de formation de l'individu. Il est important de ne pas en réduire les manifestations par une analyse à visée uniquement personnaliste car « l'intégration de l'inconscient collectif forme une part essentielle du processus d'individuation » (*cf.* 114, IX, 2, p. 39) en rétablissant la coopération du conscient avec ces « sources d'où jailliront les indications permettant de travailler à la solution du problème des contraires » (*cf.* 134, p. 202). Toujours renaissant, l'inconscient collectif est à l'origine de toute créativité (*cf.* 114, XI, p. 503). (Voir : *Archétype, Complexe, Conscience, Constellation, Individuation, Projection, Psyché, Synchronicité.*)

L. D.

Désigne des actions analogues aux actions conscientes (c'est-à-dire qui paraissent intentionnelles, intelligentes) sauf que précisément elles ne sont pas conscientes. Sont dits conscients des faits psychologiques que nous connaissons directement par l'observation intérieure (*cf.* 23, lex.). On n'a pas assez remarqué que la notion d'*inconscient* ne saurait avoir toute sa signification et toute sa fécondité que dans une psychologie de l'action (*cf.* 28, p. 19).

A. A.

INDIFFERENCIATION. Etat de fusion, de chaos, qui caractérise les processus et les contenus de l'inconscient : « tout ce qui est inconscient reste indifférencié et tout ce qui se déroule inconsciemment procède d'une indifférenciation » (cf. 122, p. 216). Cela correspond à un état archaïque où une fonction, par exemple, ne peut « se manifester isolée, indépendante » ; elle ne constitue pas une partie spéciale distincte d'un tout ; elle est marquée du sceau de l'ambivalence et de l'ambitendance, ce qui veut dire que chaque position, chaque volition s'accompagne de façon perceptible de sa propre négation (cf. 126, pp. 423-424). Une fonction indifférenciée ne peut être dirigée ; elle participe de l'autonomie de l'inconscient et ne peut servir à l'orientation. (Voir : *Différenciation, Identité archaïque, Fonctions.*)

L. D.

INDIVIDUATION. Notion clé de la psychologie de Jung qui s'est approfondie au long de son œuvre « à travers l'étude des évolutions individuelles et collectives et à travers la compréhension de la symbolique alchimique » (cf. 127, p. 244). Contrairement à ce que le mot pourrait suggérer, individuation ne signifie ni individualisme, ni personnalisme. D'abord considéré comme « un processus de différenciation ayant pour but de développer la personnalité individuelle » qu'il constitue comme « être distinct de l'ensemble », le processus d'individuation apparaît « lié à la fonction transcendante qui détermine les lignes individuelles de développement que l'on ne saurait atteindre par la seule voie des normes collectives » (cf. 126, p. 450). Puis à mesure que Jung se confronte au concept du Soi, il définit la voie de l'individuation comme « la réalisation du Soi » (cf. 122, p. 131) dans un processus d'intégration de l'inconscient (cf. 114, XVI, p. 230), « synthèse d'une nouvelle unité qui était auparavant faite de parties dispersées, mais d'autre part, révélation d'un être qui préexistait au Moi. Nous créons en quelque sorte le Soi par la prise de conscience de contenus inconscients. Toutefois, nous sommes amenés à faire cet effort par la présence inconsciente du Soi duquel émanent de très pressantes directives nous incitant à triompher de l'inconscient » (cf. 131, p. 287). Enfin, partant de la symbolique alchimique, Jung comprend l'individuation comme un « *mysterium cuniunctionis*, le Soi étant expérimenté comme une union de moitiés opposées et dépeint comme un tout composite dans les mandalas qui sont dessinés spontanément par les patients » (cf. 114, IX, 2, p. 64).

Le processus d'individuation ne doit pas être « confondu avec la prise de conscience du Moi », ce qui identifierait le Moi au Soi. « Par là, l'individuation deviendrait simple égocentrisme et pur autoérotisme. Mais le Soi embrasse infiniment plus en lui-même qu'un simple Moi. Il est autant l'autre ou les autres que le Moi » (cf. 131, p. 554). En effet, si l'individuation est bien en premier lieu un processus d'intégration intérieur et subjectif, en second lieu c'est un processus tout aussi indispensable de mise en relation objective. « L'un ne peut exister sans l'autre quoique tantôt l'un, tantôt l'autre prédomine » (cf. 114, xvi, p. 234). Le transfert analytique n'est qu'un cas particulier et privilégié de cette relation nécessaire à « l'union consciente du Moi avec tout ce qui a été projeté dans le Toi » (cf. 114, xvi, p. 245).

Bien que le processus d'individuation « s'oppose comme un régulateur au polymorphisme de la nature instinctuelle primitive » (cf. 133, p. 75) sa dynamique est « l'instinct qui veille à ce que tout ce qui fait partie d'une vie individuelle y figure précisément, avec ou sans l'assentiment du sujet, qu'il ait conscience de ce qui se passe ou qu'il en soit inconscient » (cf. 119, p. 219).

C'est toujours un état de conflit qui déclenche un tel processus par exemple dans des états pathologiques comme la schizophrénie ou chez des êtres qui, sous la pression d'une détresse spirituelle, d'une crise du sens, accordent une attention particulière à l'inconscient (cf. 131, p. 201). (Voir : *Conflit, Différenciation, Fonction transcendante, Intégration, Mandala, Opposés, Soi, Transfert.*)

L. D.

INDUCTION. Procédé de psychologie expérimentale consistant à provoquer par un mot ou un signal inducteur, des réponses ou réactions induites. En onirothérapie : Procédé destiné à éviter la suggestion directe d'une situation par l'emploi d'une image (formelle, musicale, olfactive) inductrice à partir de laquelle le sujet tisse ses développements oniriques.

F. R.

INFANTILISME. En médecine, le terme désigne tantôt des sujets dont les dimensions physiques sont réduites tout en présentant un développement mental normal, tantôt des sujets qui, parallèlement à un développement physique insuffisant, montrent une débilité mentale plus ou moins prononcée ; il en est ainsi des infantilismes d'origine glandulaires (thyroïdien, avec un ralentissement des fonctions mentales, hypophysaires avec son arriération mentale).

C'est surtout l'infantilisme affectif qui intéresse le psychothérapeute. Il affecte des sujets intelligents mais timides, maladroits dans la vie sociale, capricieux, incapables de prendre des initiatives et d'assumer des responsabilités. Ils vivent dans une perpétuelle indécision. Il s'avère que ces personnes n'ont pas acquis leur autonomie affective. Ils se conduisent comme si, par un comportement insolite, ils voulaient persister dans une dépendance affective généralement vis-à-vis de la mère ou de son substitut. La psychothérapie peut leur apporter la libération et le déblocage de leur épanouissement affectif.

S. H.

INFÉRIORITE. En 1907, Adler publie son premier ouvrage important : *Etude sur l'état d'infériorité des organes* (Studie über die Minderwertigkeit der Organe), édité en France sous le titre : *La compensation psychique des états d'infériorité organique*. Partant d'une étude de l'appareil urinaire, il montre que les différents organes et appareils de l'organisme humain ne résistent pas de façon identique aux agressions microbiennes, physiques ou chimiques et que leur seuil de tolérance varie. Leur résistance dépend de la solidité de leur structure. On constate ainsi que certains organes sont partiellement ou totalement sous-développés, leur structure cellulaire, leur histologie se trouvant anormale (dyspeasie), certains tissus ne s'étant pas développés (aplasie) ou encore ne l'étant qu'insuffisamment (hypoplasie). Dans d'autres cas, toute une moitié du corps peut être insuffisamment formée. Il en est de même pour certains segments métamériques de la vie embryonnaire. Il peut s'agir d'une prédisposition familiale, héréditairement transmise, touchant tous les membres d'une famille ou d'une insuffisance acquise au cours de la vie intra-utérine n'intéressant alors qu'un seul individu. La médecine connaît cette notion de l'infériorité organique pour laquelle elle a créé le terme de méyopragie (ou miopragie). La médecine et la biologie savent que l'état d'infériorité peut être compensé. Des insuffisances du cœur se trouvent compensées par une hypertrophie du muscle cardiaque. En cas de fracture un mécanisme réparateur permet la soudure des fragments, soudure consolidée par un cal. En cas d'ablation chirurgicale d'un rein, son homologue assume la fonction des deux organes ; le taux des déchets toxiques (urée) n'augmente pas. L'immobilisation d'un poumon en vue de sa cicatrisation comme elle se pratiquait autrefois par le pneumothorax, incite l'homologue à assurer une oxygénation suffisante de tout l'organisme, grâce à un surcroît de travail ; c'est la fonction vicariante. Dans leur état d'insécurité les organes aspirent à un nouvel équilibre. Vers 1930, le chercheur Cannon a confirmé l'exactitude des vues d'Adler. Il a dénommé cette tendance, l'homéostasie, besoin des différents composants de l'organisme de maintenir leur équilibre. D'autres fois, c'est le jeu des glandes à sécrétion interne ou le système nerveux ou encore la fonction psychique qui se chargent de la compensation. Si dans certains cas la fonction de l'organe en état d'infériorité est amoindrie, ou la réaction réflexe de son innervation réduite, il peut également se produire des exagérations. On constate ainsi pour les glandes tantôt une hyposécrétion, tantôt une hypersécrétion, pour la réaction réflexe une hypo ou hyperréflectivité.

Adler introduit en médecine une notion de relativité, de valence et de résistance de l'organe. Par rapport à une moyenne fictive certains organes ou appareils se trouvent en état d'infériorité. Ils résistent moins bien aux agressions de toutes sortes, infections, agents physiques et chimiques. Ils représentent les points de moindre résistance au niveau desquels la maladie fera son apparition.

Le corollaire psychique de l'infériorité organique est le sentiment d'infériorité. Il aiguillonne le psychisme pour trouver une compensation : « être homme, c'est se sentir inférieur », disait Adler. Dans la perspective adlérienne le sentiment d'infériorité est une manifestation normale. Il n'en est pas de même pour le complexe d'infériorité, manifestation psychopathologique qui remplit la personnalité de doutes, de scrupules, d'interrogation, la condamne à d'éternels échecs. Le complexe d'infériorité est le point de départ de toute névrose (*cf.* 5).

Dès 1912, Adler s'est rendu compte que la notion d'infériorité ne concerne pas seulement le monde des organes, de la biologie, mais aussi celui du psychisme. L'enfant peut se sentir inférieur face à l'apparente toute-puissance et omniscience de l'adulte. Le benjamin peut se sentir inférieur par rapport au cadet et à l'aîné, une fille peut se sentir inférieure par rapport à ses frères. La notion d'infériorité devient ainsi une donnée tout à fait relative (*cf.* 1).

S. H.

INFLATION. « Extension de la personnalité qui dépasse ses limites individuelles » (*cf.* 122, p. 64), ce qui survient lorsque celles-ci sont encore incertaines. Elle est le fait d'une « identification à une composante de l'inconscient collectif » (*cf.* 122, p. 127), notion qui introduit la nécessité pour le sujet de prendre une distance par rapport au facteur archétypique. Toute attribution de la psyché collective au Moi « alourdit et dévalorise la personnalité, soit par un écrasement du sentiment de soi-même, soit par une exaltation inconsciente et une mise en évidence du Moi, qui peut atteindre à une volonté morbide de domination » (*cf.* 122, p. 76). L'inflation la plus courante est « l'identification dépourvue de toute note d'humour », à la profession, aux titres, au rôle, c'est-à-dire à la *persona* (*cf.* 122, p. 65) ; mais la plus grave est celle qui se joue dans les rapports du Moi et du Soi (*cf.* 114, vol. IX/2, p. 24). Elle peut compromettre radicalement l'individuation. Le même danger guette le Moi, lorsqu'il est confronté aux grandes images de l'inconscient collectif. Ainsi, paradoxalement, « tout accroissement de conscience porte en lui le danger de l'inflation » (*cf.* 132, p. 602) et de ce fait, la rechute dans l'inconscience, puisque la conscience en inflation perd sa faculté de discrimination (*cf.* 132, p. 605). Reconnaître que certains contenus du psychisme individuel n'appartiennent pas au Moi, évite l'inflation menaçante (*cf.* 132, p. 605). (Voir aussi : *Inconscient collectif, Archétype, Moi, Soi, Personnalité-Mana.*)

L. D.

INHIBITION. 1. Fonction normale d'arrêt qui est en jeu toutes les fois que nous contenons une impulsion, un instinct.

2. Impossibilité d'action résultant de l'exagération de la fonction précédente (*cf.* 23, lex.).

A. A.

C'est la diminution ou l'arrêt d'une fonction physiologique ou psychique.

Dans le domaine physiologique les exemples sont nombreux . la diminution ou la suspension de la fonction excrétoire par sidération du rein, l'arrêt des battements du cœur provoqué par un coup violent sur la région gastrique, etc.

L'inhibition et son contraire l'excitation sont des mécanismes régulateurs actifs. L'inhibition réduit l'activité idéatoire, psychomotrice et volontaire.

Dans le domaine psychique, l'inhibition joue dans les attitudes du caractériel timide, émotif inhibé au moment des relations avec autrui, au moment des examens. Une modalité en est le trac des artistes.

Chez le névrosé, l'inhibition se rencontre dans la phobie, l'obsession, la neurasthénie, la psychasthénie.

Dans les états psychotiques nous constatons de nombreuses modalités d'états d'inhibition. La mélancolie présente une baisse de l'attention, le ralentissement du cours des idées, un allongement du temps de réaction. Dans ses formes plus légères nous rencontrons la bradykinésie (lenteur des manifestations psychomotrices) et la bradypsychie (ralentissement des fonctions psychiques). Dans les formes graves, la stupeur (caractérisée par une sidération de toute l'activité psychique) en représente le terme extrême. On le rencontre également dans la schizophrénie et la confusion mentale.

Dans son étude : *L'instinct d'agression dans la vie et dans la névrose*, 1908, Adler insiste sur le fait que l'inhibition peut transformer ou dévier la finalité d'un instinct : c'est ainsi que l'instinct visuel avec son penchant de voir peut se trouver transformé dans un besoin d'être vu que nous rencontrons dans l'exhibitionnisme, la mégalomanie, la paranoïa, la démence précoce. Le besoin inconscient de manger peut devenir un refus conscient de nourriture. En 1915, Freud a repris ce thème dans : *Les pulsions et leurs destins*. Il voit d'autre part dans l'inhibition le point de départ de la sublimation.

S. H.

INITIATION. Le mot *initiation* vient du mot *initium,* c'est-à-dire commencement, et ce sens apparaît avec évidence dans le mot *initial.* L'initiation est comme une mort symbolique précédant une seconde naissance. On sait, en effet, que les rites des peuplades archaïques nommés « rites d'initiation » ou « rites de passage », comme ceux des mystères de l'Antiquité, du monde médiéval ou des sociétés secrètes d'aujourd'hui, sont généralement considérés comme symbolisant le passage par la mort avant de renaître dans un corps nouveau. Nombreux sont les rites d'initiation, antiques ou modernes, où le candidat doit traverser les ténèbres afin de sortir à la lumière (*). Chez certains archaïques, l'adolescent est englouti par « l'esprit ancestral », représenté par un monstre en fibres, un couloir ou plus simplement évoqué dans le cadre d'une légende, puis rejeté, accouché, vomi ou déféqué. Il est dès lors initié, c'est-à-dire transformé en adulte (*cf.* 198, p. 171). Il s'agit bien d'une intériorisation positive, d'une schizogénie (*) permettant à l'être une évolution, une réintégration au monde à un autre niveau et notamment l'acquisition par l'être d'une participation aux forces universelles de fécondité (*cf.* 198, p. 171).

Les rites d'initiation archaïques aussi sont expressifs de la prise de conscience de l'enveloppe corporelle, qu'il s'agisse d'une croyance en un changement de chair ou de rites de passage par la peau d'un animal sacré, ou encore de croyances soit à l'avalement puis à l'accouchement du candidat par une entité collective, soit à la dissociation du corps du candidat pour la reconstitution d'un corps nouveau. Expressive, l'aventure d'Osiris ne l'est pas moins de cette formation du Moi corporel comprise comme une intégration, c'est-à-dire comme le passage d'une discontinuité à une continuité. C'est lorsque son corps découpé est reconstitué par Isis que Osiris est doté d'une âme et de la vie éternelle. Tout cela rappelle la phrase de van Gennep : « Pour les groupes, comme pour les individus, vivre c'est sans cesse se désagréger et se reconstituer, changer d'état et de forme, mourir et renaître » (*cf.* 99, p. 272.)

L'onirothérapie d'intégration utilise une technique de mise en condition, la décentration (*) qui n'est pas sans évoquer les rites de passage. Il s'agit de désintégrer schème corporel et schème spatio-temporel et d'obtenir ainsi une dissolution du Moi analogue à la mort initiatique. La décentration, telle une technique d'isolement sensoriel (*), déclenche un surgissement spontané d'images visuelles et il convient de laisser telle, sans intervention, cette abréaction incarnée dans l'image (*).

Au retour de ce voyage, schème corporel et schème spatio-temporel se reconstituent solidairement (voir *schème d'intégration*) et l'on observe, tout au long de la cure, une levée des somatisations et une réintégration de l'être et du milieu, Ici, à l'inverse de ce qui est d'emblée recherché par les techniques analytiques, il s'agit donc plus de prendre corps que de prendre conscience, la prise de conscience découlant d'ailleurs peu à peu et naturellement de la prise de corps, alors que la réciproque ne présente pas la même évidence. Cette recherche oppose surtout radicalement l'onirothérapie d'intégration aux autres onirothérapies dites directives ou encore « à injection » telles que le « rêve éveillé dirigé » (*). Dans cette dernière, par exemple, la notion de « schème corporel » fut niée par son auteur an nom de la réflexologie. (Voir : *Décentration* et *Imagerie mentale*.)

V. A.

INJECTION (psychothérapies d'). Nom donné par André Virel à l'ensemble des psychothérapies intervenant directivement sur l'imaginaire ou sur la pensée philosophique du sujet, soit qu'elles se fondent sur une directivité avouée (béhaviour-thérapie, rêve éveillé dirigé, de Desoille...), soit qu'eles imposent au sujet un système de référence (interprétation psychanalytique, Christian science...). L'injection est compatible avec une entreprise de dressage ou de conditionnement. Elle est accidentellement tolérable si elle est infligée à un sujet vigile et lucide pour provoquer un déblocage initial (voir *activation*). Dans tous les autres cas, elle constitue une aliénation incompatible avec l'idée même de psychothérapie — celle-ci n'ayant pas pour objet d'encastrer la pensée individuelle perturbée dans les casiers d'un système à la mode, mais au contraire de permettre à l'homme de récupérer l'équilibre et la liberté nécessaires à la poursuite de son propre chemin. Parmi les techniques utilisant l'imagerie mentale (voir *onirothérapies*), l'onirothérapie dite d'intégration (*) s'oppose à l'injection systématique de mythes ou images préconisée par des techniques plus ou moins hypnotiques ou magiques. Ceci bien qu'elle admette et préconise dans certains cas l'intervention directe sur le corps afin de mettre en condition de liberté (voir *décentration*). Si elle utilise parfois des inductions activatrices ou sécurisantes elle ne s'autorise pas à la contrainte en maintenant par exemple le sujet en état de suggestibilité sur les rails d'un scénario préétabli, dans des orientations systématisées.

F. R.

INSTANCE. Dans la théorie psychanalytique, synonyme de « système » ou d' « organisation ». On parle plus volontiers d' « instance » lorsqu'il est question de la seconde topique.

J. R.

Etymologiquement : sollicitation pressante. C'est dans ce sens que Baudouin l'emploie pour désigner le dynamisme des stades successifs des assises du comportement (*cf.* 11, lex.).

A. A.

INSTINCT. Synonyme de pulsion. Les auteurs français préfèrent le terme de pulsion à celui d'instinct.

J. R.

INTEGRATION. En neurologie on définit classiquement l'intégration, après Sherrington : « Processus par lequel l'action du système nerveux concourt essentiellement à unifier les expressions de l'activité de l'individu ». Plus généralement, l'intégration est l'union organisée d'éléments préalablement indépendants. Dans l'optique d'une psychothérapie d'intégration, toute perturbation sociopsychosomatique relève d'un défaut d'intégration. L'intégration (Fretigny-Virel) apparaît alors comme la restauration d'une union dynamique entre les éléments et les fonctions de la vie physiologique, psychique et sociale.

Elle réalise, par la voie symbolique, la restructuration de la personnalité par la résurgence des états affectifs anciens, leur normalisation et leur mise en place dans l'édifice du Moi. (Voir : *Schème d'intégration.*)

V. A.

INTELLECTUALISATION. Mécanisme de défense, mais aussi mécanisme évolutif, décrit par Anna Freud, qui réalise « une traduction en langage intellectuel des processus pulsionnels ».

L'intellectualisation atteint son acmé durant l'adolescence et on a pu interpréter le grand foisonnement de « créations » adolescentes (journaux intimes, poèmes...) comme une défense contre les pulsions et, plus particulièrement, contre le conflit œdipien.

J. R.

INTELLIGENCE PRIVEE. Terme spécifiquement adlérien. En étudiant la délinquance et sa prévention, Adler s'aperçoit de certaines particularités caractérisant la psychologie des criminels. Pour motiver leurs méfaits ils ont recours à une « logique privée », à une « intelligence privée ». Un malfaiteur quitte la bijouterie où il vient de commettre un hold-up. Il prend la fuite. Deux personnes se trouvent sur son chemin. Il tire et les tue. Appréhendé et interrogé il déclare : ces personnes n'avaient qu'à ne pas se trouver sur mon chemin.

La finalité du criminel est la spoliation des autres à son bénéfice. Il se distingue de ce fait du névrosé, du pervers, du toxicomane. Dépourvu de sens social comme eux, il dispose d'un degré d'activité plus important. Il connaît les exigences de la société mais il ne les respecte pas. Il motive son attitude antisociale par les insuffisances, injustices et lacunes de l'organisation sociale et par l'égoïsme des gens. Mais son raisonnement manque de sens communautaire. La notion d'intelligence privée a été par la suite appliquée aux raisonnements des névrosés.

S. H.

INTENTIONNALITE. Terme propre à la caractérologie de Le Senne (Traité de caractérologie, P.U.F., 1945) par lequel cet auteur exprime une conception finaliste de la personnalité. L'intention, le projet déterminent le psychisme autant que les causes comme nous les rencontrons dans le déroulement des phénomènes du monde matériel. La notion d'intentionnalité se rapproche de la conception téléologique de la psychologie d'Adler.

S. H.

Ce terme ne désigne pas seulement un acte de la volonté tendant vers un but déterminé, impliquant une décision plus ou moins lucide et une responsabilité plus ou moins grande. En ce sens, l'intentionnalité se rapporte à l'action physique ou morale, et se trouve à l'état de simple projet ou de passage à l'acte. Elle intervient alors en éthique, en psychologie et en droit.

La perspective moderne de la phénoménologie a redonné au terme une acception plus profonde, dérivée de la scolastique thomiste. L' « intention » désigne le rapport entre sujet et objet, en quoi consiste tout acte de conscience, qu'il soit de l'ordre de la volonté, de l'action ou de la connaissance. Selon Husserl, « toute conscience est conscience *de* quelque chose ». L'intentionnalité est constitutive de l'acte de conscience ; autrement dit, la conscience ne s'exerce qu'en relation avec un donné, et ce donné n'existe que par relation avec une conscience. Ils se confèrent réciproquement un « sens » et cela à tous les niveaux, depuis la simple conscience cynesthésique jusqu'à la conscience mystique. Cette notion de l'intentionnalité permet d'éviter à la fois le réalisme platonicien de l'idée et l'idéalisation critique du réel, ainsi que la réification et l'opposition du sujet et de l'objet.

L'intentionnalité ainsi conçue ne tombe pas non plus dans les pièges du subjectivisme. Car, si la conscience est comme « une transparence dirigée » par sa « visée » de l'objet, l'être « pour soi » demeure à la fois posé « hors d'elle » comme ayant une existence indépendante de l'acte de conscience et posé « pour elle » comme intégré à son acte propre.

Il en résulte qu'une conscience se révèle essentiellement par ses

« visées », comme le monde se manifeste par la conscience. L'intentionnalité sauvegarde à la fois la transcendance et l'immanence, l'extériorité du monde et l'intériorité de la conscience. Il semble que ce soit ce caractère intentionnel du vécu qui mesure et qualifie le fonctionnement de la conscience.

C. J.

INTERDIT. Interdiction éducative ou sociale pesant sous peine d'angoisse culpabilisante sur la conscience individuelle par l'intermédiaire du Surmoi.

F. R.

INTERPRÉTATION. Le modèle de l'interprétation est l'interprétation des rêves qui sous le contenu manifeste dévoile le contenu latent. L'interprétation s'applique à toutes les productions de l'inconscient.

Plus spécifiquement, dans la cure analytique, l'interprétation est la communication faite à l'analysant par son analyste et qui vise à le faire accéder à ce sens latent.

J. R.

Révélation au malade par le psychothérapeute de la signification du contenu latent de ses représentations oniriques, de ses associations d'idées ou de ses conduites — nécessaire, selon Freud, pour permettre au sujet de prendre conscience de ses problèmes. Etant donnée la structure de l'idéologie psychanalytique, l'interprétation revient à ramener la signification de tout élément inexpliqué à une expression symbolique des pulsions fondamentales. Pour Jung par contre, l'interprétation se réfère aux archétypes et situations mythiques traditionnelles. Réduction freudienne ou amplification jungienne présentent le commun danger de ramener le vécu affectif à un système — et d'intellectualiser la situation, ce qui mène tantôt à la guérison, tantôt à l'infirmité irréversible. Les techniques d'expression, les psychothérapies non directives et notamment l'onirothérapie d'intégration, évitent soigneusement ce risque en laissant au malade le soin de libérer spontanément dans l'expression vécue ses problèmes, sous forme symbolique ou dans l'ébranlement de l'abréaction — avec l'avantage d'aboutir non à une cristallisation rationnelle stérilisante, mais à une libération de la créativité. (Voir : *Injection*.)

F. R.

INTROJECTION. Phénomène psychologique d'imitation élémentaire par lequel l'enfant s'identifie à l'objet, se l'incorpore pour ainsi dire : transposition de l'acte buccal d'absorption des aliments (*cf.* 22). Comme l'observe Rycroft, l'introjection est à la fois une défense et un processus de développement normal ; une défense parce qu'elle diminue l'angoisse de séparation ; un processus de développement parce qu'elle rend le sujet de plus en plus autonome.

Grâce au processus introjectif un objet ou une personne est incorporé dans l'imaginaire du sujet ; le Surmoi, par exemple, est formé par l'introjection des figures parentales. Mélanie Klein, surtout, s'est attachée à décrire les aller et retour fantasmatiques des « bons » et des « mauvais » objets introjectés, projetés, réintrojectés.

J. R.

INTROSPECTION PROVOQUEE. Nom donné à la méthode d'A. Binet et qui a été l'un des points de départ de l'école de Wurzbourg.

F. R.

INTROVERSION. Orientation de la libido vers la subjectivité : l'intérêt ne va pas vers l'objet, mais vers la valeur que lui reconnaît le sujet (cf. 126, p. 453). L'introversion habituelle s'exprime « chez le sujet normal, par un naturel réservé, méditatif, facilement hésitant, qui se dérobe devant les objets, toujours quelque peu sur la défensive et qui se retranche volontiers dans une observation un rien méfiante » (cf. 134, p. 87). L'introverti manque de souplesse d'adaptation mais gagne en profondeur de pensée et de sentiment. L'accentuation pathologique se fait vers la névrose obsessionnelle. (Voir *Extraversion*.)

L. D.

INTUITION. Fonction psychique fondamentale, irrationnelle « qui transmet la perception par voie inconsciente » (cf. 126, p. 453). Elle est une appréhension immédiate de l'inconnu et s'accompagne, pour cette raison, d'une impression de certitude. Si l'inconnu est de l'ordre du rapport avec le monde extérieur, l'intuition est extravertie ; s'il est de l'ordre des significations ou des dynamismes inconscients, elle est introvertie. (Voir aussi : *Extraversion, Introversion*.)

L. D.

INVESTISSEMENT. Charge énergétique positive attribuée à un objet ou à une représentation. Le terme « investissement » est purement « économique ». Dans la seconde topique (*), l'origine de tous les investissements se trouve dans le Ça, pôle pulsionnel de l'être.

J. R.

Par référence à la terminologie militaire, les psychanalystes désignent par ce mot le processus par lequel une charge affective est transposée de son point d'attache normal à une représentation ou à une structure mentale. Un tel processus aboutit à donner une importance excessive à l'objet investi. Le mécanisme d'investissement peut avoir pour origine le désir soit de reporter toute l'énergie psychique disponible sur l'objet conflictuel, soit au contraire de le décharger au bénéfice d'une préoccupation mineure (par ex. : collectionneur) ou au contraire d'une préoccupation oblative (faux mystique). (Voir : *Sublimation*.)

F. R.

ISOLATION. Mécanisme de défense décrit par Freud qui consiste à dépouiller un fait de sa couleur affective, à le « dessécher » ; utilisé de façon typique par les obsessionnels (il joue pour eux un rôle analogue à celui que joue le refoulement pour les hystériques), le mécanisme est également caractéristique de la pensée intellectuelle.

Utilisée sur une grande échelle, l'isolation réduit considérablement la vie affective, la maintenant dans une série de mécanismes de pensée rationnels et pseudo-objectifs.

J. R.

ISOLEMENT. Dès les premiers mois de la vie de l'être humain on constate sous l'influence de ses rapports avec autrui — la mère en premier lieu — le développement du sentiment social. Adler attache à ce sentiment une très grande importance. C'est ce sentiment qui assure à l'être humain des relations normales avec autrui. Dans la mesure où ce sentiment ne se développe pas, ou encore lorsque l'enfant est trop lié à sa mère et n'apprend pas à se mettre en contact avec ses semblables, le sujet risque de passer sa vie dans un isolement préjudiciable à sa vie psychique.

S. H.

ISOLEMENT SENSORIEL. On dit qu'un individu est placé dans une situation d'isolement sensoriel lorsqu'il ne perçoit plus aucun signal en provenance de son environnement ou que le volume total de ces signaux est considérablement réduit d'une façon durable.

L'isolement peut être global ou limité à une ou plusieurs modalités sensorielles.

Il peut résulter :
— soit de l'absence ou de la rareté des stimuli physiques ;
— soit d'une incapacité de capter les signaux par déficience d'un organe sensoriel ;
— soit d'une impossibilité de les intégrer au niveau central.

Les animaux élevés dès leur naissance dans un environnement

appauvri en stimulations sensorielles présentent par rapport aux animaux témoins un retard dans leur développement intellectuel, émotionnel et social. Leurs capacités d'apprentissage sont moindres, ils ne sont pas intéressés par les objets de l'environnement, ils sont timides et ne recherchent pas le contact des congénères. Sur le plan neurobiologique, leur cortex est moins développé, son activité enzymatique est réduite, la morphologie de ses dendrites neuroniques est moins complexe.

Ce retard dans le développement est réversible lorsque l'animal est replacé dans un environnement sensoriel normal. Il n'est plus observé si l'isolement débute au-delà d'un certain âge critique variable selon les espèces.

Lorsque la privation est localisée à une seule modalité sensorielle, le retard n'est observé que dans les problèmes dont la résolution nécessite habituellement l'utilisation du sens dont l'usage a été réduit. Les enfants aveugles de naissance présentent, jusqu'à un âge avancé, une infériorité très nette par rapport aux voyants pour résoudre tactilement des problèmes de manipulation d'objets dans l'espace. Mais leur niveau de développement logique reste voisin de celui des voyants pour toutes les opérations qui ne demandent pas un support visuel.

Chez l'homme adulte la situation d'isolement sensoriel entraîne l'apparition de productions imaginaires plus ou moins riches, plus ou moins bien organisées, qui sont vécues comme des perceptions réelles, mais qui sont critiquées dès que l'isolement a cessé (éléments visuels ou sonores, modifications du schéma corporel).

Certains auteurs ont voulu en faire un modèle expérimental de l'hallucination pathologique, mais le mécanisme de leur apparition est encore mal élucidé actuellement.

Les conditions matérielles de l'isolement ne semblent jouer qu'un rôle mineur ; le seul élément indispensable est la disparition du cadre de référence perceptive. La richesse et le nombre des productions ne sont pas en relation avec la sévérité de l'isolement.

Si l'isolement de longue durée peut entraîner un ralentissement persistant mais léger de la périodicité du rythme alpha de l'électroencéphalogramme, l'apparition des productions imaginaires est toujours contemporaine d'un état d'éveil. Elles ne peuvent être assimilées à des productions oniriques. Lorsque le sommeil se produit, il est d'emblée profond, et au réveil, les sujets rapportent très souvent des rêves à tonalité anxieuse.

La richesse de ces productions varie beaucoup en fonction du niveau intellectuel et culturel des sujets et de l'intérêt qu'ils portent à l'expérience. Dans les situations réelles, l'angoisse et l'épuisement physique paraissent favoriser leur apparition. Dans l'isolement expérimental, l'anxiété que déclenche chez beaucoup de sujets l'étrangeté

de la situation est également un facteur propice à leur déclenchement. On le favorise d'ailleurs par l'ingestion de drogues psychoanaleptiques telles que le méthylphénidate.

Les productions imaginaires ne sont pas une conséquence directe
de la réduction du volume des signaux sensoriels. La signification
que présente pour le sujet la situation dans sa totalité est un facteur
déclenchant essentiel. La disparition du cadre de référence perceptive
empêche la critique de ces productions imaginaires et favorise leur
assimilation à des perceptions réelles. (Voir : *Alpha, Décentration,
Focalisation d'attention* et biblio n°ˢ 16, 85, 102.)

A. R.

JALOUSIE. Exagération morbide de la captativité portant le malade à persécuter les personnes de son entourage par hantise de la dépossession. Se développe le plus souvent sur un fond paranoïaque (*).

F. R.

JARGON DES ORGANES. Dans son étude sur *L'infériorité des organes et leur compensation psychique*, 1907, Adler démontre que la solidité et la résistance des différents organes et appareils n'est pas de valeur identique. L'organe en état de moindre résistance aspire à une compensation dans le domaine du psychisme. Il se crée ainsi des axes psychiques qui donnent à la personnalité son cachet particulier. Au contact de son environnement social avec ses problèmes, l'organe en état d'infériorité réagit de façon particulière. Le problème du choix du symptôme trouve dans la notion de l'infériorité organique une explication intéressante. Quels sont ces problèmes ?

a) ils sont de nature professionnelle ou concernent la préparation à une profession ;

b) ils sont de nature affective, sexuelle ;

c) ils sont en rapport avec le sujet dans ces relations avec autrui : l'amitié par exemple.

L'agression psychique ébranle tout l'organisme. C'est par le truchement de son organe en état d'infériorité que la personnalité psychique et physique peut fournir sa réponse. L'asthme exprime ainsi l'impression d'être opprimé, de manquer d'air, la constipation, le désir de tout retenir, les envies fréquentes d'uriner, la réaction excessive de l'appareil rénal en état d'infériorité vis-à-vis d'un problème psychosocial (manifestation fréquente avant les examens).

L'impuissance sexuelle est l'expression d'un refus vis-à-vis du partenaire. Au langage parlé et écrit, au langage gestuel et mimique s'ajoute ainsi celui des organes. (Voir : *Schème d'intégration.*)

S. H.

JEU DE ROLE. Technique de groupe proche du psychodrame. La différence essentielle réside en ce que ce ne sont pas les situations familiales qui sont privilégiées dans le jeu de rôle, mais des situations de la vie quotidienne (par exemple des scènes de travail). Le but est de pousser les participants à explorer de l'intérieur des rôles et des situations qui *a priori* ne leur sont pas familières, ou de voir des situations connues du point de vue d'autrui.

B. J.

JUNCTIM. Terme par lequel Adler désigne deux unités idéo-affectives qui n'ont rien de commun, mais que le sujet associe en vue d'une finalité commune. La fonction symbolique, la métaphore, la métonymie sont des aspects particuliers de ce mécanisme. La fonction psychique peut aussi associer deux personnages ou deux événements réunis ou associés uniquement par l'état affectif qui leur est commun.

S. H.

K

KINESITHERAPIE. Physiothérapie utilisant le massage et la mobilisation du corps à des fins diverses. Adjuvant souvent utile en psychothérapie dans la mesure où il concourt à libérer le malade des problèmes qu'il entretient au sujet de son propre corps. (Voir : *Schème d'intégration.*)

F. R.

L

LAPSUS. Acte manqué commis en écrivant (lapsus calami) ou en parlant (lapsus linguae) qui témoigne d'un conflit entre l'inconscient et le conscient ; le désir inconscient s'y manifeste souvent très clairement.

J. R.

LATENCE. Durant la période de latence, l'activité libidinale est en quelque sorte en sommeil ; les désirs et les fantasmes des phases œdipiennes et préœdipiennes sont l'objet d'une vague massive de refoulements ; la période de latence s'achève à la puberté ; c'est durant cette période que des sentiments, tels la peur ou le dégoût, et des aspirations morales et esthétiques, sous l'effet conjugué du Surmoi et de la vie sociale, se développent.

J. R.

LATERALISATION. Evolution du système nerveux tendant à donner une prédominance fonctionnelle à l'un des côtés du corps (*cf.* 198, pp. 203 et suiv.).

LEADER. Dans un groupe, le premier leader est institutionnel, c'est l'animateur. D'autres leaders peuvent surgir et le remplacer. Ces nouveaux leaders sont choisis selon la structure du groupe. D'après Bion, un groupe dépendant choisirait ainsi une personnalité paranoïde comme leader. Un groupe dont l'hypothèse de base serait la lutte et la fuite choisirait comme leader spontané une personnalité exploitable pour ses qualités de combat. La théorie du leader, chez Bion, est ainsi celle de la *complémentarité* entre leader et suiveurs. Il y a là une grande différence avec Freud qui ne voyait guère qu'un lien libidinal entre un leader et ses suiveurs. Le leader, pour Freud, correspondrait à un hypnotiseur, c'est-à-dire qu'il incarnerait une reviviscence du père de la horde primitive.

B. J.

LIAISON. Concept utilisé par Freud pour désigner le passage de l'énergie libre à l'énergie liée.

J. R.

LIBIDO. Ce terme désigne l'énergie des pulsions sexuelles ; il implique la prise en considération du point de vue économique. « Nous appelons ainsi, écrit Freud, l'énergie, considérée comme une grandeur quantitative — quoiqu'elle ne soit pas actuellement mesurable — de ces pulsions qui ont à faire avec tout ce que l'on peut comprendre sous le nom d'amour. »

J. R.

Le terme de libido sert à désigner le concept d'énergie tel qu'il est utilisé en psychologie analytique (*cf.* 133, p. 49). Ce terme a le sens général de « désir-aspiration-poussée vers un but sans investissement exclusif d'une tendance ; c'est une valeur énergétique qui peut se communiquer à un domaine quelconque, puissance, haine, faim, sexualité, religion, etc., sans être une tendance spécifique » (*cf.* 124, p. 244). En essayant de rendre compte de l'aspect psychologique de ce concept, Jung a parfois emprunté sa formulation aux notions vitalistes, tout en précisant que « la libido au moyen de laquelle nous opérons n'est, ni concrète ni connue, mais qu'elle est un véritable X, une pure hypothèse, aussi insaisissable concrètement que l'énergie du monde physique de nos représentations » (*cf.* 133, pp. 50-51). Cliniquement, cette notion d'énergie sert à rendre compte de l'activité psychique dans ce qu'elle a d'analogique avec les systèmes physiques, permettant d'évaluer les différences d'intensité et les mouvements dynamiques constatés dans les phénomènes psychiques.

Si la théorie de la libido a évolué dans l'œuvre de Jung, elle s'organise cependant autour d'un concept général d'énergie psychique qui peut être abordé sous deux aspects :

a) l'aspect quantitatif impliquant forces et conditions. « Les pulsions humaines », par exemple, « peuvent être considérées comme étant les formes sous lesquelles se manifestent les processus énergétiques, et ainsi comme des forces analogues à la chaleur, à la lumière, etc. » (*cf.* 127, p. 243) ;

b) l'aspect qualitatif, c'est-à-dire accessible à une constatation psychique : « à la mesure exacte des quantités est substituée en psychologie une détermination faite d'appréciations portant sur les intensités ; on emploie pour cela la fonction du sentiment (estimation de la valeur). Cette dernière joue en psychologie le rôle de la mesure en physique » (cf. 131, p. 564).

Le fondement de la libido, en tant qu'énergie psychique, peut être cherché dans la force de la tension existant entre les couples d'opposés. Lorsque cette tension dépasse un certain seuil, un conflit se forme et la libido modulant sa capacité d'autorégulation progresse ou régresse suivant les nécessités actuelles, à la recherche de nouveaux modes d'expression. L'agent psychologique de transformation de l'énergie est le symbole (cf. 130, p. 69). Celui-ci opérant en tant que substitut des tendances instinctuelles permet à la libido d'investir de nouveaux objets. « Ce qui nous contraint à créer de nous-mêmes un substitut, ce n'est pas le manque extérieur d'objets, c'est notre incapacité de saisir avec amour une chose hors de nous... Notre monde n'est vide que pour qui ne sait pas diriger sa libido sur les choses et les hommes » (cf. 124, p. 297). Cependant, les représentations capables d'attirer la libido vers de nouvelles formes doivent être dotées d'une énergie particulière. Jung la situe dans l'activité de l'archétype. (Voir aussi *Archétype — Autorégulation — Régression*.)

G.-G. G.

LIQUIDATION. Se dit d'un conflit qui trouve sa solution ou d'une inhibition, d'un blocage qui disparaît sous l'effet du traitement. Dans la mesure où le névrosé (et en particulier certaines modalités de la névrose, névrose de caractère, névrose de conflit) se trouve en conflit avec son entourage, son milieu social, la psychothérapie, en modifiant la finalité agressive, dominatrice asociale ou antisociale du sujet, liquide une attitude dont les origines remontent aux premières années de la vie du sujet.

S. H.

LOGOTHERAPIE. Modalité de la psychothérapie d'inspiration adlérienne et existentialiste.

S. H.

LUDOTHERAPIE. Utilisation du jeu dans une intention thérapeutique vis-à-vis de certains sujets névrosés ou psychotiques. Certains de ces jeux visent surtout une rééducation psychomotrice, d'autres s'efforcent d'intégrer le sujet dans une équipe (volley, basket, football), favorisant sa socialisation et l'obligeant à une activité, en harmonie avec ses coéquipiers.

S. H.

LUMIÈRE. La conscience couvre trois champs : celui de l'imaginaire (*), celui de la connaissance du monde extérieur et celui du monde des abstractions. En fait, la conscience a encore d'autres voies. Elle peut s'introduire, par des gymnastiques peu accessibles aux Occidentaux, dans les dédales de la vie biologique, et saisir dans leurs profondeurs nos mécanismes vitaux. Mais elle peut aussi, échappant cette fois totalement au monde formulé, s'engager vers un monde sans image — rompant tout lien avec l'imaginaire et ses métamorphoses.

Cette sortie de l'imaginaire n'est ni habituelle ni communément accessible, mais les ascèses orientales aussi bien que les mystiques chrétiens nous ont familiarisés avec elle (monde de lumière sur lequel débouche l'extase). Pour être complet, il faudrait dire que la lumière est un premier aspect du monde informel. En s'engageant vers elle, on s'engage dans un chemin qui semble pouvoir mener au-delà de la lumière, c'est-à-dire non seulement au-delà de toute forme, mais encore au-delà de toute sensation et de toute notion.

Grâce aux techniques, aujourd'hui courantes, de certaines psychothérapies, la sortie de l'imaginaire et l'expérience de la lumière, sans être comparables peut-être à celles que décrivent les mystiques, sont cependant accessibles à une pluralité d'individus simplement épris de découverte. Par contre, à notre connaissance ou dans l'état actuel des connaissances, les sorties au-delà de la lumière semblent réservées aux mystiques occidentaux ou orientaux — et nous devons nous borner à les connaître à travers les méditations de Bouddha ou les nuits de Jean de la Croix.

On sait que cette apparition d'un état-lumière est l'une des bases de la psychothérapie par le rêve éveillé dirigé (*). On sait aussi que les premiers travaux fixant cette méthode, comme ceux qui les avaient provoqués, accordent une grande importance à cette remarque que la sortie hors de l'imaginaire vers une lumière est constamment liée à la rêverie ascensionnelle. L'importante expérimentation accumulée à ce jour confirme, dans l'ensemble, ce principe, en y apportant toutefois un correctif auquel nous croyons utile d'accorder quelques développements. Pour nous en tenir sur le plan des faits, disons tout d'abord qu'il arrive à un sujet, mis en condition d'imagerie mentale, de déboucher sur un état de lumière, sans avoir effectué au préalable la moindre ascension. D'autre part, s'il arrive au « rêveur éveillé » d'entrer en état-lumière, fût-ce à l'occasion d'une image abyssale, il se trouve alors aussitôt entraîné vers « les sommets ». Nous voulons dire qu'il ressent aussitôt l'allègement, l'euphorie, et toutes autres caractéristiques accompagnant habituellement l'ascension achevée et que son rêve se poursuit à partir de ce moment, comme se poursuivrait le rêve d'un sujet ayant préalablement effectué l'ascension.

Remarquons la liaison qui existe effectivement entre état-lumière et rêverie ascensionnelle, mais soulignons que le premier terme n'est pas nécessairement la conséquence du second.

Il serait même probablement très important de faire justice de cette hypothèse selon laquelle l'édifice de l'imaginaire s'ouvre sur l'état-lumière, quel que soit l'étage auquel on s'en échappe. Certains faits relatifs aux civilisations archaïques permettraient de penser qu'un être vivant dans un univers bidimensionnel et dans un temps non orienté puisse accéder brusquement à cette lumière inondante, à la sensation adimensionnelle qui l'accompagne, en un mot à cet état dont les mystiques des civilisations achevées n'ont peut-être pas le monopole (*cf.* 198 et voir : *Symbologie génétique*).

V. A.

M

MAGNETISME ANIMAL. Le terme est intimement lié à l'activité d'un précurseur de la psychothérapie scientifique, Franz Anton Mesmer (1734-1815). Voici ce qu'il dit dans sa thèse de doctorat : « Le magnétisme est un terme adopté de façon arbitraire. Un substantif ne peut pas servir de preuve qu'on parle d'une substance ; il s'agit tout au plus de rapport entre les forces naturelles et de leur action sur le corps humain. » Mesmer était convaincu que les forces naturelles de l'univers pouvaient être captées et utilisées à des fins thérapeutiques. Dans son cabinet de travail, il disposait ses malades autour d'un baquet rempli d'eau, de verre pilé et de limaille de fer. Des barres de fer émergeaient de ce baquet et les malades les appliquaient sur l'endroit supposé atteint de leur corps. Dans *Les médications psychologiques*, tome I, chapitre I, « Les guérisons miraculeuses », Pierre Janet donne une description détaillée de ces cures mesmériennes.

S. H.

MAIEUTIQUE (phase). Une des phases du cycle onirothérapique * pendant laquelle le psychotérapeute conduit le sujet à exploiter lui-même le contenu de son imagerie mentale et ses comportements récents et anciens (*cf.* 200).

MANA. Terme mélanésien rapporté par les ethnologues et désignant « ce qui agit, ce qui est puissant et créateur » (*cf.* 133, p. 91). Il peut se rapporter aussi bien à un être humain, un animal, une plante, un objet ou un événement : « force magique partout présente et qui est comme le centre de toutes choses » (*cf.* 134, p. 126 *sq.*). « Le phallus, de toute antiquité, a désigné le Mana créateur » (*cf.* 121, p. 266). « Pour nous ce serait un concept psychologique d'énergie ; mais chez le primitif, c'est un phénomène psychique, perçu comme lié à l'objet » (cf. 133, p. 92). Le Mana primitif n'infère rien de « la nature du principe qui le pose » (cf. 133, p. 92). Il présente une parenté indiscutable avec le terme de libido (cf. 131, p. 564). (Voir *Personnalité Mana*.)

L. D.

MANDALA. Terme tibétain qui désigne des dessins ou peintures dans lesquels de multiples figures se correspondent symétriquement selon le schéma général d'un carré inscrit dans un cercle. Ces représentations étaient utilisées par le tantrisme pour donner une image de la divinité et concentrer l'esprit dans la méditation. Jung fut surpris d'en trouver l'équivalent chez ses patients et constata qu'ils étaient un symbole d'ordre survenant aux moments de désorientation ou de réorientation psychique. Le mandala représente une totalité organisée en fonction d'un centre différent du Moi ; il est un symbole du Soi. (Voir : *Totalité, Soi*.)

H. E.

MANIE. Psychose caractérisée par une hyperactivité incoercible dans tous les domaines (exaltation, déluge verbal sans continuité logique, insomnie, agitation).

F. R.

MANIERISME. Mimique et attitudes affectées et théâtrales, discordantes par rapport à la situation, témoignant d'une certaine perte du sens du réel.

F. R.

MARATHON (Groupe de). Fred Stoller, George Bach, Bill Schutz et Elizabeth Hintz ont été les premiers à faire des marathons. Cette expérience de groupe dure en général tout un week-end pendant lequel les membres ne doivent avoir aucun contact avec l'extérieur. La vie du groupe continue même la nuit bien que ceux qui le désirent puissent dormir. Le groupe est la plupart du temps mixte.

L'impact d'un tel groupe est très fort. Le thérapeute doit s'engager intensément, être présent avec toute sa personnalité, et c'est de sa créativité que dépendra en partie le succès et la productivité du marathon. (Voir aussi : *Psychothérapie de groupe*.)

B. J.

MARIONNETTES (jeu de). Poupées actionnées avec la main ou par des fils. Elles permettent à l'enfant, en s'identifiant avec le personnage, de prendre conscience de ses propres problèmes et de les liquider. Les différentes poupées correspondent à des personnages bien caractérisés : l'instituteur, le prêtre, la bonne fée, le dragon, la mère bienveillante, le gendarme, le voleur, etc. En se servant de ces personnages, l'enfant joue une histoire inventée qui reflète ses propres préoccupations.

S. H.

MASOCHISME. Perversion dans laquelle le sujet tire un plaisir érotique de la souffrance qui lui est infligée ou qu'il subit. On distingue généralement le masochisme sexuel et le masochisme moral ; dans ce dernier cas, le sujet, écrasé par son Surmoi, cherche inconsciemment à tenir le rôle de victime, sans qu'un plaisir sexuel soit directement impliqué.

Freud distingue également un masochisme primaire, où la pulsion de mort est encore dirigée sur le sujet lui-même, et un masochisme secondaire où, après avoir été dirigée sur des objets extérieurs (sadisme), elle se retourne contre la personne propre.

J. R.

MATERNAGE. Technique thérapeutique des psychoses visant à une compréhension, voire à un assouvissement, des besoins fondamentaux des psychotiques. Le thérapeute devient pour le malade une « bonne » mère.

J. R.

Arme thérapeutique majeure de la psychiatrie infantile, qui consiste à donner à l'enfant une présence et une sollicitude « maternelle » nécessaires à son développement affectif et intellectuel, ou à sa rééducation de base s'il a été privé d'affection. Peut se pratiquer avec certains adultes en état de régression.

F. R.

MATURATION (phase de). Une des phases du cycle onirothérapique pendant laquelle les fruits de la partie proprement psychothérapique du traitement s'intègrent dans la vie pratique et sociale sous la direction du psychothérapeute (*cf.* 200).

MATURITE. Fait par lequel un sujet pense et agit en fonction d'une synthèse de ses connaissances et de ses expériences passées. Le degré de maturité évolue normalement de ce fait, parallèlement à l'âge.

F. R.

MECANISMES DE DEFENSE. Chargés de protéger le Moi, les mécanismes de défense caractérisent aussi bien les états psychotiques, névrotiques que « normaux » ; la manière dont ils sont utilisés par l'individu permet de tracer son profil psychologique. Il va de soi que les mécanismes de défense varient selon l'étape génétique envisagée. Leur installation définitive, au-delà des années où ils étaient indispensables, fait le lit de la névrose. Parmi les plus courants : le clivage, le refoulement, la projection, l'introjection, la régression, la sublimation...

J. R.

MÉDIATEUR CHIMIQUE (neurotransmetteur). Substance chimique assurant la transmission de l'information nerveuse au niveau de la synapse. Les médiateurs les plus connus sont l'acétylcholine et la noradrénaline, auxquels s'ajoutent principalement la sérotonine, la dopamine et le gaba (acide-gamma-animo-butyrique, considéré comme un neurotransmetteur inhibiteur). La noradrénaline, l'adrénaline et la dopamine sont des catécholamines, la sérotonine une indolamine.

L'action de ces neurotransmetteurs peut être antagonisée ou potentialisée par certaines drogues, qui permettent ainsi une approche thérapeutique du fonctionnement cérébral et, par là, du comportement (*cf.* 135-139-166). (Voir aussi : *Drogues psychotropes, psychopharmacologie, Synapse.*)

L. J.-F.

MÉDICATIONS PSYCHOLOGIQUES. Sous ce titre, *Les médications psychologiques* (*cf.* 110), Pierre Janet a réuni en 1919 les grandes théories et nombre de fragments d'observations cliniques constituant la somme personnelle de sa conception des « méthodes de la psychothérapie ». Situant ces dernières les unes par rapport aux autres, il présente son œuvre à un stade de maturité et prouve que psychopathologie et psychothérapie sont étroitement liées. Simultanément au développement de l'œuvre freudienne, dans une perspective plus proche de l'empirisme et du behaviorisme anglo-saxon, les réflexions de P. Janet se veulent fondées sur l'expérimentation et l'objectivité, sur l'intérêt porté au malade individuel et à son évolution positive, compte tenu des moyens dont dispose le psychiatre autant que des particularités de personnalité, de situation ou cliniques des malades. Le point de départ consiste à reconnaître la diversité des méthodes de la psychothérapie, à les distinguer les unes des autres et en les décrivant à préciser leurs indications d'emploi. Les *données historiques* concernant la croissance de la psychothérapie depuis le début du XIXᵉ siècle montrent la montée de l'intérêt pour les faits psychologiques, à travers tout d'abord le « magnétisme » issu de Mesmer jusqu'à « l'hypnotisme » et aux écoles de la Salpêtrière et de Nancy. La masse des tentatives et les rayons entiers de bibliothèques qui leur furent consacrés, comme le fait que les scientifiques les plus sérieux se sont retrouvés dans ce mouvement, vont de pair en réalité avec la croissance et les premiers pas de la psychothérapie. La force du mouvement psychothérapique se manifeste bien dans l'intensité du conflit qui opposa Charcot à Berhneim, le premier persuadé d'une action quasi physiologique de la « métallothérapie », le second percevant clairement l'influence du thérapeute et de la suggestion. Nul mieux que Janet n'a compris le message de Bernheim alors même qu'après la mort de Charcot l'hypnotisme était en pleine régression. Il continue à tirer de la pratique hypnotique une connaissance approfondie de ce qu'il a dénommé « l'automatisme psychologique », utilisant ainsi « l'appel à l'automatisme », à des fins psychothérapiques. Les schémas psychopathologiques de Janet sont axés en effet sur l'action et ses niveaux de réalisation. Il individualise des unités de conduite se structurant à partir de tendances à l'état latent, « s'activant plus ou moins en passant par des stades de l'érection, du désir, de l'effort avant d'arriver à l'action complète et au triomphe ». La suggestion détermine des quasi-actions soit automatiques, soit subconscientes, où manquent donc l'adaptation du sujet à sa propre action, ou tout sentiment personnel de sa réalisation. Le sentiment de l'action est, en effet, nécessaire à l'intégration de celle-ci à la personnalité. Les thérapeutiques à base de suggestion se fondent ainsi sur la possibilité, chez certains patients, d'une intervention directe au niveau de l'émergence de l'action, en se passant en quelque sorte de l'accord et de l'intégration personnelles. L'hypnose et les formes diverses d' « appel à l'automatisme » sont ici évoquées. Le traitement des faits de conversion hystérique (paralysies, déficits sensoriels, etc.) est conduit sous hypnose. Janet est conscient des limites d'emploi de cette dernière. Il présente même une statistique (t. I, p. 338) où sont relevées 250 guérisons « à l'actif du traitement suggestif employé seul ». Mais « ces cas sont extraits d'une collection énorme d'observations que j'ai recueillies et classées toute ma vie, avec la patience d'un collectionneur et qui sont au moins au nombre de 3 500 ». Le traitement hypnotique a été tenté dans les cas nombreux où il paraissait utile. Mais, d'après les chiffres ci-dessus, « cela ne nous donne plus à l'actif de la suggestion qu'un pauvre 7 % ». Notons au passage que Janet, par souci de rigueur, laisse de côté ici les formes directes de suggestion classées dans les méthodes dites de moralisation (suggestions réconfortantes et stimulantes) ou dans celles dites de direction (appelées aujourd'hui de soutien, ou rationnelles). L'action de la suggestion proprement dite est possible lorsque le malade possède des réserves énergétiques inemployées : « La suggestion consiste à provoquer artificiellement, sous la forme d'une impulsion, le fonctionnement d'une tendance que le sujet ne peut obtenir sous la forme d'une volonté personnelle... Pour que cet appel soit entendu, pour qu'il détermine une activation, il faut que le sujet ait en réserve, malgré les paralysies apparentes, des tendances bien organisées et suffisamment chargées... » (t. I, p. 340). Les *thérapeutiques par l'économie* constituent un second volet dans l'ensemble des méthodes de la psychothérapie. Janet met au premier plan des processus pathologiques, ce qu'il dénomme la dépression, c'est-à-dire la manifestation d'un épuisement des forces disponibles pour l'action. Un certain nombre de ces patients ont à supporter, en réalité, une « dépense supplémentaire à côté de leur train de vie ordinaire (...), dépense cachée trop considérable pour leurs ressources » (II, p. 303), c'est-à-dire l'existence de souvenirs traumatiques latents ou ces fixations affectives que Janet dénomme « idées fixes ». C'est alors que doivent intervenir *les méthodes de liquidation* et de *désinfection morale*. Les événements non assimilés semblent arrêter l'évolution de la vie psychologique, autant d' « accrochages » où une aide extérieure s'avère nécessaire. Pour Janet, « la mémoire, comme la croyance, comme tous les faits psychologiques est une action : elle consiste essentiellement dans l'*acte de raconter*. Une situation n'est bien liquidée, bien assimilée que lorsque nous avons réagi non seulement extérieurement par nos mouvements, mais encore intérieurement par les paroles que nous nous adressons à nous-mêmes, par l'organisation du récit de l'événement aux autres et à nous-mêmes et par la mise en place de ce récit comme un chapitre de notre propre histoire » (II, pp. 272-273). Ce stade de la liquidation est sur le plan de l'adaptation, voisin du stade du triomphe, qui se réalise au plan du sentiment. La réintégration dans la conscience peut être obtenue par la simple réminiscence en état hypnotique. Une action beaucoup plus complexe est souvent demandée au thérapeute. Janet, encore une fois grâce à l'utilisation magistrale, imaginative et adroite, de l'hypnose, a conduit dans un nombre notable de cas ce qu'il nomme « la dissociation des réminiscences ». L'observation de Justine, dans *Névroses et Idées fixes,* ouvrage paru en 1868, est démonstratrice. « Pierre par pierre », c'est-à-dire image après image et mot après mot, Janet décompose et détruit les éléments sensoriels de l' « idée fixe ». Dans la phobie du mot choléra et les éléments mnésiques qui lui sont rattachés et demeurent non liquidés : « (..) J'ai dû supprimer peu à peu le son des cloches, la vision des cadavres, leur odeur, puis le nom même de choléra qui constituaient les éléments de cette idée fixe. Parfois je me trouvais bien d'utiliser une sorte de substitution en transformant par des hallucinations provoquées les scènes que le sujet avait devant les yeux. Le travail a été long et difficile, mais je suis parvenu à faire disparaître une idée hallucinatoire qui persistait chez la malade depuis plus de vingt ans » (II, p. 287). Pénétrant ainsi, grâce à l'hypnose, dans le substrat imaginaire des cauchemars hystériques, Janet apporte la démonstration de l'efficacité du travail psychologique au niveau des images. Lors même que les états cliniques qu'il évoque sont plus rares ou se présentent d'une façon différente de ce qu'ils étaient il y a quatre-vingts ans, il s'agit des premiers pas dans une voie capitale, sinon royale, de la pratique psychothérapique. Parmi les autres moyens d' « économie psychologique », Janet décrit *les traitements par le repos et par l'isolement.* Ceci fait partie des interventions courantes. Certains sujets doivent savoir se tenir en marge des activités qui épuisent leurs forces psychologiques tandis que d'autres auront à marquer des temps d'arrêt dans leur implication affective ou sociale. Il s'agit de dépasser les automatismes anciens et d'accroître les possibilités du sujet, « de lui faire acquérir des tendances nouvelles, d'augmenter ses forces ou de lui faire récupérer celles qu'il a perdues ». Moins précis, selon Janet, et moins définis que les précédents, les procédés qui aboutissent à ces *acquisitions psychologiques* sont l'éducation, l'excitation et la direction. Les aspects pédagogiques de la psychothérapie, leurs limites autant que leurs succès possibles constituent certainement un chapitre d'importance notable au sein des médications psychologiques. Il y a là toujours possibilité d'échecs, compte tenu de la faiblesse des ressources disponibles chez nombre de névrosés pour qui tel est justement le problème. Toutefois Janet prévoyait ici un domaine à cultiver, « l'éducation n'est pas sans utilité, elle agit plus tardivement, à une période déjà avancée de la guérison. Son rôle essentiel consiste à transformer une action en une tendance automatique, à la fixer en quelque sorte » (III, p. 74). Plus originale, la notion d'excitation a en fait donné lieu à de nombreuses recettes empiriques, fondées en particulier sur la stimulation tirée de l'occupation, du travail, de la création, une activité dont le but précis en soi est finalement moins utile à la personnalité que la mise en train des structures psychologiques qu'elle réclame. Chacun dose, dans sa vie personnelle, l'emploi de telles stimulations et les malades névrosés, pessimistes le plus souvent, peuvent être incités à se soumettre à cette loi. Les actions difficiles ou risquées, les rencontres et les épreuves, les difficultés ou efforts de tous ordres augmentent finalement le niveau de tension mentale, d'autant plus que leur aboutissement est considéré par le patient comme obtenu par lui-même. La « *recherche de l'excitation* » est un phénomène basal, selon Janet, qui rattache à ce besoin nombres de conduites pathologiques ou impulsions, boulimie ou anorexie, toxicomanie, recherche de l'excitation sexuelle ou sociale. A l'inverse des « accrochages », les « actes excitants » sont des actes complets, conduits à leur conclusion, s'accompagnant du sentiment de leur réussite : « l'excitation est la conséquence des actions réussies, réussies physiquement, socialement, psychologiquement, qui ont pu être poussées jusqu'à leur dernier terme avant que l'épuisement ne les arrête. Le succès engendre le succès » (III, p. 213). La tension et le bénéfice énergétique ainsi acquis vont gagner l'ensemble des conduites, dit Janet, selon les lois de la mobilisation et de l'irradiation psychologique. — Face au facteur global de la dépression — baisse de la tension et de la force psychologiques — le thérapeute doit travailler à créer des impulsions chez son patient, l'aider à prévoir des actions qu'il soit capable d'accomplir et sans intervention excessive faciliter leur accomplissement correct et complet d'une façon qui les rende plus excitantes. Les sentiments d'unité de la personnalité, de plaisir de l'action, de spontanéité et de liberté jouent un rôle aussi grand que la perfection de l'acte et « c'est avant tout cette perfection des sentiments intérieurs qu'il faut chercher à obtenir » (III, p. 160). Du chapitre consacré par Janet aux *médications psychophysiologiques,* il suffit de dire qu'il est de son temps et qu'il est à sa place. N'est-il pas nécessaire d'ajouter au passage que des progrès des plus considérables ont été obtenus dans le traitement des névroses depuis la découverte et l'emploi des médicaments psychotropes modernes. La présence des tranquillisants, des hypnotiques, des antidepresseurs est essentielle au point qu'elle passe inaperçue, comme si très souvent il allait de soi que le tranquillisant fasse partie du traitement. Janet, comme Freud, a appelé de ses vœux ces progrès, trop plongé dans la misère morale de ses patients pour ne pas identifier toute voie possible. Janet s'exprimait ainsi en une phrase de conclusion : « Quand les études des médications psychophysiologiques auront fait des progrès, la psychothérapie en tirera de précieux avantages » (III, p. 874). Méthode de la psychothérapie, la « *direction morale* » est décrite au terme de l'ouvrage, sans doute manifestant la conscience chez Janet de la complexité des tâches propres au thérapeute. Elle est à considérer comme une science, mais « cette science n'est qu'en formation » (III, p. 379). Nombreux sont les patients qui insistent auprès du thérapeute pour obtenir ce soutien et cette aide permanente, certains se sentent accompagnés ou surveillés par leur « directeur », auprès de qui ils ont acquis l'habitude du « être compris ». Le stade initial de la direction, sa mise en route et les résistances qui lui sont opposées, la défense nécessaire du thérapeute face au névropathe, les difficultés réelles ou non de la direction, le jeu du thérapeute, le passage de la direction au soutien (ou à la « garde médicale »), l'intervalle entre les séances, la direction continue ou discontinue sont évoquées au fil des pages, fragments et illustrations cliniques à l'appui. Et pour conclure : « il est bien probable qu'une analyse psychologique plus précise des relations sociales et des diverses influences que les hommes exercent inévitablement les uns sur les autres, donnera plus tard à ce traitement une importance plus grande ». Un souci constant de précision et d'objectivité a donc maintenu Janet dans une réserve prudente vis-à-vis de synthèses prématurées. Il est significatif qu'à propos de ce qu'il appelait la « direction morale » puisse venir à l'esprit les thèses de la non-directivité et surtout l'objectivation des traits de la relation interpersonnelle dues à Rogers. L'accent médical de l'œuvre de Janet rappelle que la psychiatrie et les éléments somatiques — ou psychophysiologiques — des soins demeurent des données d'un fond sur lequel la psychothérapie se détache plutôt que d'un ensemble dont elle aurait à se détacher. Pour Janet, *la psychothérapie est « une application de la science psychologique au traitement des maladies »* (*cf.* 109-110-111).

B. J.-C.

MÉDITATIVES (techniques et méthodes). Nom générique donné à des psychothérapies d'auteurs allemands utilisant l'imagerie mentale : Frederking, Happich, Kluge et Thren, E. Kretschmer, W. Kretschmer, Leuner, Mauz, Schultz, entre autres (*cf.* 200).

F. R.

MÉLANCOLIE. Psychose dépressive caractérisée par un état douloureux, des idées obsessionnelles d'indignité et de suicide, avec ralentissement de toutes les fonctions vitales. (Voir : *Syntonie*.)

F. R.

MÉMOIRE. Faculté de fixer des événements et de les évoquer par le souvenir.

La psychologie classique décrit différents degrés de cette faculté. La répétition mécanique se retrouve chez les êtres inférieurs. L'habitude reste encore passive et automatique. Dans la mémoire associative, on constate une participation de la personnalité avec choix parmi différentes associations possibles. La mémoire évocative utilise un processus de sélection volontaire dicté par la situation présente. La mémoire réfléchie ou réflexive, modalité la plus élevée de la fonction mnésique, utilise les variétés que nous venons de citer, dans un but créateur.

Avec le professeur J. Delay, on peut distinguer trois niveaux de la fonction mnésique : la mémoire sensorimotrice, commune aux animaux et à l'homme, la mémoire autistique qui résulte des données de l'inconscient et la mémoire sociale qui implique des données sociales du temps.

Avec la notion d'une mémoire affective, nous nous rapprochons des conceptions de la psychologie des profondeurs. Adler considère les souvenirs les plus anciens que nous racontent les sujets comme étant de grande valeur pour la compréhension de leur style de vie. Grâce à la force créatrice de l'être, ces événements interviennent de façon active dans la formation de la personnalité, dans l'élaboration du style de vie. D'autre part, c'est la ligne directrice, la finalité qui impose ses exigences à la fonction de la mémoire qui s'incline (Nietzsche) devant l'orgueil, devant les besoins de la valorisation personnelle. L'évocation consciente dans la vie éveillée, comme l'apparition du souvenir pendant la vie du sommeil, obéissent aux exigences de la finalité personnelle. Si certains troubles de la mémoire sont dus à des atteintes organiques du cerveau (par vieillissement, par déficiences de la circulation cérébrale), d'autres sont en rapport avec la personnalité et ses structures inconscientes. Le travail de la fonction mnésique consiste à intégrer des impressions. Mais suivant le cas envisagé la mémoire peut intégrer une impression dans sa totalité ou partiellement. L'amnésie hystérique est un exemple d'un trouble psychogène de la mémoire.

S. H.

MÈRE. L'être humain naît avec des potentialités qu'il doit développer dès le commencement de sa vie extra-utérine. Parmi ces potentialités, Adler compte le sentiment social. Il y voit un état affectif dont dépend tout le développement ultérieur de la personnalité. La première personne que rencontre le nouveau-né sur le chemin de son existence est la mère. Dans la mesure où elle sait jouer son rôle de mère, l'épanouissement affectif satisfaisant de l'enfant sera assuré. Le regard, le sourire, le contact physique, le ton bienveillant de sa voix sauront éveiller la potentialité sociale de l'enfant et créer un lien, une interrelation qui marque toute son attitude ultérieure. R. Spitz a repris l'étude de cette relation qu'il dénomme par un terme emprunté à Simel : une dyade. Adler distingue deux fonctions maternelles. La première consiste à éveiller le sentiment social chez le nouveau-né en créant une bonne relation entre lui et sa propre personne. Une fois ce sentiment éveillé et consolidé il s'agit de l'élargir et de le diriger vers les autres membres de la famille : le père, les éléments de la fratrie. Ainsi s'agrandit l'espace vital affectif de l'enfant englobant progressivement les voisins, les amis et d'autres personnes étrangères à la famille.

Si la mère ne sait pas assumer sa première fonction, l'enfant risque l'absence ou un insuffisant développement de son sens social. Dans certaines circonstances cette situation prépare le terrain psychique des prépsychotiques ou de certaines psychoses.

Si excessivement possessive, la mère fixe l'enfant à sa propre personne omettant de diriger son intérêt affectif vers d'autres, il reste exclusivement lié à elle, incapable de dépasser le stade de la relation duelle. Plus tard, ce sont des sujets comptant un seul ami, incapables de s'intégrer au groupe.

S. H.

MERE PHALLIQUE. Conception infantile selon laquelle la femme serait dotée d'un pénis. On a soutenu que cette notion n'était pas le vestige d'une période où le garçon se représentait tous les êtres humains pourvus comme lui d'un pénis, mais une formation secondaire défensive, visant à nier la découverte traumatisante de la différence des sexes.

J. R.

MÉTAPHORE. C'est une figure de rhétorique par laquelle on transporte la signification propre d'un mot à un autre grâce à une comparaison sous-entendue. Exemple : L'esprit rayonne et on parle de la lumière de l'esprit.

Le langage se sert d'expressions métaphoriques pour rendre l'effet plus profond.

L'inconscient se sert de la métaphore pour exprimer l'attitude du sujet vis-à-vis d'un problème donné. Ce langage métaphorique du rêve place le sujet dans un état d'âme qui guidera son comportement dans la vie éveillée. Voici pourquoi dans la grande majorité des cas, le rêve reste incompréhensible pour le rêveur. Il l'oublie. Mais la production onirique, le langage métaphorique laissent persister après le réveil des sentiments, des émotions dont découle l'attitude et la façon d'agir du sujet. Si on admet avec Adler que le rêve vise l'avenir et qu'il prépare le rêveur à résoudre un problème en fonction de son style de vie et bien souvent à l'encontre du sens commun, on comprend que la métaphore agit comme une comparaison, une analogie. La métaphore sert l'inconscient comme elle sert le poète désirant éveiller des sentiments et des émotions. Les comparaisons sont plus aptes à éveiller des sentiments qu'une explication objective. « Dans l'art poétique, dans le langage raffiné l'emploi de métaphores remporte de véritables triomphes. » (Adler : *Sens de la vie*.) Mais elles servent à illusionner le rêveur, à le duper (*cf.* 3).

S. H.

METAPSYCHIATRIE. Nom donné par le docteur P. Marchais à une approche de la psychiatrie enrichie des liens qui l'ont récemment unie aux autres sciences (doctrines psychanalytiques, théories de la communication, cybernétique etc.).

F. R.

METAPSYCHOLOGIE. Terme utilisé par Freud pour désigner la superstructure spéculative de la psychanalyse. Les processus psychiques y sont envisagés selon un triple point de vue :

dynamique (quel est le conflit ?) ;
économique (quelles sont les forces en présence ?) ;
et topique (où cela se passe-t-il ?).

A ces trois points de vue certains auteurs ont proposé d'ajouter le point de vue *génétique*. (Voir : *Symbologie génétique*.)

J. R.

MÉTHODE (la). Le docteur J.M. Guillerey, neuropsychiatre suisse, a mis au point une technique d'imagerie mentale dont il fit les premières expérimentations dès 1925 à l'hôpital psychiatrique de Cery (près de Lausanne). Il préférait n'en parler que sous le terme de « La méthode », et celle-ci se présente comme un yoga d'exercices mentaux permettant la mise en jeu de l'énergie créatrice de l'homme (*cf.* théories de Bergson) par la libération des représentation kinesthésiques et la mobilisation des images mentales (visuelles, olfactives, auditives) du sujet sous le contrôle d'une symbolique de l'espace imaginaire, fondée avant tout sur des axes directionnels.

Les travaux de Janet semblent avoir été à l'origine de ses premières recherches que les théories de Vittoz, de Jung, de Desoille et de Baudouin lui permirent de mieux élaborer en précisant mieux et sa technique et sa pensée dans ce qu'elles ont de commun ou d'original par rapport aux principales méthodes dites psychanalytiques et aux travaux plus anciens des Yogas orientaux, ou des *exercices spirituels* d'Ignace de Loyola (voir cet article).

Des associations libres ou des interprétations théoriques analytiques peuvent ou non être associées, mais dans « La méthode » l'analyse reste toujours *secondaire* par rapport à l'approche directe de l'inconscient que permet l'image au travers d'une expression qui s'accepte symbolique.

Le développement de la cure se fera en laissant entièrement libre le déroulement des séances et l'exploration de l'imaginaire. Le contrôle fondamental par le praticien consiste à amener le sujet à sentir son Moi corporel illusionnel dans l'image et à progresser dans l'espace imaginaire par référence à une direction : le déplacement dans le plan et en avant d'où le terme de *rêverie dirigée,* sous lequel Guillerey désignera sa méthode vers les années 40, exprimant ainsi ce déplacement du Moi corporel illusionnel en fonction d'un axe *directionnel* fondamental et non sous une quelconque intervention du praticien « dirigeant » la séance comme dans telle autre technique qui, pour cette raison, se définira ultérieurement par le même terme « dirigé » (pris dans un sens différent et opposé).

L'effet thérapeutique obtenu dans cette exploration libre de l'imaginaire semble directement en relation avec l'effort personnel demandé au sujet et favorisant une synthèse de son Moi au-delà des conflits inconscients successivement exprimés et modifiés par cette démarche même.

L'effort créateur de l'imagination unifiant dans un mouvement dynamique, libre et personnel, les différentes instances conscientes et inconscientes de l'être humain, et permettant au-delà d'une mise en question de soi-même, d'atteindre une unité intérieure, est l'aspect fondamental de « La méthode » de Guillerey. (Voir : *Imagerie mentale* et *Onirothérapies* et biblio. 93.)

C. P. Ph.

MIMOTHERAPIE. Technique utilisant le mime pour permettre au patient d'extérioriser et de mettre en scène ses problèmes.

B. J.

MIROIR (effet de). Dans le psychodrame, les ego-auxiliaires représentent le protagoniste et lui font ainsi l'effet d'un miroir. Le protagoniste peut ainsi prendre conscience de certains de ses comportements.

B. J.

MOI. Instance que Freud dans sa seconde théorie de l'appareil psychique distingue du Ça et du Surmoi. Freud la définit comme une partie du Ça ayant subi des modifications sous l'influence directe du monde extérieur, et par l'intermédiaire de la conscience-perception. Il n'existe pas, précise-t-il, entre le Moi et le Ça de séparation tranchée, surtout dans la partie inférieure de celui-là, où ils tendent à se confondre. En revanche, ce que nous observons, c'est la difficulté que rencontrent les éléments refoulés à parvenir jusqu'à la surface consciente du Moi en raison de résistances qui s'y opposent.

Dans *Le Moi et le Ça*, Freud écrit : « L'importance fonctionnelle du Moi consiste en ce que, d'une façon normale, c'est lui qui contrôle les avenues de la motilité. Dans ses rapports avec le Ça on peut le comparer au cavalier chargé de maîtriser la force supérieure du cheval (...). De même qu'au cavalier, s'il ne veut pas se séparer du cheval, il ne reste souvent qu'à le conduire là où il veut aller, de même le Moi traduit généralement en action la volonté du Ça comme si elle était sa propre volonté. »

Si le Moi n'est pas en opposition avec le Ça, il doit néanmoins tenir compte des exigences de la réalité et veiller à ce que les désirs du Ça n'entraînent pas pour la personne des conséquences pénibles ou dommageables. Il doit également prendre garde de ne pas s'attirer le mécontentement du Surmoi ; il doit agir de façon à rester avec lui en bons termes, à ne pas perdre son amour (c'est-à-dire l'amour des parents intériorisés), et à ne pas être puni (en particulier par le moyen de la castration).

Pris entre les exigences de la réalité, du Surmoi et du Ça, le Moi est au centre du conflit ; il représente les exigences de la personne totale.

J. R.

Adler considère sa psychologie comme une étude des aspects conscients et inconscients de la personnalité placée dans son milieu social et appelée à s'expliquer avec les problèmes existentiels qu'il lui impose. Il se différencie de cet fait d'autres écoles de la psychologie des profondeurs qui envisagent la personnalité comme structurée en fonction de deux instances antagonistes : le conscient et l'inconscient. C'es deux instances se trouveraient dans un perpétuel combat. Les penchants, les instincts, les tendances archaïques et inavouables de l'inconscient s'efforceraient de pénétrer dans la conscience. De ce fait et sur le plan technique, le thérapeute devait s'intéresser exclusivement aux aspects inconscients de la personnalité. « Quiconque reportait son intérêt des couches psychiques profondes aux superficielles, quiconque passait de l'étude du Ça à celle du Moi courait le risque de se voir accusé d'apostasie envers la psychanalyse » (Anna Freud, *Le Moi et les mécanismes de défense*, P.U.F., 1952, chap. i).

Dès le début de son activité, Adler conçoit la personnalité comme une unité indivisible (*individuum*) dirigée vers un but. Le Moi présente bien des aspects conscients et des aspects inconscients, mais leur structure est identique. Le conflit ne réside pas à l'intérieur de la personnalité, il n'est pas intrapersonnel, mais il se trouve au niveau du Moi face à son environnement social, il est interpersonnel, interrelationnel, interactionnel.

Il résulte de cette conception une attitude pragmatique précise. Le thérapeute adlérien analyse autant les manifestations de l'inconscient (rêves, souvenirs, productions imaginaires diurnes) que les manifestations conscientes (événements de la vie journalière affectivement chargés, difficultés dans la relation avec autrui). Ces difficultés se rencontrent dans la vie professionnelle, affective, sociale.

S. H.

Le Moi est le centre du champ de conscience. Rien n'est conscient que par relation au Moi. En soi-même, le Moi est un complexe (1907). Il se constitue en fonction de l'unité et de la permanence du corps. Il est « de composition très variable, donc instable » (*cf.* 123, p. 75). Comme tout complexe il est partiellement inconscient donc projeté. Il est alors identifié à la *Persona*. Il est ramené à lui-même par l'évolution sexuelle, dans la mesure où celle-ci conduit à la différenciation des composantes de l'autre sexe que le sujet porte en soi (*Anima, Animus*).

L'analyse du Moi s'est précisée au fur et à mesure des œuvres de Jung :

a) le Moi se développe en se dégageant des affects d'une part et des représentations collectives d'autre part, c'est-à-dire en ne subissant plus les valeurs et les significations mais en prenant la double responsabilité éthique et intellectuelle ;

b) ce faisant, le Moi impose au conscient une orientation unilatérale qui accumule autour d'elle de plus en plus d'ombre. En tenir compte conduit au conflit et au morcellement ;

c) le Moi apprend alors à s'articuler sur les dynamismes inconscients et, en particulier, sur le Soi qui devient le guide. « Sans l'objectivation du Soi, le Moi demeurerait dans une subjectivité sans espoir et ne pourrait que tourner autour de lui-même. » (*Cf.* 131, p. 307) ;

d) le Soi lui-même ne se dégage et n'oriente le psychisme que dans la mesure où le Moi retrouve sa cohésion et demeure le centre de décision. Il y a entre l'un et l'autre un rapport de compensation. (Voir aussi : *Totalité, Soi, Compensation, Sentiment.*)

H. E.

C'est le Moi qui « veut » ; mais la volonté n'existe, en dernière analyse, qu'après intégration du Surmoi (*cf.* 24, p. 97). Il importe de ne pas définir le Moi par le laissé pour compte des autres instances, ou même par une liste de fonctions dont le choix risquerait d'être arbitraire, mais bien d'insister sur son rôle *d'intermédiaire*, sur la fonction de *synthèse* qui le caractérise éminemment. On doit y ajouter la fonction du réel (*cf.* 22, p. 215).

A. A.

MOI CORPOREL IMAGINAIRE. Notion dégagée par A. Virel qui le distingue du Moi corporel. Ce dernier est lié à la perception du corps propre alors que le premier suppose la disparition de la perception du corps propre. Il est l'incarnation imaginaire du « je » sur le plan onirique. C'est par lui que passent obligatoirement les solutions symboliques apportées par l'imagerie mentale dans le monde imaginaire (*cf.* 200). (Voir : *Imagerie mentale.*)

F. R.

MORCELLEMENT. Motif onirique ou fantasmatique mis en corrélation par Jung avec les motifs de démembrement et de dépècement du corps des traditions grecque (Dionysos), égyptienne (Osiris) et chrétienne où ils sont « en opposition à l'assemblage de l'enfant dans le ventre de la mère » (*cf.* 124, p. 395). Ils appartiennent tous « à la percée et la manifestation de l'homme intérieur » (*cf.* 131, p. 173) ; « au symbolisme de la nouvelle naissance » (*cf.* 131,

p. 242). Processus psychologique de transformation de l'individu dont « la forme doit être dissociée et réduite en morceaux » (*cf.* 131, p. 297) et qui doit être compris « comme une discrimination et une connaissance de soi » (*cf.* 131, p. 297). S'accompagne en général de manifestations psychosomatiques. (Voir aussi : *Conflit, Décentration, Dissociation, Dissolution, Ombre.*)

L. D.

MOTIF. La psychologie classique distingue le motif, cause intellectuelle de nos actes, des mobiles qui en sont les raisons affectives. Dans la psychologie adlérienne on a tendance à distinguer le motif d'une conduite de la motivation. Le motif serait l'explication valable d'une façon d'agir, la motivation, l'excuse qu'invoque le sujet. Prenons un exemple : un sujet refuse de se rendre en société prétextant devoir finir un travail urgent. Le motif de ce refus est l'angoisse qui l'envahit toutes les fois où il rejoint un groupe, manifestation d'un insuffisant dévelopement de son sentiment social. La motivation est le prétexte qu'invoque ce sujet, le travail qu'il doit terminer.

S. H.

MOTION PULSIONNELLE. Comme l'observent Laplanche et Pontalis dans leur *Vocabulaire de Psychanalyse,* il existe très peu de différence entre une pulsion et une motion pulsionnelle. La motion pulsionnelle est la pulsion en acte, considérée au moment où une modification organique la déclenche.

J. R.

MOTIVATION. Pour les neurophysiologistes et les éthologistes (Lorenz, Tinbergen) la motivation est l'ensemble des facteurs qui déterminent une conduite. Ces facteurs sont de nature interne (neurologiques, endocriniens, humoraux) ou de nature externe (stimulus provenant du milieu).

Dans la psychologie adlérienne, comme d'ailleurs dans d'autres écoles, le motif est à distinguer de la motivation. Le motif est la véritable raison d'une conduite, la motivation en est l'explication invoquée par le sujet. On peut expliquer son comportement par des prétextes alors que la véritable raison se trouve ailleurs et qu'elle se situe à un niveau inconscient et incompris par le sujet.

Les études de marchés, les campagnes publicitaires s'efforcent après sondages de l'opinion publique de découvrir les attirances conscientes et inconscientes du consommateur pour un produit donné.

S. H.

MUSICOTHÉRAPIE. D'emploi ancien mais peu systématisées jusque-là, les méthodes diverses de musicothérapie visent à utiliser la musique à des fins psychologiques. Si on laisse de côté les activités plus sociothérapiques, tel le chant choral, ou associées, telle la danse ou l'expression corporelle sur des rythmes, il existe spécifiquement plusieurs modes de musicothérapie : l'écoute, l'exécution, l'interprétation. La musicothérapie d'écoute, ou réceptive, développée en particulier par J. Jost, fait participer le malade à la composition d'un programme sonore dont les effets seront l'objet du dialogue avec le thérapeute. Cela vaut aussi pour le groupe. Il est possible de trouver dans ces séances l'induction d'échanges dans des cas difficiles d'inhibitions verbales, d'autisme, dans les névroses dépressives chroniques, ou d'autres états cliniques où l'éprouvé émotionnel et sa verbalisation sont difficiles à obtenir. La musicothérapie selon la méthode Orff se fonde, pour sa part, sur l'exécution musicale par percussion. Une dynamique de groupe intéressante est ainsi créée. D'autres fois, l'interprétation ou l'improvisation est facilitée chez des patients ayant déjà la pratique d'un instrument.

B. J.-C.

N

NAISSANCE (Deuxième). Définit l'étape ultime de la confrontation dialectique du Moi avec la personnalité Mana porteuse des imagos parentales : le Père-sorcier pour l'homme, la grande Mère pour la femme (*cf.* 122, p. 288). (Voir aussi : *Personnalité Mana* et *Initiation.*)

L. D.

NAISSANCE (Trauma de la). Proposé par Otto Rank, ce concept désigne les bouleversements économiques produits par le processus de la naissance, bouleversements qui seraient à l'origine de la réaction d'angoisse.

J. R.

NARCISSISME. Il faut distinguer le narcissisme primaire du narcissisme secondaire. Par narcissisme primaire, les psychanalystes entendent un état précoce où le nourrisson investit toute sa libido sur lui-même. Le narcissisme primaire implique l'absence de relations objectales, l'indifférenciation du Moi et du Ça ; il trouverait son prototype dans la vie intra-utérine dont le sommeil représenterait une reproduction plus ou moins parfaite. Cet état anobjectal à l'aube de la vie, bien des auteurs — et parmi eux Mélanie Klein — le contestent. Pour Mélanie Klein, il ne faut pas parler de stade narcissique ni de narcissisme primaire, mais seulement d'« états narcissiques » définis par un retour de la libido sur les objets intériorisés. Ce retour de la libido sur le Moi caractérise le narcissisme secondaire.

Dans le langage courant, le sujet dit narcissique est avant tout un individu malheureux, pauvre en provisions narcissiques ; il ne peut s'offrir le luxe de faire passer les rapports objectaux avant le souci, vain d'ailleurs, d'assurer sa propre estime de soi toujours défaillante ; il est en quête constamment d'aliments narcissiques (affection, flatterie, louanges...) qui lui permettraient de remédier à sa défaillance narcissique.

Ce narcissisme pathologique est à distinguer du narcissisme « normal » qui nous fait tirer une satisfaction de notre propre Moi. La nécessité de ce plaisir à vivre pour bien vivre est évidente et, avec Freud, nous pouvons définir le narcissisme normal comme le complément libidinal indispensable de l'instinct de conservation.

Par *choix objectal narcissique* les psychanalystes entendent un choix fondé sur l'analogie de l'objet avec le sujet ; par *blessure narcissique* un coup porté à l'estime de soi et par *névrose narcissique* une névrose dans laquelle le patient est incapable d'établir un transfert.

J. R.

NARCISSISME PRIMAIRE. Forme que revêt l'affectivité de l'enfant, au cours des deux ou trois premières années, dans sa période autistique pure, de satisfaction hallucinatoire, avant que ne jouent vraiment pour lui les phénomènes d'identification, d'introjection et de projection (*cf.* 22, pp. 97-99).

A. A.

NARCO-ANALYSE. Pendant la Seconde Guerre mondiale, l'utilisation en chirurgie de substances narcotiques euphorisantes (pentothal, amital) a permis au médecin de constater un curieux phénomène. Le sujet soumis à ce genre d'anesthésie après obnubilation partielle de la conscience, pouvait communiquer avec un interlocuteur. Il pouvait évoquer son passé, extérioriser ses conflits et ses tendances (Sutter). Du fait de l'abolition de son contrôle le sujet se libérait des éléments restés jusqu'alors inconscients ou incompris. On obtenait ainsi des guérisons notables, spécialement dans la névrose traumatique. Mais, le sujet étant à moitié endormi au moment où il avance ce matériel enfoui, il ne peut pas suivre le processus évolutif d'une prise de conscience qui est à la base de toute psychothérapie s'inspirant de la psychologie des profondeurs. Le procédé est donc peu utilisé chez les psychothérapeutes. Il est également rejeté en médecine légale, considéré comme effraction psychologique. De toute façon, il ne saurait être employé qu'avec l'accord du sujet. (*Cf.* 201.)

S. H.

NEGATIVISME. Refus automatique (et non délibéré) de toute sollicitation extérieure.

NEUTRALITE. Attitude du psychanalyste durant la cure type. Techniquement, cette « neutralité » est fondamentale ; elle permet une « écoute » qui ne soit ni « directive » ni infiltrée par les présupposés idéologiques de l'analyste.

J. R.

NEVROSE. Terme générique désignant diverses affections psychogènes (névrose hystérique, obsessionnelle, phobique...) résultant d'un conflit défensif inconscient entre les désirs du sujet et les interdits qui s'opposent à leur réalisation. Les symptômes sont l'expression symbolique du conflit psychique.

Les névroses sont proches de l'état dit normal et il n'est par ailleurs guère d'état dit normal où l'on ne puisse déceler quelque trace de trait névrotique.

Dans les cas de névrose, note Freud, l'expérience psychanalytique montre qu'on se trouve toujours en face d'une exigence instinctuelle non surmontée ou mal surmontée et aussi qu'une certaine époque de la vie, l'enfance, est exclusivement ou principalement propice à leur éclosion.

Freud, tout au long de son œuvre, met également l'accent sur l'influence de la civilisation comme cause déterminante des névroses. Dans *L'abrégé de psychanalyse* (1939), il écrit : « Le barbare, il faut bien l'avouer, n'a pas de peine à se bien porter, tandis que pour les civilisés, c'est là une lourde tâche. Le désir de posséder un Moi fort, non inhibé, semble naturel, mais, ainsi que nous l'enseigne l'époque où nous vivons, cette aspiration est essentiellement contraire à la civilisation ; or, les exigences de celle-ci se traduisent par l'éducation familiale. »

Dans la perspective freudienne, névrose et civilisation ont parties liées. Toutes deux reposent sur le refoulement de nos instincts sexuels et agressifs.

J. R.

La névrose est un état psychopathologique caractérisé par :

a) l'absence dans son étiologie de lésions organiques ou de troubles physiologiques (la médecine psychosomatique a apporté un changement à cette définition) ;

b) la conscience de l'état morbide chez le sujet (ce qui la distingue de la psychose) ;

c) la possibilité dans les formes moyennes de vaquer à ses occupations ;

d) l'étiologie ayant ses racines dans l'inconscient du malade ;

e) les effets heureux de la psychothérapie.

On trouve chez tous les névrosés une certaine angoisse, de l'agressivité vis-à-vis de ses semblables (ironie, sarcasme) ou vis-à-vis

de lui-même, des troubles du sommeil et de la sexualité, de la fatiga-
bilité.

Au début du siècle on considérait deux catégories de névrose :
la psychonévrose accessible à une psychothérapie et la névrose
actuelle considérée comme résultat d'une auto-intoxication par les
produits de la rétention sexuelle. Dans la première catégorie se
situaient :

1) l'obsession ou apparition d'idées insolites s'imposant de façon
incoercible à l'esprit ;

2) la phobie ou peur vis-à-vis d'une situation ou d'un objet
(claustrophobie, agoraphobie, zoophobie, etc.) ;

3) l'hystérie de conversion (paralysies, paresthésies, cécité, sur-
dité, amnésie).

Dans la deuxième catégorie on classait :

1) la phobie d'angoisse (apparition de crises d'angoisse de grande
intensité dramatique avec sensation de mort imminente) ;

2) la névrose hypocondriaque avec les perpétuelles préoccupations
de santé du sujet ;

3) la neurasthénie avec sa fatigue physique, sa douleur rachi-
dienne, des céphalées, ses troubles digestifs, ses problèmes de la vie
sexuelle.

Ultérieurement, la deuxième catégorie a été également inscrite sur
le registre des névroses accessibles à la psychothérapie. A ces six
névroses il faut en joindre une septième, la névrose narcissique,
équivalent de l'attitude autistique du schizophrène. Il faut noter
que toutes ces névroses se définissent par des symptômes bien caractérisés .Par la suite sont venues s'ajouter à ces manifestations psychopathologiques d'autres qui ne présentent pas de symptômes bien
précis, mais une attitude particulière : névrose d'échec (Laforgue),
névrose de conflit (Adler), névrose caractérielle, névrose d'abandon
(Odier), névrose de destinée, névrose dépressive, névrose d'organe
(Alexander). La névrose traumatique, ou de guerre, occupe une place
à part dans cette énumération.

Adler considère le complexe d'infériorité comme le noyau central de toute névrose. Le choix du symptôme se fait en fonction
de certaines particularités organiques (état d'infériorité des organes)
de certaines attitudes du milieu familial (l'obsession est la contre-
contrainte vis-à-vis d'une sévérité excessive des éléments du couple
parental).

L'insuffisante préparation du sujet en ce qui concerne son sens
social détermine son comportement immature et névrotique face
aux problèmes de la vie, problèmes professionnels, affectifs (sexuels)
et d'interrelation avec autrui (camaraderie, amitié). Ce thème a été

repris par les analystes culturalistes (Karen Horney, Sullivan) qui font jouer dans l'étiologie de la névrose les pressions sociales (*cf.* 8).

S. H.

« Etat de désunion avec soi-même, causé par l'opposition des besoins instinctifs et des impératifs de la civilisation, des caprices infantiles et de la volonté d'adaptation, des devoirs individuels et des devoirs collectifs. La névrose est un signal d'arrêt pour l'individu qui est dans une mauvaise voie et un signal d'alarme qui doit inciter à rechercher le processus de guérison » (*cf.* 127, p. 459).

Pour Jung, les théories des névroses de Freud et de Adler ne sont qu'un point de vue, juste mais partiel, des origines de celles-ci. A la théorie de la fixation de Freud, il substitue, dès 1913, une théorie énergétique de régression de la libido, vers des modes d'adaptation plus anciens et vers les images primordiales (*cf.* 114, IV, pp. 247 sq.). Ainsi, Jung formule « le trouble psychologique névrotique comme un acte d'adaptation manqué » (*cf.* 114, IV, p. 250). Ultérieurement, il s'est refusé à situer les névroses dans un cadre étiologique ou nosographique étroit ; les conflits qu'elles expriment intéressent en effet l'individu dans sa totalité somato-psychique, consciente et inconsciente. Il s'est alors appuyé « sur les principes des antinomies » (*cf.* 134, p. 116), dont la dialectique permet de restituer à la psyché névrotique ses balanciers et son pouvoir autorégulateur. Enfin, pour Jung, la névrose a un sens, c'est une crise du sens (*cf.* 131, p. 454).

La névrose éclate lorsqu'un effort supplémentaire d'adaptation est demandé à l'individu. Le motif est donc toujours actuel bien que le trouble d'adaptation latent puisse être très ancien (*cf.* 130, p. 291).

Le refoulement opère la scission névrosante lorsque le conscient ne veut ou ne peut accueillir les contenus fortement chargés d'affects qui cherchent à émerger, soit qu'il les considère comme incompatibles, soit qu'il ne dispose pas de concepts aperceptifs adéquats. Le secret peut jouer le même rôle. Une ombre considérablement intensifiée est alors sous-jacente, à qui il va falloir donner la parole.

A travers sa névrose, l'individu dit son conflit, mais aussi, à travers celui-ci, les courants dominants contemporains (*cf.* 134, p. 48). La recherche du sens s'orientera de façon différente chez l'être jeune chez qui il convient de restaurer la dynamique des forces instinctives, et chez celui qui atteint la deuxième partie de la vie. A lui, c'est le développement de la fonction des contraires qui apporte « le germe novateur » (*cf.* 134, pp. 115 sq.). Si l'individualiste névrosé doit reconnaître en lui l'homme collectif, l'être trop bien adapté au collectif ne doit pas être « normalisé ». Ce serait détruire ce qui est germe de développement individuel (*cf.* 130, p. 87 sq).

« Dans la névrose réside notre ennemi le plus acharné et notre meilleur ami » (*cf.* 130, pp. 205 sq.). En l'assumant, le sujet parvient à la réduire en « liquidant la fausse attitude du Moi » (*cf.* 130, p. 207). Cette évolution thérapeutique repose sur le rétablissement d'une harmonie entre conscient et inconscient ; c'est à proprement parler un problème religieux. (Voir aussi : *Affect, Aperception, Autorégulation, Conflit, Ombre, Opposés, Régression.*)

L. D.

NEVROSE ACTUELLE. Type de névrose, dont l'étiologie n'est pas à chercher dans l'histoire du sujet, mais dans sa vie sexuelle présente. Dans la névrose actuelle, l'angoisse est en quelque sorte la conséquence directe d'une tension (agressive ou sexuelle) non déchargée ; elle exprime les conditions et le mode de vie du sujet.

Le concept même de névrose actuelle qui apparaît chez Freud en 1898 et qui recouvre la névrose d'angoisse et la neurasthénie, est aujourd'hui pratiquement délaissé par les psychanalystes, bien qu'il recouvre une réalité clinique indiscutable.

J. R.

Dès le début du XXᵉ siècle, Freud a classé les névroses en deux catégories. Dans la première catégorie, il place les psychonévroses où il cite l'hystérie avec ses manifestations de conversion, de paralysie, d'anesthésie, l'obsession avec ses idées insolites s'imposant de façon incoercible à la pensée et la phobie définie par une angoisse vis-à-vis d'un objet bien défini. Elles seraient accessibles à la psychanalyse. Dans la deuxième catégorie qu'il appelle névroses actuelles, il faut citer la névrose d'angoisse caractérisée par des accès d'angoisse évoluant sur un terrain d'inquiétude, la névrose hypocondriaque avec ses éternelles préoccupations de santé et la neurasthénie. Elles ne seraient pas accessibles à un traitement psychique. Cette classification avec les indications thérapeutiques respectives est actuellement abandonnée.

S. H.

NEXUS SOCIAL. Terme dû à Laing, psychothérapeute anglais, et promoteur avec Cooper de l'antipsychiatrie.

Il désigne l'être humain dans ses connexions avec le réseau fantasmatique dans lequel il est pris.

S. H.

NU. Voir *Groupe de nu.*

NUMINEUX. Du latin *numen* (puissance agissante de la divinité). Caractérise l'effet exercé sur le conscient par les composantes inconscientes, archétypes et complexes. « L'archétype possède, en marge de son expression formelle, une expressivité numineuse, c'est-à-dire une efficacité pratique sur le plan des valeurs et du sentiment » (*cf.* 118, p. 86), qui traduit par un affect l'énergie spécifique qui lui est propre (*cf.* 114, VIII, p. 436). Le numineux est en relation avec l'autonomie et la fascination de l'inconscient qu'il apparente ainsi au sacré. L'efficacité du symbole tient à sa numinosité. Si celle-ci « est exprimée ou systématiquement ignorée, elle réapparaît ailleurs dotée du signe négatif » (*cf.* 131, p. 433), dans l'inflation ou l'emprise du merveilleux. Enfin, le numineux peut s'accompagner de phénomènes de synchronicité (cf. 114, IX, 2, p. 184). (Voir aussi : *Archétype, Inflation, Mana.*)

D. L.

NYMPHOMANIE. Exagération morbide de l'avidité sexuelle chez la femme.

O

OBJECTAL. Caractérise la relation qui s'établit entre le Moi et un objet extérieur.

OBJET. L'objet, au sens psychanalytique, n'est pas une « chose » ; ce peut être une personne ou une partie d'une personne ou encore un idéal. Définissons avec Rycroft comme « objet » tout ce avec quoi « un sujet établit une relation ».

L'objet, enfin, dans la théorie freudienne est nécessaire au sujet pour parvenir à une satisfaction pulsionnelle.

J. R.

OBLATIVITE. Attitude d'un sujet capable de faire offrande de sa personne sans attendre de retour de la part de ceux qui en bénéficient. Si l'attitude de l'enfant est d'abord narcissique, égocentrique, elle peut devenir sous l'effet de l'éducation oblative, désintéressée.

Nous retrouvons la notion d'oblativité dans la caractérologie de Le Senne. Elle rappelle celle d'Adler concernant le sentiment social.

S. H.

OBSESSION. Idée ou image envahissant tout le champ de conssience malgré les efforts du malade et d'autant plus que ses efforts renforcent le processus obsessionnel. S'accompagne d'angoisse.

F. R.

ŒDIPE (complexe d'). Ensemble de sentiments complexes et de désirs hostiles et amoureux que l'enfant éprouve à l'égard de ses parents. Le complexe œdipien est ainsi nommé par référence au mythe grec d'Œdipe, devenu roi de Thèbes, qui avait su découvrir l'énigme de la vie humaine et, par sa quête sur ses origines, parvenir à la découverte que, malgré ses efforts pour échapper à ce sort fatal, il avait à son insu tué son père et reçu pour épouse sa mère. Puis s'étant privé volontairement de son regard en se crevant les yeux, il était sorti de sa méconnaissance en assumant son destin d'homme devenu clairvoyant.

Ce mythe se répète, selon Freud, dans l'attitude du petit garçon de trois à cinq ans avide de l'affection de sa mère, jaloux de son père (ambivalence : l'enfant voudrait supprimer le père, puis lui ressembler et s'identifier à son rival. « Le père est ce qu'on voudrait être, la mère ce qu'on voudrait avoir. »).

C'est à ce titre que le complexe d'Œdipe est le complexe nodal de la névrose, chaque fois que l'enfant n'a pas su se situer dans l'équilibre des fonctions assumées par les parents et des échanges affectifs de leur couple. Cette relation « triangulaire » est le nœud primordial des voies menant à l'accès d'une position virile (ou féminine) pour chaque individu. Le complexe d'Œdipe joue un rôle fondamental dans la structuration de la personnalité et dans l'orientation du désir humain. L'anthropologie psychanalytique s'attache à retrouver la structure triangulaire du complexe d'Œdipe, dont elle affirme l'universalité, dans les cultures les plus diverses et non pas seulement dans celles où prédomine la famille conjugale.

J. R.

On peut s'étonner que la psychanalyse n'ait retenu de son emprunt au mythe d'Œdipe qu'une relation triangulaire et ait oblitéré la situation d'Œdipe vis-à-vis du Sphinx et sa découverte du secret, ce qui ne place pas seulement Œdipe au nœud de la névrose mais au seuil de la créativité.

V. A.

OLFACTION. Les psychologues du début du siècle ont décrit la mémoire affective comme l'installation subite d'un état affectif intense, ressenti comme « déjà vécu » et dont l'élément inducteur ne peut pas être immédiatement identifié. Ils ont constamment signalé la fréquence avec laquelle une odeur pouvait déclencher le processus de la mémoire affective. Ils ont noté, enfin, que le plus souvent, les représentations associées aux états affectifs remémorés étaient liées à des souvenirs de jeunesse ou d'enfance. L'enquête de M. Louis Peyron sur la mémoire olfactive nous apprend enfin que cette dernière varie moins qu'on ne l'aurait cru en fonction de l'âge. L'emploi d'odeurs inductrices est donc un procédé qui conserve toute sa valeur, quel que soit l'âge du sujet.

On peut se demander pourquoi les odeurs évoquent le plus souvent des états affectifs anciens. C'est que l'enregistrement des souvenirs olfactifs s'opèrent au maximum avant l'âge où le système rhinencéphalique et les sensations primaires subissent la concurrence des sensibilités complexes et de la visualisation. C'est avant cet âge également que la spécificité et l'identité des odeurs sont les mieux ressenties. Autrement dit, la plus grande partie de notre stock d'images olfactives, et la partie qui contient vraisemblablement les images les plus intenses et les plus différenciées, a été constituée avant notre puberté et souvent bien antérieurement. Il est donc normal qu'une odeur déclenche chez un sujet n'ayant aucun entraînement spécial du sens olfactif et quel que soit son âge, la remémoration d'un état affectif de l'enfance — et secondairement des images visuelles ou autres, qui s'y rattachent.

L'emploi d'odeurs inductrices en cours d'imagerie mentale a l'avantage de ne faire appel à aucune idée, à aucune notion, et même d'éviter l'identification du stimulus. Il présente en outre l'intérêt d'évoquer électivement des états émotionnels anciens, ce qui est le but des psychothérapies profondes. Les inductions olfactives expérimentées sur des sujets préalablement soumis à la décentration (*) semblent prouver que les techniques d'imagerie mentale utilisées en onirothérapie constituent un mode privilégié d'expérimentation pour la recherche des effets des odeurs sur l'imaginaire individuel et pour la détermination de leurs zones de résonance. D'une première série d'essais (Virel, 1969), il semble en tout cas possible de tirer quelques conclusions provisoires, à savoir d'une part, qu'un grand nombre d'odeurs ont le pouvoir d'induire des images et des états affectifs se rattachant au passé ; que d'autre part, chaque substance semble déclencher les processus de mémoire affective selon des modalités spécifiques — atteignant notamment des territoires différents de la mythologie personnelle des sujets en expérience. Il faut bien souligner qu'il s'agit d'une actualisation au sens d'un pouvoir de recorporalisation dont seraient dotées certaines odeurs comme certaines représentations imagées. (Voir : *Image*.)

V. A.

OMBRE. « L'ombre personnifie tout ce que le sujet refuse de reconnaître ou d'admettre et qui, pourtant, s'impose toujours à lui, directement ou indirectement, par exemple les traits de caractère inférieurs ou autres tendances incompatibles » (*cf.* 130, p. 173). Jung introduisit cette notion pour rendre compte :

a) de la façon dont les composantes inconscientes diverses s'organisent en contre-position du Moi : elles prennent le plus souvent en projection et en rêve la figure de personnes de même sexe que le sujet, on peut donc suivre leur histoire au long d'une période ;

b) des caractéristiques de leur intervention : elles mettent en cause l'image que le sujet avait de lui-même, la conscience de son identité, son ou ses systèmes de valeur ;

c) du processus conflictuel typique de leur prise de conscience : le sujet qui reconnaît son ombre passe par un morcellement et la perte de ses repères.

Il apparut d'abord que l'ombre était formée par les mécanismes de refoulement, de défense et d'interdit. Mais Jung compléta progressivement cette analyse. Par le jeu des résistances, les facteurs d'évolution peuvent rester dans l'ombre. Elle comprend alors ce que le sujet a de meilleur. Lorsque des dynamismes inconscients, le plus souvent d'origine collective, commencent à être constellés mais n'ont pas encore l'intensité nécessaire pour devenir conscients, ils viennent également composer l'ombre. Enfin, la rencontre de l'ombre affronte au principe même de l'ombre la tendance du conscient à l'unilatéralité : la loi du Contraire, telle que toute position engendre sa contrepartie. Chaque individu, chaque groupe, chaque idéologie a son ombre. (Voir aussi : *Moi, Individuation, Morcellement*.)

H. E.

Image sur laquelle le sujet a projeté la culpabilité du refoulé. L'une des instances de la personnalité dans le schéma septénaire de Baudouin (*cf.* 22, p. 221 et 24, p. 98.) (Voir *Double*.)

A. A.

ONIRIQUE (image). On appelle images oniriques par opposition aux images hypariques (voir ce mot), les images qui apparaissent aux niveaux subvigile, mésovigile ou hypovigile de la conscience. Ce sont (voir tableau au mot *image*) dans le premier groupe, les images de la rêverie solitaire) ou de la rêverie provoquée (rêve éveillé) et les images dialectiques qui sont verbalisées dans l'imagerie mentale. Ce sont pour le deuxième groupe les images hypniques (dites du rêve nocturne). (Voir *tableau des psychothérapies utilisant l'imagerie onirique*, p. 225.)

ONIRIQUE (phase). Phase du cycle onirothérapique qui comporte d'abord une relaxation méthodique puis une séquence d'imagerie mentale (*cf.* 200).

ONIRISME (souvent confondu avec délire onirique). Développement normal de l'imaginaire en un déroulement de sensations organisées en scènes successives plus ou moins cohérentes et accompagnées d'une

PSYCHOTHÉRAPIE UTILISANT L'IMAGERIE ONIRIQUE

		DÉCLENCHEMENT		DÉROULEMENT		INTERVENTION DE L'OPÉRATEUR			
		sans induction	sur induction	libre	contrôlé	active	circonstanciee	passive	
ÉTATS HYPNIQUES	Substitution des images (P. Janet)		+		+	+			FORMES DIALECTIQUES
	Imagerie mentale (A. Binet)		+		+	+			
	Techniques de P. Clark, A. Freud	+ ou	+	+ ou	+		+		
	Technique C. Happich		+		+	+			
	Rêverie dite dirigée (Guillerey-1942)		+		+	+			
	La Méthode des images (Guillerey - 1945)	+		+			+		
	Technique Caslant, dite du Rêve Eveillé dirigé (Desoille)		+		+	+			
	Guided Affective Imagery (H. Leuner)		+		+		+		
	Rêve éveillé libre (A. Arthus)	+		+				+	
	Training autogène, 2e cycle (Schultz)		+		+	+			
	Symbolic Visualization (R. Gérard)		+		+	+			
	Who Am I ? (M. Crampton)		+		+	+			
	Onirothérapie d'intégration (Frétigny-Virel)	+ ou	+	+ ou	+		+		
ÉTATS DE VEILLE	Rêve éveillé (Daudet) Imagination active (Jung)	+ ou	+	+ ou	+				FORMES SOLITAIRES
	Rêverie. Division de conscience (P. Janet)	+		+		passibles d'une utilisation secondaire			
	Psychanalyses (Rêve hypnique)	+		+					
	Rêve hypnique dirigé (Hervey de Saint-Denys)		+	?	?				

frange affective plus ou moins intense. Phénomène bien connu pendant le sommeil et d'étude facile par les techniques d'imagerie mentale (*). (Voir : *Sommeil.*)

F. R.

ONIRODRAME. Forme critique de la phase onirique en onirothérapie L'onirodrame requiert : 1. Une relaxation complète du sujet ou une décentration (*). 2. Un entraînement préalable. 3. Une spontanéité. 4. L'absence presque totale d'intervention du psychothérapeute pendant la séquence significative de l'imagerie. 5. L'actualisation. 6. L'engagement corporel complet (du corps imaginaire). 7. La dramatisation. 8. La participation de tous les domaines sensoriels. 9. Une abréaction suivie d'une dédramatisation (*cf.* 200).

F. R.

ONIROTHERAPIES (psychothérapies utilisant l'imagerie mentale). Dans le domaine de l'exploration de la personnalité, il est de notion courante, aujourd'hui, qu'on peut utiliser les associations d'idées (méthode psychanalytique), mais aussi les associations d'images. Les psychanalystes utilisent au départ la matière des rêves hypniques. Mais alors que le rêve du sommeil n'est connu qu'indirectement, qu'il est remanié au réveil (rationalisation et élaboration secondaires), l'imagerie mentale, succession d'images surgissant spontanément dans notre champ de conscience, ne nécessite aucune transposition, aucune élaboration et permet dans une certaine mesure l'expérimentation.

Les chercheurs se sont attachés de longue date à explorer d'abord la personnalité par des techniques d'imagerie mentale, puis à utiliser ces techniques à des fins psychothérapiques. Depuis Francis Galton (Mental Imagery, 1883), il faudrait mentionner, pour nous limiter aux pionniers, Alfred Binet (1903), et, parmi ceux qui ont utilisé l'imagerie mentale à des fins thérapeutiques : Pierre Janet (1898), Pierce Clark (1926), Anna Freud (1927), Carl Happich, Marc Guillerey, Robert Desoille, W. Frederking, Hanscarl Leuner.

D'emblée, Alfred Binet a défini les conditions expérimentales dans lesquelles s'appliquent les techniques d'imagerie mentale : il demandait à son sujet de fermer les yeux, de laisser surgir des images en présence de l'opérateur et de décrire au fur et à mesure leur déroulement. Peut-être n'a-t-il pas accordé une place suffisante à la relaxation préalable qui tient, aujourd'hui, une place prépondérante dans la bonne application de la méthode (ce que Happich en 1932 et Frederking en 1948 ont eu le mérite de mettre en valeur).

Au cours des vingt dernières années et dans tous les pays du monde, un nombre considérable de psychothérapeutes a utilisé, aménagé, réinventé, ou feint d'avoir réinventé, la pratique de l'imagerie mentale. En fait les praticiens se sont souvent ignorés. Quelques-uns ont simplement négligé de citer leur sources ou se sont abstenus de mentionner les travaux menés parallèlement aux leurs. Il en est résulté que les techniques d'imagerie mentale portent, selon les auteurs et les pays, des noms extrêmement variés que ne justifie pas toujours une spécificité bien facile à définir. Parmi les dénominations adoptées, signalons, par exemple, la méthode phantasmatique, les méthodes méditatives (allemandes) ; l'imagination active, la symbolic visualization, la méthode (des images), le rêve éveillé dirigé, le rêve éveillé libre, la Guided Affective Imagery (experimentelles katathymes Bilderleben), etc.

En fait, il est souhaitable de désigner sous le terme générique d'*imagerie mentale* tout procédé dérivant des travaux de Galton et Binet qui les ont les premiers décrits et nommés, et sous le terme générique d'*onirothérapie* toutes les psychothérapies fondées sur l'utilisation de la pensée onirique de veille.

Après avoir dit ce que les onirothérapies ont de commun, il semble utile de donner un tableau de ce qui les différencie. On peut les distinguer en fonction de la mise en condition qu'elles préconisent, du mode de déclenchement qu'elles utilisent, du mode de déroulement de l'imagerie et du mode d'intervention de l'opérateur.

Mise en condition : Certains auteurs ne décrivent pas leur méthode de mise en condition et ne semblent donc pas lui accorder un intérêt majeur. D'autres recommandent seulement une décontraction sommaire (R.E.D. de Caslant-Desoille). Mais un troisième groupe de praticiens considère, à juste titre, qu'il n'y a d'imagerie mentale authentique qu'après une relaxation scientifiquement conduite et poussée assez loin. La plupart s'inspire des techniques de Schultz et de Jacobson. La technique digitale est plus expéditive tout en étant eficace et d'un maniement facile. Elle peut aussi être la première phase d'une technique de décentration (voir ce mot), mise en condition d'un surgissement spontané d'images. Ce qui est certain en tout cas, et que reconnaissent tous les spécialistes de la question, c'est qu'une relaxation totale répond à des caractéristiques électroencéphalographiques définies (et par conséquent à un état bien déterminé) et que c'est dans cet état que surgissent le plus librement à la fois les déformations subjectives du schéma corporel et l'imagerie spontanée significative. (Voir : *Electroencéphalographie, Vigilance* et *Rythme alpha.*) Mais la voie préférable, lorsqu'elle est possible, demeure la mise en condition par la technique dite de *décentration.*

Déclenchement : Les onirothérapies déclenchent l'imagerie tantôt par des thèmes généraux proposés au sujet au début de la séance, tantôt par des images inductrices précises. Mais toutes les fois où cela est possible il convient de laisser le sujet préalablement décontracté s'engager de lui-même dans la direction de son choix. En cette matière il convient de distinguer les buts recherchés : s'il s'agit de poursuivre une expérimentation sur l'imagerie mentale, il est évident que l'induction d'images de départ ordonnées en séries standardisées offre des avantages certains en ce qu'elle permet de comparer les réponses et les réactions. En onirothérapie, au contraire, le sens clinique de l'opérateur doit intervenir et il serait même à certains égards dangereux d'être trop fidèle à une série immuable d'inductions. Très souvent, en particulier, le praticien se trouvera bien de proposer comme thème de départ un rêve hypnique récent du sujet.

Déroulement et mode d'intervention de l'opérateur : Il en est du déroulement de la phase onirique comme de son déclenchement : certains techniciens laissent le sujet développer librement sa pensée onirique (A. Arthus), d'autres à l'inverse conduisent systématiquement l'imagerie (Desoille, Ahsen) en induisant tout au long de son développement des images imposées ou des indications relatives aux directions dans lesquelles le sujet doit s'engager. D'autres praticiens limitent leurs interventions au minimum et d'une façon neutre (en ne posant que des questions). Leurs inductions n'interviennent que si le patient est bloqué par une inhibition ou mis en danger par une angoisse trop intense ou si la pauvreté de son imaginaire, ou sa passivité naturelle, requièrent une assistance. Il semble que la règle d'or soit en ce domaine de faire en sorte que la pensée onirique du patient se développe le plus librement possible ; faute de quoi ce ne sont plus ses problèmes qui s'expriment, mais une solution artificielle qui lui est imposée. A la limite le traitement absolument directif s'apparenterait aux thérapeutiques hypnotiques.

Tel est, schématiquement exposé, le problème de l'imagerie mentale et de ses applications onirothérapiques. Il va sans dire que de multiples recherches ont tendu vers une amélioration du rendement thérapeutique, vers une mise en condition plus rapide ou plus efficace. A cet égard, il faut mentionner toute une série de techniques combinant l'imagerie mentale avec l'intervention d'agents psychopharmacodynamiques, drogues du type lysergamide notamment, qui exacerbent la production imaginaire d'une façon tout à fait particulière. Dans une autre direction, et s'appuyant sur le fait que l'état hyponoïde se caractérise électroencéphalographiquement par un rythme alpha, on a tenté (Virel, *cf.* 199, 200, 201) de faciliter l'apparition de l'imagerie par l'application transcérébrale d'un courant sinusoïdal de fréquence 9 à 14 cycles/seconde. (Voir : *Rêve alpha, Alphagénie, Alphamanie.*) Dans une autre direction encore on a expérimenté l'imagerie mentale dans un isolement sensoriel plus ou moins total ou, au contraire, avec des fonds sonores ou après avoir soumis le sujet à la contemplation d'une image donnée (résurgence des pré-images).

Le lecteur trouvera aux mots *images* et *vigilance* deux tableaux qui définissent respectivement les catégories d'images et les correspondances entre états psychologiques, niveaux de vigilance et modalités de conscience. Ces tableaux permettront déjà de mettre un peu d'ordre dans des domaines trop souvent indécis et de faire saisir facilement ce que nous voudrions préciser en disant : que les images utilisées en onirothérapie sont des images oniriques, dialectiques, et, d'autre part, que l'onirothérapie requiert un état hypnoïde, un niveau subvigile et une disponibilité à la conscience onirique. (Voir aussi tableau au mot : *Onirique*.)

Si l'onirothérapie se limitait à une succession de séances d'imagerie mentale on ne comprendrait pas qu'elle puisse constituer un traiment psychothérapique au sens plein du mot. En fait, et c'est un point que beaucoup d'auteurs ont négligé de souligner, la séquence onirique n'est qu'une partie du traitement. Les cycles successifs du traitement onirothérapique comportent chacun : 1. Une phase maïeutique. 2. Une phase de mise en condition. 3. Une phase onirique. 4. Une phase de maturation. La phase maïeutique consiste en une anamnèse générale ou récente qui peut avoir pour point de départ le compte rendu de l'imagerie mentale de la séance précédente ou les expériences récentes du patient. Après une phase de mise en condition, différente selon les méthodes, mais très importante en onirothérapie dite d'intégration (voir *décentration*) la phase onirique est celle de l'imagerie mentale proprement dite. La phase de maturation enfin, très longue puisqu'elle correspond au temps pendant lequel le malade transpose dans ses relations familiales, professionnelles et sociales, les changements de perspective affective acquis au cours des séances d'imagerie mentale . Souvent, la phase de maturation sera « téléguidée » par l'onirothérapeute qui conseillera des rapports sociaux définis et des expériences déterminées.

Conçue sous cette forme complète, l'onirothérapie permet des analyses en profondeur et des réinsertions valables. Ce n'est qu'en la considérant dans sa totalité qu'on comprend la multiplicité des jeux possibles au cours d'une thérapie : il sera quelquefois nécessaire d'être directif au cours de la phase d'imagerie et libéral quant à la phase de maturation, tantôt il faudra s'en tenir à une imagerie mentale libre, mais être très pressant dans la phase maïeutique et très directif pour la phase de maturation. On a quelquefois voulu présenter l'onirothérapie comme un traitement de longueur restreinte sinon comme une psychothérapie expéditive, mais peu profonde. En fait, les techniques d'imagerie mentale sont d'une telle souplesse qu'elles peuvent réaliser une sorte de narco-analyse moins traumatisante et plus constructive. On utilisera ces onirothérapies de longueur restreinte, toutes les fois qu'on se trouvera en présence d'un sujet incapable de faire les frais d'une remise en question totale de sa personnalité, ou présentant des troubles mineurs ne justifiant pas la longue entreprise d'une analyse. Les problèmes profonds ne sont résolus que si l'alternance des phases maïeutiques de mise en condition onirique et de maturation est poursuivie aussi longtemps que l'exige une liquidation totale. L'onirothérapie est une voie différente, mais elle doit, comme toute psychothérapie, respecter le temps nécessaire aux fécondations et aux éclosions.

Il faut mentionner aussi que la tendance commence à prévaloir de combiner plusieurs psychothérapies (voir *cothérapies*). Il peut être, par exemple, profitable à un malade en cours d'analyse freudienne classique, d'effectuer une série de séances d'imagerie mentale qui donnent alors souvent des déblocages spectaculaires. A l'inverse, un patient hyperrationalisant se trouvera quequefois bien de réintégrer dans son univers dialectique les acquisitions affectives d'une onirothérapie, auquel cas il pourra mener un traitement alterné, si possible avec deux psychothérapeutes de sexe différent. C'est déjà dans cette perspective que le psychanalyste Pierce Clark utilisait l'imagerie mentale au cours de l'analyse des névroses narcissiques (méthode phantasmatique). Federn considérait d'ailleurs que ce procédé constituait non seulement une analyse authentique, mais un degré supérieur de l'analyse. Anna Freud, de même, utilise l'imagerie mentale pour les psychothérapies d'enfants. C.G. Jung, enfin, pratiquait, parallèlement à l'analyse, chez certains sujets, l'imagerie mentale qu'il appelait l'imagination active (*).

Cette considération nous conduit à conclure en précisant les avantages propres des techniques d'imagerie mentale. Alors que pratiquement toutes les autres techniques analytiques tendent à mener de pair une prise de conscience et une restructuration intellectuelle, l'imagerie mentale restaure avant tout en la respectant la libre expression de l'affectivité. Utilisant le canal normal du passage à l'expression par l'imaginaire, elle ouvre ou élargit les voies normales de la créativité. Alors que les psychothérapies intellectualisantes reconditionnent le patient en vue de l'équilibrer par rapport à un milieu, l'imagerie mentale tend à le rendre disponible devant les situations nouvelles. A cet égard, l'onirothérapie rend au sujet son pouvoir d'adaptation permanente et son attitude créative continue devant la vie. Appliquée dans une perspective orthogénique à des sujets normaux souffrant seulement de pauvreté affective, elle constitue un entraînement salutaire de l'imaginaire et une voie d'épanouissement.

En ce qui concerne ce qu'il est convenu d'appeler *l'onirothérapie d'intégration*, les hypothèses centrales de la recherche onirothérapique sont, entre autres, celle du Moi corporel imaginaire et celle de l'intégration. Dans la vie vigile, le schème corporel s'intègre au Moi. Dès que la relaxation complète réalise l'isolement par rapport au monde extérieur, l'univers du sujet passe au plan de l'imaginaire, et ce Moi imaginaire, libéré de toute contrainte, de tout contrôle et de toute confrontation avec les normes du monde physique et les impératifs sociaux, ne se manifeste qu'en fonction des pulsions. Il est bipolaire et apparaît à la conscience du sujet, d'une part, sous la forme d'un corps imaginaire habité et vécu, et d'autre part, sous la forme de la projection du Moi sur un monde imaginaire (Virel, cf. 198). La pratique de l'imagerie mentale montre que tantôt le corps imaginaire subit des distorsions et des déformations dans un paysage imaginaire stable et que tantôt le sujet se sent, au contraire, bien inséré dans un corps imaginaire stable au milieu d'un monde imaginaire fantastique (irréel, déraisonnable, monstrueux, quelquefois anecdotique, quelquefois inquiétant).

L'hypothèse de l'intégration se fonde sur une génétique des rapports de l'image du corps et de l'image du monde (voir *schème d'intégration*). Il en résulte que l'onirothérapie d'intégration vise moins à débarrasser un éventuel « inconscient » de ses montages conflictuels qu'à restaurer une libre communication entre le corps imaginaire et le monde imaginaire. Elle comporte en conséquence la nécessité de parvenir à une dislocation du Moi corporel imaginaire, à une intégration de l'image du monde et à une restructuration du Moi enrichi de cette intégration. La forme achevée en est l'onirodrame (*) qui atteint à des abréactions profondes (voir *décentration*).

L'intégration est une hypothèse de travail qui assimile la structure de la protoconscience à une programmation résultant des montages héréditaires et des premières expériences individuelles. Cette programmation permet à l'expérience de s'intégrer à différents niveaux pour constituer une personnalité portant la marque des interdits et des programmations génératrices de conflits. L'onirothérapie d'intégration est la technique cathartique capable d'ébranler rapidement la structure des programmations permettant aux expériences nouvelles de s'intégrer différemment et de normaliser la personnalité. Il s'ensuit que le temps définitif de la thérapie est celui où l'expérience profite de l'ébranlement des programmations pour s'insérer dans des intégrations nouvelles.

L'onirothérapie d'intégration propose de nouvelles directions de recherche sur l'imagerie mentale à partir d'expériences sur la subception, sur les préimages, sur les facteurs d'ambiance, sur les utilisations psychothérapiques de l'enregistrement magnétique des séances d'imagerie mentale, sur l'isolement sensoriel, enfin, sur les facteurs psychopharmacodynamiques.

En conclusion, l'onirothérapie d'intégration, telle que les auteurs la conçoivent (Virel et Frétigny, *cf.* 200), utilise par définition toutes les formes de la pensée onirique et l'imagerie mentale en particulier, mais elle intègre aussi tout ce que les différentes formes de la psychanalyse ont apporté à la compréhension et à l'utilisation thérapique de l'imaginaire, et aussi toutes les clés d'interprétation que donne la connaissance psychophysiologique de l'imagination. En un mot, dans le cadre, aujourd'hui synthétique, d'une technique scientifiquement définie, l'imagerie mentale, après avoir, parce qu'elle était spectaculaire, inspiré des recherches parcellaires sans base théorique, est devenue un outil irremplaçable dans l'ensemble des méthodes d'exploration de la personnalité et dans l'arsenal des méthodes de guérison.

De toutes ces dernières, l'onirothérapie semble être celle qui atteint au mieux les deux objectifs essentiels de la psychothérapie : mettre le sujet en situation de retrouver avec son équilibre affectif un épanouissement ; dépasser la simple cessation des symptômes pour atteindre à la restauration de l'aisance et de la créativité. (Voir : *Imagerie mentale* et *Schème d'intégration,* cf. 200.)

F. R. et V. A.

OPINION (sur nous-même et sur le monde). L'être humain agit comme s'il avait une opinion préconçue sur soi-même et sur le monde. Il évalue les efforts, les possibilités de réussite dans ses entreprises. Il est parfois obligé de réviser son opinion. Mais cette opinion existe. Elle remonte à la première enfance du sujet, aux premières années de sa vie. C'est l'époque où s'élabore un schéma réactionnel et actionnel grâce à la prise de conscience des possibilités de l'équipement constitutionnel, grâce aussi aux impressions provenant du monde environnant. Ces éléments et ces impressions fournissent les matériaux permettant à la force créatrice du sujet d'élaborer ce qui deviendra son style de vie. Qu'un sujet préfère l'action délinquante, le suicide, la perversion sexuelle à l'activité socialement utile, à l'affirmation de la vie, à la relation hétéro-sexuelle dépend de son opinion concernant ces problèmes. Style de vie et opinion se complètent mutuellement. Les premières ébauches de la structure individuelle remontent aux premiers mois, aux premières années de la vie de l'être. A cette époque, elles ne sont pas formulées en concepts et encore moins exprimées en paroles. Elles correspondent à un besoin d'affirmation et à une recherche de sécurité de l'enfant. Plus tard, le sentiment social peut intervenir pour conférer à cette opinion une plus grande concordance avec le sens commun.

S. H.

OPPOSES (Conjonction des). La psychologie ne peut atteindre la psyché autrement que dans les conditions où celle-ci se manifeste à elle-même. C'est toujours, semble-t-il, dans des rapports de pôles opposés. En sorte que l'étude de ces rapports constitue un instrument d'analyse particulièrement efficace. On la trouve entièrement élaborée chez Jung dans l'articulation de catégories comme identité archaïque, différenciation, troisième terme, compensation, totalité... A ces catégories correspondent des figures allégoriques qui sont, sous des apparences étranges, les bases d'une sémiologie de la contradiction : hermaphrodite, ouroboros, hierosgamos... Analyser les phénomènes psychiques selon les moments de la polarité permet, en effet, d'atteindre la coïncidence des aspects énergétiques et sémiotiques.

La conjonction des opposés est la venue au conscient d'une possibilité inattendue dans laquelle les facteurs qui s'excluaient peuvent se réaliser, tout en conservant leur différence. Mode nouveau et unique, elle est le contraire d'une simple coordination ou juxtaposition. Elle ressemble au dépassement dialectique (Aufhebung), mais en diffère radicalement dans la mesure où elle dépend de deux irrationnels, l'attitude du Moi dans la confrontation et la chance d'un troisième terme. La conjonction des opposés caractérise l'humain et en est probablement le seuil. (Voir aussi : *Individuation*, *Intégration* et *Schème d'intégration*.)

H. E.

OPPOSITION. Attitude de certains sujets vis-à-vis de sollicitations externes. Dans ses aspects extrêmes on constate l'opposition au dialogue par le mutisme, à l'alimentation par le refus d'aliments et l'anorexie mentale, la rétention des matières et des urines. Ces attitudes d'opposition se rencontrent dans la schizophrénie, la mélancolie, la manie, la paranoïa.

Les réactions d'opposition jouent chez les jeunes sujets mécontents de certaines situations ou structures sociales. Au sein de la famille, la réaction d'opposition peut être un moyen (subjectif) d'auto-affirmation. Adler a décrit le complexe du non (the no complexe) par lequel certains sujets se distancent par rapport aux autres et s'affirment en s'opposant. Ch. Buhler a décrit une phase d'opposition dans le développement de l'enfant.

S. H.

OREILLE ELECTRONIQUE. Appareil de A. Tomatis permettant de répercuter sur les oreilles d'un sujet sa propre voix convenablement filtrée à des fins de rééducation de la voix et de la parole.

Le principe de Tomatis est que le larynx ne peut émettre que les sons perçus par l'oreille.

La dysphonie, ainsi d'ailleurs que le bégaiement et quantité d'autres troubles, serait dû exclusivement à une altération spécifique de la perception des sons que l'oreille électronique pourrait compenser par rééducation de cette perception.

Une autre application possible est l'étude des langues étrangères (*cf.* 196).

L. H. F.

ORGANE (névrose d'organe). Le terme est d'Alexander (Chicago) et désigne une manifestation psychopathologique caractérisée par des troubles sans substratum organique imitant une maladie organique. On parle ainsi d'une névrose cardiaque ou gastrique. Ce type de névrose se distingue de l'hystérie de conversion. Cette dernière touche les organes de la vie de relation. La paralysie hystérique intéresse le muscle strié d'un territoire donné avec conservation des réflexes correspondants. Dans la névrose d'organe c'est le muscle lisse ou le muscle soustrait à notre volonté (muscle cardiaque) qui est touché.

S. H.

ORGANISATION DE LA LIBIDO. Mode d'organisation des pulsions partielles sous le primat de la génitalité.

J. R.

ORTHOPHONIE. Pratique de la rééducation des troubles de la voix, de la parole et du langage oral et écrit.

La rééducation orthophonique est l'une des thérapeutiques employée en phoniatrie (voir ce mot).

Elle peut être exécutée soit par des auxiliaires médicaux (orthophonistes), soit par des médecins (phoniatres).

D'inspiration pédagogique à l'origine, elle peut prendre la signification d'une technique psychothérapeutique.

L. H. F.

ORTHOPHRENIE. Technique psychothérapique utilisant diverses techniques destinées à normaliser les modes de pensée et de comportement.

F. R.

OUBLI. Les troubles de la fonction mnésique sont tantôt le résultat manifeste d'un déficit organique, comme on le constate dans les atteintes cérébrales, tantôt de nature psychogène. Le souvenir de certains événements ou de certaines personnes est ainsi refoulé dans l'inconscient et son évocation difficile voire impossible. En effet, l'évocation d'un souvenir tend à reproduire l'état affectif qui avait accompagné l'expérience initiale. La conscience s'y refuse dans certaines circonstances. Dans ces cas, l'oubli porte sur un ou une catégorie d'événements. Il est « en secteur ». Chez certains sujets on note un oubli portant sur toute la période de leur enfance, oubli lacunaire. La psychothérapie permet la réévocation de ces souvenirs et leur liquidation affective.

S. H.

OUBLIE. Tout ce qui a été enregistré par la mémoire et n'a pas été remémoré. Depuis Abramowski, on connaît son existence par le fait qu'il se manifeste par des phénomènes de « résistance » au cours des efforts de rappel.

F. R.

P

PARALYSIE HYSTERIQUE. Notion importante pour l'histoire de la psychanalyse. Freud, le premier, distingua les paralysies organiques, dont l'origine est somatique, et les paralysies hystériques, dont l'origine est psychique. Il décrivit les trois différences essentielles .

1. La paralysie hystérique peut être totale dans une partie du corps, dans le bras par exemple, sans qu'aucune autre zone soit atteinte. Quand la paralysie cérébrale est très prononcée, elle s'étend toujours très largement.

2. Dans l'hystérie, les modifications sensorielles — et en particulier l'anesthésie — sont plus grandes que les motrices (c'est-à-dire que la paralysie).

3. Mais le fait le plus important est que l'extension de la paralysie cérébrale s'explique par l'anatomie, tandis que pour l'hystérie, comme le fait plaisamment observer Freud, tout se passe comme si l'anatomie du cerveau n'existait pas : sa répartition est purement « idéationnelle ».

J. R.

PARAMNESIE. Trouble de la mémoire portant sur la reconnaissance des souvenirs, le « déjà vu » étant pris pour du « jamais vu » et inversement.

F. R.

PARANOIA. Délire chronique qui étymologiquement se définit par une « pensée à côté ». Il évolue sur un terrain psychologique spécial.

La structure de la personnalité paranoïaque se caractérise par :

a) une surestimation pathologique du Moi avec orgueil démesuré et vanité excessive ;

b) une méfiance — base des idées de persécution — génératrice d'une tendance à l'isolement, une inquiétude et attitude soupçonneuse vis-à-vis des autres ;

c) une fausseté du jugement ayant recours à des déductions paralogiques qu'aucun raisonnement ne pourrait corriger. L'entêtement du paranoïaque, sa psychorigidité, sont inébranlables « comme un roc » ;

d) l'inadaptabilité sociale se manifeste par l'impossibilité de s'intégrer à un groupe, l'incapacité d'accepter une discipline collective.

Le délire paranoïaque est solidement charpenté, évoluant progressivement sans affaiblissement intellectuel.

Dans la deuxième partie du chapitre xx de son ouvrage : *Pratique et théorie de la psychologie individuelle comparée* (*cf.* 7). Adler montre que la crise délirante survient lorsque le sujet se trouve dans une situation menaçante pour son besoin de valorisation : à la veille d'une entreprise, parfois au cours de son déroulement, d'autres fois par anticipation en face d'une situation dégradante ou du « danger » du vieillissement.

La construction des idées délirantes trouve son origine dans l'enfance où le sujet réalisait dans ses fantasmes et ses rêveries la compensation à des situations humiliantes. De ces situations découle le pesant complexe d'infériorité, générateur d'aspirations surtendues et présomptueuses. Elles trahissent un besoin de supériorité qui se manifeste par une activité souvent belligérante avec attitude critique et hostile envers l'entourage.

Dans l'attitude du paranoïaque, nous retrouvons l'allure hostile à l'égard de ses semblables dont le point de départ se situe dans les premières années de la vie de l'être. Le système paranoïaque, plus que toute autre psychose, possède des traits bien définis et ne peut être influencé qu'au début et dans des circonstances favorables (*cf.* 7, chap. xx).

S. H.

PARANOIDE. Le terme est de Kraepelin, psychiatre allemand. Il désigne à l'origine une des trois formes de la démence précoce, vocable qui au début du siècle dénommait la schizophrénie. Il s'agit d'un système délirant mal systématisé où le malade se sent épié, menacé, observé, manipulé. Le sujet a l'impression que sa pensée est téléguidée par d'autres, que son cerveau est agressé par des rayons, par des ondes, de l'électricité. Il est en proie à des hallucinations auditives ou des voix généralement malveillantes lui adressent des injures.

S. H.

PARAPHRENIE. Etymologiquement le terme veut dire esprit à côté. C'est un état psychopathologique délirant dont les thèmes varient suivant les groupes nosologiques, accompagné dans certains cas d'hallucinations. La paraphrénie fantastique développe des idées extravagantes, incohérentes avec hallucinations variées. La forme confabulante sans hallucinations, présente des récits imaginaires. Le délire luxuriant caractérise la forme expansive. Dans la paraphrénie avec hallucinations systématiques on note des idées de persécution et de grandeur.

Ces sujets présentent une excellente adaptation au monde réel, tout en élaborant leur système délirant. Ils vivent dans deux mondes différents.

S. H.

PARENTS COMBINES. Selon Mélanie Klein, il s'agit d'un fantasme de l'enfant doublé d'une théorie sexuelle servant de fondement à une image composite des parents, image qui est rarement absente du traitement analytique.

Ce fantasme très archaïque et incontestablement anxiogène prend sa source dans les sentiments d'envie et de voracité orale du nourrisson à l'égard du sein nourricier. La jalousie s'ajoute à cette envie primitive lorsque la situation œdipienne est mieux installée. L'enfant, en effet, se sent frustré de ce dont jouissent en permanence, croit-il, les parents : le sein maternel, le pénis paternel. Aussi les imagine-t-il dans une relation sexuelle ininterrompue ; dans ce fantasme de « parents combinés », la mère peut tout aussi bien contenir le pénis du père ou le père tout entier que le père contenir le sein de la mère ou la mère dans sa totalité ; des fantasmes de ce genre contribuent à la notion de la « femme avec un pénis », cependant que par l'intériorisation le nourrisson établit ces images combinées des parents à l'intérieur de lui-même, ce qui se révèle fondamental dans beaucoup de situations d'angoisse de nature psychique.

J. R.

PELMAN (Méthode). Ecole américaine préconisant une psychothérapie simpliste consistant à donner au sujet le sens de la mesure et des réalités (Pel = pied. Etre bien debout sur ses pieds).

F. R.

PENIS (envie du). La petite fille, dès lors qu'elle constate qu'elle ne possède pas de pénis, ressent cette absence comme une infirmité et un manque difficilement tolérables. Il se développe alors chez elle une « envie du pénis » dont les effets se prolongent bien souvent au-delà de l'enfance ; le désir d'avoir un enfant est un équivalent symbolique de cette envie du pénis.

J. R.

PENSEE. Fonction psychologique fondamentale, rationnelle qui « établit une connexion conceptuelle entre les contenus représentatifs » (cf. 126, pp. 459-460). C'est une activité aperceptive qui peut être active ou passive. La pensée active est un acte volontaire qui soumet les contenus représentatifs à un jugement. Elle correspond au concept de pensée dirigée (cf. 124, p. 57) que Jung appelle intellect. La pensée passive est un déroulement où « des rapports conceptuels s'ordonnent et des jugements se forment » (cf. 126, pp. 459-460), parfois en opposition avec l'intention du sujet. Jung l'a ultérieurement appelée pensée intuitive puis intuition intellectuelle, car son premier temps est irrationnel. La pensée extravertie est empirique, s'orientant vers des données objectives et pratiques ; elle est constructive. La pensée introvertie est essentiellement spéculative. (Voir aussi : *Aperception, Extraversion, Introversion, Intuition.*)

L. D.

PENSEE LATENTE DU REVE. Les pensées latentes du rêve, que l'analyste rend compréhensibles en analysant leur contenu manifeste, constituent l'expression réelle du ou des désirs qui cherchent à se manifester à travers la production onirique.

J. R.

PERCEPTION (système de). Le système perception-conscience appartient au Moi ; il permet l'épreuve de la réalité. (Voir : *Moi*).

J. R.

PERCEPTION METAMORPHIQUE DU CORPS. En onirothérapie d'intégration (*), la mise en condition de décentration (*) s'accompagne d'une désintégration de l'image corporelle appelée par abréviation P.M.C. (Voir : *Schème d'Intégration* et *Initiation*.)

PERE. Le rôle du père dans la famille subit actuellement une évolution. Pendant des siècles a prévalu l'autorité paternelle avec un droit plus ou moins absolu sur les autres membres de la famille. Le pater familias a cédé le pas au chef de famille. Mais jusqu'à l'époque actuelle, c'est lui et lui seul qui décidait de l'éducation à donner aux enfants, du domicile et de toutes les décisions importantes concernant la famille. Les modifications législatives qui donnent à la femme les mêmes droits qu'à l'homme, concernant ces décisions sont toutes récentes.

Adler, dans ses ouvrages : *La connaissance de l'homme* et *Le sens de la vie*, stigmatise cette attitude du pouvoir paternel, car il incite l'enfant à rechercher également la puissance à la place de la communion humaine. Adler définit le rôle du père dans la famille comme celui d'un bon compagnon pour l'épouse et d'un bon camarade pour ses enfants (*cf.* 2, 3).

S. H.

PERFECTION (recherche de la perfection). Certaines structures caractérielles provoquent chez le sujet des difficultés importantes. Une éducation trop exigeante peut développer chez l'enfant un désir démesuré de perfection. Là où d'autres systèmes éducatifs admettent « l'essai et l'erreur » menant le sujet progressivement à des résultats satisfaisants, la recherche de la perfection peut paralyser toute initiative, bloquer toute activité et empêcher toute avance dans la vie.

Adler décrit ainsi un aspect psychopathologique — la folie du doute — comme l'aboutissant de cette structure où le sujet recherchant la perfection dans ce qu'il souhaite entreprendre, piétine, incapable de décider quelle est la voie la meilleure pour l'atteindre.

S. H.

PERLABORATION. Au cours de la cure analytique, l'*insight* du patient va croissant ; ce dernier intègre progressivement les interprétations et se dégage des mécanismes répétitifs ; c'est ce processus que l'on désigne habituellement par le terme de perlaboration.

J. R.

PERSONA. C'est le nom donné au masque que portait l'acteur dans le théâtre antique. Image et rôle en fonction d'une action collective, le masque est, à la différence du grimage, le porte-voix (per-sonare : résonner à travers). Jung y reconnaît un schème organisateur des rapports concrets de l'individu et des structures politiques, sociales, économiques et culturelles. Celles-ci se diversifient en offrant à chaque individu la possibilité d'y prendre forme. « La persona est le système d'adaptation ou la manière selon laquelle on communique avec le monde. » (*Cf.* 127, p. 460). Elle est le Moi du langage où se constitue en fonction des autres et de soi-même l'image-rôle que l'on agit et que l'on risque d'être. « Le danger est que l'on s'identifie à sa persona : le professeur à son manuel, le ténor à sa voix. On peut dire, sans trop d'exagération, que la persona est ce que quelqu'un n'est pas en réalité, mais ce que lui-même et les autres pensent qu'il est. » (*Cf.* 127, p. 460.)

H. E.

Façade qui recouvre les composantes profondes de la personnalité et qui répond aux exigences du milieu social quotidien tout en cachant la psyché authentique (*cf.* 11 lex. et 24, p. 86 *sq.*).

A. A.

PERSONNALITE. La personnalité est la synthèse de tous les éléments contribuant à la formation d'un sujet. Ce sont des éléments génétiques, constitutionnels, les impressions des premières années de la vie du sujet, les données culturelles et les relations sociales. La personnalité a sa physionomie propre, spécifique, unique.

Au fur et à mesure que l'enfant *prend conscience* de son propre Moi il réalise aussi celui des autres. Cette évolution se fait dans une perpétuelle interréaction.

La personnalité normale se définit par son unité et son identité. Le sujet se fait une représentation de ses activités physiologiques et psychiques, grâce à la prise de conscience de son schéma corporel et des impressions lui venant du milieu ambiant. Tout en se situant dans ce milieu ambiant, il sait opposer son Moi au monde extérieur. La coloration de cette interrelation avec le monde social environnant définit l'attitude caractérielle d'un sujet : sociale, asociale, antisociale. Adler a introduit dans l'étude de la personnalité la notion d'une finalité, d'une orientation dirigée vers un but qui permet une meilleure compréhension de son psychisme conscient et inconscient.

S. H.

PERSONNALITE MANA. Correspond au pouvoir fascinant d'un archétype « dont nous devenons dupe et qui nous oblige, aux dépens de notre humanité, à jouer un rôle » (*cf.* 122, p. 286), à porter un masque, comme « à succomber à ce masque lorsque c'est un autre qui le porte » (*cf.* 122, p. 286).

Dans l'analyse, la rencontre avec la personnalité mana s'effectue en deux étapes. La première est la confrontation avec l'anima ou l'animus, au décours de laquelle ceux-ci se trouvent amputés de leur fascination dominatrice et deviennent fonction de relation avec l'inconscient. La seconde est la prise en compte de l'imago parentale du même sexe : le père-sorcier pour l'homme, la grande-mère pour la femme. Ici, le Moi ne peut subsister qu'en reconnaissant sa faiblesse, et en évitant ainsi une identification aliénante. La prise de conscience des contenus de ces images permet la libération décisive du père, pour l'homme, de la mère pour la femme « et ainsi la première affirmation vécue, de leur individualité » (*cf.* 122, p. 288). (Voir aussi : *Anima, Animus, Archétype, Imago.*)

L. D.

PERSUASION. Si dans le langage courant le terme persuasion désigne la démarche qui amène quelqu'un à croire, à faire ou à vouloir quelque chose, ce vocable a pris en psychothérapie une signification particulière. A l'époque de Charcot et de Babinski on admettait que les manifestations hystériques pouvaient être produites par la suggestion et guéries par la persuasion. La persuasion devenait ainsi un élément de l'arsenal thérapeutique du médecin. Dans la publicité et la propagande, le rôle de la persuasion est énorme.

S. H.

PERTE D'AME. Des anthropologues ont noté que « l'un des troubles mentaux les plus fréquents chez les primitifs est la perte d'âme, c'est-à-dire une scission ou plutôt une dissociation de la conscience » (*cf.* 120, p. 24).

La conscience est un état discontinu et vulnérable. Si la fragmentation volontaire du champ de conscience est « une conquête de l'être civilisé qui lui permet de se concentrer sur un objet de connaissance, l'état dans lequel ce phénomène se produit spontanément à l'insu et sans le consentement du sujet et même contre sa volonté, correspond à ce que les primitifs appellent perte d'âme » (*cf.* 120, p. 25). C'est là l'un des mécanismes les plus archaïques de constitution de névroses, que Jung considère comme aussi important que le refoulement (*cf.* 117, p. 87 *sq.*). Bien que l'atteinte semble venir de l'extérieur, ce sont en fait des contenus inconscients qui viennent dissocier et opprimer la conscience (*cf.* 130, p. 262). (Voir aussi : *Conscience, Dépression, Névrose.*)

L. D.

PERVERSION. « Il peut arriver, écrit Freud, que les instincts partiels ne se soumettent pas tous à la domination des " zones génitales " ; un instinct qui reste indépendant forme ce qu'on appelle une perversion et substitue au but sexuel normal sa finalité particulière. » La perversion, dans la conception psychanalytique, est la persistance ou le retour à un état anachronique de la sexualité.

J. R.

La perversion est une conduite axée sur la réalisation de ses désirs, sans respect pour autrui et caractérisée par une déviation des tendances normales qu'elles soient du domaine de l'autoconservation ou de celui de la reproduction. On parle ainsi d'une perversion du goût pour désigner l'appétit pour une substance qui n'est pas un aliment. Dans la perversion sexuelle il s'agit d'une déviation du but. Elle peut se faire par rapport à l'objet : relation avec un sujet du même sexe : l'homosexualité ; avec un enfant : pédophilie ; avec un cadavre : nécrophilie ; avec un animal : bestialité.

La perversion sexuelle peut se définir par rapport aux moyens : la satisfaction sexuelle se réalise par le moyen d'un objet : fétichisme, ou grâce à des tortures infligées au partenaire : sadisme, ou subies : masochisme.

Un autre groupe de perversions sexuelles se définit par des manœuvres particulières : regarder les organes génitaux ou l'acte sexuel pratiqué par un couple : voyeurs ; toucher certaines parties du corps d'une personne hétérosexuelle généralement inconnue : frôleurs.

Finalement la satisfaction sexuelle peut être provoquée chez certains sujets lorsqu'ils montrent leurs organes sexuels : exhibitionnistes.

Adler a étudié le problème de l'homosexualité et d'autres perversions sexuelles dans une étude parue en 1917, dans un article « homosexualité » (chapitre XIV de *Pratique et théorie de la psychologie individuelle comparée*) et finalement dans un ouvrage : *Le problème de l'homosexualité, entraînement et retraits érotiques,* éd. Hirzel, Leipzig 1930.

Dans ces études, Adler soutient que l'homosexualité et que les autres perversions sexuelles ne sont pas innées. Elles sont l'expression du style de vie, élaboré dans les premières années de la vie du sujet, style de vie qui exprime la réserve, voire la fuite devant les représentants de l'autre sexe. L'homosexualité exprime un refus du sujet de se voir incorporé à un rôle sexuel normal. Elle est l'expression d'un mécanisme de compensation d'un profond complexe d'infériorité, chez un sujet à intérêt social fortement limité. L'homosexuel peut bénéficier d'une psychothérapie adlérienne cherchant et analysant les causes profondes inconscientes de la personnalité. « La prophylaxie de l'homosexualité réside dans l'éducation des enfants » (A. Adler).

S. H.

PERVERSITE. Terme utilisé pour porter une appréciation se référant à un système de valeurs morales. H. Ey insiste sur le fait que l'homme pervers (atteint de perversité) « ne s'abandonne pas seulement au mal, mais le désire ». Il faut souligner l'immaturité affective et la malignité de ces sujets : « Produire chez leurs semblables de la souffrance physique et morale » (Dupré) est une de leurs principales préoccupations. Une analyse en profondeur de cette attitude dévoile de profondes souffrances morales, subies par ces sujets dans leur passé, leur enfance avec humiliation et développement d'un complexe d'infériorité. Leur malveillance s'avère être d'après Adler la compensation antisociale de cette situation.

La langue française ne dispose que d'un seul mot pour désigner les sujets atteints de perversion et ceux manifestant de la perversité : le pervers.

S. H.

PEUR (nocturne). L'angoisse, l'anxiété sont des manifestations courantes de l'état névrotique. L'angoisse avec ses symptômes physiologiques de la peur : sueurs froides, tachycardie, tremblement, accélération du rythme respiratoire et l'anxiété, sentiment d'un danger imminent ,avec attitude d'attente devant un danger indéterminé et désarroi, impuissance face à lui, se distinguent de la notion de peur, sentiment normal et bien compréhensible vis-à-vis d'un danger réel. Ce qui est considéré comme danger par le névrosé est évidemment tout à fait subjectif et très relatif. Aller en société peut être considérer par l'éreutophobe comme un très grand danger.

Il existe chez l'enfant une manifestation psychopathologique, le pavor nocturne ou frayeur nocturne qui se manifeste sur le plan clinique par une grande démonstration dramatique de la peur. Pendant le sommeil le sujet se dresse dans son lit, pâle, le regard hagard, transpirant et tremblant. Cette scène peut se répéter pendant plusieurs nuits, parfois pendant des semaines et des mois. Elle cède à un traitement psychothérapique qui met à jour les éléments inconscients se trouvant à la base de ces frayeurs. Elles sont parfois accompagnées de cauchemars, scènes terrifiantes que le sujet raconte au cours des entretiens psychothérapiques.

S. H.

PEUR SOCIALE. La peur doit être distinguée de l'anxiété : elle est en effet un état d'appréhension qui se concentre sur des dangers isolés et reconnaissables, alors que l'anxiété est un état diffus de tension (E. H. Erikson).

De même la « peur sociale » de l'enfant a une signification bien différente de celle de l'angoisse de 8 mois décrite par Spitz, et qui est en rapport direct avec le lien affectif très étroit qui unit l'enfant à la mère. La peur sociale est la peur de l'inconnu. Elle n'existe pas chez le nouveau-né et apparaît seulement à partir de l'âge de 6 mois. Elle se développe surtout au cours du deuxième semestre de la vie en liaison étroite avec les nombreuses expériences sociales accumulées par l'enfant et qui sont souvent induites ou conditionnées par l'entourage. Elle dépend donc du milieu où vit l'enfant et représente souvent une réaction utile dans la mesure où elle assure sa sécurité.

R. J.

PHALLUS. Désigne la dimension symbolique du pénis.

J. R.

PHANTASME. Ce terme ambigu et qui est utilisé dans de multiples sens désigne, d'une part, les fantasmes conscients du type des rêves diurnes et, d'autre part, les phantasmes inconscients qui peuvent ou non devenir conscients. Le phantasme inconscient est avant tout le corollaire mental, le représentant psychique de la pulsion. Comme l'observe Susan Isaacs, il n'y a pas de pulsion, pas de besoin, ni de réaction pulsionnelle qui ne soient vécus comme phantasme inconscient.

Les phantasmes inconscients, est-il nécessaire de le préciser, sont également actifs dans le psychisme normal, au même titre que dans le psychisme névrosé ou psychosé.

Pour les psychanalystes kleiniens, les phantasmes primaires, représentant les pulsions les plus primitives de possession ou d'agression, s'expriment et s'administrent au moyen de processus psychiques très éloignés des mots et de la pensée rationnelle consciente. Ils sont régis par la logique des processus primaires. Plus tard, et dans certaines conditions (parfois dans le jeu spontané des enfants, parfois seulement dans l'analyse), ils deviennent susceptibles d'êexpression verbale.

Pour les kleiniens, seules les interprétations en termes de phantasmes inconscients sont efficaces. (Voir : *Fantasme.*)

J. R.

PHOBIE SCOLAIRE. Refus de l'école manifesté par l'enfant anxieux et qui, bien qu'ayant parfois une expression identique à celle de la fugue, s'en différencie par sa signification psychogène. La fugue de l'écolier, communément appelée « école buissonnière », se situe en général dans le cadre social de la dissociation familiale et de l'abandonnisme ; la phobie scolaire, au contraire, est « la résultante du climat familial pathogène d'un foyer uni que domine l'attitude plus ou moins névrotique de la mère » (*cf.* 145).

Il existe plusieurs degrés de la phobie scolaire.

1. Au minimum c'est un simple désarroi ; l'enfant accepte l'école, mais il reste en marge et se réfugie souvent auprès de la maîtresse ou d'une femme de service. Sa durée est courte.

2. A un degré de plus c'est la crise d'anxiété qui éclate à l'occasion du premier départ pour l'école et se répète tous les jours suivants dans les mêmes circonstances. Elle traduit le refus angoissé de l'enfant de quitter sa mère et s'exprime par un accès de colère avec rage, devant lequel la mère cède le plus souvent. La fréquentation scolaire peut alors être suspendue plusieurs semaines ou plusieurs mois.

D'autres fois, la crise d'anxiété n'apparaît pas aussi spectaculaire, mais donne lieu à des troubles somatiques, qui deviennent rapidement un moyen de chantage, douleurs abdominales, vomissements réitérés, accidents énurétiques et encoprésiques stéréotypés.

3. Après 8 ans le caractère phobique de l'anxiété se dessine plus nettement. Au moment d'entrer dans l'école, l'enfant, pris de panique, change de direction, flâne dans la rue, inquiet en attendant l'heure habituelle du retour à la maison. Le motif allégué est le plus souvent futile : peur des camarades, crainte du maître, crainte d'une punition.

Quoi qu'il en soit, l'enfant est toujours un hyperémotif, en butte au comportement nocif des parents, et qui voit le monde comme hostile. Souvent est impliquée l'attitude d'une mère anxieuse, captative, infantile, mais celle du père est aussi un élément perturbateur. En fait, c'est le climat conjugal qui entretient le conflit psychologique de l'enfant vis-à-vis du monde extérieur et dont le refus de l'école ne traduit qu'un des aspects.

R. J.

PHONIATRIE. Médecine de la voix, de la parole, du langage oral et écrit, et de la fonction auditive.

La phoniatrie se préoccupe ainsi du diagnostic et du traitement de tous les troubles altérant la fonction de relation verbale avec autrui, depuis l'aphonie jusqu'à l'aphasie en passant par les troubles articulatoires, le retard de parole, les dysphonies, les troubles de l'intégration auditive et le bégaiement.

La pratique de cette spécialité médicale nécessite pour le médecin des connaissances particulières en O.R.L., neurologie, psychiatrie, pédiatrie, linguistique (en particulier phonétique), acoustique...

Le terme de phoniatrie est souvent employé dans un sens restreint envisageant la seule pathologie de la voix. Cela est fâcheux dans la mesure où il n'existe pas de frontière précise entre la pathologie de la voix et celle de la parole et du langage.

L. H. F.

PHYSIOTHERAPIE. Utilisation des agents physiques (eau, électricité, magnétisme...) à des fins thérapeutiques.

F. R.

PITHIATISME. Définit les troubles guérissables par suggestion et que la suggestion peut reproduire (Babinski).

F. R.

PLACEBO. Préparation pharmaceutique ne contenant pas d'agent médicamenteux. Effet placebo : guérison ou amélioration obtenue par l'administration d'un placebo. Pour expliquer cet effet, on suppose une réactivation d'affects primaires, ou un conditionnement aux réactions attendues d'un remède, ou un mécanisme de suggestion par le symbole.

F. R.

PLAISIR. Voir à *principe de plaisir.*

POSITION DEPRESSIVE. Elle s'étend du troisième au quatrième mois jusqu'à la fin de la première année. Elle est caractérisée par la reconnaissance de la mère comme objet total et par la prédominance de l'intégration, de l'ambivalence, de l'angoisse dépressive et de la culpabilité.

La reconnaissance de l'objet comme objet total ne signifie pas seulement que le sein, les mains, les joues de la mère ne seront plus perçus comme des objets séparés dans l'espace et se référant à des expériences discontinues dans le temps, mais également que l'objet cessera d'être clivé, que le « bon » et le « mauvais » ne paraissent plus venir de deux sources distinctes, mais d'une même source, la mère, reconnue comme personne unique à la fois du point de vue perceptif et du point de vue affectif.

Avec le recul du clivage apparaît l'ambivalence, soit la rencontre de la haine et de l'amour sur un même objet.

Pour que le passage de la position schizo-paranoïde à la position dépressive s'effectue normalement — c'est-à-dire : sans troubles excessifs — il faut que les bonnes expériences l'aient emporté sur les mauvaises. Si le Moi a acquis une confiance suffisante en sa « bonté », il pourra en intégrant ses objets s'intégrer lui-même. Intégration de l'objet et intégration du Moi vont toujours de pair.

Lors de la position dépressive prédomine l'angoisse pour l'objet ; le sujet redoute que ses pulsions destructrices ne détruisent l'objet qu'il aime et dont il dépend si totalement. En incorporant l'objet, il le protège contre ses propres pulsions destructrices.

Redoutant d'avoir détruit le « bon » objet, le sujet se sent triste, coupable, nostalgique (nostalgie du bon objet perdu) ; contre ses sentiments dépressifs, il peut mobiliser deux sortes de défenses : la réparation et la manie.

La défense maniaque, dont il faut souligner le caractère pathologique, nie la dépendance ; le clivage est renforcé ; il s'agit pour le sujet de fuir un monde intérieur dangereux par l'objet interne hautement valorisé qu'il renferme.

J. R.

POSITION SCHIZO-PARANOÏDE. Pour Mélanie Klein, il y a une homogénéité fondamentale entre le champ de la névrose et celui de la psychose. Sous les termes de position schizo-paranoïde et de position dépressive, elle a étudié les deux formes les plus archaïques, matricielles en quelque sorte de la psychose qui est pour elle le lot commun et fondamental de tout être humain ; la symptomatologie névrotique comme la normalité n'étant que des modes de dépassement, plus ou moins réussis, des positions psychotiques.

Les fantasmes psychotiques du nourrrrisson ont, avec la psychose adulte, le même rapport que la sexualité infantile avec les perversions adultes. Mélanie Klein aurait pu parler de l'enfant comme d'un psychotique polymorphe.

Lors de la position schizo-paranoïde qui s'étend sur le premier trimestre de la vie humaine, le nouveau-né ne perçoit que des objets partiels (le « bon » et le « mauvais » sein) ; les angoisses dominantes sont d'ordre paranoïde : la crainte d'être persécuté par de mauvais objets internes et externes, et d'ordre schizoïde : en effet, le Moi et ses objets sont à cette phase du développement divisés, clivés — mécanisme schizoïde par excellence.

Le pré-Moi, le Moi rudimentaire de l'enfant, s'intégrera, se constituera grâce aux processus d'introjection, de projection et de clivage, les trois processus les plus primitifs de la psyché.

Le premier objet que l'enfant va rencontrer est le sein maternel. Ce sein, il va l'incorporer, le mettre au-dedans de lui ; il fantasmera un « bon » sein, source de tout plaisir, de toute vie. Le sein absent, le sein frustrant, sera le « mauvais » sein, celui sur lequel il projettera sa colère, sa haine, sa destructivité, son avidité. Le « bon » sein et le « mauvais » sein sont des objets partiels ; des objets internes également, puisqu'ils font partie de son univers intérieur. Au cours des premiers mois de la vie, l'enfant n'a pas de relations avec des personnes en tant que telles, mais seulement avec des objets partiels : sein idéal et sein persécuteur.

Lors de la position schizo-paranoïde, l'angoisse pour le Moi prédomine ; le sujet craint d'être coupé en morceaux, empoisonné, dévoré, etc. Selon Mélanie Klein, c'est parce que le bébé projette sa propre agressivité sur ses objets qu'il les ressent comme « mauvais » et pas seulement parce qu'ils frustrent ses désirs : l'enfant conçoit ses objets comme effectivement dangereux, comme des persécuteurs dont il craint qu'ils ne le dévorent, qu'ils n'évident l'intérieur de son corps, ne le coupent en morceaux, ne l'empoisonnent, bref qu'ils ne préméditent sa destruction par tous les moyens que le sadisme peut inventer.

Il s'ensuit que de très petits enfants traversent des situations d'angoisse dont le contenu est comparable à celui des psychoses de l'adulte.

J. R.

POSSESSION. Altération de la structure de la personnalité qui résulte de « l'oppression de la conscience par des contenus inconscients » (*cf.* 114, p. 266), elle peut être formulée « comme une identité du Moi avec un complexe. L'identification à la persona en est un exemple commun » (*cf.* 114, vol. IX/1, p. 122). Etant un rapport d'identité, la relation du Moi au contenu inconscient en est exclue et elle s'accompagne d'une inflation (*cf.* 114, vol. IX/1, p. 351). C'est un état d'affect dont le caractère pathologique est fonction de l'attitude du conscient face à l'action contraignante et autonome des contenus qui émergent. Si le conscient démissionne, une identité régressive s'installe ; mais couramment, la possession, en corrélation avec une dissociation, est le prélude à la différenciation et au conflit.

Les contenus qui émergent sont d'abord peu influençables, système clos qui s'apparente aux idées paranoïaques (*cf.* 114, vol. IX/1, p. 122). (Voir aussi : *Identité, Persona, Inflation, Affect, Dissociation, Différenciation, Conflit.*)

L. D.

POSTHYPNOTIQUES (suggestions). Pendant son sommeil hypnotique on peut suggérer au sujet des ordres qu'il exécutera au bout d'un certain temps, après son réveil. Ces expériences présentent un triple intérêt : historique, criminologique, technologique.

Sur le plan historique, Freud, lors de son séjour à Nancy, a assisté chez Bernheim et Liebault à ces expériences. Un sujet pouvait le lendemain d'une expérience hypnotique exécuter ce qui lui avait été suggéré pendant la séance d'hypnose : se promener dans la cour avec un parapluie ouvert alors qu'il faisait beau. Interrogé sur le pourquoi de son comportement, le sujet ne se souvenant pas de l'ordre qui lui a été donné (du véritable motif), invente toutes sortes de motivations : pour essayer le parapluie, pour se préserver contre le vent, etc. Freud s'est demandé où était resté l'ordre puisqu'il ne se trouvait pas dans la conscience du sujet.

— On peut se demander si la manifestation posthypnotique peut être utilisée dans des buts criminels : faire exécuter en état de posthypnose un délit ou un meurtre. Il s'est avéré que le sujet en état de posthypnose ne dépasse pas une certaine limite, tracée par le bon sens et la morale.

— Les motivations invoquées par le sujet ne dévoilent pas le véritable motif de certaines actions. Au cours de la séance de psychothérapie les sujets motivent souvent leurs actions, mais les véritables « causes » se trouvent ailleurs.

S. H.

POTENTIALITE. Aptitude possédée par le sujet, mais qui ne s'est pas manifestée ou développée faute d'occasion ou le plus souvent en raison d'un interdit d'une situation conflictuelle ou d'une expérience traumatisante.

F. R.

POTOMANIE. Soif morbide insatiable d'eau (dypromanie = boire n'importe quoi).

F. R.

PRECONSCIENT. Séparé de l'inconscient par la censure, le préconscient rend accessible à la conscience les souvenirs, les pensées qui n'ont pas été refoulés. Le préconscient est, selon le mot de Freud, l'antichambre de la conscience ; le processus secondaire prédomine dans le système préconscient.

J. R.

PREGENITAL. Désigne les stades du développement qui précèdent le stade génital.

J. R.

PREJUDICE. Le sentiment de préjudice subi se trouve fréquemment dans les manifestations psychiques. Il résulte de la tendance à accuser autrui pour ce qui nous arrive. Il peut prendre dans les formes psychopathologiques des dimensions anormales. Le délire de préjudice, qui pousse sur le terrain psychique de la paranoïa, peut, par le mécanisme de l'orgueil, de la méfiance et de la fausseté du jugement, amplifier la moindre déconvenue et lui donner des proportions démesurées. C'est ainsi que se manifeste le processif, mécontent d'une décision qui va à l'encontre de ses intérêts. Le persécuté arrive facilement à la conviction de préjudice et à la revendication qui en découle.

S. H.

PRECEDIPIEN. Désigne le développement psychosexuel qui précède le stade œdipien ; la relation à la mère (relation duelle) serait alors prédominante, sinon exclusive. Pour Mélanie Klein, il n'y a pas de phase précedipienne, le père (voir : parents combinés) étant d'emblée présent dans la relation de l'enfant avec sa mère. (Voir : Œdipe.)

J. R.

PRESTIGE. Ascendant lié au statut et au succès. Il peut s'attacher a une personne, à un groupe, à un milieu, à une époque. Pour Adler, l'attitude d'un sujet peut être dictée par un désir d'approfondir les questions ou résoudre des problèmes. Elle peut aussi correspondre à un besoin de poursuivre une « politique de prestige » (Adler). Le névrosé plus préoccupé de paraître que d'être, plus intéressé par l'apparence que par le fond des choses se crée une auréole qui ne correspond nullement à la véritable valeur de sa personnalité.

S. H.

PRIMITIF. « Nous utilisons l'idée de " Primitif " au sens d'originel, sans faire allusion au moindre jugement de valeur. » (*Cf.* 121, p. 210.) N'est pas synonyme d'archaïque qui se rapporte essentiellement à des contenus ou des composantes psychiques. Jung n'a pas voulu faire l'étude psychologique de l'homme primitif ; le primitif est pour lui une image, une représentation de l'ombre de l'homme civilisé ; c'est un modèle construit en fonction des rapports du conscient et de l'inconscient de l'homme d'aujourd'hui.

L. D.

PRINCIPE D'ABSTINENCE. Le principe d'abstinence impliqué déjà dans la « neutralité » de l'analyste doit être compris comme un refus « de donner satisfaction à la demande d'amour présentée par sa patiente » (Freud). Les thérapies actives laissaient Freud très réservé ; il estimait, en outre, que pour les besoins de la cure la souffrance du patient ne devait pas être soulagée prématurément.

J. R.

PRINCIPE DE CONSTANCE. Selon Freud, la fonction essentielle de l'activité psychique consisterait à réduire à un niveau aussi constant, voire aussi bas que possible, les tensions créées par une excitation soit instinctuelle, soit externe. A la limite même, le principe de constance se confondrait avec le principe de Nirvana (terme emprunté par Freud à Barbara Low) tendant à ramener à zéro toute quantité d'excitation. On parle, aujourd'hui, plutôt d'homéostase que de principe de constance.

Comme le relèvent Laplanche et Pontalis, « le principe de constance est dans un rapport étroit avec le principe de plaisir dans la mesure où le déplaisir peut être envisagé, dans une perspective économique, comme la perception subjective d'une augmentation de tension et le plaisir comme traduisant la diminution de cette tension. » (*Cf.* 144.)

J. R.

PRINCIPE DE PLAISIR — PRINCIPE DE REALITE. Ces deux notions sont inséparables ; chacun des deux termes se réfère à un certain type de fonctionnement mental. Si on envisage la construction freudienne schématisant les différentes instances de la personnalité en un Ça, en un Moi et en un Surmoi, on peut dire, dans une perspective génétique, que le principe de réalité succède au principe de plaisir. La recherche de la satisfaction chez le jeune enfant se ferait tout d'abord par la voie la plus courte, par une décharge immédiate de la tension pulsionnelle. Mais, compte tenu de l'existence du monde extérieur — progressivement reconnu dans sa réalité effective — le sujet abandonne peu à peu les satisfactions hallucinatoires et se résoudrait à se « représenter l'état réel du monde extérieur et à rechercher une modification réelle ». Par là, dit Freud, un nouveau principe de l'activité psychique est introduit ; ce qui est représenté, ce n'est plus ce qui est agréable, mais ce qui est réel, même si cela doit être désagréable. La recherche de la satisfaction ne s'effectue plus par les voies les plus courtes, mais, comme l'indiquent Laplanche et Pontalis, « elle emprunte des détours, et ajourne son résultat en fonction des conditions imposées par le monde extérieur ».

J. R.

PROCESSUS PRIMAIRE — PROCESSUS SECONDAIRE. Ce sont les deux modes du fonctionnement mental, l'un étant caractéristique de l'activité mentale inconsciente et l'autre de la pensée consciente. L'opposition entre processus primaire et processus secondaire recouvre également en partie l'opposition établie par Freud entre l'énergie libre et l'énergie liée, ainsi que celle qui gouverne le principe de plaisir et le principe de réalité.

Ce qui caractérise le processus primaire, ce sont les glissements incessants de sens, l'absence de contradiction, la non-articulation de l'espace et du temps ; il s'agit du mode de penser propre au Ça, où prédominent la mobilité, le déplacement, la condensation ; l'énergie mobile, libre, y est essentiellement régie par le principe de plaisir : ce qui est visé, c'est la décharge immédiate des tensions par l'accomplissement de désir hallucinatoire.

« L'investissement de désir allant jusqu'à l'hallucination, le plein développement de déplaisir qui implique que la défense soit dépensée pleinement, nous les désignons du terme de *processus psychiques primaires,* écrit Freud ; par contre, les processus que seul rend possibles un bon investissement du Moi et qui représentent une modération des précédents, nous les désignons comme *processus psychiques secondaires.* »

Le processus mental secondaire est régi par le principe de réalité ; c'est dire qu'il réduit le déplaisir de la tension instinctuelle par un comportement adaptatif. Il se développe corrélativement au Moi, dont le rôle majeur est d'inhiber le processus primaire. Si le rêve caractérise le processus primaire, le processus secondaire est celui de la pensée consciente (attention, mémoire consciente, jugement, raisonnement, action contrôlée, etc.).

J. R.

PROJECTION. Mécanisme fondamental de la vie psychique par lequel le sujet attribue à autrui ou rejette dans le monde extérieur ce qu'il refuse de reconnaître en lui. Le sujet perçoit alors dans le monde extérieur des caractéristiques qui lui sont propres, par exemple, dans des cas pathologiques d'idées de persécution, des voix. Dans la vie quotidienne, l'exemple le plus simple de la projection est la réflexion : « Toi aussi ! ». Si quelqu'un nous attribue un sentiment déplaisant, nous supposons souvent instantanément que ce sentiment est en lui.

Pour les auteurs kleiniens, la projection doit être considérée comme notre première mesure de sécurité, notre garantie la plus fondamentale contre la douleur, la peur d'être attaqué ou l'impuissance. Mélanie Klein a mis au premier plan la dialectique de l'introjection-projection, en relation avec des fantasmes d'incorporation et de réjection du « bon » et du « mauvais » objet ; elle y a vu le fondement même de la différenciation intérieur-extérieur.

J. R.

La projection est une première différenciation de l'identité archaïque, en ce qu'elle comporte un début d'objectivation. D'une part, cette objectivation est une illusion puisqu'elle dénature aussi bien l'objet que le contenu projeté, et qu'elle fait croire que des composantes de notre propre psyché existent en dehors d'elle (*cf.* 124, p. 128). Mais, d'autre part, elle est la première modalité de manifestation de composantes qui étaient jusqu'alors confondues avec d'autres.

Le retrait des projections ne fait que déplacer l'illusion si on ne repère pas l'inflation qui l'accompagne toujours et qui consiste généralement dans un état de possession par l'anima ou l'animus. C'est pourquoi la reconnaissance de ces facteurs est décisive dans la conduite d'une thérapie analytique. (Voir aussi : *Identité archaïque, Inflation, Anima-animus.*)

H. E.

PROJECTION VOCALE. S'oppose à « expression simple », désigne l'acte phonatoire lorsque celui-ci prend délibérément et ouvertement la signification d'une *action sur autrui* comme dans les cas suivants : appeler, donner un ordre, affirmer, interroger.

La projection vocale exige une mobilisation psychologique plus importante. Elle engage la responsabilité du sujet de manière beaucoup plus effective que l'expression simple (raconter ce qui vient d'arriver, parler tout seul, parler de la pluie et du beau temps...). Elle entraîne obligatoirement une orientation de l'esprit vers la prise de conscience des réactions de l'interlocuteur (activité radar). Elle entraîne des modifications du comportement (verticalisation). L'activité de projection vocale est parfois perturbée par des inhibitions psychologiques importantes. L'entraînement à la projection vocale a une incidence psychothérapeutique intéressante.

L. H. F.

PROPHYLAXIE MENTALE. Si la prophylaxie est l'ensemble des mesures destinées à empêcher l'apparition d'une maladie, la prophylaxie mentale représente les moyens de prévention des manifestations psychopathologiques. Ses moyens sont de deux natures :

a) ils intéressent l'individu, sa structure psychique, sa finalité, sa place et son devenir au sein de la société ;

b) ils concernent la société et sa façon de se situer vis-à-vis des tendances pathologiques de l'individu.

S. H.

PROTAGONISTE. Aussi appelé sujet, c'est le principal acteur du psychodrame. Il propose une histoire, réelle ou fantasmée, qui sera mise en scène. A travers le jeu dramatique, le protagoniste pourra prendre une nouvelle conscience de son problème.

B. J.

PROTESTATION VIRILE. Dès 1912, dans son ouvrage : *Le tempérament nerveux* (*cf.* 1), Adler consacre une étude très approfondie à la psychologie de la femme et à certains de ses aspects particuliers. Dans notre société faite en grande partie par l'homme et pour l'homme, la femme a l'impression d'être inférieure à lui. Adulte, elle constate avec une certaine amertume que les postes de commande sont généralement, et dans la grande majorité des cas, réservés aux hommes. Elle prend conscience de ce que ses salaires, à travail égal, sont parfois inférieurs à ceux de l'homme. Il en résulte un sentiment de révolte, de protestation vis-à-vis de son rôle de femme et un désir d'égaler l'homme, d'être comme un homme. Les mouvements de libération de la femme prouvent bien que ce sentiment existe et confirment les vues d'Adler. De cette attitude psychique, ressort dans la vie intime un refus du rôle sexuel avec des troubles des règles (dysménorrhées) et du rôle de partenaire sexuel (frigidité). La femme cherche par contre à adopter des attitudes caractérielles considérées comme viriles. L'agressivité, l'esprit d'initiative, la grossièreté, le besoin de s'imposer, l'allure masculine teintent ainsi son comportement. Elle renonce à ce qui fait l'attrait de la condition féminine, la douceur, la gentillesse, le charme (*cf.* 1).

Adolescente, elle se joint aux jeux de garçons, renonce aux activités féminines et s'efforce de rivaliser avec eux dans des activités sportives. Elle recherche leur compagnie qu'elle préfère à celle des filles, dont elle critique le manque de décision, la tendance à l'intrigue. Très tôt, elle réalise la plus grande liberté qui est réservée aux garçons qui peuvent aller et venir comme ils veulent, rentrer tard s'ils le désirent. La jeune fille est davantage surveillée.

Comme enfant, placée dans une fratrie de garçons, elle est souvent l'objet de la raillerie de ses frères. Elle entend les exhortations qu'on leur adresse, du genre « ne pleure pas comme une fille ». Elle veut alors faire comme eux. Véritable « garçon manqué », elle refuse de jouer avec les poupées et toute sa personnalité est tendue vers un comportement masculin.

La protestation virile est l'expression d'un complexe d'infériorité de la femme, face à une certaine situation psychosociale de l'homme.

S. H.

PSYCHAGOGIE. Ensemble des méthodes tendant à la direction de l'esprit (éducation de la volonté, suggestion, psychanalyse, etc.), (cf. 24 glos.). Ce terme se voulait plus large que « éducation de la volonté » qui semble prétériter l'inconscient. « Dans notre conception, écrit Baudouin, et lorsqu'il s'agit d'action sur les masses, la psychagogie vraie finit là où la démagogie commence (cf. 22, p. 258).

A. A.

PSYCHANALYSE. I. Mode d'investigation des processus psychiques inconscients.

II. Méthode thérapeutique fondée sur cette investigation.

III. Ensemble théorique systématisant les données apportées par l'investigation des processus psychiques inconscients et le traitement des désordres névrotiques ou psychotiques.

J. R.

PSYCHANALYSE SAUVAGE. Utilisation non contrôlée des techniques analytiques (interprétations, maniements du transfert...) par des analystes amateurs qui, par naïveté, ignorance ou désir de puissance, jouent avec l'inconscient de leurs patients. Dans son article sur la « psychanalyse dite sauvage » (1910), Freud observe qu'en révélant directement aux malades leur inconscient, on provoque toujours chez eux une recrudescence de leurs conflits et une aggravation de leurs symptômes.

J. R.

PSYCHASTHENIE. Terme dû à Pierre Janet, destiné à la nosographie des névroses et désignant l'une des deux grandes catégories névrotiques, la première décrite étant l'hystérie. Il s'agit en même temps d'une allusion à un mécanisme psychopathologique central par référence à la psychologie des conduites et de l'action, propre à Janet. Ainsi la psychasthénie est une « forme de la dépression mentale caractérisée par l'abaissement de la tension psychologique, par la diminution des fonctions qui permettent d'agir sur la réalité et de percevoir le réel ». Les psychasthéniques sont dominés par les sentiments divers d'incomplétude (*cf.* ce mot) dans leurs formes les plus variées, de difficulté, d'inutilité, d'incapacité, d'insuffisance intellectuelle, d'étrange, de déjà vu, de doute, de pénible, d'ennui, de dédoublement, de dépersonnalisation, etc. On trouve également dans ce tableau, large et varié d'un patient à l'autre, des « agitations mentales », obsessions, ruminations, phobies, pensées stériles, des « agitations motrices », tics, tremblements, des « agitations viscérales », spasmes, dysrégulations. La tension psychologique des sujets présentant un tempérament psychasthénique ou des névrosés de ce type, est habituellement basse. La « fonction du réel » est compromise par « l'absence de décision, de résolution volontaire », par « l'absence de croyance et d'attention », par « l'incapacité d'éprouver un sentiment exact en rapport avec la situation présente ». Longtemps utilisé par les psychiatres, le terme s'applique aujourd'hui plus rarement et à des formes mineures de névrose obsessionnelle. Il conserve sa place historique et sa signification capitale dans les schémas de l'œuvre psychopathologique de Janet (*cf.* 109, 110, 111).

B. J.-C.

Le terme est de Pierre Janet (1859-1947) et désigne un état psychopathologique caractérisé par une altération de la conscience du Moi avec sentiment d'étrangeté du monde environnant, sentiment de dépersonnalisation, sentiment d'incomplétude. La personnalité psychasthénique se caractérise par une sous-estimation de sa propre valeur, le doute, l'indécision, la timidité, la rumination de sa propre valeur, le doute, l'indécision, la timidité, la rumination mentale. Pour Janet, la psychasthénie est un trouble de la fonction du réel. Sur ce fond apparaissent les manifestations névrotiques de l'obsession et de la phobie.

Pour Adler, les manifestations de la psychasthénie se retrouvent chez la plupart des névrosés. Le sentiment d'incomplétude de Janet et le sentiment et le complexe d'infériorité d'Adler se rejoignent en partie.

S. H.

PSYCHE. « Lorsque nous nommons la psyché, nous évoquons symboliquement l'obscurité la plus épaisse que l'on puisse s'imaginer » (*cf.* 131, p. 326). Pour Jung, c'est cependant une réalité vivante et agissante dont on n'a pas encore apporté la preuve qu'elle ne soit qu'un épiphénomène et qui oblige à répudier « la prétention arrogante de la conscience à être la totalité de la psyché » (*cf.* 132, pp. 606 *sq.*). C'est en effet « une équation qui ne peut être résolue sans le facteur de l'inconscient ; c'est une totalité qui inclut à la fois le Moi empirique et ses racines transconscientes » (*cf.* 114, XIV, p. 155). Cette équation, Jung l'expose sans la résoudre et surtout sans vouloir la réduire : « Ce que nous posons avec le concept de psyché, nous ne pouvons tout simplement ni le savoir ni le saisir, car la psychologie est dans cette situation fâcheuse où l'observateur et la chose observée y sont en dernière analyse identique » (*cf.* 131, p. 267). Cependant, c'est « dans la mesure où la psyché se connaît comme existante, se comporte en conséquence et présente une phénoménologie qui lui est propre et qu'on ne peut réduire à rien d'autre » (*cf.* 130, p. 23), qu'on peut la décrire et en rechercher les lois.

Les rapports du conscient et de l'inconscient ne semblent pas livrés au hasard. « Le conscient repose sur le socle pour ainsi dire statistique et hautement conservatif de l'instinct et des formes imagées spécifiques de ce dernier, les archétypes » (*cf.* 118, p. 101) qui constituent les « unités d'efficience de l'inconscient » (*cf.* 131, p. 560). Lors des processus de prise de conscience, la directivité nécessaire du conscient agit au prix d'une unilatéralité ; mais « comme la psyché est un système autorégulateur, tout comme le corps, la contre-réaction régulatrice se développe toujours dans l'inconscient » (*cf.* 114, VIII, p. 79) qui a donc une position compensatoire plutôt que complémentaire (*cf.* 124, p. 137). Sous cet éclairage, « la psyché apparaît comme un processus dynamique qui repose sur les antithèses qui la sous-tendent si bien qu'on peut se la représenter sous l'image d'une tension entre ses pôles (*cf.* 127, p. 398). Par ailleurs, le concept de Soi met l'accent sur un processus de centrage de la personnalité. « Désignant la totalité de la psyché, il est non seulement le centre, mais aussi le périmètre qui inclut conscient et inconscient ; il est le centre de cette totalité comme le Moi est le centre de la conscience » (*cf.* 132, p. 59). Enfin, il semblerait « qu'une partie au moins de la psyché échappe aux lois de l'espace et du temps, fonctionnant parfois par-delà la loi causale spatio-temporelle » (*cf.* 127, pp. 346 sq.). Les phénomènes de synchronicité qui en résultent, suggèrent que « matière et psyché sont deux aspects différents d'une seule et même chose » (*cf.* 131, p. 540) et que « les phénomènes psychiques sont en relation énergétique avec le fondement physiologique » (*cf.* 131, p. 563).

L. D.

PSYCHIATRIE. Partie de la médecine qui étudie et soigne les troubles mentaux.

F. R.

PSYCHIATROPATHIE. Démence spécifique des psychiatres, des psychanalystes et des antipsychiatres, selon Maurice Lemaitre et la psychokladologie (*).

F. R.

PSYCHODRAME. Jeu dramatique effectué dans un but thérapeutique. Les participants, en général des patients, vont jouer une histoire présentée par l'un d'entre eux, appelé le protagoniste. Jacob-Louis Moreno a inventé le psychodrame, à Vienne, dans les années 20 (sous l'influence de la psychanalyse), puis l'a développé à New York. Cette technique a été importée en France vers 1950. Il existe plus de deux cents formes différentes de psychodrame, depuis le psychodrame de l'alcoolique jusqu'au psychodrame du nourrisson en passant par celui du délinquant.

Le groupe de psychodrame se réunit en général une fois par semaine et dure de une à trois heures. Les résultats sont probants, surtout avec certains psychotiques. D'autres techniques de groupes (en particulier le groupe analytique) donneraient de meilleurs résultats avec les névrosés. Dans le psychodrame, l'attitude est « centrée sur le client » et Moreno demande au thérapeute et aux égo-auxiliaires d'avoir non seulement une attitude authentique, engagée et spontanée avec les acteurs, mais aussi un contact physique chaleureux. Le psychodrame permet d'analyser les résistances du groupe et du protagoniste, les symboles représentés, les actes manqués, les contradictions entre les paroles et le comportement non verbal, les transferts réciproques. Il permet de représenter et d'analyser la relation œdipienne, ainsi que les rêves ; d'extérioriser, grâce à la technique du double, les conflits entre la libido et le Surmoi ; de renforcer le Moi ou de provoquer une régression, enfin d'effectuer une catharsis abréactive de conflits non résolus.

Le psychodrame met constamment le protagoniste aux prises avec une réalité extérieure, ce qui constitue un entraînement au dépassement d'un vécu régi par le Moi-plaisir. (Voir aussi : *Miroir, Renversement de rôle, Soliloque.*) (*Cf.* 164.)

B. J.

PSYCHOÏDE. Qualifie « ce qui ne serait que conditionnellement psychique et relèverait d'autres formes de l'être » (*cf.* 127, p. 399). Cet adjectif résulte d'un postulat, comparable à ceux de la physique théorique. Il désigne ce qui se trouve hors du champ de l'observateur psychique, mais que cet observateur a besoin de supposer pour rendre compte de ce qu'il perçoit.

Jung a été conduit à ce postulat par l'étude des schèmes organisateurs collectifs (archétypes) dont la nature et certaines modalités d'action ne semble pas d'ordre psychique, et par l'observation de rapports significatifs entre phénomènes physiques et phénomènes psychiques (synchronicité).

Ce qui est « psychoïde » ne peut être ni perçu directement ni représenté adéquatement ; il correspond à une problématique de l'unité du physique et du psychique ; il serait au principe de leurs correspondances dans le temps et de leur cohérence dans les configurations de la vie.

H. E.

PSYCHOKLADOLOGIE. (kladologie = science des branches). Nouvelle psychopathologie et nouvelle psychothérapie que le mouvement lettriste oppose à la psychiatrie et qui se déduit de la formule de la personnalité humaine selon Isidore ISOU :

$$PH = \begin{cases} \sum \text{MERA (HKC)} \\ p \\ p^{EP} \end{cases}$$

où M = mécanique, E = élémentique, R = rythmique, A = anecdotique, H = hypergraphologique, K = Kladologique, C = créativité multiplicatrice, P = particule de personnalité.

F. R.

PSYCHOLOGIE ANALYTIQUE. Lorsqu'à la fin de 1913, Jung se sépara de Freud, il abandonna du même coup l'expression « psychanalyse ». Plus tard, il désigna ses travaux du nom de « psychologie complexe » et finalement de « psychologie analytique », appellation que ses élèves ont conservée. L'emploi de l'adjectif « analytique » indique que les méthodes jungiennes et freudiennes ont en commun un certain nombre de principes fondamentaux.

H. E.

PSYCHOLOGIE INDIVIDUELLE ET COMPAREE. Le terme est synonyme de psychologie adlérienne. Il a été créé en 1911 pour désigner le nouveau courant doctrinal de la psychologie des profondeurs. Après sa brouille avec Freud, Adler organise son propre cercle et sa propre doctrine qu'il appelle d'abord psychanalyse libre et ensuite psychologie individuelle et comparée. Par ce terme, Adler rappelle que :

a) le psychisme de l'être est un tout indivisible (individuum) qu'on ne saurait comprendre et saisir que dans sa totalité ;

b) la personnalité avec ses problèmes et ses difficultés sera mieux évaluée si on la réfère à une norme sociale idéale et abstraite.

S. H.

PSYCHOLOGIE DES PROFONDEURS (vocable qui dénomme la psychologie de l'inconscient ou la psychologie abyssale). Ce terme collectif désigne un courant psychologique qui considère la vie psychique consciente et rationnelle de l'être comme dirigée, en partie du moins, par des couches inconscientes, archaïques, affectives de notre personnalité. Il dénomme les écoles des trois pionniers de la psychologie des profondeurs : Freud, Adler et Jung ainsi que les écoles mineures qui ont fait leur apparition par la suite. La notion d'inconscient s'élabore progressivement chez Freud (1856-1939) d'une part sous l'influence des expériences de posthypnose auxquelles il assiste chez Bernheim et Liébault à Nancy, d'autre part grâce à la constatation que des souvenirs ramenés à la conscience pendant le sommeil hypnotique améliorent ou font disparaître momentanément le symptôme. Freud fait cette constatation chez les patients de son confrère Breuer, ensuite chez ses propres malades. Historiquement on peut dire que le courant de la psychologie des profondeurs prend son essor avec la publication de l'ouvrage de Freud : *La science des rêves*, 1900. Le début du XXᵉ siècle voit se constituer une pléiade de chercheurs parmi lesquels deux penseurs originaux, Alfred Adler (1870-1937) et C.G. Jung (1875-1961). Avant sa rencontre avec Freud en 1902, Adler avait déjà exposé certaines vues fondamentales de son futur système psychologique. L'homme n'est pas un produit isolé, il est en partie un produit social. Très influencé par la biologie, le néovitalisme surtout, il introduit les notions de compensation dans le domaine de la psychologie. Le complexe d'infériorité, le conflit entre la position sociale réelle et les aspirations du sujet, la notion de structure caractérielle et son retentissement sur le devenir de la personnalité se trouvent à la base de sa doctrine. Carl Gustav Jung (1875-1961), Suisse, ajoute à la notion d'inconscient personnel celui d'inconscient collectif. Il met en évidence la notion d'archétypes, images anciennes qui appartiennent au trésor commun de l'humanité. Il crée la notion d'individuation, réalisation de soi-même, devenir ce qu'on pourrait être (*cf.* 88).

S. H.

PSYCHOPATHE. (Voir Neuropathe.)

PSYCHOPATHOLOGIE. Partie de la psychologie qui étudie, en les comparant, les processus normaux et pathologiques de la vie mentale.

F. R.

PSYCHOPATHOLOGIE SEXUELLE. Partie de la psychopathologie qui étudie, plus spécialement en les comparant, les processus normaux et pathologiques de la vie sexuelle.

F. R.

PSYCHOPHARMACOLOGIE. La découverte de l'action sédative originale de la chlorpromazine, en 1952, par J. Delay et P. Deniker, a ouvert la voie des chimiothérapies modernes en psychiatrie. La croissance incessante de ce domaine thérapeutique est accompagnée du progrès remarquable des connaissances psychopharmacologiques, c'est-à-dire de l'action de telles substances sur le système nerveux (voir *médiateurs chimiques*) et sur les fonctions mentales. Les médicaments qui manifestent cette double polarité d'action sont dits psychotropes (voir *psychotropes*). Leur action symptomatique (sédative et neuroleptique, antidépressive, tranquillisante) dépasse les limites de leur emploi immédiat et particulier, « cette action symptomatique est souvent nécessaire pour rendre possible le recours aux moyens autonomes de défense et aux thérapies psychologiques, sociales ou institutionnelles » (J. Sutter). Quelques dates manifestent l'accélération du processus psychopharmacologique avec l'utilisation des bromures vers 1850, du véronal, premier barbiturique, en 1903. des amphétamines en 1938 et, après la chlorpromazine en 1952, les antidépresseurs en 1957, puis la prolifération des tranquillisants majeurs et mineurs depuis lors au rythme de plusieurs chaque année, jusqu'à la réintroduction des sels de lithium ces derniers temps, grâce aux possibilités modernes de dosage sanguin de contrôle. Parmi les sédatifs (ou psycholeptiques, de Delay et Deniker), on range les hypnotiques, inducteurs du sommeil, les neuroleptiques, tranquillisants majeurs dont l'action réductrice des processus psychotiques est fondamentale et, enfin, les tranquillisants proprement dits employés pour l'apaisement de l'angoisse et de ses manifestations neurovégétatives. Puis, deuxième grande famille, sont individualisés les psychoanaleptiques, soit stimulants de la vigilance, telles les amphétamines, soit stimulants de l'humeur ou antidépresseurs à qui on doit la cure remarquable des psychoses dépressives, c'est-à-dire de la mélancolie typique, ou une action sur les syndromes dépressifs d'autres catégories nosologiques. Il faut souligner que l'emploi des psychotropes a largement débordé la spécialité psychiatrique. Tous les médecins généralistes — comme les médecins de nombreuses spécialités — utilisent directement ou non les chimiothérapies psychotropes, de même que de nombreux produits voisins des psychotropes et employés pour leurs effets proprement somatiques. De plus, nombre de personnes se fient à leur propre expérience pour une « automédication » souvent mal adaptée à l'état du moment. Si de telles pratiques vont de pair avec une civilisation contemporaine marquée par le nombre de ses artifices, il va de soi qu'il appartient aux psychiatres et à tous ceux qui sont concernés par les soins aux malades mentaux — psychotiques ou névrosés — de reconnaître l'existence d'un domaine où un savoir précis s'impose et où la négligence peut être très coûteuse pour la santé de ceux qui se placent sous leur responsabilité. Il existe des « effets secondaires » des psychotropes, tels les phénomènes extrapyramidaux des neuroleptiques, variables selon les doses et les sujets. En général de tels effets sont bénins ou réversibles et, de toute façon, contrôlables par le thérapeute. Ils sont loin d'interdire un emploi intense ou prolongé de ces médicaments. Le terme de « drogue » souvent employé à propos de ces substances est ambigu et risque de cacher leurs effets essentiellement bénéfiques. Toutefois un nombre important de ces médicaments connaît des posologies nocives. Leur absorption doit se garder d'être fantaisiste. Les surdosages comportent très souvent des risques comatogènes et même vitaux. Les tentatives de suicide par psychotropes sont fréquentes aujourd'hui. Elles imposent un contrôle strict de substances dont la nature est d'être d'un emploi bénéfique et non de compliquer les tâches thérapeutiques. Il appartient aux membres de la collectivité, conscients de ces aspects, de protéger contre eux-mêmes ceux que tentent les abus, tout en sachant que, bien utilisés, les psychotropes constituent une assistance extraordinaire dans un contexte collectif pathogène, quelles que soient par ailleurs les opinions de chacun sur ce dernier point. La transformation de l'aliénation et de ses états monstrueux et caricaturaux, massivement recueillis dans les asiles d'il y a à peine 20 ans, en des modes pathologiques plus tolérables, est un progrès qu'il est bon de conserver à l'esprit lors même que des voies complémentaires ou nouvelles paraissent possibles.

B. J.-C.

PSYCHOPHONIE. Méthode de M. L. Aucher visant au développement et à l'équilibre psychophysiologique de la personne, utilisant l'étude de l'émission et de la réception des sons, en relations avec certaines perceptions localisées à des points et zones corporels précis (*cf.* 18).

L. H. F.

PSYCHOREEDUCATION. Par décret n° 74-112 a été créé un diplôme de psychorééducateur, dénomination qui a suscité les plus expresses réserves aussi bien de la part des médecins psychiatres que de la part des intéressés : la psychothérapie est une technique psycho-médicale, la rééducation psychomotrice est une technique de réadaptation. Selon le Dr G. Heuyer, « la psychorééducation n'existe pas et est destinée à un emploi commercial par un désir de confusion des termes ».

F. R.

PSYCHOSE. Les psychoses, comme les névroses, ont pour Freud une étiologie commune : à savoir, toujours, la frustration, le non-accomplissement d'un de ces désirs infantiles éternellement indomptés qui s'enracinent si profondément dans les déterminations phylogénétiques de notre organisation. « L'effet pathogène est ceci et cela, écrit Freud, suivant que le Moi, dans cette tension conflictuelle, reste fidèle à son allégeance vis-à-vis du monde extérieur et cherche à bâillonner le Ça ou qu'il se laisse dominer par le Ça et arracher du même coup à la réalité. »

En d'autres termes, tandis que dans la névrose, le Moi obéissant aux exigences de la réalité (et du Surmoi) refoule les revendications pulsionnelles, dans les psychoses il se produit tout d'abord une rupture entre le Moi et la réalité qui laisse le Moi sous l'emprise du Ça ; en un second temps, celui du délire, le Moi reconstruit une nouvelle réalité, conforme aux désirs du Ça.

J. R.

Jung a commencé son cursus médical à la clinique psychiatrique de l'université de Zurich, dans le service de E. Bleuler où il soignait les psychotiques, et l'étude psychologique de ceux-ci constitue la base de ses recherches ultérieures. Les trois premiers volumes des œuvres complètes y sont consacrés. Ses études sur les « Associations chez les psychotiques » lui ont permis de définir la notion de complexe et de situer l'importance du rôle de l'affect qui l'accompagne. Ces théories élaborées de 1907 à 1957 sont réunies dans « La psychogenèse des maladies mentales » (*cf.* 114, III), centrée sur l'étude de la schizophrénie. Les concepts d'inconscient collectif et d'archétype y sont décrits. « Les métamorphoses de l'âme et ses symboles » (*cf.* 124) en sont l'étude symbolique et mythologique.

En 1957, Jung résumait sa doctrine pour le Congrès international de psychiatrie de Zurich (*cf.* 114, III, p. 256 à 272). Pour lui, la schizophrénie a une double étiologie. « La psychologie est indispensable pour expliquer la nature et les causes des émotions initiales qui ont donné naissance aux altérations métaboliques. Ces émotions semblent s'accompagner de processus chimiques qui causent des troublent ou des lésions spécifiques, temporaires ou chroniques. » La phénoménologie de la schizophrénie est plus celle du complexe pathogène et des affects qui l'accompagnent que de la détérioration de la personnalité, qui n'est que secondaire. La compensation se fait sur un mode archaïque et collectif. Les complexes deviennent autonomes, et sont responsables des phénomènes délirants et hallucinatoires. Le pronostic psychothérapique depend des possibilités intellectuelles du sujet et de la profondeur de sa culture. Le psychothérapeute, spécialement compétent et dévoué pour ces cas, engage une discussion explicative des symptômes et des contenus psychotiques, afin d'enrichir les concepts aperceptifs. Il met l'accent sur l'universalité des contenus archétypiques, qui, faute de compréhension, se reproduisent indéfiniment et alourdissent leur charge émotionnelle destructurante. L'orientation thérapeutique est donc bien différente de celle des névroses.

Enfin, Jung insiste sur la fréquence des psychoses latentes qui peuvent se décomposer lors d'une tentative analytique inadaptée.

L. D.

PSYCHOSOMATIQUE. Phénomène conversionnel (voir *conversion hystérique*) dans lequel un facteur psychologique se traduit par des désordres physiologiques. Alors que dans l'hystérie, le complexe psychique se traduit par des troubles moteurs et sensoriels (sphère cérébro-spinale), les affections psychosomatiques procèdent de la sphère neurovégétative. Ces affections, connues de longue date sous les noms de « troubles fonctionnels », « dystoniques », « pathologie émotionnelle » n'ont été individualisées comme telles qu'à partir des publications de Félix Deutsch (1922), mais leur analyse partielle avait été entreprise antérieurement par de nombreux chercheurs (Pavlov, 1899 ; Bergmann, 1912), et a donné lieu à de multiples schémas d'explication (cushing, médecine corticoviscérale de Bykov et Smolenski, états d'alerte de Cannon, stress de Selye, schéma dynamique spécifique d'Alexander, coïncidence a-causale de Meier, pathologie de la manifestation selon Balint). En fait, il y a lieu de distinguer, après P. Solié, la symptomatique psychosomatique (troubles variés non lésionnels) du syndrome psychosomatique qui peut en être l'aboutissement (cystite, hypertension artérielle, gastrite, rectocolite hémorragique, ulcère gastro-duodénal, asthme, glaucome, dermatoses...). L'ensemble peut se superposer à d'autres troubles relevant ceux-là soit de la conversion hystérique classique, soit de perturbations proprement organiques. De sorte qu'il ne saurait être question de distinguer une médecine générale et une médecine psychosomatique. C'est à tous les thérapeutes de toutes spécialités que s'impose désormais l'approche psychosomatique de la pathologie, et à eux qu'incombe en principe le soin de poser un diagnostic complet. Le psychothérapeute doit, de son côté, connaître la genèse psychosomatique des maladies pour lesquelles le médecin sollicitera sa collaboration. Inversement, devant une névrose à laquelle s'associent des troubles somatiques complexes, le psychothérapeute demandera au médecin de préciser le rôle respectif des deux aspects du traitement requis.

F. R.

De Condillac : « Un homme tourmenté par la goutte, et qui ne peut se soutenir, revoit, au moment qu'il s'y attendait le moins, un fils qu'il croyait perdu : plus de douleur. Un instant après le feu se met à sa maison, plus de faiblesse ; il est déjà hors de danger quand on songe à le secourir. Son imagination, subitement et vivement frappée, réagit sur toutes les parties de son corps, et y produit la révolution qui le sauve. » (*L'Art de Penser*, à Paris, de l'imprimerie de Ch. Houel, an VI, 1798 (E. vulg.).) (Voir *Imagerie mentale, Onirothérapie*.)

V. A.

PSYCHOSYNTHESE. Doctrine et psychothérapie spiritualistes développées par Roberto Assagioli et fondées sur l'aspiration à une synthèse intégrale de toutes les philosophies et de toutes les psychothérapies. Quant à ces dernières, la psychosynthèse cherche à prendre en considération la totalité des aspects de l'homme et de l'esprit (énergies supérieures latentes, conscient, inconscient inférieur, inconscient moyen, supraconscient...).

F. R.

PSYCHOTHERAPIE. Désigne toute discipline ayant pour objet de restaurer la créativité, la liberté, le bien-être, la socialisation des sujets atteints de névroses, par des moyens essentiellement psychologiques (les drogues n'intervenant qu'à titre de favorisants ou d'adjuvants).

F. R.

PSYCHOTHERAPIES ASSOCIEES (COTHERAPIES). A de rarissimes exceptions près, les psychothérapeutes relevant des diverses doctrines psychanalytiques ou psychologiques ont été hostiles, jusqu'en 1962, à l'idée de partager leurs sujets avec des psychothérapeutes appartenant à une autre école que la leur. Ils s'ignoraient d'ailleurs pratiquement et entrèrent en contact, à cette date, à l'occasion des cycles de conférences organisées à la Sorbonne par A. Virel à l'intention des étudiants en psychologie. De ces rencontres devait résulter une collaboration progressive concrétisée d'abord par la création d'un syndicat national où toutes les écoles étaient représentées et, un peu plus tard, par l'Institut de psychothérapie où toutes les techniques sont enseignées conjointement par des représentants les plus autorisés de chacune d'elles. Il est, aujourd'hui, courant de soumettre un patient, simultanément ou alternativement, à plusieurs psychothérapeutes de pratique différente, ce qui peut, selon les cas, présenter comme avantages :

a) de débloquer une situation thérapeutique stagnante ;

b) d'aborder les angoisses, affects, souvenirs oubliés et conflits sous des angles complémentaires ;

c) de favoriser le déroulement d'une vidange de l'imaginaire pauvre ou réticente ;

d) de limiter le recours au transfert, ou de l'éviter, ou de lui donner deux points de fixation complémentaires ;

e) de compléter sur un autre mode (par exemple actif dans l'expression scénique), ce qui est acquis dans une autre technique (par exemple passivement dans une onirothérapie (*) et constamment d'abréger le temps nécessaire à l'obtention des premiers résultats utiles à la vie pratique du patient.

F. R.

PSYCHOTHÉRAPIES DE DIFFÉRENTES INSPIRATIONS. Si les psychothérapeutes, d'après leur formation, suivent les indications et les techniques des trois pionniers de la psychologie des profondeurs, de nombreuses autres techniques psychothérapiques ont vu le jour, surtout depuis une vingtaine d'années. Ces techniques ont recours en partie à des données des trois écoles (Freud, Adler, Jung). On peut alors parler de psychothérapie d'inspiration freudienne, adlérienne, jungienne.

S. H.

PSYCHOTHÉRAPIE DE GROUPE. Dans la mesure où tout individu ne peut survivre que par des relations interpersonnelles et dans des groupes divers, on a pu dire que la « thérapie individuelle n'est qu'une forme de thérapie de groupe qui s'ignore » (S. H. Foulkes). De fait, groupes et individus sont inséparables et forment l'envers et l'endroit d'une même réalité. Dès le début du XXe siècle on a procédé à des tentatives de traitement médical en groupe (classes de tuberculeux de Joseph Pratt en 1905). Des psychothérapies de groupe ont eu lieu d'une façon empirique à partir de 1920.

La psychothérapie de groupe vise à mettre en lumière l'aspect interpersonnel de chaque problème particulier. Il faut pouvoir faire « apparaître chaque névrose individuelle comme un problème du groupe » (W. R. Bion). C'est donc le groupe lui-même, et non le thérapeute, qui doit être l'agent thérapeutique essentiel. Il ne s'agit en aucun cas de faire de la psychothérapie ou de la psychanalyse « en public », bien que certaines formes de thérapie de groupe puissent appeler tous les participants à se pencher sur les problèmes de chacun d'entre eux.

Processus de groupe. En général, le groupe thérapeutique est de petite taille et évolue très différemment selon le but des participants, la technique de l'animateur, l'homogénéité du groupe, son hypothèse de base, la durée des séances. Chaque praticien analyse les processus de groupe à sa manière, mais quelques tendances semblent dominer : la théorie du groupe analytique ; celle qu'expose W. R. Bion (voir *recherches sur les petits groupes*, P.U.F., 1965) ; la dynamique de groupe de Kurt Lewin ; les vues de Carl Rogers à l'origine des groupes de rencontre ; enfin les idées intéressantes mais sommaires de Fritz Perls, inventeur de la thérapie gestalt. (Voir, pour les phénomènes de groupe : *Acting out, Bouc émissaire, Catharsis, Consensus, Hypothèse de base, Leader, Restitution, Rôle, Sous-groupe, Tâche.*

Historique. Les premières psychothérapies de groupe ont été tentées, dans les années 20, par des hommes formés à la psychanalyse, tel Burrow aux Etats-Unis. C'est dans ce pays que les techniques de groupe ont connu leurs premiers développements, avec Paul Schilder et L. K. Wendel, puis Samuel Slavson. La Seconde Guerre mondiale marque un progrès décisif sous la double influence de la dynamique de groupe de Kurt Lewin et des groupes analytiques. Depuis 1960, les nouvelles méthodes se sont multipliées. (Voir : *Groupe, Groupes de rencontre, Groupe Bio-énergétique, Groupe gestalt, Communautés thérapeutiques, Thérapie familiale.*) Le psychodrame a eu une évolution parallèle.

La psychothérapie de groupe a connu un développement considérable. Ce succès, qui va croissant, est en partie dû à un phénomène de civilisation : l'individu et la conscience individuelle tendent à céder devant la perspective interpersonnelle (voir *groupe*). Les maladies somatiques elles-mêmes sont étudiées dans leurs effets sur le groupe où vit le malade (voir *thérapie familiale*). De plus, la psychothérapie de groupe permet de faire face rapidement à une demande de soins devenue tellement massive qu'elle excède les possibilités de la thérapie individuelle. Elle présente certains avantages particuliers :

1. Brièveté relative de la cure, ce qui s'explique par des buts thérapeutiques spécifiques et réduits, alors que la thérapie individuelle (en particulier la psychanalyse) vise souvent un changement de la personnalité.

2. Soulagement rapide pour beaucoup de patients, car le travail s'opère dans le présent et à des conséquences immédiates sur la socialisation.

3. **Prix relativement modique et accessibilité accrue.** Un bon nombre de patients qui s'accommodent mal des règles de la psychanalyse trouvent dans un groupe une structure qu'ils acceptent mieux. Plus qu'une aide institutionnelle, beaucoup de personnes, aujourd'hui, recherchent la communication avec d'autres individus et se sentent soulagés de trouver un endroit où ils peuvent échanger des points de vue.

4. Enfin, il existe un certain nombre d'affections où la thérapie de groupe est particulièrement indiquée. Des organisations comme *Alcooliques anonymes* ou *Synanon* obtiennent avec les alcooliques et les toxicomanes des résultats supérieurs à ceux de toute thérapie individuelle. (Voir : *Communautés thérapeutiques.*)

Perspectives. L'évolution de la société favorise d'autant plus les groupes artificiels qu'elle a brisé la plupart des groupes institutionnels traditionnels et plongé l'individu dans l'anonymat. Face à cette évolution se crée une nouvelle forme de patient qui fonctionne assez bien socialement, mais se sent profondément insatisfait et frustré. La thérapie duelle répondant mal à ses besoins, il recherche les groupes de rencontre, ce qui explique leur immense succès aux Etats-Unis. (On compte qu'en 1980, 20 % de tous les Américains auront participé à de tels groupes.) S'agit-il encore de psychothérapie de groupe, ou simplement d'un soutien affectif analogue à un supplément de vitamines pour le corps ? Il semble bien que les groupes (quel que soit leur degré de profondeur thérapeutique) auront très vite un impact social plus important que les thérapies individuelles. Cette évolution est-elle dangereuse ? Lieberman, Miles et Yalom, étudiant aux Etats-Unis les accidents survenus dans les groupes de rencontre, ont trouvé en 1973 que 10 % des participants subissaient des dommages psychiques décelables. Ces dangers sont-ils plus élevés que ceux de la thérapie individuelle ? Nous ne saurions le dire, mais dans la mesure où les groupes du type « groupe de rencontre » ne se prétendent même plus thérapeutiques (ils visent à « améliorer les relations humaines »), ils deviennent un simple remède contre la solitude. Le danger vient alors du désir des participants de se sentir « vivre » (ce que Bion appelle « sensation de vie par submersion totale dans le groupe »). Ce désir, assimilable à une régression, se réalise par un désir de viol. La mode des groupes atteste ainsi à la fois de leur efficacité et de leurs dangers.

B. J.

PSYCHOTHERAPIE INFANTILE. Au cours du développement de l'enfant apparaissent de nombreux défauts qui bénéficient d'une complaisance du terrain, d'un état d'infériorité des organes, favorisent l'apparition de l'énurésie, de l'encoprésie, du clignement des paupières, du bégaiement, des vomissements. A ces manifestations s'ajoutent des troubles caractériels : excessive timidité, crises de colère, tendance au vol.

Les névroses caractérisées (obsession, phobie, hystérie de conversion, névrose d'angoisse) sont rares chez l'enfant mais existent. Les états d'angoisse, par contre, sont très fréquents et obligent l'entourage à un asservissement permanent. Une forme particulière de ces manifestations d'angoisse est le pavor nocturne. L'enfant se dresse pendant son sommeil avec tous les signes d'une frayeur extrême.

La psychothérapie infantile s'efforce de remédier à ces troubles lorsqu'ils existent. Mais elle se confond bien souvent avec une action psychopédagogique, éducative. Son but est de socialiser l'enfant, de le rendre apte à s'intégrer à la communauté dans laquelle il est appelé à vivre (*cf.* 9).

S. H.

PSYCHOTHERAPIE DE SOUTIEN. Technique d'entretien ayant pour objectif de dédramatiser les situations et d'apaiser l'anxiété du malade.

F. R.

PULSION. Concept limite entre le psychique et le somatique, le terme allemand « Trieb » (qui fut d'abord traduit par instinct) désigne un processus dynamique ayant sa source dans une excitation corporelle localisée. La pulsion mobilise l'appareil psychique, ainsi que la motricité, de telle sorte que soit mis en œuvre un comportement aboutissant à décharger la tension existant au niveau somatique. Cette décharge constitue le *but* de la pulsion ; elle est obtenue à l'aide d'un *objet*.

« Nous donnons, écrit Freud, aux forces qui agissent à l'arrière-plan des besoins impérieux du Ça et qui représentent dans le psychisme les exigences d'ordre somatique, le nom de pulsions. Bien que constituant la cause ultime de toute activité, elles sont, par nature, conservatrices. En effet, tout état auquel un être est un jour parvenu tend à se réinstaurer dès qu'il a été abandonné. On peut ainsi distinguer une multitude de pulsions et c'est d'ailleurs ce que l'on fait généralement. Il importe de savoir si ces nombreuses pulsions ne pourraient pas se ramener à quelques pulsions fondamentales. Nous avons appris que les pulsions peuvent changer de but (par déplacement) et aussi qu'elles sont capables de se substituer les unes aux autres, l'énergie de l'une pouvant se transférer à une autre. Ce dernier phénomène reste encore imparfaitement expliqué. Après de longues hésitations, de longues tergiversations, nous avons résolu de n'admettre l'existence que de deux instincts fondamentaux : l'éros et l'instinct de destruction... »

Rappelons à ce propos que la théorie freudienne de la pulsion est foncièrement dualiste ; dans un premier temps, Freud opposait les pulsions sexuelles aux pulsions du Moi (ou d'autoconservation). Ce dualisme rend compte du conflit psychique, le Moi trouvant dans la pulsion d'autoconservation l'essentiel de l'énergie nécessaire à la défense contre la sexualité.

J. R.

PULSION PARTIELLE. Il existe pour Freud autant de pulsions sexuelles que de sources somatiques d'excitation libidinale. C'est ainsi que l'on parle de pulsions orales, anales, voyeuristes, etc. ; ces diverses pulsions fonctionnent d'abord indépendamment les unes des autres ; un courant énergétique commun se déplace de l'une à l'autre, cependant qu'au terme d'une certaine maturation sexuelle elles se trouvent plus ou moins subordonnées à la fonction génitale.

Le jeu des pulsions partielles s'observe chez l'enfant, ce « pervers polymorphe », chez l'adulte sous forme d'activités préliminaires à l'acte sexuel et dans les perversions.

Les pulsions partielles rattachées aux diverses zones érogènes fonctionnent d'abord de façon anarchique ; elles s'intègrent progressivement aux diverses organisations libidinales.

J. R.

R

RATIONALISATION. Explication apparemment rationnelle, ou tout au moins se donnant pour telle, d'une conduite dont les motivations véritables échappent au sujet.

J. R.

REACTIONNELLE (formation). Manifestation psychique présentant le contraire d'une tendance inconsciente. Elle se forme parfois en réaction contre celle-ci. La tendance à la boulimie se transforme en refus d'aliment. La tendance exhibitionniste prend la direction opposée de la pudeur. La psychanalyse voit dans ces processus les tendances du Moi à se substituer aux pulsions du Ça. En publiant, en 1908, son étude sur *L'instinct d'agression dans la vie et dans la névrose*, Adler passe en revue différents instincts et note qu'ils peuvent se transformer dans la vie consciente en leur opposé : l'avarice inconsciente devient ainsi prodigalité consciente.

S. H.

REALITE. (Voir à *principe de plaisir, principe de réalité.*)

REEDUCATION. Désigne l'ensemble des méthodes ayant pour objet d'expliciter les potentialités inexploitées ou obérées d'un sujet victime d'un handicap. La rééducation est basée chez les débiles sur l'entraînement systématique des processus psychomoteurs, psychosensoriels et mentaux dans l'ordre où ils se développent chez le sujet normal, afin de permettre l'intégration progressive des acquisitions.

F. R.

REEDUCATION VOCALE. Thérapeutique à base d'exercices appliqués à tous les éléments nécessaires à la maîtrise de la fonction vocale lorsque celle-ci a été perturbée à la suite de lésions organiques (chirurgie laryngée, traumatisme, paralysies d'une corde vocale, etc.) ou de troubles fonctionnels (consécutifs à un désordre psychologique sous-jacent ou à une utilisation défectueuse de l'organe vocal).

Elle fait appel à l'entraînement à la relaxation, à la technique du souffle à la pratique d'exercices concernant l'attitude et enfin aux exercices vocaux proprement dits (parlés et chantés). Elle fait une large place à l'information. Elle demande une pratique quotidienne de quelques minutes. Elle s'étend en général sur plusieurs mois, voire une année, exceptionnellement davantage.

L. H. F.

REFOULEMENT. Processus psychique universel en même temps que mécanisme de défense fondamental, le refoulement est à l'origine de la constitution de l'inconscient. Réaction normale du Moi infantile, dont le pouvoir d'intégration est extrêmement réduit, le refoulement consiste à rejeter de la conscience les pulsions et leurs représentations idéatives. Il intervient chaque fois qu'un désir, une idée, une image, en devenant conscients, seraient cause d'un conflit insupportable et générateur d'angoisse. Le refoulement d'un désir, par opposition à son rejet conscient, est une inhibition de celui-ci à un niveau plus profond de la personnalité.

Freud distingue trois temps de refoulement : le refoulement primaire ou originaire qui empêche, dès le début, un émoi instinctuel d'apparaître et qui crée ainsi un premier noyau inconscient fonctionnant comme pôle d'attraction à l'égard des éléments à refouler ; le refoulement secondaire (ou refoulement proprement dit) qui maintient inconscients les rejetons et les manifestations déguisées du refoulé primaire ; le « retour du refoulé », enfin, qui se manifeste sous forme de symptômes, actes manqués, rêves etc.

Le refoulement excessif, qui repose sur le processus que Freud a appelé la censure, est une des causes les plus importantes de névrose.

J. R.

REGRESSION. Littéralement : marche en arrière. La régression est un mode de défense signifiant le retour du sujet à des étapes dépassées de son développement (stades libidinaux, relations d'objet, identifications...) ; elle s'accompagne d'une certaine destructuration de la vie psychique et s'observe régulièrement quand une frustration est imposée par la réalité. La régression est inséparable de la fixation ; elle postule, en outre, que le passé infantile demeure toujours présent en nous.

J. R.

La régression se produit lorsqu'un conflit entraîne la perte des valeurs conscientes, provoquant ainsi un accroissement de valeur des processus psychiques devenus ou restés inconscients, ainsi qu'une violente tentative pour éliminer les tendances incompatibles. C'est pourquoi elle accompagne souvent la rencontre avec l'ombre. La facilité de la tendance à la régression semble venir de l'inertie de la libido qui ne veut abandonner aucun objet du passé et voudrait, au contraire, les conserver pour toujours (*cf.* 124, p. 299). Au cours de la régression, la libido recule aux stades de la première enfance et au-delà, réanimant entre autres les diverses phases de la sexualité infantile. Mais la régression peut poursuivre son mouvement et atteindre le niveau de l'inconscient collectif, où la réactivation des formes primitives peut être génératrice de nouvelles possibilités d'organisation (*cf.* 124, p. 308).

La régression a aussi une portée positive. Elle agit alors comme compensation à une situation donnée, sert à rechercher un nouveau mode d'investissement de la libido, en cas de conflit, ou marque un rétablissement de la liaison avec le monde des instincts naturels. (Voir aussi : *Inconscient collectif, Ombre*.)

G.-G. G.

Suspension des réactions motrices ; le courant psychique, comme devant un barrage, reflue dans l'imagination et le rêve.

A. A.

REGLE FONDAMENTALE. Le patient est invité par le psychanalyste à dire tout ce qui lui vient à l'esprit, sans exercer de censure. La règle fondamentale, qui structure toute la relation analytique, vise à créer les conditions idéales de la recherche, de la construction ou de la reconstruction de l'histoire du patient.

Dans la règle fondamentale se rejoignent les deux courants de la sensibilité inconsciente du patient et du psychanalyste; associations libres, côté divan ; attention flottante, côté fauteuil.

Comme on l'a souvent relevé, la règle fondamentale contribue à instaurer la relation intersubjective de l'analyste et de l'analysé comme un rapport de langage.

J. R.

REJETON (de l'inconscient). Dans un premier temps, celui du refoulement originaire, se forment un certain nombre de représentations inconscientes ou refoulé originaire ; ce refoulé originaire, dans un second temps, cherche à faire irruption dans la conscience sous forme de *rejetons* ; c'est alors qu'a lieu le refoulement proprement dit ; les rejetons de l'inconscient sont les dérivés, les produits du refoulé originaire.

J. R.

RELATION D'OBJET. Avec ce concept postfreudien, les psychanalystes tendent à mettre l'accent sur les relations interpersonnelles du sujet, sur les relations qu'il entretient avec ses objets (réels, fantasmatiques, internes, externes, partiels, totaux...) ; on parlera ainsi de relation d'objet orale — plutôt que de stade oral — ou de relation d'objet mélancolique ; comme D. Lagache le souligne, il s'agit avec ce concept de ne plus considérer l'organisme à l'état isolé, mais de toujours l'étudier dans sa relation avec l'entourage.

J. R.

RELATION THÉRAPEUTIQUE. La rencontre entre sujet et thérapeute est un événement dramatique de grande importance. Pour le sujet la consultation est un problème social. Il s'y comporte comme il le fait dans ses rencontres avec autrui dans d'autres circonstances, en fonction de sa loi dynamique. Dès la première rencontre, le thérapeute pourra se faire une idée du sens social du consultant. Il ne faut pas s'attendre de sa part à un très grand intérêt social. D'abord, parce que chez les névrosés le degré du développement du sens social est assez réduit, ensuite parce que, d'une façon générale, le niveau du sens communautaire n'est pas très élevé dans le monde.

Certaines écoles recommandent une relation thérapeutique frustrante « Les témoignages de préférence, une certaine intimité ne doivent être que très parcimonieusement accordés. » (Freud, *Abrégé de psychanalyse,* P.U.F., 1950, p. 44.) « La soumission de l'enfant à son père, la recherche de sa faveur se trouvent réévoquées dans la relation avec le thérapeute que la psychanalyse appelle transfert. Elle peut être positive, bienveillante ou négative, hostile. »

La relation thérapeutique est dans l'école adlérienne plus égalitaire, plus démocratique. Thérapeute et sujet s'entretiennent en vis-à-vis. Le psychothérapeute adlérien renonce au divan. Le dialogue face à face permet au thérapeute d'étudier la mimique du sujet. Ce dernier trouve en face de lui un interlocuteur attentif, compréhensif. Il peut exercer sa communication verbale et ainsi amplifier son sens social. Il trouve dans cette position, et l'accueil du thérapeute, un élément de valorisation contribuant à soutenir son autoappréciation défaillante (*cf.* 3, p. 195, *Rapports entre conseiller et consultant*).

S. H.

RELAXATION (TECHNIQUES DE). Il existe actuellement de nombreuses techniques de relaxation dont la plupart sont issues de la méthode mère de J. H. Schultz, dite Training Autogène. Nous citerons pour plus de clarté, d'abord les trois méthodes qui, elles, ne doivent rien au maître de Berlin :

a) La méthode de Jacobson, méthode qui serait essentiellement physiologique, longue, minutieuse, et qui paraît actuellement dépassée, même d'un point de vue strictement physiologique.

b) La méthode de G. Alexander : il s'agit d'une approche du corps extrêmement complexe, visant à l'*eutonie,* c'est-à-dire à un état musculaire permettant l'effort au moindre prix avec le maximum de plaisir. Cette technique est à la fois érotisante et mobilisatrice d'un vécu corporel souvent archaïque. Malheureusement, elle est fort longue, peu de spécialistes la connaissent en France, et sa théorisation reste encore très rudimentaire (le travail le plus sérieux à ce sujet en langue française est celui du Dr Digelmann).

c) La méthode de Vittoz, méthode ancienne, qui semble actuellement dépassée.

Revenons-en à la méthode de base, au Training autogène : il s'agit d'une technique visant à la détente des principales fonctions organiques, obtenue par la répétition de consignes brèves. Un auto-entraînement est demandé à chaque participant en plus des séances. L'effet auto-hypnotique joue et permet, en trois/quatre mois environ, dans les cas favorables, de réaliser une relaxation, tout en supprimant le symptôme qui amène à consulter.

Cependant la méthode de Schultz, malgré les services rendus, malgré les facilités d'application, ne peut être recommandée dans tous les cas.

1) Elle évite bien souvent une approche relationnelle anthentique.

2) Par son aspect stéréotypé, par son idéologie « moralisante », elle ne donne pas accès à un vécu corporel plus profond.

Si, en France tout au moins, deux méthodes issues des théories de Schultz ont vu le jour, toutes les deux essayant de donner un sens psychanalytique à la relaxation.

1) La méthode dite d'Ajuriaguerra et de ses collaborateurs, sans induction avec toucher et élaboration verbale après la séance.

2) La méthode dite de Schultz-Sapir, ou méthode à inductions multiples, ou encore méthode de sens psychanalytique, comportant des inductions variables, dépendant de la relation transférentielle et contre-transférentielle régnant au moment même de la séance. Elle comporte également un toucher et une élaboration verbale après séance.

3) Il importe de mentionner, enfin, la méthode de Jarreau-Klotz, issue à la fois de la méthode de Jacobson et de la méthode d'Ajuriaguerra, basée aussi sur Schultz, méthode statico-dynamique visant à élaborer les points de résistance musculaire sans interprétation psychanalytique. (Voir : *Décentration.*)

S. M.

RELAXATION LES YEUX OUVERTS. Méthode d'entraînement (de F. Le Huche) aboutissant à une rapide maîtrise de la « tension psychomotrice ». Elle se présente comme une gymnastique à base de crispations et de décontractions localisées. Elle utilise également l'action décontractante du soupir. Pratiquée principalement en phoniatrie, elle peut servir de point de départ pour une pratique plus approfondie — type Schultz (*cf.* 148).

L. H. F.

REMEMORATION. Processus par lequel le sujet évoque dans sa conscience des événements conservés dans son inconscient. Ni l'enregistrement de l'événement au moment où il se produit, ni sa réévocation ne se font de façon fortuite. Son intégration se fait en fonction d'une structure psychologique donnée. Le fait que parmi les innombrables événements qui meublent une existence, certains sont retenus, d'autres rejetés, prouve que la fonction mnésique n'agit pas de façon automatique, mécanique. L'intérêt des facteurs affectifs, la structure spécifique du style de vie interviennent dans ce choix. L'évocation du souvenir, la remémoration se fait sous l'effet d'un stimulus tantôt externe (le goût de la madeleine évoque chez Proust le souvenir de tante Léonie qui lui en offrait dans son enfance), tantôt interne (l'évocation d'un souvenir entraîne l'apparition d'autres souvenirs dans la conscience). Adler attache une grande importance aux plus anciens souvenirs, aux premiers souvenirs de l'enfance. Ils expriment l'orientation, la « programmation » de la structure ultérieure de la personnalité (*cf.* 3, chap. XII, p. 138).

S. H.

RENVERSEMENT DE ROLE. Dans le psychodrame, c'est le procédé par lequel un acteur se transforme soudain en un autre et assume le rôle de cet autre. Réciproquement, l'autre prend le rôle du premier.

B. J.

RENVERSEMENT EN SON CONTRAIRE. Un des « destins de la pulsion » selon Freud (1915) ; on désigne généralement par là le renversement de l'activité en passivité que Freud voyait à l'œuvre dans le passage du voyeurisme à l'exhibitionnisme (regarder devenant être regardé) ou du sadisme au masochisme (infliger devenant subir).

J. R.

REORIENTATION. Adler considère la personnalité comme orientée dans un sens donné. Le style de vie d'un sujet, sa façon d'agir et de réagir, est dirigé vers un but. La vie consciente comme la vie inconsciente sont sujettes à la direction de ce but. Cette conception finaliste de la fonction psychique facilite l'interprétation des différents éléments du psychisme (rêves, souvenirs, projets d'avenir, etc.). Dans cette finalité Adler distingue schématiquement deux orientations :

a) Dans le cas où le sujet a un développement satisfaisant de sens social, la finalité de son style de vie se dirige de façon positive vers les autres. Il manifeste de l'intérêt, de la bienveillance pour ses semblables. Il est prêt à les aider, les égayer, les instruire.

b) Chez le sujet égocentrique qui manque de sens social, nous constatons une finalité asociale, voire antisociale, attitudes qui soustendent la névrose et la délinquance. Dans cette modalité, la psychothérapie doit s'efforcer de réorienter la personnalité dans le sens d'une coopération socialement valable avec les autres.

S. H.

REPARATION. Par la réparation, le sujet aspire à reconstituer, à recréer ses objets d'amour perdus, à leur insuffler vie et intégrité. Si, dans ses fantasmes sadiques omnipotents, il a pu abîmer l'objet aimé, il croit également que son amour et que ses soins peuvent annuler les méfaits de son agression. Le conflit dépressif est une lutte constante entre la destructivité du nourrisson et son amour (pulsions réparatrices). Un échec dans la réparation conduit au désespoir, sa réussite renouvelle l'espoir. Cette tendance à la réparation constitue la source première de la créativité et de la sublimation. Elle concerne et l'objet et le soi.

Les fantasmes de réparation induisent des conduites de réparation. Le sujet va s'employer à « réparer » ce qu'il a fantasmatiquement abîmé, lésé, détruit. Il va en quelque sorte s'efforcer de redonner vie, bonté et amour à son monde intérieur ; notons au passage qu'il s'agit moins là d'un mécanisme de défense au sens classique du terme que d'un mécanisme psychique évolutif en relation étroite avec le développement du Moi et son adaptation à la réalité.

La réussite de la réparation suppose que les pulsions de vie l'emportent sur les pulsions de mort.

J. R.

REPONSE ELECTRODERMALE (R.E.D.). Variation transitoire des caractéristiques électriques (résistance) de la peau, survenant en réponse à une stimulation biologiquement significative. Cet indice traduit l'état d'équilibre émotionnel et affectif du sujet, un nombre important de réponses reflétant la plus grande sensibilité de l'individu aux sollicitations extérieures (cf. 34). (Voir aussi : Emotion, Rêve alpha, Vigilance.)

L. J.-F.

REPRÉSENTANT-REPRÉSENTATION. La psychanalyse n'a jamais affaire directement à la pulsion dans ce qu'elle a de somatique, mais aux représentants psychiques de la pulsion. Ceux-ci sont des intermédiaires indispensables entre l'excitation et la réalisation du but pulsionnel, en même temps qu'ils possèdent une existence propre et sont eux-mêmes les instruments d'une certaine décharge libidinale.

Si Laplanche et Pontalis ont choisi de traduire le terme allemand : « Vorstellungsrepräsentanz » par « représentant-représentation », c'est pour marquer que quelque chose représente la pulsion dans le domaine de la représentation (*cf.* 144).

J. R.

RÉPRESSION. A l'opposé du refoulement qui est toujours inconscient, la répression est une activité mentale consciente qui a pour fin de rejeter hors du champ de la conscience ce que cette dernière juge condamnable ou inacceptable ; ce qui est réprimé devient alors préconscient.

J. R.

RÉSISTANCE (la). Désigne toutes les forces qui s'opposent au travail de guérison. « L'existence de cette force, écrit Freud, peut être considérée comme certaine, car on sent un effort quand on essaie de ramener dans la conscience les souvenirs inconscients. » C'est à cette même force que Freud attribue le refoulement.

Comme l'écrivent Laplanche et Pontalis, à la suite de Freud, « tout le progrès de la technique analytique a consisté en une plus juste appréciation de la résistance, à savoir de cette donnée clinique qu'il ne suffisait pas de communiquer aux patients le sens de leurs symptômes pour que le refoulement soit levé. »

Freud parle également de la « résistance à la psychanalyse » dans un sens beaucoup plus large ; comme « vexation psychologique » la psychanalyse suscite immanquablement des « résistances ».

J. R.

Phénomène courant survenant au cours d'une psychothérapie et qui traduit la défense de l'inconscient du sujet contre l'intrusion du processus thérapeutique. La résistance peut se manifester par la parole et par les actions. Dans le domaine de la parole, le sujet qui, jusque-là, s'était conformé strictement à la règle fondamentale consistant « à tout dire, sans choisir, sans cacher les données lui paraissant inavouables », prétexte ne plus rien avoir à dire. D'autres fois, il avance des banalités d'une platitude évidente (« votre bureau est grand, il fait chaud, hier il a fait moins chaud »).

Dans ses actions, le sujet arrive en retard au rendez-vous, oublie de descendre à la station de métro habituelle qui le laisse près du bureau du thérapeute, se trompe de ligne de métro ou d'autobus, etc.

La théorie freudienne voit dans la résistance la réévocation d'une situation infantile caractérisée par l'hostilité du sujet vis-à-vis de son père (ou toute autre autorité).

Adler y distingue la manifestation d'une tendance à la supériorité (vis-à-vis du thérapeute). Il faut également savoir que dans la mesure où le sujet renonce à sa névrose (son alibi en faveur d'une attitude de refus vis-à-vis des exigences de la vie sociale), il se voit obligé d'assumer ses responsabilités. La résistance est alors une étape sur le chemin d'un tel changement (*cf.* 7, chap. X, *La résistance pendant le traitement*).

S. H.

Manifestation actuelle des anciens refoulements. L'analyse des résistances constitue un des travaux d'approche essentiels pour l'analyse proprement dite (*cf.* 28, p. 61).

A. A.

RESTITUTION (Règle de). Règle établie facultativement par un groupe, selon laquelle tout ce qui se passe à l'extérieur entre membres du groupe (rencontres, conversations, liens affectifs, etc.) doit être dit au groupe.

B. J.

RETOUR DU REFOULÉ. Les éléments refoulés tendent toujours à faire surface dans la conscience, soit tels quels, soit sous une forme déguisée (les symptômes, par exemple). Le renforcement d'une poussée pulsionnelle, lors de la puberté par exemple, est propice à ce retour du refoulé.

J. R.

RETOURNEMENT SUR LA PERSONNE PROPRE. Un des « destins de la pulsion » décrit par Freud (1915) ; la personne propre se substitue à l'objet ; dans la névrose obsessionnelle, par exemple, le patient dirige, retourne son sadisme contre lui-même. « Le désir de torturer s'est retourné sur soi et est devenu la torture de soi-même, l'autopunition », écrit Freud.

J. R.

RÊVE. Freud soutient que le sommeil satisfait un désir instinctuel inconscient de retour au sein maternel. Dans un certain sens, il existe à la naissance un instinct de sommeil. En apparence, le rêve contrecarre le désir du dormeur d'oublier dans le sommeil tous les soucis et toutes les agitations. Mais, pendant le sommeil, des pulsions et des désirs inconscients sont activés et atteignent la conscience du dormeur dans le rêve. S'il n'étaient pas contrôlés, ils réveilleraient le dormeur, et ce contrôle des tendances et des désirs inconscients est la tâche du rêve. Si le rêve réussit à réaliser un désir inconscient, le sommeil peut continuer. C'est dans ce sens que le rêve est le gardien du sommeil. C'est dans ce sens, également, qu'il faut comprendre la définition freudienne du rêve comme tentative de réalisation déguisée d'un désir refoulé. (Voir *Sommeil* et *Image*.)

J. R.

Adler voit dans cette production onirique une prise de position de l'individu vis-à-vis d'un problème présent ou futur. La structure de la personnalité, son style de vie, dicte au sujet une attitude précise face aux exigences du monde extérieur. Cette attitude n'est pas toujours en concordance avec le sens commun. Le rêve et l'état affectif qu'il produit incitent le sujet à suivre dans ses conduites le sens que l'inconscient lui propose.

Le rêve doit être interprété en fonction de l'image et des sentiments qu'il évoque, sans oublier la finalité qu'il exprime. L'interprétation du rêve se fait dans un sens métaphorique, en tenant compte de la représentation symbolique propre à chaque individu.

L'employé rêvant qu'il est en lutte avec un cambrioleur qui ressemble à son patron, nous fait comprendre qu'il est mécontent de sa place. Nous pouvons nous attendre à ce qu'il la quitte prochainement. Peut-être appartient-il à cette catégorie de sujets qui ne restent pas longtemps dans un même emploi.

Il y a des types de rêves que le psychothérapeute rencontre souvent. Les rêves angoissants traduisent la pusillanimité du sujet. Les rêves de chute nous disent que le rêveur craint de tomber d'une certaine hauteur, d'un niveau qu'il s'est donné. Les actions cruelles traduisent un besoin de vengeance du sujet en compensation d'injustices réelles ou alléguées dont il croit avoir été la victime. Manquer un train, un autobus, nous indique que le rêveur a l'habitude de laisser passer des occasions afin de ne pas prendre des responsabilités. Souvent le rêveur se voit nu dans la rue. Le sentiment de gêne qui accompagne cette situation est en rapport avec la gêne qu'éprouve le sujet à l'idée que ses défauts et ses insuffisances pourraient être découverts. (Voir : *La psychologie d'Adler*, par H. Schaffer, éd. Masson, Paris, 1976, p. 77.)

S. H.

Le rêve est la mise en scène, au cours d'un état de conscience spécifique, de facteurs psychiques qui n'ont pas trouvé leur place dans le conscient diurne. Il n'est pas plus un leurre que n'importe quel autre langage. Au contraire, il est moins soumis que d'autres aux contrôles du Moi. Mais, il utilise peu la langue conceptuelle et ses moyens d'expression plus primitifs demandent un décryptage auquel le conscient est moins habitué. L'interprétation d'un rêve se fait en trois temps : composition sémantique de chaque élément, structure de l'ensemble, rapport à la vie éveillée.

Les lieux, temps, acteurs d'un rêve signifient, en fonction du contexte propre au rêveur et en fonction de la fantaisie (ou symbolique), commune. La recherche de signification relève de deux méthodes complémentaires, association et amplification. Dans chaque cas, il ne s'agit pas de poursuivre indéfiniment mais de garder les matériaux qui peuvent faire un sens dans la singularité du rêve. Chaélément est susceptible d'avoir en même temps plusieurs significations, du plan-objet au plan-sujet. Elles s'organisent selon les procédés généraux de la symbolisation, notamment la métaphore et la métonymie. Le rêve est aussi une histoire. Jung refuse de s'en tenir au découpage et recherche un sens à la coordination des éléments dans un déroulement. Il propose pour cela un schéma dramatique : introduction du problème, péripéties, nœud, lysis. Enfin, Jung fait l'hypothèse que le rêve est avec la vie éveillée dans un rapport de compensation, qui joue selon toutes les modalités de la vie psychique. Il peut aussi bien corriger une fausse conscience qu'activer une tendance latente. A ce titre, la réalisation du désir est une des formes de la compensation.

Le rêve est le pendant de la vie diurne, le moyen de sa régulation, c'est-à-dire de sa bonne santé. Il est un agent thérapeutique privilégié aussi bien dans les thérapies longues que brèves. Enfin il donne accès à la connaissance inconsciente. (Voir : *Sommeil.*)

II. E.

REVE AGI. Méthode apparentée à la réalisation symbolique. L'action vive dont on rêve est une action qui affleure, une tendance mobilisée ; il est donc assez indiqué de la capter à ce moment pour la faire aboutir jusqu'au niveau du réel. L'application concernant surtout des rêves vraisemblables, mettant en scène les objets réels de nos sentiments, et inventant à leur égard des conduites physiquement possibles bien que, parfois, psychologiquement ou moralement impossibles (*cf.* 22, pp. 69 *ss.*).

A. A.

REVE ALPHA. Expression employée par les praticiens de l'onirothérapie et des techniques de l'imagerie mentale pour désigner une forme particulière de l'activité onirique survenant généralement au cours de l'éveil subvigile, alors que le sujet présente le plus souvent une abondante activité alpha. Il s'agit essentiellement d'un surgissement d'images dont les composantes émotionnelle et affective très vives se traduisent par des variations mesurables des principaux indices neurovégétatifs (rythmes cardiaque et respiratoire, vasomotricité, réponse électrodermale, etc.).

La question de l'analogie entre cette activité et le rêve hypnique est actuellement débattue. Une certaine complémentarité peut être envisagée entre les deux états, comme en témoigne la corrélation mise en évidence par l'onirothérapie entre abondance de l'alpha et facilitation des rêves hypniques ou de leur mémoration (Virel, 1967) (*cf.* biblio 37, 199, 201). (Voir aussi : *Alpha, Alphagénie, Onirothérapie, Réponse électrodermale, Sommeil, Vigilance.*)

L. J.-F.

REVE COMME REVELATEUR. Le rêve est un écran révélateur placé sur le trajet interrompu de nos actions en devenir (*cf.* 22, p. 57). Pour Baudouin, le rêve manifeste symboliquement une tendance insatisfaite. Ce qui est vrai du rêve est également vrai des « états de rêve » en général. Le rêve se trouve ainsi ramené à la tendance dont il représente le trop-plein (*cf.* 21, p. 54).

A. A.

REVE DIURNE. Rêverie qui permet au sujet un certain accomplissement de désir dans l'imaginaire. Comme le rêve, dont il est très proche, le rêve diurne bénéficie d'une certaine indulgence de la part de la censure et repose, pour une bonne part, sur les impressions laissées par des événements infantiles. (Voir : *Rêve éveillé.*)

F. R.

REVE EVEILLE. Technique définie par L. Daudet (1926), grâce à laquelle il est possible de provoquer volontairement un état de rêverie solitaire excluant à la fois la rumination et l'obsession, et ayant de ce fait la valeur d'une technique de libération et d'épanouissement de la personnalité (*cf.* 61).

F. R.

REVE EVEILLE DIRIGE (R.E.D.). Psychothérapie différant d'autres onirothérapies (*) par son caractère directif. Il s'agit d'une technique créée par E. Caslant (1921) que Robert Desoille a d'abord adapté à l'exploration psychologique (1938), puis à la psychothérapie (1945) et très proche de celle de Happich (1932) et de Guillerey (1942). Elle consiste en un reconditionnement pavlovien de la personnalité. Au sujet préalablement relaxé, l'opérateur injecte une série standard de thèmes (l'épée, le vase, la sorcière, le mage, le dragon, le prince charmant) et conduit systématiquement le scénario imaginaire qu'ils déclenchent. L'induction du déplacement vers le haut ou le bas, dont Caslant avait découvert l'importance, y tient une grande place (*cf.* 200, pp. 44 et suiv.). A noter que la technique conçue par Caslant (*cf.* 48 et 49) comme une méthode de développement des facultés supranormales et érigée d'abord par Desoille en technique de recherches métapsychologique est promise à un renouveau d'intérêt dans le cadre des études parapsychologiques contemporaines. (Voir *Imagerie mentale* et *Onirothérapies*.) (*Cf.* 212.)

F. R.

REVE EVEILLE LIBRE. Nom donné par André Arthus à une technique d'imagerie mentale selon laquelle le sujet ne reçoit aucune consigne ni aucune direction (1956) (*cf.* 200).

F. R.

REVE VECU. Dénomination adoptée par Marc Guillerey après 1945 pour remplacer celle de « rêverie dirigée » qui lui semblait ne pas exprimer la valeur simplement inductive des images proposées au malade. (Voir *Méthode des images*.) (*Cf.* 200.)

F. R.

REVENDICATION. L'attitude de revendication apparaît tantôt à la suite d'un banal et souvent insignifiant préjudice subi par le sujet qu'il amplifie de façon démesurée, tantôt à la suite d'une idée gratuite sans le moindre rapport avec la réalité. Une telle attitude apparaît chez des sujets à fort penchant agressif, hostiles à l'égard du milieu social qu'ils rendent responsable de leur situation. Ces sujets réclament des égards particuliers, formulent des accusations et exigent des réparations pour d'imaginaires mauvais traitements, récriminent contre l'ordre établi, contre de prétendus abus de l'administration, etc. On décèle facilement derrière cette attitude la structure psychique asociale ou antisociale du paranoïaque (*cf.* 7, chap. XXII, pp. 262 et suiv.).

Dans le délire de revendication, on constate une idée prévalente à forte charge affective orientée vers la recherche d'une satisfaction à obtenir. Le thème de ces délires peut être la jalousie, la déception vis-à-vis d'un sujet sensé épris du patient (érotomanie), la querulence chez les processifs. Ces sujets n'hésitent pas, dans leur obstination, à avoir recours à des plaintes auprès des autorités, à des attaques dans les journaux, à des scandales. Leur mauvaise foi n'a d'égal que leur dédain pour leurs semblables. La calomnie, la falsification de documents rentrent dans l'arsenal de leur tactique agressive.

Ces conduites sont la manifestation d'un complexe de supériorité. Dans son chapitre « Paranoïa », Adler fait une analyse subtile de la structure de ces personnalités (*cf*. 7, chap. XXII).

S. H.

REVERIE DIRIGEE. Technique psychothérapique inspirée des travaux de Pierre Janet et de Vittoz, qui aurait été mise en œuvre dès 1925 par Marc Guillerey. Délaissée, puis reprise par son auteur après la publication des premiers travaux de Robert Desoille, elle est décrite par Marc Guillerey en 1942, dans une perspective psychosomatique et faisant appel essentiellement à la notion de « Moi corporel ». (Voir : *Méthode*.)

F. R.

RITE. « Le rite est une tentative pour supprimer la dissociation entre la conscience et l'inconscient » (*cf*. 132, p. 176). Il établit une relation avec l'inconscient collectif, tout en protégeant de ses effets, affects incontrôlés, qui peuvent être destructeurs. Il tend à la consolidation de la conscience (*cf*. 131, pp. 35-36) tout en maintenant l'individu dans une tension entre deux mondes. « Dans l'action rituelle, l'homme se met à la disposition d'un facteur " éternel " autonome, c'est-à-dire " agissant " au-delà des catégories de conscience existantes, un peu comme un bon acteur ne fait pas que représenter mais se laisse saisir par le génie du dramaturge » (*cf*. 131, p. 269). Les rites sont des transformateurs d'énergie, « symboles d'actes, manifestations ou expressions de l'excédent de libido. Ils sont en même temps des transitions vers de nouvelles activités auxquelles on peut donner le nom spécifique d'activités culturelles, par opposition aux fonctions instinctives qui se déroulent selon leurs lois » (*cf*. 133, pp. 71-72). Les rites de la névrose obsessionnelle relèvent du même mécanisme de protection contre un arrière-plan « inhumain fait de criminalité virtuelle et de méchanceté invétérée contre l'intégration desquelles le reste de la personnalité finement organisée se révolte et se hérisse de façon désespérée » (*cf*. 122, pp. 148-149). (Voir aussi : *Conscience, Dissociation, Libido, Symbole*.)

L. D.

RITUEL. Moyen conjuratoire pour faire cesser la tension d'une obsession idéatoire et surtout impulsive. Dans cette dernière modalité l'obsession impulsion peut se présenter sous l'aspect d'un besoin irrésistible pour commettre un acte ridicule, insolite, parfois dangereux voire sacrilège ou criminel. Dans cette situation, il s'engage une lutte entre le besoin obsessionnel et sa réalisation. Par le passage à l'acte l'obsédé arrive, par une manœuvre de substitution, à neutraliser le besoin impulsif. C'est tantôt une formule prononcée ou seulement pensée, tantôt un geste. Ce rituel conjuratoire annihile la tension nerveuse qui accompagne l'obsession ou l'obsession-impulsion.

S. H.

ROLE. Dans un groupe, chaque participant assume une fonction qui lui donne un rôle (leader, bouc émissaire, déviant, suiveur, étranger, etc.). De plus, chacun importe de l'extérieur un rôle qui lui est dévolu dans la société aussi bien qu'une image de lui-même qu'il a élaborée comme défense. Ce rôle « social » et cette image doivent être dépassés dans le groupe de rencontre.

Enfin, l'action thérapeutique de certains groupes est fondée sur le fait d'assumer certains rôles et de les jouer (jeu de rôle, psychodrame).

B. J.

ROMAN FAMILIAL. Rêverie diurne visant à se débarrasser de parents dédaignés et à leur en substituer d'autres, en général d'un rang social plus élevé. Cette fable biographique qu'imagine l'enfant rend compte de la honte qu'il éprouve toujours à un moment ou à un autre d'être mal né, mal loti, mal aimé ; elle lui procure, en outre, le moyen de se plaindre, de se consoler et de se venger dans un même mouvement de l'imagination.

Selon Freud (*Le roman familial des névrosés*, 1909), il s'agit là d'une expérience normale et universelle de la vie infantile ; elle n'est pathologique que chez l'adulte qui continue d'y croire et d'y travailler. Marthe Robert (*Roman des origines et origines du roman*, 1972) soutient que c'est à ce premier scénario qu'invente l'enfant dans sa détresse ou sa colère que se rattache l'art de conter des histoires.

J. R.

RYTHME. Le rythme est un mode de représentation qui organise le passage de la libido d'une forme d'activité vers une autre (cf. 124, pp. 252 à 280). En tant que processus émotif il agit sur un plan physiologique, comme mode de décharge des excitations. En tant que processus psychique il est un des organisateurs des moments de la libido :

a) soit qu'il maintienne celle-ci dans des persévérations répétitives ;

b) soit qu'il l'accompagne dans une régression vers les activités rythmiques infantiles, modèles primitifs des actes nutritifs et sexuels ;

c) soit qu'il contribue à la faire passer vers d'autres formes d'utilisation de ces modèles primitifs, qu'elles soient collectives ou individuelles.

Ces transferts de libido utilisent l'énergie produite par les activités rythmiques ; celles-ci servent la tendance de la libido à s'investir dans des modèles analogues qui contiennent dans leurs nouvelles formes au moins une partie de leur destination première. (Voir aussi : *Libido-Régression.*)

G.-G. G.

SABLE (Jeu de). Le jeu se pratique dans un bac rempli de sable, ou d'eau. L'enfant ou l'adulte utilise des figurines du type soldat de plomb, représentant tout ce qui peut exister dans le monde et dans l'imagination : hommes et femmes de toutes les époques, fées et monstres ; animaux, masques, maisons de tous les pays, signalisations, moyens de transport, arbres, pierres, coquillages, fleurs, mousses... Il choisit celles qui lui conviennent, modèle le sable et y joue une histoire de son cru. Ainsi l'inconscient objective ses conflits et ses recherches de solution. L'utilisation des trois dimensions, le poids et le vérisme des figurines permettent des projections déliées et confèrent une grande efficacité à leur mise en scène.

Inventée dans les années trente, à Londres, par Mme le docteur Loewenfeld, cette méthode a été reprise et développée par Dora Kalff (*Le jeu de sable,* éd. de l'Epi).

H. E.

SACRIFICE. Concept qui répond à celui de castration chez Freud bien qu'il ne lui soit pas équivalent. C'est en effet le chapitre sur le sacrifice, dans les *Métamorphoses et symboles de la libido* qui a coûté à Jung l'amitié de Freud (*cf.* 127, p. 195). Il signifie renoncement à une suprématie, à une attitude unilatérale, reconnaissance des autres dynamismes, et pas seulement mise en place de la fonction interdictrice et normative du tabou de l'inceste. « L'homme ne découvre le monde qu'au moment où il sacrifie son enveloppement dans la mère originelle, autrement dit l'état inconscient du commencement. » (*Cf.* 124, p. 677.) C'est le premier lieu du sacrifice. Il est alors renoncement à la régression vers les images primordiales et permet la formation des contenus personnels de conscience (*cf.* 124, p. 676) : travail de la première partie de la vie. Ultérieurement, la conscience doit renoncer à la possession et à la puissance au béné-

fice de l'inconscient. C'est le deuxième lieu du sacrifice. Il rend
« possible une union des contraires qui a pour conséquence un
déclenchement d'énergie » (*cf.* 124, p. 703). Il ne s'agit pas d'une
dissolution du Moi dont la solidité est nécessaire pour que le sacrifice conscient soit une démarche éthique vers la totalité (*cf.* 131,
p. 286). En dernière analyse, « le Soi est ce qui appelle au sacrifice
ou même y contraint » (*cf.* 131, pp. 284-285). (Voir aussi : *Conjonction, Conscience. Inceste, Inconscience, Soi, Totalité.*)

L. D.

SADISME. Perversion sexuelle caractérisée par le plaisir qu'éprouve
le sujet à faire souffrir ou à humilier son objet.

La psychanalyse cherche les racines infantiles du sadisme et voit
en lui une des composantes fondamentales de la vie pulsionnelle.
Pour Mélanie Klein, le sadisme, concept auquel elle donne une
grande extension, est lié à la pulsion de mort.

J. R.

Le terme se réfère aux activités sadiques du marquis de Sade.
Particularité de comportement qui voit dans la souffrance ou l'humiliation infligée à autrui la satisfaction sexuelle du sujet. La souffrance infligée peut être de nature physique ou morale. La psychanalyse voit dans le sadisme l'association entre l'instinct sexuel et
l'instinct de destruction ou d'emprise appliquée au partenaire. Dans
le masochisme, l'instinct de destruction est dirigé contre le sujet
lui-même. Signalons que ce couple d'opposants peut exister chez
un même sujet. On note des manifestations plus larvées du sadisme,
expression d'une affectivité immature, infantile.

Pour Adler, c'est l'instinct d'agression ou de domination associé
à l'instinct sexuel que sous-tend le comportement du sadique (*cf.* 5,
p. 200).

S. H.

SADO-MASOCHISME. Couple d'opposés fondamental dans la vie
pulsionnelle. « Un sadique, écrit Freud, est toujours en même temps
un masochiste, ce qui n'empêche pas que le côté actif ou le côté
passif de la perversion puisse prédominer et caractériser l'activité
sexuelle qui prévaut. »

Dans cette perspective, dire que le masochiste est celui qui se
trouve soumis au pouvoir d'un persécuteur sadique est une réduction
grossière ; il s'opère entre le masochiste et le sadique un jeu subtil
et, souvent, le masochiste est le maître d'œuvre d'une relation qu'il
agence à sa guise.

L'importance du couple sado-masochisme, il faut insister sur ce point, dépasse largement le plan des perversions ; il est constitutif de la vie pulsionnelle.

J. R.

SATISFACTION. D'un point de vue économique, la satisfaction est corrélative d'un abaissement de la tension pulsionnelle (voir : principe de constance) ; l'expérience de satisfaction est à l'origine du désir.

J. R.

SCENE PRIMITIVE. Parmi les événements de la vie sexuelle infantile précoce et antérieure à la période œdipienne, une importance particulière revient à la scène primitive (ou originaire). Il s'agit d'une scène de rapports sexuels, observée ou fantasmée par l'enfant, entre les parents ; elle est généralement interprétée comme un acte de violence de la part du père.

Cette scène dont Freud cherche dans : *L'Homme aux Loups* (1918) à établir la réalité, fait partie des fantasmes originaires (voir ce terme) de chacun. Elle est génératrice d'angoisses à la fois par l'excitation sexuelle qu'elle provoque chez l'enfant et par ce qu'elle laisse entrevoir sur la réalité de la castration.

J. R.

SCHEMA DIRECTEUR. Adler conçoit la personnalité humaine dans une perspective syncrétique. Ses aspects cognitifs, affectifs et volitionnels forment un tout qui s'efforce de suivre une direction allant d'une position d'infériorité vers une position de supériorité. Ce que le sujet considère comme position de supériorité dépend de son opinion sur lui-même et sur le monde. Adler distingue dans ce schéma directeur deux modalités :

a) l'une qui voit ce mouvement ascensionnel dans le sens d'un intérêt pour autrui dans une sincère disponibilité à aider, égayer, instruire ses semblables, attitude qui est sous-tendue par un sens social suffisamment développé ;

d) l'autre qui cherche la compensation de sa position d'infériorité dans la domination, l'exploitation, l'utilisation des autres à des buts personnels et égocentriques.

Le schéma directeur inhérent à chaque personnalité, élaboré dans les premières années de la vie de l'être, façonne son caractère, lui donne sa note spécifique et oriente son devenir. Le caractère de l'homme, dont le schéma directeur exprime la ligne dynamique, est la concrétisation d'un technique existentielle acquise dès les premières années de la vie (*cf.* 7, chap. I, p. 17).

S. H.

Image de soi déterminant secondairement l'aspect général de l'individu et son comportement.

F. R.

SCHEMA D'APERCEPTION. C'est une notion spécifiquement adlérienne. Le sujet ne se place jamais dans une relation objective vis-à-vis du monde (social) extérieur. La structure de sa personnalité enregistre certains événements, en laisse d'autres de côté. Les impressions qui lui viennent de ce monde sont soigneusement triées et le choix de ce triage se fait en fonction de son style de vie, de ses axes d'intérêt. Le schéma d'aperception s'élabore dès les premières années de la vie du sujet, en fonction de la prise de conscience de son équipement constitutionnel, des impressions du monde environnant et de ce pouvoir créateur qui amalgame les données dans l'élaboration de la personnalité spécifique. Sa structure se réalise en fonction d'une finalité à laquelle obéissent les éléments de la vie psychique consciente et inconsciente du sujet (*cf.* 1).

S. H.

SCHEMA CORPOREL (voir schème d'intégration).

SCHEME D'INTEGRATION. Schilder (1923) a donné le nom de schéma corporel à la notion que nous avons de notre unité physique, saisie dans sa continuité temporelle. Cette sensation de notre unité implique donc une conscience de notre différenciation physique par rapport au monde environnant. Cette sensation de l'unité permanente du corps est telle que certaines amputations de membres laissent à l'amputé l'illusion que son membre disparu existe toujours. Dans ce trouble dit « algohallucinose », le membre fantôme est perçu comme un membre réel qui remue et dont l'amputé souffre. L'ablation n'a donc pas entamé cette sensation d'une unité physique complète.

Ce schème corporel n'est pas constitué d'emblée, dès la naissance. A trois mois, la main attire l'attention du bébé. Deux mois plus tard, c'est le pied. Tout se passe alors comme si l'enfant était successivement un segment puis l'autre de son corps. Ces phases corporelles, d'abord alternées, successives, seront un jour simultanées. Le « morcellement » initial du corps sensible et du corps moteur fait place à une intégration des différents ensembles. Le schème corporel se constitue. Peu à peu s'opère la discrimination du Moi, cette discrimination étant vécue avant que d'être objectivée. Peu à peu les informations sensorielles — qui convergent de la périphérie sensible ou de l'organisme moteur vers le système nerveux central — sont *intégrées*. Le comportement de l'être est de plus en plus ajusté à la configuration du milieu.

On voit l'importance accordée à l'intégration dans la formation du schème corporel. Au sens neurologique, A. Tournay définit ainsi l'intégration : « Processus par lequel l'action du système nerveux concourt essentiellement à unifier les expressions de l'activité de l'individu. »

Le schème corporel est donc une représentation constante que chacun de nous se fait de son corps afin de se repérer dans l'espace. Elle serait la résultante synthétique de toutes nos acquisitions perceptives et motrices. Cette notion rappelle cette autre plus classique du Moi utilisée par les psychologues. Le Moi est ainsi défini par D. Lagache dans le *Vocabulaire de Psychologie,* d'H. Pieron : « Dans la structure ou topique de l'appareil psychique, groupe de motivations et d'actions qui a pour fonction l'ajustement de l'organisme à la réalité, le contrôle de l'accès des stimulations à la conscience et à la motricité. »

Ce n'est pas le lieu de discuter les expressions voisines utilisées par différents auteurs : image spatiale du corps de Pick, schéma postural de Head, image de soi de Von Bogaert, image de notre corps de Lhermitte. Nous ferons simplement remarquer que la notion de conscience est plus ou moins incluse dans chacune d'elles. Mais indépendamment de notre conscience, le fonctionnement de notre organisme présente une cohérence inconsciente d'un nous-mêmes global bien ajusté au réel extérieur, et c'est à propos de cet ajustement fonctionnel inconscient que nous prononcerons l'expression « schème corporel ». Ainsi nous pouvons dire que l'animal possède, lui aussi, un schème corporel. Lorsque nous introduirons la notion de représentation du corps, ou lorsque nous envisagerons la projection de l'image du corps, nous parlerons d'*image corporelle.* Enfin, nous parlerons de *Moi corporel* quand nous voudrons insister sur l'aspect de prise de conscience de la représentation ou de la projection par l'homme de son image. Ce Moi corporel implique, d'une part, une différenciation de soi et des autres et, d'autre part, une pensée différenciée du corps. Là où il y a un Moi corporel il y a donc aussi un *Moi psychique.*

Dans les dernières lignes de son livre sur l'*Image du Corps* (*cf.* 182, p. 316), Paul Schilder rappelle les paroles de Prospero dans *La Tempête* : « Nous sommes de l'étoffe dont les rêves sont faits ; et notre petite vie est entourée d'un songe. » Puis, il conclut : « Toute présentation d'une image du corps qui serait une entité isolée restera nécessairement incomplète. Un corps est toujours l'expression d'un Moi et d'une personnalité et il est dans le monde. On ne peut donner aux problèmes que pose le corps une réponse même préliminaire sans devoir, du même souffle, s'attaquer aux problèmes que posent la personnalité et le monde. »

La notion de schème corporel s'établit donc à partir de la confrontation de notre corps avec le cadre spatio-temporel environnant. En fait, ce n'est pas seulement de notre corps dont nous prenons conscience, c'est de la relation de notre corps avec le monde. Cette remarque rappelle l'expression « schéma d'action », par laquelle Del Bianco (1947) définit cette unité corporelle en ce qu'elle permet une continuité fonctionnelle dans le temps.

Le Moi corporel se forme par intériorisation, puis projection du cadre spatio-temporel environnant. Dans cette évolution participent intimement le versant sensoriel et le versant moteur, c'est-à-dire l'action du milieu sur l'être et de l'être sur le milieu.

Inversement, là où il y a altération des notions d'espace et de temps, il y a désorganisation du schème corporel. Le *schème spatio-temporel* que nous avons du monde environnant est le double indissociable du *schème corporel* que nous avons de nous-mêmes. Dans la formation simultanée de ces deux schèmes, l'être opère tout d'abord *une anthropomorphisation du monde ainsi qu'une universalisation du corps*. C'est ainsi, pour donner un exemple, que l'enfant dessine souvent, à certain stade, des images qui sont tout à la fois des maisons à formes humaines ou des hommes à formes de maisons. Ces deux processus inverses d'intériorisation et de projection évoluent vers une différenciation réciproque du schème spatio-temporel et du schème corporel, laquelle constitue le processus d'individuation ou d'égotisation.

Considérant l'interaction permanente de ces deux schèmes, la symbologie génétique (*) parle d'un *schème d'intégration* dont le schème corporel et le schème spatio-temporel constituent les deux versants indissociables et complémentaires. Le schème corporel se forme par intégration successive des quatre dimensions de l'espace et du temps et l'image de notre corps n'est ainsi que l'aspect spatial (tridimensionnel) d'un schème corporel quadridimensionnel. A chacun de ces stades dimensionnels, l'homme possédera une image différente de lui-même. C'est ce que révèle, dans le cadre de la symbologie génétique, l'histoire même de l'humanité. Tout d'abord, c'est le stade de la pensée mythique où les hommes, encore peu différenciés, ont une personnalité de groupe. Ce Moi corporel collectif revêt sur la paroi des cavernes paléolithiques la forme du dessin de l'animal. L'incarnation de cette nouvelle entité transforme du même coup le monde extérieur. Elle éveille des réactions en échos dans la pensée des hommes de la préhistoire. Ils vont alors se différencier de la bête à laquelle ils se sont longtemps identifiés. De génération en génération, les images s'accumulent sur les parois rocheuses. Mais cette succession dans le temps n'apparaît pas comme telle. Les images contiguës ou superposées sont sans ordre ni composition, expression même de la psychologie de l'homme de cette époque pour qui le temps est encore sans repère, non orienté. C'est pourtant cette projection de l'image collective dans le monde extérieur qui va provoquer une prise de conscience par chacun du Moi corporel individuel. Et l'homme, un jour, dessine l'homme. Affirmé en tant qu'être vertical, il peut affronter la pesanteur, ériger mégalithes et pyramides. C'est alors que se précise la notion de temps orienté et que commence l'histoire.

Cette histoire de notre image (cf. 198) montre clairement l'importance de la notion d'intégration dans l'étude de la genèse des schèmes corporels et spatio-temporel. Dans les cavernes, au leptolithique, le dessin de l'animal précède celui de l'homme et ce dernier apparaît en même temps que l'art de composition dans des scènes de chasse, c'est-à-dire dans des représentations de la relation vitale unissant l'homme et l'animal ; et le visage de l'animal est initialement masqué du faciès animal. L'on peut rapprocher, d'une part, ce stade de l'humanité où, sur les parois rocheuses, surgit d'abord le contour de la main humaine avant celui de corps humains acéphales ou entiers et, d'autre part, le stade des premiers dessins figuratifs d'enfants : fragments de corps, bonhommes têtards, puis juxtaposition, enfin apparition d'une synthèse. Dans les deux cas, l'aspect dimensionnel apparaît flagrant : dans les dessins d'enfants comme dans ceux du leptolithique on remarque la même perspective rabattue (espace bidimensionnel).

Le processus d'intégration nécessite en fait une désintégration périodique. « Pour les groupes, comme pour les individus, vivre c'est sans cesse se désagréger et se reconstituer, changer d'état et de forme, mourir et renaître », écrivait Arnold Van Gennep dans Les rites de passage (cf. 99, p. 272).

Il faut donc insister sur le fait que la dissociation du schème corporel n'est pas forcément régressive, pathologique. Si elle apparaît sous cet aspect dans la schizophrénie, elle revêt toute sa valeur positive dans la schizogénie (cf. 197 et 198), phase médiane nécessaire de toute évolution considérée dans la perspective de la symbolique génétique (+).

Cette conception trouve une application de choix dans une des psychothérapies utilisant l'imagerie mentale et qu'il est convenu de grouper sous le nom d'onirothérapies. L'onirothérapie d'intégration (cf. 93) provoque, par une technique de mise en condition nommée décentration, un état analogue à celui d'isolement sensoriel où l'imagerie mentale (*) surgit spontanément.

A la « perception métamorphique du corps » (P.M.C.), perception de morcellement, de dissociation puis d'anéantissement de son corps, le sujet, au-delà de l'angoisse acceptée, habite un corps imaginaire et l'agit dans un univers imaginaire, reflet de son passé, de ses potentialités, de ses conflits et de ses devenirs. La conscience de veille s'efface devant l'éveil d'une conscience onirique.

Une dialectique est établie entre cette conscience onirique et l'univers imaginaire dans lequel se meut le rêveur. C'est ici que s'opère une restructuration de l'être, indépendamment de toute analyse rationnelle. Dans le rythme de ce vécu affectif seront levées les somatisations. Au sortir de cette aventure, le sujet réintègre l'image de son corps réel, mais la perception qu'il en a est nouvelle.

Le vécu onirique a changé le schème d'intégration, c'est-à-dire la perception globale du corps et celle de son espace-temps. (Voir : *Décentration, Initiation, Intégration, Isolement sensoriel, Onirothérapie, Imagerie mentale.*)

V. A.

SCHIZE (voir *image*).

SCHIZOGÉNIE. Phase médiane du cycle ternaire de la symbologie génétique (*) comprenant la cosmogénie, la schizogénie et l'autogénie. Elle est, dans toute évolution créatrice, la possibilité de passer d'une participation de l'être et de l'univers (cosmogénie) à une participation mieux intégrée (autogénie). Bien qu'elle nous apparaisse sous des formes de séparation, de dissociation, de fixité, elle est en fait la phase de tension nécessaire à toute mutation biologique ou psychologique. Elle est alors la désintégration nécessaire (donc positive) pour une réintégration à (et dans) un monde plus large ou plus riche. On ne saurait donc la considérer comme négative, mais comme l'introduction à une intégration d'éléments de l'être et de l'univers jusqu'ici séparés. L'autogénie qui lui succède est une phase intégratrice, nouvelle phase initiale (cosmogénique) d'un nouveau cycle d'évolution. Cette conception dynamique de la symbologie génétique nous a conduit à définir le *schème d'intégration* (*) et à donner, avec Roger Fretigny, à notre technique psychothérapique le nom « d'onirothérapie d'intégration » (*). (Voir : *Image* et *Imaginaire*.)

V. A.

SCHIZOPHRÉNIE. Le terme est dû au psychiatre suisse Bleuler. Il date de 1911. Avant cette date la maladie est dénommée démence précoce. Bleuler veut ainsi mettre l'accent sur un des éléments les plus caractéristiques de cet état : la dissociation des éléments de la personnalité. C'est une psychose qui apparaît chez les adolescents et les adultes jeunes, rarement à un âge plus avancé. Il y a des formes infantiles : Considérée comme une psychose évoluant fatalement vers la démence (Kraepelin la nomme démence précoce), la schizophrénie a bénéficié des derniers apports de la thérapeutique psychiatrique :

a) psychothérapique ;
b) chimiothérapique.

Frappé par la symptomatologie tout à fait spécifique de cet état où coexistent des symptômes caractéristiques de la maladie et d'autres retrouvés dans différentes maladies, Bleuler lui décrit des symptômes :

a) fondamentaux ;

b) accessoires et inconstants.

Les symptômes constants sont :

1. La dissociation dans tous les domaines du psychisme : barrages, inhibitions, blocages de la pensée, pensée incohérente, disloquée.

2. L'ambivalence qui se manifeste dans le domaine idéique, affectif, volitionnel et du comportement. (Voir : *Ambivalence*.)

3. L'autisme qui est un repliement total sur soi-même avec désinsertion du monde réel. Le malade vit dans sa tour d'ivoire. (Voir : *Autisme* et *Syntonie*.)

4. L'irruption de l'inconscient, de fantasmes dans la conscience du sujet qui vit ainsi sa vie onirique, détaché du monde extérieur.

Dans son ouvrage *Les névroses* (édition originale 1928), Adler cite le cas d'un jeune schizophrène de 18 ans, en explique l'étiopathogénie et fournit des indications quant à la technique thérapeutique. Grâce à Delay, Deniker, Laborit, la chimiothérapie des schizophrènes (1952) a transformé le statut de ces sujets (*cf.* 8). (Voir aussi : John W. Perry, *Le Voyage symbolique*, éd. Aubier-Montaigne, Paris, 1976.)

S. H.

SCOTOMISATION. Oubli involontaire, automatique, d'un souvenir procédant du refus d'une réalité pénible, ou d'une défense contre sa perception.

F. R.

SECRET. « Pour protéger l'individu contre le risque de se confondre avec les autres, il n'est de meilleur moyen que la possession d'un secret qu'il veut ou qu'il doit garder. » (*Cf.* 127, p. 388.) Le secret, la dissimulation, sont donc des facteurs de différenciation, obligeant l'individu « à s'isoler dans son projet individuel » (*cf.* 127, p. 390). Ce n'est pas sans risque pour l'économie de la libido (*cf.* 124, p. 347 et 8, p. 25) et l'état de refoulement de la plupart des complexes est lié à la présence sous-jacente d'un secret (*cf.* 114, III, p. 45). Pourtant, l'homme est poussé à la dissimulation, s'inventant au besoin des secrets, exprimant ainsi que « quelque chose d'inconscient et " qui n'a pas de nom " gît en arrière-plan » (*cf.* 114, XIV, p. 232 *sq.*). Ceci indique « la présence vivante d'un archétype numineux » qui exige de la conscience égard et attention. Dans la mesure où le contenu du secret devient assimilable, l'inconscient peut alors jouer son rôle compensateur (*cf.* 114, XIV, p. 232 *sq.*).

L. D.

SECURISATION. Le besoin de sécurité est un élément fréquent de l'équilibre psychique. A tous les âges, l'être humain aspire à cette sécurité. Chez l'enfant, l'ambiance calme et rassurante du milieu familial, l'attitude bienveillante des parents contribuent à son développement harmonieux.

Avec l'adolescence et ses problèmes qui rapproche le jeune du front de la vie apparaissent des préoccupations sociales, affectives, professionnelles, qui engendrent des sentiments d'insécurité et font apparaître différents troubles.

Le névrosé adulte motive ses angoisses par des sentiments d'insécurité.

L'insécurité matérielle tourmente souvent le psychisme des vieillards.

La sécurisation, action de rassurer, réconforter et encourager l'inquiet, se situe ainsi à toutes les étapes de l'existence humaine.

S. H.

SECURITE (besoin de). Dans la mesure où l'être humain est insuffisamment préparé pour les problèmes de la vie, il se sent dans ce monde, du fait de son complexe d'infériorité, comme en pays ennemi. Il manifeste un grand besoin de sécurité qui dans les cas pathologiques peut atteindre des dimensions excessives. L'agoraphobe ne saurait traverser une place que soutenu par une deuxième personne. L'enfant anxieux ne se sent en sécurité que si sa mère se trouve près de lui. Le besoin de sécurité se manifeste ainsi comme le désir d'un sujet de s'assujettir autrui et de le lier à sa personne.

S. H.

SEDUCTION. Dans un premier temps, la séduction de l'enfant (par un adulte) fut considérée comme déterminante dans l'étiologie des névroses ; puis Freud, mettant au premier plan la réalité psychique et l'activité fantasmatique qui lui est corrélative, abandonna cette théorie et interpréta les fantasmes de séduction comme un des aspects du complexe d'Œdipe. (Voir aussi : *Fantasmes originaires.*)

J. R.

SEMIOPHONIE. Méthode de rééducation (I. Beller) des troubles du langage oral et écrit utilisant un appareillage (sémiophone) permettant de faire entendre au sujet des séances sonores (musicales ou verbales), puis sa propre parole modifiées par des filtres appropriés (*cf.* 30).

L. H. F.

SENSATION. Fonction psychique fondamentale, irrationnelle, « fonction du réel » de P. Janet, elle est « la perception immédiate de la réalité des choses » (*cf.* 121, p. 120), par voie sensorielle. Cette réalité est une donnée extérieure ou intérieure, fournie par les organes des sens ou les récepteurs proprioceptifs. Elle peut donc être extravertie ou introvertie. (Voir aussi : *Extraversion, Introversion.*)

L. D.

SENS DE LA VIE. Il existe à l'intérieur de toute cellule vivante une tendance à se développer, se conserver, se multiplier. Cette notion du développement ne saurait se concevoir sans l'idée d'un mouvement. Alors que l'esprit humain se sent surtout à l'aise dans l'étude de la forme figée, du solide, la psychologie adlérienne s'applique à transposer en mouvement ce qui est forme.

Pour survivre, la matière vivante doit s'expliquer avec le milieu environnant, s'adapter à lui. Cette adaptation se réalise de façon passive par la survie du plus fort, ou de façon active par la force créatrice ancrée dans chaque être vivant. C'est dans la voie d'un développement et d'une adaptation incessante aux exigences du monde extérieur que Adler voit la meilleure modalité de la survie de l'individu et de la race humaine. Il s'agit d'établir une relation favorable entre l'individu et le monde environnant, et d'assurer à cette relation la plus grande perfection. Cette élévation idéale de l'humanité trouve dans la notion de Dieu sa meilleure représentation. Le facteur qui, dès l'origine de l'humanité, a contribué à l'élaboration de l'idéal religieux, à celui d'une communauté humaine, est le sentiment social. Dans la névrose, la psychose, la délinquance, la dypsomanie, la perversion, Adler reconnaît des modalités de comportement qui vont à l'encontre du sentiment social. Vouloir dominer ses semblables, les spolier, s'appuyer sur eux pour les exploiter, fuir ses problèmes existentiels est un but vers lequel certains tendent, mais qui nous paraît impropre. Tous les problèmes de la vie humaine exigent une aptitude et une préparation à la collaboration, témoignage du sentiment social. C'est dans son développement incessant que Adler voit le Sens de la vie (*cf.* 3 et 6).

S. H.

SENSIBILISATION (GROUPES DE). On appelle groupe de sensibilisation, ou groupe d'évolution, ou Training Group un petit groupe ne dépassant pas douze personnes, en présence d'un ou deux animateurs, autocentré, c'est-à-dire n'utilisant aucun thème extérieur. De tels groupes peuvent se réunir, soit sporadiquement, soit régulièrement à périodicités fixes et visent essentiellement à l'élaboraion de ce qui ce passe entre les interlocuteurs. La théorie de ces petits groupes, issue de Bethel et des travaux de Kurt-Lewin, a été élaborée dans le sens psychanalytique par Bion et plus récemment par Anzieu, Kaes, Pejarano, Missenard, etc. Le fonctionnement de ces petits groupes étant largement répandu, leur clinique bien étudiée et leur théorisation très poussée, c'est plutôt vers l'étude de groupes plus larges que se concentre l'attention des chercheurs. (Voir : *Training group ou T-Group.*)

S. M.

SENTIMENT. Jung considère le sentiment comme un facteur essentiel de la prise de conscience — en effet « le phénomène psychique ne peut être saisi dans sa totalité par l'intellect, car il consiste non seulement en signification mais aussi en valeur » (*cf.* 114, vol. IX/2, p. 27) — et il affronte la psychologie au paradoxe d'une science capable de suivre le sentiment : « il semblerait qu'on puisse mener toute science avec l'intellect seul, à l'exception de la psychologie, autrement le modèle que nous essayons de construire sera incomplet » (*cf.* 114, vol. IX/2, p. 32).

Le sentiment est défini comme « contenu de la fonction affective » (*cf.* 126, p. 465) et comme « fonction de valeur » (*cf.* 114, vol. IX/2, p. 32). L'unité de ces deux définitions réside dans le fait que la valeur soit conçue par Jung comme un phénomène d'intensité. Celle-ci a son origine ultime dans les organisations archétypiques de la libido, elle saisit le conscient sous forme d'affects, et se transforme en valeur dans la mesure où elle est reprise dans un jugement par un sujet individuel ou collectif. Le sentiment est ce jugement. Il a pour forme élémentaire l'acceptation et le refus. Il est passif quand il se contente d'avaliser soit l'affect, soit des valeurs collectives. Il devient actif quand il a le Moi pour principe. Il est alors une fonction éthique — ce qui est le contraire d'un conformisme. C'est également la tonalité de sentiment qui fait le symbole. A ce double titre, le sentiment est intimement lié à la formation du Moi. (Voir aussi : *Affect, Anima, Animus, Moi.*)

H. E.

SENTIMENT DE CULPABILITE. Freud a soutenu que le sentiment de culpabilité à son origine dans le complexe d'Œdipe et qu'il surgit comme une séquelle de celui-ci. On trouve également chez Freud l'idée que la culpabilité dérive de l'agressivité. Ce point de vue est celui des analystes kleiniens. Croyant à un instinct destructeur inné, ils croient également « à un sentiment inhérent de culpabilité qui découle de la conscience que l'on a du désir de détruire ce qui est aussi aimé, de défier ce à quoi on est aussi soumis » (C. Rycroft).

J. R.

SENTIMENT D'INFERIORITE. Le cheminement de la pensée adlérienne part d'une considération biologique pour aboutir à une considération psychologique et philosophique sur le sens de la vie.

Dans son étude sur l'état d'infériorité des organes, Adler montre que les organes et appareils du corps humain ne présentent pas une valence identique, une égale résistance aux agressions. Certains de ces organes se trouvent en état d'infériorité par rapport à une moyenne fictive. Le corollaire psychique de cette situation est le sentiment d'infériorité. Il exprime, d'une part, l'équivalent psychique d'une situation d'infériorité organique et, d'autre part, la prise de conscience d'une position d'infériorité psychosociale. La notion de compensation, que Adler emprunte à la biologie, complète cette constatation avec l'apparition d'un besoin irrésistible pour rétablir l'équilibre. Cette démarche dialectique explique le développement du psychisme humain. Le sentiment d'infériorité est de ce fait un des aiguillons le plus puissant du devenir de la personnalité (*cf.* 5).

S. H.

SENTIMENT SOCIAL. Dès sa naissance, l'être humain est confronté avec d'autres êtres humains, avant tout avec sa mère. De cette interrelation résulte chez le nouveau-né l'apparition d'un état affectif que Adler appelle le sentiment social, le sens social, le sens communautaire. Il est indispensable pour le développement harmonieux futur de l'être que cette relation mère-enfant se réalise de façon satisfaisante. Le contact psychique et aussi physique avec la mère au moment du bain, de la tétée, des soins, les premiers sourires renforcent le lien entre la mère et l'enfant et contribuent à l'amplification de se sentiment. Héréditairement transmis, l'instinct social demande à être éveillé, intensifié par la rencontre avec autrui, la mère en premier lieu. Par la suite le sens social de l'enfant sera dirigé vers le père, les autres membres de la fratrie. Adler considère le sentiment social comme indispensable pour la réalisation ultérieure, satisfaisante de tous les problèmes que rencontrera l'être humain dans la vie : professionnel, relationnel, affectif. Il est certain que toutes les professions mettent directement ou indirectement le sujet au contact d'autres êtres. La relation à autrui dans l'amitié ou la fréquentation de nos semblables ne saurait s'imaginer en dehors du sentiment social. La vie affective, amoureuse, érotique, sexuelle exige du sens social dans la recherche et la rencontre du partenaire.

S. H.

SEVRAGE (le). Par le sevrage, et plus particulièrement par le sevrage affectif, l'enfant éprouve le sentiment qu'il n'est pas le centre tout-puissant du monde, qu'il ne fait pas corps avec la mère et qu'il peut la perdre.

Cette première épreuve de réalité qui, si elle est prématurée, peut handicaper le développement de l'enfant, l'amène à prendre une certaine distance à l'égard de son désir initial de communion-confusion avec la mère.

J. R.

SEXUALITE. Domaine des pulsions, désirs, activités (et leurs transpositions par transfert, sublimation, etc.) relatifs à la vie sexuelle — ou, selon Freud, relatifs à la satisfaction de tous les besoins.

F. R.

SHAMANISME OU CHAMANISME. Pratiques magiques de certains peuples d'Asie. Le shaman est un prêtre-sorcier qui prétend avoir des relations avec les esprits et pouvoir agir sur eux. Il peut donc guérir ou infliger la maladie, mener les âmes en sûreté dans l'autre monde ou les laisser errantes aux prises avec les mauvais esprits. Il opère en état d'extase. La maladie est due au départ de l'âme dans le royaume des esprits. Le shaman est un médiateur qui la ramène au corps. D'autres pratiques shamaniques concrétisent la maladie sous forme d'objet (ver, caillou) et l'extraient du corps.

S. H.

SIGNAL D'ANGOISSE. Le signal d'angoisse est au service du Moi ; il lui évite d'être débordé par l'afflux d'excitations internes ; c'est une forme de la vigilance tournée vers l'intérieur ; une défense qui fonctionne de manière préventive.

J. R.

SIMULATION. C'est l'imitation dans un but intéressé d'un trouble organique, physiologique ou psychique. Cette imitation est appelée à assurer au simulateur un bénéfice pécuniaire (une pension), une dispense du travail, du service militaire, des poursuites judiciaires. La simulation, volontaire, se distingue de la production involontaire de certains signes pathologiques comme on les rencontre dans l'hystérie de conversion.

S. H.

SOCIALISATION. Adler considère le développement du sentiment social comme essentiel pour l'éducation des enfants et indispensable pour le processus thérapeutique des manifestations psychopathologiques d'origine psychogène. Dans la mesure où la solution des problèmes existentiels (profession, amour, relation à autrui) exige un certain épanouissement de ce sentiment, la famille — en premier lieu la mère — devrait favoriser son éveil et par la suite son amplification. L'école qui centralise tous les enfants pourrait, en cas de défaillance de l'éducation familiale, parfaire cette tâche. L'enseignant qui, jour après jour, vit pendant toute l'année scolaire au contact de l'élève saura facilement détecter ses insuffisances et dans des entretiens duels ou, profitant du potentiel sain de la classe, par des discussions de groupe, remédier à l'insuffisant épanouissement du sens social de l'enfant.

Dans la perspective adlérienne l'éclosion de la névrose est considérée comme la manifestation asociale d'une personnalité, sollicitée par les problèmes de la vie, qu'elle ne sait ou croit ne pas savoir résoudre. Le complexe d'infériorité et l'insuffisant développement du sentiment social sous-tendent son apparition. La psychothérapie doit déceler les facteurs qui, dans l'enfance, ont jugulé l'épanouissement du sentiment communautaire. Une ambiance familiale qui gâte l'enfant et l'empêche de chercher des contacts avec autrui, ou qui, par contre, trop sévère, le fait se replier sur lui même ou encore des infériorités organiques nuisent à son amplification.

L'entretien psychothérapique à deux, la psychothérapie de groupe ou institutionnelle s'efforcent de socialiser progressivement le sujet. La psychopédagogie adlérienne et ses aspects de prophylaxie mentale s'imposent le même dessein.

S. H.

SOCIO-PSYCHIATRIE. Etude des affections mentales en fonction des groupes sociaux auxquels appartiennent les malades.

F. R.

SOI. Si, pour Freud, le Moi est une instance de la personnalité dont la genèse est à étudier à partir de sa différenciation du Ça au contact de la réalité extérieure, le Soi représente pour Mélanie Klein la foncière unité du sujet. On peut dire qu'il recouvre, pour elle, la personnalité tout entière (le Ça autant que le Moi) et qu'il est là antérieurement à tout clivage. Il est donné à la naissance même et figure bel et bien le support de toute activité de l'individu. C'est ce qui donne au clivage toute sa signification, car celui-ci ne scinde pas le Soi en deux « Soi » qui s'affronteraient, mais introduit dans le Soi une faille qui fait que la représentation vécue du monde entre dans le champ du conflit interne. Seule la réduction de ce clivage permet au sujet de se retrouver tel qu'il était à l'origine, c'est-à-dire soi-même.

J. R.

L'idée du Soi ne vient pas d'une réflexion. Elle se présenta à Jung, au terme d'une mise en cause longue et radicale des identifications et projections égotiques (*cf.* 127, chap. VI), dans l'expérience d'un principe inconscient en fonction duquel le psychisme trouve son véritable axe de croissance. Ayant lu des comptes rendus d'expériences semblables et en reconnaissant la projection dans certains mythologèmes, Jung appela ce principe le Soi et tenta d'en faire la théorie.

Le Soi est vécu à la fois comme centre et comme totalité. Il est autonome, échappe au contrôle de la raison et de la volonté, est surordonné au Moi. Il se représente dans des symboles unificateurs tels que les mandalas. Il agit soit par la dynamique de la compensation, soit par l'effet de centrage. La relation avec le Soi fait le sens.

Le Soi n'est pas un Moi profond, une personnalité secrète. Il est un schéma organisateur collectif (archétype) qui agit dans la composition psychique, déterminée par ailleurs, de l'individu ou du groupe. Il y est un principe de mise en question et de conflit, mais aussi de conjonction et d'autorégulation. Pour rendre compte davantage de l'expérience, il faut proposer des antinomies, car le Soi semble être à la fois situé dans le corps et transindividuel, structure des rapports conscient-inconscient et lien avec les événements du monde physique. (Voir aussi : *Archétype, Compensation, Centrage* [*effet de*], *Autorégulation, Totalité, Mandala, Moi.*)

H. E.

SOLIDARITE. Sentiment qui incite les hommes à s'unir, à coopérer et à s'accorder de l'aide mutuellement. Adler emploie parfois ce terme en tant que synonyme de sens social, sentiment social ou sens communautaire. D'autres parlent de convivialité. Tout récemment la notion apparaît dans les écrits de Herbert Marcuse.

S. H.

SOLILOQUE. Terme de psychodrame. Dans la technique du soliloque, le protagoniste pense à haute voix, ce qui lui permet d'extérioriser certaines pensées ou certains sentiments encore non exprimés. On peut combiner cette technique avec celle du double.

B. J.

SOMMEIL. Servant au repos et à la détente, le sommeil obéit à un mécanisme d'autorégulation imposé à l'être par l'évolution. Il rapproche de l'état de repos toutes les activités corporelles et psychiques. Ce qui distingue le dormeur du sujet éveillé est sa distance concrète qui le sépare des problèmes du jour de la réalité. C'est ainsi que la fonction onirique peut se donner libre cours. Par ces productions, les rêves, le sujet trahit sa prise de position vis-à-vis d'un problème présent ou futur. La ligne dynamique de la personnalité s'y retrouve aussi bien que dans les manifestations de l'état de veille.

Les neurophysiologues distinguent différentes phases dans l'évolution du sommeil. Les enregistrements électroencéphalographiques décèlent des modifications des ondes suivant ces phases et aussi au moment de l'activité du rêve.

S. H.

SOMMEIL (Psychophysiologie du sommeil et du rêve). Etat physiologique de repos particulier, caractérisé notamment par la perte de la « réactivité critique », c'est-à-dire de la « capacité d'élaborer des réactions appropriées à un complexus donné de circonstances » (Pieron). La réversibilité immédiate du sommeil le différencie radicalement des états de syncope, de narcose ou de coma.

Le développement des techniques électrophysiologiques a permis d'objectiver différents niveaux ou stades au cours du sommeil, et plus récemment, de mettre en évidence des critères objectifs de l'activité « onirique ».

I. Phénoménologie des états de sommeil.

A. Le sommeil à ondes lentes ou sommeil classique.

Cet état est essentiellement caractérisé par l'immobilité relative du dormeur, la relaxation musculaire, l'installation de rythmes cardiaque et respiratoire lents et réguliers et la diminution de la pression artérielle. Des mouvements pendulaires lents des globes oculaires peuvent apparaître. Une certaine tonicité musculaire est conservée, autorisant le développement d'épisodes moteurs tels que les changements de position du corps, les automatismes gestuels (jactatio capitis), verbaux (somniloquie) et ambulatoires (somnambulisme). C'est également pendant le sommeil classique que survient l'énurésie.

Du point de vue neuro-électrique, on assiste à l'envahissement progressif de l'électroencéphalogramme par des ondes lentes de grande amplitude, permettant de définir un certain nombre de stades de profondeur croissante (notés chez l'homme de I à IV) objectivée notamment par l'augmentation parallèle des seuils d'éveil, l'augmentation de la résistance électrique de la peau et la diminution de l'activité unitaire des neurones.

On voit qu'il s'agit là d'un tableau correspondant à l'idée classique que chacun se fait du sommeil : un état de relaxation profonde durant lequel l'ensemble des systèmes organiques fonctionne au ralenti.

B. Le sommeil « paradoxal » ou « rêve ».

L'enchaînement harmonieux des différents stades du sommeil à ondes lentes conduit normalement à l'apparition d'un état psycho-physiologique radicalement différent de ce qui vient d'être décrit.

Cet état se caractérise notamment par la résolution complète du tonus musculaire, l'apparition phasique de clonies des extrémités, une grande instabilité des rythmes cardiaque et respiratoire et de la tension artérielle, le déclenchement phasique de mouvements oculaires rapides généralement groupés en bouffées et, chez l'homme, l'installation d'une érection pénienne tonique caractérisée.

Du point de vue neuro-électrique, le sommeil paradoxal se manifeste par l'apparition d'un tracé électroencéphalographique rapide et de faible amplitude, souvent paradoxalement proche du tracé d'éveil, témoignant d'une activation quasi généralisée de l'encéphale, objectivée en outre par l'augmentation de l'activité unitaire des neurones, l'accroissement de la consommation cérébrale en oxygène et en glucose, l'augmentation de la température cérébrale et la diminution de la résistance de la peau.

On comprend aisément qu'un tel « orage cérébral », survenant au cœur d'un sommeil considéré jusque-là par tous comme un état homogène de repos, ait semblé paradoxal à ceux qui l'ont découvert. La phase paradoxale du sommeil, ou sommeil paradoxal, est encore dénommée Phase des Mouvements Oculaires (P.M.O.) ou Rapid Eye Movement Sleep (R.E.M.S.).

Contrairement à ce qui a été décrit pour le sommeil classique, on a ici le tableau d'une intense activation neurobiologique dont l'expression comportementale est interdite par le blocage du système moteur. La question de la profondeur de cet état de sommeil par rapport aux différents stades du sommeil classique n'a pu recevoir de réponse univoque, compte tenu du caractère même « d'éveil intérieur » de la phase paradoxale.

C. Sommeil paradoxal et rêve.

S'il est vrai que statistiquement un plus grand nombre de sujets affirment avoir rêvé lorsqu'ils sont réveillés pendant ou immédiatement après un épisode de sommeil paradoxal que lorsqu'ils sont réveillés en sommeil classique, il ne faudrait pas en conclure que le sommeil paradoxal intègre la totalité de l'activité mentale ou psychique du sommeil, ou qu'il en a l'exclusivité. Une certaine activité mentale se rencontre tout au long des différents stades du sommeil lent, mais son contenu et sa dynamique interne sont différents de ceux qui caractérisent l'activité de l'appareil psychique durant la phase

« paradoxale », dont on peut dire qu'elle est, à ce moment, plus proche de ce qu'il est convenu d'appeler « rêve ».

VIREL et FRETIGNY (1968) ont émis des réserves sur les déductions faites à partir de la relation établie entre la fréquence des rêves et la phase paradoxale : « L'ensemble des recherches physiologiques sur le sommeil a laissé penser que la phase dite paradoxale serait spécifique du rêve. Cette équivoque vient du fait que les chercheurs n'ont pas pris la précaution de définir ce qu'ils entendaient par " rêve " ou " activité onirique ". En fait, l'activité onirique généralement observée au cours de la phase dite paradoxale serait peut-être plus apte à la mémorisation parce qu'elle serait plus structurée, plus soutenue par une trame dramatique, et peut-être aussi plus fréquemment visuelle (?). L'hypothèse d'une activité onirique constante durant le sommeil n'est pas à rejeter pour autant. Mais il s'agirait déjà de préciser une terminologie. » (Cf. 200, p. 18.)

Le rêve visuel ne serait, selon Virel, qu'un aspect de la fonction onirique polysensorielle permanente et les mouvements oculaires l'accompagneraient préférentiellement. Sans vouloir en tirer de conclusion, cet auteur (1967, cf. 199, p. 122), au cours d'un enregistrement de globes oculaires sur un sujet en cours d'Imagerie Mentale, note que « le tracé montre sans interruption des mouvements de globes oculaires durant toute la séance d'Imagerie Mentale. Ce fait peut être rapproché des observations de Kleitman selon lesquelles la présence de séries de secousses oculaires constituerait un test objectif, bien que non infaillible, du rêve hypnique ». Ceci bien que « l'E.E.G. de la pensée onirique de veille et de la pensée onirique hypnique ne [soient] pas superposables » (cf. 201, p. 688).

II. APERÇU SUR LES MÉCANISMES DU SOMMEIL ET DU RÊVE.

Les différences radicales qui semblent opposer sommeil classique et sommeil paradoxal ont conduit à penser que ces deux états devaient dépendre de structures et de mécanismes différents (Jouvet, 1972). Il existerait alors trois niveaux de vigilance fondamentaux correspondant chacun à un mode de fonctionnement particulier du cerveau :

— l'éveil, qui paraît être sous la dépendance de deux systèmes — dont la formation réticulaire mésencéphalique — contrôlés par les catécholamines,

— le sommeil classique, dont on a pu montrer qu'il n'est pas un simple manque d'éveil, mais un état spécifique initié par des structures propres localisées au niveau du tronc cérébral (système du raphé), contrôlées par la sérotonine,

— le sommeil paradoxal, dont le déroulement harmonieux met successivement en jeu des mécanismes préparatoires contrôlés par la sérotonine, et des mécanismes effecteurs, de nature catécholaminergique et certainement cholinergique, correspondant à l'activation de structures spécifiques situées au niveau du pont (locus coeruleus et sub coeruleus).

Il ressort de ces données que les troubles de la vigilance peuvent être de natures très différentes selon qu'ils intéressent l'un ou l'autre de ces systèmes. En ce qui concerne les insomnies, les seuls véritables hypnotiques sont des drogues qui permettent d'intervenir au niveau des structures responsables du sommeil. Les substances qui dépriment, même massivement, le système d'éveil ne permettent généralement pas l'installation d'un sommeil physiologique harmonieux. C'est notamment le cas des hypnotiques barbituriques.

Pour d'autres auteurs au contraire, la découverte de la phase paradoxale ne remet aucunement en cause l'unité du sommeil, un mécanisme unique d'inhibition progressive du cerveau pouvant en expliquer les différentes phases (Hernandez-Péon, 1965).

Par ailleurs, sans remettre en question l'existence de mécanismes spécifiques à chacun des états de veille et de sommeil, des auteurs contestent, aujourd'hui, très vivement, la notion d'états de vigilance hautement différenciés, dont l'organisation séquentielle obéirait à un déterminisme rigide (Dement, 1974). Dans cette perspective, le phénomène sommeil ou plutôt le phénomène vigilance est à envisager à partir de la notion d'oscillation. Sommeil et éveil ne sont pas des états statiques, mais résultent de la combinaison de nombreuses variables physiologiques soumises chacune à des variations cycliques suivant une rythmicité propre. Les rapports entre ces différents cycles définissent des relations de phase entre les variables. Le passage d'un niveau de vigilance à un autre ne dépendrait donc plus uniquement de la sécrétion de tel neuro-transmetteur, dans telle structure cérébrale, mais aussi de la relation de phase que présente cette sécrétion avec d'autres variables, telles la température corporelle et les sécrétions gastriques ou hormonales.

III. SOMMEIL PARADOXAL ET DÉVELOPPEMENT.

Au cours de la phylogenèse, le sommeil paradoxal émerge timidement chez les oiseaux et ne se développe en fait que chez les mammifères. La survenue du sommeil paradoxal est donc à rapprocher de l'apparition de l'homéothermie, et son installation de la différenciation du néo-cortex.

Au cours de l'ontogenèse, le sommeil paradoxal est toujours beaucoup plus développé chez le jeune que chez l'adulte, et cela d'autant plus que son immaturité est plus grande. Relativement stable chez l'adulte, le sommeil paradoxal décline progressivement au cours de la sénescence.

IV. THÉORIES DU SOMMEIL ET SIGNIFICATION DE LA PHASE PARA-
    DOXALE.

Les théories du sommeil, surtout en ce qui concerne la (ou les) fonction(s) éventuelle(s) du sommeil paradoxal sont aussi nombreuses que variées (régulation des mouvements coordonnés des yeux, rôle de sentinelle au cours du sommeil, participation à la maturation du système nerveux, régulation homéostasique de l'activité corticale). Toutefois, de nombreux travaux semblent indiquer l'existence de rapports privilégiés entre sommeil paradoxal et mémoire. Enfin, selon une conception très globale présentée récemment par Jouvet, à côté de l'éveil proprement dit (éveil épigénétique) et du sommeil classique, le sommeil « paradoxal » correspondrait à un nouvel éveil, radicalement différent, essentiellement génotypique, durant lequel seraient activés les circuits génétiques fondamentalement nécessaires à la survie de l'individu et de l'espèce, sous le contrôle desquels pourraient se dérouler conjointement des processus de sélection et de programmation de l'information.

Dans une perspective très différente, des travaux actuels semblent indiquer l'existence d'une corrélation positive entre la quantité et la qualité du rythme alpha durant l'éveil et la facilitation des rêves nocturnes, ou du moins de leur mémorisation, chez des sujets soumis à l'alphathérapie (*). La signification du sommeil paradoxal apparaît étroitement liée à l'activité vigile, comme en témoigne d'ailleurs la relation de proportionnalité directe qui semble exister entre les deux états (Virel). Ce fait vient appuyer la recherche d'une conception unitaire de l'onirisme de veille et de l'onirisme de sommeil. Ils sont, selon Virel, « deux aspects inséparables et complémentaires d'une même fonction biologique de l'imaginaire ».

Par ailleurs, pour Laborit (1973) qui est l'auteur d'un modèle neurobiologique d'après lequel le sommeil classique correspondrait à une phase de récupération neuronale (restauration biochimique et protéique, prédominance de l'activité métabolique des cellules gliales) nécessaire à l'apparition du sommeil paradoxal (phase d'activation neuronale), la signification du rêve ne peut se dégager que de la confrontation dialectique entre « l'expérience unique du sujet et son contexte socio-économique et culturel ».

Des tentatives ont enfin été faites pour rapprocher les données récentes concernant le sommeil paradoxal et les hypothèses freudiennes concernant le rêve. Bourguignon a notamment montré que les fonctions de stimulation, de décharge, de substitution et de liaison attribuées au rêve nocturne par la métapsychologie freudienne pouvaient être envisagées d'un point de vue neurophysiologique, sans qu'il soit question toutefois de justifier ou de valider l'un de ces points de vue par l'autre.

La confrontation de deux discours, étrangers l'un à l'autre, et nécessairement fermés sur eux-mêmes, ne peut porter de fruits que dans le respect de l'identité de chacun d'eux. Une telle confrontation, bien que difficile et parfois hasardeuse, doit être entreprise. Au-delà du sommeil, la connaissance de l'homme est à ce prix (cf.

38, 66, 93, 103, 112, 113, 135, 139, 143, 166, 199, 200). (Voir aussi : *Alphathérapie, Cerveau, Cortex, Drogues psychotropes, Electroencéphalographie, Enurésie, Médiateurs chimiques, Onirisme, Psychopharmacologie, Rêve hypnique, Somnambulisme, Vigilance.*)

L. J. F.

SOMNAMBULISME. Activité automatique pathologique survenant au cours du sommeil chez l'enfant, ou éventuellement l'adolescent. Le somnambulisme exprime une souffrance névrotique dont l'exploration et le traitement s'imposent lorsque les faits tendent à se reproduire.

B. J. C.

SOPHROLOGIE. Mot dérivé de *Sophrosynem* qui signifie « science des conditions d'équilibre de l'esprit et art de conduire à cette harmonie ». Domaine qui, selon le Dr Alfonso Caycedo, son fondateur (1960), diffère de celui de l'hypnose et dont la portée serait bien plus générale : « C'est à la fois, écrit le Dr Rager, une science, une philosophie, une thérapeutique et un art dont le but essentiel est l'étude phénoménologique de tous les moyens physiologiques, physiques, chimiques, capables d'agir sur la conscience humaine et de la modifier. » A ce mouvement se rattache une sophrologie médicale qui, selon le Dr Caycedo, « ne groupe pas seulement les phénomènes appelés hypnotiques, mais aussi les techniques de relaxation, l'hypnose active fractionnée de Krestchner, l'entraînement autogène de Schultz, les techniques de Jacobson, Chertok, etc., ainsi que tous les états voisins tels que les états yogas, les transes des médiums, les extases naturelles, etc. » (Voir : *Hypnose.*)

F. R.

SOUS-GROUPE. Division d'un groupe. Selon Bion, un groupe est spontanément divisé en deux. D'une part, le sous-groupe qui se met sous la protection du ou des leaders institutionnels et résiste ainsi au changement, et, d'autre part, le sous-groupe qui se révolte et qui par ses demandes exagérées résiste aussi au changement. Les sous-groupes et couples qui se forment par affinités sont en général fluctuants. Ceux qui se forment par identification ou complémentarité de symptôme (donc d'une façon moins consciente) sont plus durables. Les sous-groupes ne sont pas un obstacle en soi au développement du groupe, mais peuvent le devenir selon leur nature.

B. J.

SOUVENIR D'ENFANCE (PREMIER). Les plus anciens souvenirs d'enfance remontent dans la majorité des cas à l'âge de 2 à 5 ans. D'autres sont encore plus reculés. Par contre, des sujets prétendent ne pas avoir de souvenir avant l'âge de 7 à 8 ans. Adler attribue aux plus anciens souvenirs une importance particulière. Pour que le sujet ait retenu précisément tel événement parmi les innombrables impressions qui meublaient sa vie à l'époque où se situe le souvenir, il faut lui attacher une importance particulière et une double signification.

a) Le souvenir retenu évoque une époque où s'élabore le style de vie du sujet et témoigne d'une ébauche d'un dynamisme psychique caractéristique de la personnalité ;

b) avec sa représentation visuelle, la note affective qui la sous-tend et la direction qu'il indique, le souvenir est révélateur d'un fragment du style de vie.

Chaque sujet a ses souvenirs spécifiques. Mais il est possible de découvrir des types de souvenirs qui dans leur plasticité sont particulièrement parlants : naissance d'un cadet, maladies ou accidents, séparation d'avec la mère, entrée au jardin d'enfants.

H. S.

SOUVENIR-ECRAN. Souvenir infantile en apparence insignifiant qui s'impose au sujet par sa netteté. Des expériences infantiles ou des fantasmes inconscients se trouvent souvent déplacés dans des souvenirs-écrans ; il importe de mettre en relation ces derniers avec les contenus psychiques refoulés. « Les souvenirs-écrans, dit Freud, contiennent non seulement quelques éléments essentiels de la vie infantile, mais véritablement tout l'essentiel. Il ne faut que savoir l'expliciter à l'aide de l'analyse. Ils représentent les années oubliées de l'enfance aussi justement que le contenu manifeste des rêves en représente les pensées. »

B. J.

SPINAL. Qui concerne la moelle épinière (*cf.* 65). (Voir aussi : *Cerveau*.)

STAGNATION. Stase de la libido qui survient lorsque la tension est nulle entre des contenus conscients et inconscients. Le plus souvent conséquence de l'attitude par trop unilatérale du conscient qui refoule les contenus incompatibles de l'ombre (*cf.* 134, p. 103), ou maintient en projection des contenus suffisamment chargés d'énergie pour être conscients (*cf.* 132, p. 527). Elle peut aussi se trouver prise dans une phase d'un processus de différenciation ; elle a alors des chances d'être provisoire, la fonction transcendante « permettant de surmonter les oppositions » (*cf.* 126, pp. 473-474). (Voir aussi : *Libido, Fonction transcendante.*)

L. D.

STASE SEXUELLE. Accumulation de tension sexuelle génitale privée d'une possibilité de décharge suffisante dans l'orgasme ; cet engorgement, selon W. Reich, serait à l'origine de nombre de névroses ; les symptômes et les diverses manifestations psychiques de la névrose puisent leur énergie dans cet engorgement.

B. J.

STRESS. Forte réaction émotionnelle consécutive à un traumatisme affectif.

STRUCTURE PSYCHIQUE. L'analyse des rêves, l'interprétation des souvenirs et des fantasmes permettent au-delà des impressions visuelles et des éléments affectifs qui les composent de saisir une direction, un dynamisme spécifique de la personnalité. Il est souvent possible de trouver un dénominateur commun à une série de rêves. Il est intéressant de constater que les rêves, les souvenirs, les projets d'avenir d'un être traduisent une spécificité, un style caractéristique d'une personnalité donnée. Pour Adler, la structure psychique n'implique pas seulement une configuration donnée avec une disposition définie des parties comme l'enseigne la psychologie de la forme (Gestalt-théorie). Cette structure tend vers un but et la notion de finalité confère à la structure un sens et une direction.

Dans les modalités des manifestations psychopathologiques nous retrouvons ces structures psychiques dans leurs déviations morbides. Dans les névroses, ce fait est particulièrement évident. Ce qui explique le choix du symptôme en fonction de la structure.

S. H.

STYLE DE VIE. Notion spécifiquement adlérienne. L'étude d'une personnalité avec sa façon de penser et d'agir montre qu'un plan préétabli semble sous-tendre toute sa vie psychique. La spécificité de ses conduites et de ses comportements permet parfois de prédire comment un sujet réagira dans telle ou telle circonstance. Adler dénomme ce schéma de la personnalité, le style de vie. Ce schéma s'élabore dans les premières années de la vie de l'être. Dans cette élaboration interviennent différents facteurs. L'état d'infériorité des organes y joue un rôle important. Les organes en état d'infériorité marquent la structure de la personnalité d'un cachet indélébile. Dans leurs efforts de rééquilibration, ils créent dans le psychisme des axes psychologiques spécifiques. L'imperfection incite, d'autre part, le sujet à se replier sur lui-même. Il en résulte un développement insuffisant du sens social et une intensification du sentiment d'infériorité allant jusqu'au complexe d'infériorité. Ce qui est vrai pour cet aspect biologique et son retentissement sur le psychisme l'est également pour la situation de l'être au sein de sa famille. Sa place dans la fratrie détermine dans une certaine mesure la structure de son psychisme. L'aîné, le cadet, le benjamin, l'enfant unique présentent des traits spécifiques. La relation de l'enfant avec les partenaires du couple parental influence considérablement l'élaboration de son style de vie. L'enfant gâté attend aide et soutien permanent de son entourage. Devenu adulte il persévère dans cette attitude. L'enfant délaissé, détesté, haï, non désiré, grandit comme en pays ennemi. Il ressent le monde comme hostile et malveillant et cet état d'âme teint toute sa personnalité d'adulte. Une finalité spécifique confère ainsi au psychisme sa particularité. La notion du style de vie est assez proche de celle de caractère. Mais si le caractère semble une donnée immuable, héréditairement préétablie, le style de vie s'élabore d'après Adler dans les premières années de l'existence et il est soumis aux effets de la psychothérapie et de la psychopédagogie (*cf.* 5, 1, 3). (*La Psychologie d'Adler*, II. Schaffer, Masson, 1976, p. 65.)

S. H.

SUBACTIONS. Phénomènes de l'autosuggestion où la stimulation originelle ne part pas de la zone consciente, mais bien subconsciente. L'idée préalable et la mise en œuvre des moyens sont et demeurent inconscientes (*cf.* 22, p. 33).

A. A.

SUBLIMATION. L'absence d'une théorie générale de la sublimation rend difficile l'approche, la compréhension, de ce processus de « dégagement » de la pulsion dans des voies acceptées par la société. Disons sommairement que la sublimation dérive vers un but non sexuel (l'investigation intellectuelle ou l'activité artistique, par exemple) les pulsions partielles.

« La pulsion sexuelle, écrit Freud, met à la disposition du travail culturel des quantités de forces extraordinairement grandes et ceci par suite de cette particularité, spécialement marquée chez elle, de pouvoir déplacer son but sans perdre, pour l'essentiel, de son intensité. On nomme cette capacité d'échanger le but sexuel originaire contre un autre but, qui n'est plus sexuel, mais qui lui est psychiquement apparenté, capacité de sublimation. »

Pour Freud, la sublimation est en définitive la solution la moins malheureuse au conflit culture-sexualité. Il ajoutait que les individus ne possèdent pas une égale aptitude à la sublimation et qu'elle n'est pas une solution à la portée de tous.

La sublimation est également, comme bien des psychanalystes — et W. Reich le premier — l'ont relevé, le moyen qu'ils ont trouvé de réconcilier les exigences de la sexualité avec celles de la culture, et par là de se réconcilier eux-mêmes avec la société, ou de réconcilier la société avec eux.

Pour Mélanie Klein, c'est le désir de « réparation » du « bon » objet mis en pièces par les pulsions destructrices qui serait à l'origine de la sublimation comme de la créativité.

J. R.

Transfert heureux qui modifie la tendance dans un sens moral, esthétique, spirituel (*cf.* 23, lex.). Au lieu de transfert on pourrait aussi employer ici le mot de dérivation (*cf.* 21, p. 58 et 28, pp. 17 ss.).

A. A.

Pour les psychanalystes et pour Larousse, la sublimation est le déplacement d'une énergie instinctuelle vers un but social élevé. Les physiciens, de leur côté, la définissent comme un passage de l'état solide à l'état gazeux ou de l'état gazeux à l'état solide — ce qui a le mérite de rappeler que si une certaine morale sociale ne s'en mêle pas, il n'y a pas de sens privilégié dans la nature : le diamant, qui est un carbone solide lourd, est généralement plus dignifié que le carbone gazeux et léger de l'atmosphère. Cela dit et tout privilège étant exclu dans le sens de la hauteur, on ne voit pas pourquoi dans le sens de la largeur, le social serait plus élevé que le sexuel. Le cas Hitler est là pour nous rappeler qu'il n'y a pas toujours à se féliciter de voir les énergies sexuelles en difficulté se laïciser en entreprises sociales.

Du point de vue simplement psychothérapique, il n'est pas prouvé que ce soit une réussite de désexualiser les énergies vitales au profit du culte de la Vierge. La prétendue « défense du Moi » peut être un suicide, et la prétendue valeur libératoire de la sublimation peut n'être qu'une concession à la tranquillité du psychiatre et de la société. Aussi faut-il être particulièrement vigilant à ne pas « injecter » hâtivement au sujet, comme cela arrive dans la technique du rêve éveillé dirigé de Desoille, le virus de la sublimation par l'ivresse des cimes : le malade y trouve une occasion inespérée de tromper ses résistances et, quelque prédisposition aidant, de devenir un faux mystique toujours affligé de ses vrais problèmes (*cf.* 200, pp. 141 et suiv.).

F. R.

SUBCONSCIENT. Pour éviter des confusions, Baudouin propose de réserver le terme de subconscient pour désigner la région *per-*

sonnelle de l'inconscient, lorsqu'il est utile de la distinguer de sa région « collective », en d'autres termes le « Moi inconscient » dont parle Freud.

A. A.

SUBNARCOSE. Synonyme ; narco-analyse. C'est un procédé qui provoque grâce à une substance chimique un état proche du sommeil, état qui permet toutefois une communication avec le milieu extérieur. De procédé est employé dans un but d'investigation ou thérapeutique.

Les substances employées sont des barbiturates (pentothal, amytal, évipan, etc.). A titre d'investigation la subnarcose permet une exploration de l'inconscient, l'apparition de souvenirs cachés par une amnésie affective, l'éclosion d'une crise hystérique, la précision d'un conflit.

Dans une intention thérapeutique, la subnarcose se propose de ramener à la conscience des souvenirs enfouis dans l'inconscient, facilitant ainsi le travail psychothérapique. Ce procédé a donné de bons résultats dans le traitement de la névrose de guerre ou névrose traumatique.

S. H.

SUBSTITUT. Le terme allemand « Ersatz » indique bien qu'il s'agit de quelque chose qui est mis à la place de quelque chose d'autre ; d'un succédané ; le symptôme, par exemple, se substitue symboliquement au désir qui cherche à se satisfaire.

R. J.

SUBSTITUTION DES IMAGES. Technique décrite par Pierre Janet (1898) et qui consiste à modifier un élément d'une image obsessionnelle de sorte que la relation entre le sujet et son obsession soit violemment perturbée. Cette technique fait partie de sa méthode de « dissociation des idées » utilisée notamment pour volatiliser l'idée fixe (*cf.* 109).

F.R.

SUGGESTION. La suggestion, influence directe du thérapeute sur le patient, a été au centre des débats historiques sur l'hypnose, l'hystérie et leurs relations. P. Janet a montré que la suggestion se situe au niveau d'automatismes conscients ou subconscients, par activation d'une tendance à qui fait défaut « la collaboration du reste de la personnalité », tels l'adaptation de l'individu à l'acte, la conscience et le souvenir de la réalisation de l'acte, ou encore une modification recherchée de la réalité. Les recherches plus récentes ont porté sur la suggestibilité et ses variations typologiques en psychologie différentielle. Des tests de suggestibilité sont utilisés par les praticiens de l'hypnose. Au-delà de ces définitions limitées, il faut tenir compte du développement de la psychologie relationnelle. Par exemple, la névrose de transfert et le processus psychanalytique de l'interprétation qui lui est appliqué sont sensés éviter les pièges de la suggestion, directe ou indirecte, dans la cure. D'autres conceptions ont montré l'immensité du champ scientifique propre aux interrelations. Les auteurs anglo-saxons, sous l'influence en particulier de Rogers, ont multiplié les investigations précises. Le relevé objectif des échanges verbaux et non verbaux, au cours des séances thérapeutiques, ou encore l'emploi de situations expérimentales analogiques ont apporté un ensemble considérable de données. Les théoriciens de la communication s'intéressent à la suggestion à partir des chaînes relationnelles et de l'action en retour des messages. Ainsi se trouve délaissé progressivement l'emploi des actions directes, unilatérales, du thérapeute sur le patient au profit d'un affinement de l'interrelation thérapeutique (*cf.* 109, 110, 111).

B. J.-C.

De la suggestion utilisée par Freud lors de ses premières tentatives thérapeutiques (hypnose), il dit qu'elle renforce les refoulements et laisse inchangé tous les processus qui ont abouti à la formation des symptômes. La suggestion a été remplacée par la technique de l'association libre qui permet de « ramener le refoulé dans le plein jour de l'âme » (Freud).

J. R.

SUICIDE. Acte par lequel le sujet se donne volontairement la mort. Certains suicides sont motivés par des considérations morales, religieuses, sociales (échapper au déshonneur, abréger les souffrances d'une maladie incurable, ne pas être une charge pour les autres). Certains types de suicide sont inspirés par des considérations de sacrifice.

Dans son étude *Le suicide* (1897), Durkheim se propose de démontrer que la force qui détermine le suicide n'est pas psychologique, mais sociale. A côté du suicide égoïste et du suicide altruiste, Durkheim distingue le groupe des suicides par anomie. La tendance suicidaire apparaît chez les individus en raison des conditions de l'existence dans les sociétés modernes. Elle est provoquée par la désintégration sociale et la faiblesse des liens qui rattachent l'individu au groupe.

Les causes profondes, psychologiques de la tendance suicidaire ont été étudiées par Adler à différentes reprises. Les données statistiques nous apprennent que le taux des suicides est plus élevé à la ville qu'à la campagne, que pendant certains mois de l'année le chiffre est plus important qu'à d'autres, mais elles ne nous renseignent pas sur la situation psychologique ou le dynamisme qui pousse le candidat au suicide à perpétrer son geste. Ce geste ne saurait être compris que par l'étude en profondeur de la structure individuelle du sujet.

Même si sur le plan social (organisation S.O.S.) un soutien moral est prodigué au candidat au suicide, si par des actions religieuses ou pédagogiques, par des réformes sociales on peut espérer obtenir une réduction des actes suicidaires, l'approfondissement des motivations intimes est indispensable pour remédier à ce mal chez l'individu. Adler a montré que le geste suicidaire est une accusation formulée contre autrui, contre un membre de la famille, contre l'instituteur chez l'enfant, contre la partenaire indifférente ou infidèle, parfois contre l'humanité tout entière. D'autres fois la tentative de suicide représente un appel au secours. Il faut établir quelle est la part de la velléité suicidaire et celle d'une ferme intention de se supprimer. (*Heilen und Bilden,* Bergmann, München, 1928.)

S. H.

SUJET SECONDAIRE. Processus inconscient qui possède une énergie suffisante pour « exercer une action sur la conscience du Moi » sans parvenir à la prise de conscience. Il constitue une sorte de « conscience secondaire qui représente une composante de la personnalité » dissociée du Moi conscient primaire dans deux cas bien distincts :

1) soit qu'il s'agisse « d'un contenu primitivement conscient qui, en raison de sa nature incompatible, est devenu subliminal par refoulement » ;

2) soit « qu'il consiste en un phénomène qui n'a pas encore trouvé à faire son entrée dans la conscience parce qu'il n'existe là aucune possibilité d'aperception », donc de compréhension. Le premier se manifeste plus volontiers par des contenus symptomatiques et le second par des symboles (*cf.* 131, pp. 486 sq). (Voir aussi : *Aperception, Conscience, Moi, Symbole, Symptôme.*)

L. D.

SURCOMPENSATION. Adler emprunte la notion de compensation à la biologie. La matière vivante s'efforce de combler des insuffisances et de rétablir l'équilibre au sein d'un organisme. Le rendement d'un organe en état d'infériorité est compensé par son homologue (un rein peut prendre à sa charge le rendement des deux reins — c'est la fonction vicariante), le jeu des glandes endocrines rétablit un dérèglement fonctionnel, le système nerveux central et la fonction psychique suppléent à certaines insuffisances. Ils se créent ainsi des axes psychiques qui assurent à l'organe en état d'infériorité une place privilégiée. La superstructure psychique se présente grandement influencée par l'organe en état d'infériorité. L'introspection, l'inspiration, l'intuition, le saisissement correct, voire génial des faits et de leur corrélation, sont teintés du mécanisme compensateur de l'infériorité organique. Le sujet porteur d'un appareil visuel en état d'infériorité — pour ne citer que cet exemple — l'incite à fixer toute son attention sur l'impression visuelle. Il en résulte une plus grande attention pour les couleurs, les graduations, les formes, les nuances. Dans le cas heureux la compensation mène si loin dans ses manifestations culturelles qu'on peut parler de surcompensation. L'étude sur la compensation psychique de l'état d'infériorité des organes, publiée par Adler en 1907, traite de ces problèmes. Des enquêtes faites dans des écoles de peinture montrent que 70 % des élèves souffrent d'insuffisances de la vue. De nombreux peintres présentent de telles insuffisances (Le Greco, Carrière, Degas, etc.). Le domaine de l'audition nous offre d'autre confirmation de l'idée de compensation, voire de surcompensation (Beethoven, Mozart, Bruckner, etc.). Dans le domaine du langage et de l'élocution le cas du meilleur orateur de l'Antiquité, Démosthène, bègue ayant su compenser et surcompenser son infériorité, reste un exemple classique.

S. H.

SURDETERMINATION. Toutes les formations de l'inconscient (rêves, symptômes..) sont surdéterminées, c'est-à-dire qu'elles résultent de tendances multiples et qu'elles sont susceptibles d'interprétations à plusieurs niveaux.

J. R.

L'apparition de chaque élément est amenée par plusieurs causes dont une seule semblerait l'expliquer (*cf.* 21, p. 22). La condensation et la simple association peuvent jouer simultanément à la surdétermination.

A. A.

SURINVESTISSEMENT. S'appliquant surtout à l'*attention*, le concept de surinvestissement implique un nouvel apport d'énergie pulsionnelle, un supplément d'investissement.

J. R.

SURMOI. Il est classiquement défini par Freud comme l'héritier du complexe d'Œdipe et assumant à l'égard du Moi un triple rôle de censeur, d'idéal et d'observation. Dans la perspective freudienne, il est issu des craintes de castration : l'enfant mâle, au moment du complexe d'Œdipe, a des désirs sexuels envers sa mère, désirs qu'il abandonne sous l'effet des craintes de castration. A cet égard le Surmoi aide le sujet à promouvoir la réalité, à savoir : que le père et non l'enfant est l'objet sexuel de la mère.

Pour Mélanie Klein, le Surmoi se constitue dès les stades préœdipiens. Si S. Ferenczi avait déjà admis l'existence d'une sorte de « précurseur physiologique du Surmoi », lié aux tendances anales et urétrales, qu'il appelait « morale sphinctérienne », Mélanie Klein, pour sa part, pense qu'il manifeste son activité bien avant. Selon elle, c'est au cours du cinquième ou sixième mois que le nourrisson s'effraie des conséquences de ses pulsions destructrices et de son avidité, ainsi que du mal qu'il pourrait ou a pu infliger aux objets aimés. Ainsi, le Surmoi précoce (les parents absorbés, en définitive) est-il infiniment plus rigoureux et plus cruel que celui d'un enfant plus âgé : il écrase littéralement son faible Moi.

Mais, comment se fait-il que le très jeune enfant se crée de ses parents une image si fantastique et si éloignée de la réalité ? « La réponse, écrit Mélanie Klein, se trouve dans les faits mis en lumière par l'analyse des jeunes enfants. En pénétrant jusqu'aux couches les plus profondes de l'esprit de l'enfant et en découvrant ces énormes quantités d'angoisse, ces peurs des objets imaginaires et ces terreurs devant la possibilité de toutes sortes d'attaques, nous mettons à nu une quantité correspondante de pulsions d'agressions refoulées, et nous pouvons observer la relation causale qui s'établit entre les craintes de l'enfant et ses tendances agressives. »

Dès la phase orale, il existe donc pour Mélanie Klein un Surmoi formé par l'introjection des « bons » et des « mauvais » objets. Le sadisme infantile lié à la déflection de la pulsion de mort le rend particulièrement cruel.

L'excessive sévérité du Surmoi — et non son absence ou sa faiblesse, comme on le pense généralement — serait à l'origine des conduites asociales ou criminelles.

J. R.

SYMBOLE. Le symbole est une expérience de ce qu'on ne connaît pas et qu'on ne comprend pas, « image d'un contenu qui, en grande partie, transcende la conscience » (*cf.* 124, p. 155). Il opère « par suggestion ; il persuade et exprime en même temps le contenu de ce dont on est persuadé » (*cf.* 124, p. 386) grâce à l'énergie spécifique de l'archétype constellé par la situation. Celui-ci lui confère son caractère divinatoire et prospectif. Le symbole est un médiateur qui établit ou rétablit une relation entre conscient et inconscient, thèse et antithèse, entre paires d'opposés, du fait qu'il participe de la dynamique inconsciente de l'archétype où temps et lieu sont relatifs, où passé et avenir s'inscrivent. Comme il est fait des éléments de la nature, sa médiation intervient par le biais de l'identité inconsciente entre la psyché de l'homme et l'objet ou la situation servant de support au symbole (*cf.* 131, p. 276 *sq.*). De ce fait celui-ci est doté « de sens multiples et inépuisables », dont « l'aspect ambivalent ne doit pas être négligé lors de son interprétation » (*cf.* 131, p. 97). L'interprétation jungienne du symbole n'est donc jamais fixée. C'est encore l'identité inconsciente entre le symbole et le sujet, concerné dans sa totalité somato-psychique, qui rend compte des effets somatiques du processus symbolique, particulièrement au cours de l'individuation (*cf.* 114, IX, 1, p. 172). Le symbole fascine. C'est dans la mesure où le sujet peut lui donner un sens qu'il échappe à la possession. Le symbole reste vivant « tant qu'il est gros de signification » (*cf.* 126, p. 469). Explicité, il meurt et devient signe ou allégorie. Le symbole est enfin un transformateur d'énergie qui « permet d'utiliser pour un rendement effectif, en des activités culturelles, le cours uniquement instinctuel de la libido (*cf.* 133, p. 70 *sq.*). Dans l'analyse, la fonction symbolique « conduit le patient au-delà de lui-même et de son emprisonnement dans le Moi » (*cf.* 131, p. 395). Ce même processus de transposition est à la base de l'éducation morale de l'humanité dans l'histoire de la civilisation (1, IV, p. 293). (Voir aussi : *Archétype, Conscience, Inconscient, Individuation, Libido, Opposés, Possession, Symptôme.*)

L. D.

Le symbole résulte du double jeu des lois de condensation et de déplacement (*cf.* 21, p. 39). Le symbole vivant, tel qu'il apparaît dans le rêve, n'est pas un rapport à deux termes, le signifiant et le signifié, mais à plusieurs termes : une convergence d'analogues venant gonfler la plénitude de l'image. Celle-ci est alors « surdéterminée » (*cf.* 22, p. 78).

A. A.

SYMBOLIC VISUALIZATION. Méthode psychothérapique utilisant l'imagerie mentale et se voulant indépendante de toute théorie interprétative particulière. Son auteur, Robert Gérard, se réfère à l'esprit psychosynthétique de Roberto Assagioli.

SYMBOLIQUE. Un mot, une image, un comportement sont symboliques au sens fort lorsqu'ils jouent le rôle de troisième terme irrationnel, entre conscient et inconscient et dans toute confrontation des opposés. Doués d'une énergie spécifique, ils permettent des transpositions de la libido, à condition que le sujet leur accorde ce rôle de médiateurs.

« Est symbolique l'attitude qui interprète le phénomène donné comme un symbole. » Elle correspond à une certaine capacité symbolique du sujet « qui attribue un sens à tout événement et donne à ce sens plus de valeur qu'au fait lui-même » (cf. 120, p. 20). Un certain glissement conduit à une acceptation plus générale et édulcorée : est symbolique, ce qui a joué pour l'humanité le rôle de symbole.

La symbolique, science de toutes ces images, repose chez Jung, d'une part sur un matériel historique considérable (mythologique, religieux, alchimique), et surtout sur un matériel empirique, tout aussi important, collecté au cours de 50 années de relations analytiques (cf. 114, XIV, p. 123). (Voir aussi : *Libido, Symbole, Troisième terme, Symbologie.*)

L. D.

SYMBOLOGIE. 1. La symbologie est la théorie générale du symbole. Science relativement récente, elle semble se développer à une époque où le sens des symboles s'est perdu sous l'influence du rationalisme et où il se retrouve sous l'influence des déséquilibres individuels et sociaux, engendrés par un rationalisme intempérant, totalitaire et technocratique, étouffant toute une partie des aspirations vitales de l'homme. Cette science se présente sous trois aspects. Science positive, elle se fonde sur l'existence des symboles, leur histoire, leurs variations, leurs enchaînements et contre tout un secteur de l'anthropologie culturelle. Science spéculative, elle étudie la fonction du symbole, son rôle dans l'imaginaire (*), distinct de l'allégorie, de l'analogie et du mythe, ses rapports avec l'évolution globale de la personnalité ; elle relève à la fois de la psychologie et de l'herméneutique. Science pratique, elle éclaire la conduite de l'analyse psychologique, elle libère le jeu de la fonction symbolisante, elle décèle les liens entre la création symbolique et la genèse de la personnalité, elle rééquilibre le fonctionnement mental ; elle intervient à ce titre dans la plupart des psychothérapies.

2. La symbologie positive comprend notamment l'étude de toutes les symboliques : par exemple, la symbolique du feu, soit l'ensemble des images, des relations, des interprétations afférent à ce symbole ; ou la symbolique de l'art roman, soit l'ensemble des figures et des sens attachés à ces figures qui caractérisent une tradition. Pour J. Lacan, le symbolique est un des registres de la psychanalyse, un « ordre de phénomènes... structurés comme un langage », qu'il importe de déchiffrer. Pour S. Freud, la symbolique est « l'ensemble des symboles à signification constante... ». Il considère davantage le rapport de symbolisant à symbolisé, tandis que Lacan s'intéresse plutôt à la structuration et à l'agencement des symboles.

3. La symbologie spéculative examine en particulier les diverses théories du symbole, propres à telle religion ou telle culture : le symbolisme hindou, chrétien, musulman, etc., et le rôle qui lui est

attribué dans la quête du salut et la formation de l'esprit. Elle recherche également le fondement de cette propriété qu'ont certains êtres ou certaines images de servir de symboles privilégiés : le symbolisme de la lune, de l'arbre, etc. Mais elle s'efforce surtout de comprendre la nature du symbole. On le réduit trop souvent, suivant son étymologie, à un signe de connaissance, ou de « re-connaissance ». Non, il est beaucoup plus que cela : il est une voie de communication, voire de communion. Il n'est perçu que par une certaine analogie entre le symbolisant et le symbolisé, d'une part, et, d'autre part, par une certaine connaturalité entre le symbolisé et le sujet qui le perçoit à travers la médiation du symbolisant. On entre en symbole, comme on vit en symbiose. La communication par symbole dépasse l'ordre du discours, du signe et de la connaissance, elle atteint l'affectivité, le centre le plus profond de l'être, la personnalité tout entière. Le symbole tend à révéler un être à lui-même, si celui-ci possède déjà quelque chose de commun avec le symbolisé, ou à le faire évoluer dans le sens du symbolisé, s'il en possède au moins le pouvoir. Plus qu'une connaissance, il est une force d'identification. Le signe éclaire et instruit, le symbole opère et transforme, il actualise une prédisposition réciproque.

4. Il existe des symboles dégénérés, dévitalisés, tombés au rang de simples signes ou d'allégories, souvent par la faute de ceux qui ne sont plus capables d'en ressentir la valeur, d'en éprouver le sens. La victoire de Samothrace, par exemple, est devenue une admirable, mais conventionnelle, allégorie de bataille heureuse, maintes fois imitée, dès lors que le spectateur a cessé de percevoir à travers cette sculpture élancée, aux ailes déployées, la foi en la divinité qui, seule, accorde la victoire à ses élus, bien plus, la présence d'une force surhumaine « enthousiasmant » les combattants. Si cette relation est perçue ou imaginée, la statue prend alors valeur de symbole, elle ouvre l'accès à un autre monde. La flamme de la divinité brûlait les héros, ils devenaient le feu d'en haut. La poussée incitatrice du symbole va jusqu'à la conversion intérieure du combattant en héros, du patriote en amant de la Déesse. L'allégorie est inoffensive, le symbole est explosif. *Mutatis mutandis,* c'est ce qui se produit dans la « rencontre » symbolique. Le symbole ajoute au rapport de signification, à la relation de signe à signifié (statue *de* victoire), toute une charge émotive, venant du sujet qui perçoit, de cette fonction symbolisante qui s'actualise et dépasse l'ordre de la connaissance (statue *vers* un au-delà de la figure). On peut, non seulement contempler la beauté de la statue, mais investir sur la déesse représentée, comme sur des forces cosmiques, psychiques, surnaturelles, tout un ensemble de passions, d'espoirs, de croyances. La statue s'anime alors d'une invisible présence, dont le contemplateur se sent comme pénétré et avec laquelle il tend à s'identifier. La

communication symbolique recèle toujours un processus d'identification.

5. Cette connivence latente peut être d'origine ethnologique, innée, acquise, s'enraciner dans la préhistoire, dans un milieu culturel, dans une destinée personnelle. Qu'importe ! L'essentiel est qu'un rapport s'établisse en profondeur et le symbole joue. A l'analyse de préciser le niveau où se réalise la rencontre. Elle peut en rechercher l'origine dans une lutte permanente entre un désir et ses obstacles (méthodes diachroniques) ou dans la synthèse d'un désir frustré et d'une valeur (méthodes synchroniques), dont la complémentarité se révèle par la « rencontre » symbolique. Le symbole joue le rôle d'un principe d'unification et d'intégration.

Il remplit aussi une fonction « mystagogique ». Il est en effet le moyen de pressentir les univers supérieurs, grâce à des configurations d'un univers inférieur ou intermédiaire. Les univers symbolisent les uns avec les autres. Comme le note Henri Corbin (cf. 58, et II, p. 50) « le symbolisant trouve sa vérité dans le symbolisé qui lui est supérieur » et celui-ci se manifeste, et se cache à la fois, dans le symbolisant qui lui est inférieur. Le Dr Guillerey (voir Méthode) pensait que les troubles psychiques naissent des entraves apportées à une activité supérieure. Le symbole peut à cet égard jouer un rôle libérateur, en révélant l'activité entravée et en la délivrant de ses entraves. (Voir : Symbologie génétique.)

C. J.

SYMBOLOGIE GENETIQUE. 1. C'est en 1953, à Paris, au premier congrès de « l'Association mondiale pour l'étude scientifique du symbolisme », que Roger Fretigny présentait pour la première fois les grandes lignes de la *symbologie génétique* d'André Virel (*cf.* 93, 197 et 198). La symbologie génétique recherche une explication des formes de l'imaginaire, en liaison avec l'évolution globale de la personnalité. Une suite continue de phases parallèles, fondée sur une sorte d'isomorphisme, révèle un développement concomitant entre les conduites de comportement et l'imagerie mentale dominante d'un moment. Les essaims de symboles, plus ou moins organisés en mythes et structures, évoluent en même temps que la maîtrise et l'intégration des fonctions mentales. Ils se structurent parallèlement à la structuration du comportement et de la personnalité. Un arrêt ou une phase quelconque de l'évolution personnelle se traduit par la formation simultanée de symboles et, à l'inverse, une évolution de la fonction imaginante trahit un changement dans la personnalité.

2. Les données de fait qui marquent une existence se transmuent, au niveau de l'imaginaire, en symboles. Un passage s'opère de l'apparence à l'intimité, du bruit au silence, de l'extériorité à l'intériorité, du patent au latent, et le symbole naît de ce trajet. Le problème est

de retrouver la trajectoire. L'analyste qui s'efforce de décrypter un symbole, comme de comprendre une personne, remonte en sens inverse le processus de symbolisation : il tente un retour imaginatif à l'origine. Cette méthode présuppose une réversibilité du symbolisé au symbolisant, du symbolisant au symbolisé. La symbologie génétique fraye quelques voies, pour cette remontée du fleuve imaginaire, différentes de l'anamnèse freudienne. Il se peut, en effet, que tel événement survenu dans l'enfance ou telle situation endurée à une période quelconque de la vie, déclenchent un processus de symbolisation. Mais les phases successives, les formes et l'orientation de ce processus procèdent aussi des profondeurs, où elles s'enracinent, d'un psychisme global, qui préexiste à l'influence du stimulus occasionnel. Le rôle de celui-ci ne dépasse guère, le plus souvent, celui d'un prétexte. S'en tenir à cette découverte de l' « événement », c'est s'arrêter en chemin, s'en tenir à l' « histoire » et continuer d'ignorer « le sens », c'est conclure un roman, non percer un symbole. Le récit symbolique est infiniment plus riche et secret que la narration romanesque. Il reste toujours à savoir pourquoi et comment telle influence a produit telle symbolisation : la série des rapports possibles est aussi différenciée que les individus et les combinaisons sont innombrables.

3. La symbolisation repose sur quelques données simples. Par exemple, les symboles graphiques fondamentaux se résument en courbes et droites : le cercle et le carré, avec leurs formes irrégulières et leurs allongements en ovale et en rectangle ; puis ils intègrent la troisième dimension, bien qu'on ne voie jamais toutes les surfaces, avec la sphère et le cube, le soleil et la maison, le sein et la main. Les premiers traits que dessine l'enfant sont des courbes ; la ligne droite, la barre, ne vient que plus tard, exigeant une plus grande maîtrise du geste. La conscience symbolisante, pour nous en tenir aux formes visuelles (il y a aussi une symbolisation à partir des sons et des odeurs), se construit à partir de ces images primitives. Si simples soient-elles, on peut se demander dès la naissance d'une vie, de quelle charge affective sont déjà lourdes, en quelles perceptions sensibles s'enracinent les premières images de courbes et de droites que se forge la conscience enfantine. Elles polariseront plus tard la sensibilité à des symboles plus complexes ; elles engendreront les plus vives réactions à d'éventuels traumatismes.

Sur ces figures de base se développeront les formes nouvelles, qui manifestent le génie reproductif, combinatoire ou créateur : à partir de la courbe : vasques, dômes, boucles, spirales ; à partir de la droite : polygones, étoiles, croix ; puis des alliances de courbes et de droites : tubes, cylindres, rouleaux, basiliques et mosquées à base carrée surmontée d'une coupole, etc. Aucune de ces formes, génératrices d'innombrables symboles, n'échappe à l'empire bicéphale de la courbe et de la droite. Des ondes ou des lignes brisées, en suggérant le mouvement, intégreront dans la figure symbolique la quatrième dimension du temps et exprimeront l'unité de l'espace-temps. Des difficultés se rencontrent parfois pour tracer des lignes croisées, × ou +, révélatrices d'entraves dans le développement psychomoteur. (Voir : *Schème d'intégration*.)

4. Ces observations sont confirmées par les expériences d'Arno Stern sur l'art enfantin. « Le geste créateur de l'enfant, dit-il, s'exerce d'abord par le gribouillage », où ne s'aperçoivent, en un jaillissement tourbillonnant, que des courbes enchevêtrées. Peu à peu, la maîtrise de soi progressant avec l'accommodation des gestes, de la masse confuse se détache une première forme distincte. Les formes ovoïdes sont les premières à se dessiner. « La boucle, note Arno Stern, précède l'angle qui exige un effort de volonté, donc un geste plus intentionnel. » Si mal formé et incohérent soit-il, le tableau ou dessin traduit un ensemble de données, sensations, sentiments, souvenirs, désirs, aspirations, où s'inscrivent un sens et une logique interne, bien plus qu'une simple aptitude opératoire manuelle. Une petite fille, par exemple, ressentant une douleur physique qu'elle ne sait localiser, déforme un côté de la maison qu'elle dessine. Ce serait une erreur de le lui reprocher comme une maladresse, il faut le ressentir comme un appel. Le dessin de la maison est d'ailleurs un bon test d'une évolution qui peut être progressive, stagnante, régressive ou perturbée. A partir du gribouillis, d'arêtes grossières, d'angles maladroits, de rapports inexacts, le dessin s'affermit, se précise, s'enrichit, se situe dans un environnement de plus en plus complexe, jusqu'à la plénitude ordonnée d'un bel ensemble ; et parfois, il suit une voie inverse et retourne à l'incohérence ou à une stylisation sans vie. Certains tests projectifs ont valeur de symbole. Jean Piaget montre, d'autre part, grâce à l'étude des phénomènes d'assimilation et d'accommodation, « la continuité fonctionnelle » qui relie le domaine sensori-moteur et le domaine représentatif, « continuité orientant la constitution des structures successives ». La pensée est d'autant plus symbolisante, selon le psychologue genevois, que l'assimilation l'emporte sur l'accommodation, cette tendance à l'assimilation étant elle-même nourrie de schèmes affectifs.

5. L'univers spatio-temporel, en tant qu'il se distingue du Moi, mais aussi en tant qu'ensemble dans lequel s'inscrit le Moi, ne prend place dans l'imaginaire * que d'une façon progressive. Il se structure en permanente corrélation avec la structuration de l'imaginaire et se traduit par une étroite correspondance des réseaux de symboles. Dans l'*Histoire de notre Image*, (p. 43-44), André Virel esquisse le tracé de cette genèse simultanée de l'espace-temps et de l'imaginaire. Celui-ci « n'est pas doté de tous ses axes dimensionnels en même temps. Tout d'abord, l'univers de l'être vivant est un conti-

nuum indifférencié où est confusément perçu le sens d'une progression sans repère identifié : c'est la « voie » linéaire dans la masse de la forêt. Puis apparaît à la conscience encore sommaire le point de référence (un arbre) ; et c'est à partir du moment où le continu de la ligne a été « signifié » par le point que le linéaire, ainsi *centré*, « s'oriente » et s'enrichit en outre de la notion de ce qui est situé toujours du même côté lorsqu'on se dirige dans le même sens : la conscience du point (zéro dimension) a permis à la fois une certaine orientation de la ligne et la notion confuse du plan. Réduite aux proportions de cette image abstraite, cette genèse pourrait paraître gratuite, si l'ethnographie ne l'illustrait pas d'une manière élégante...

De même, c'est en prenant conscience de la ligne (les sentiers, l'itinéraire) que l'Homme donne un axe au plan et l'oriente. Simultanément il pressent un univers à trois dimensions qu'il percevra nécessairement (n'oublions pas que nous sommes encore dans un monde mythique) comme une dimension cosmo-théologique. Plus tard, l'Homme devra de même prendre clairement conscience du plan pour concevoir un univers spatial orienté dont le plan constitue l'axe, et pour acquérir la notion d'une dimension temporelle. L'illustration ethnographique, à laquelle se réfère André Virel, comprend tous les symboles élémentaires du point, de la ligne, de l'axe, du cercle, du rayon, du creux, du vide, du plein, du zéro, de l'un, du multiple, de l'obscur, du lumineux, qui se résument dans la roue solaire, parfait symbole, mais lentement élaboré, de l'espace-temps tournant indéfiniment autour d'un centre immobile. Toute une cosmologie, bien plus, une eschatologie s'édifieront sur ces symboles de base. Les idiosyncrasies personnelles se distingueront selon les attitudes et les réactions consécutives aux perceptions de l'espace-temps et de ses symboles. Les symboles du temps, avec les différentes phases de leur genèse, peuvent servir à un diagnostic psychologique, et à une thérapeutique.

6. La symbologie génétique propre à André Virel (*cf.* 198) présente l'avantage de rendre compte du plus grand nombre de faits individuels et collectifs. Il découvre trois phases dans toute évolution biologique, mentale, culturelle (avec l'appréhension des notions de temps et d'espace), historique. A chacune d'elles correspond une imagerie mentale dominante différente, avec ses stratifications de symboles et ses dramaturgies de mythes. Ces constellations mobiles de l'imaginaire (*) reflètent la structuration de la personnalité, dont elles sont comme une projection cinématographique.

La première phase, nommée cosmogénique, est celle du débordement vital, incontrôlé et confus. Elle se traduit chez l'enfant par le gribouillage ; chez l'adulte mal évolué, par les symboles de la continuité, du vague et de l'écoulement (nuage, onde, cercle, etc.) ;

dans les mythologies, par les cycles comparables à celui d'Ouranos et de Gaia. La deuxième phase, schizogénique, marque un arrêt dans cette expansion sans mesure, où l'individuel se détache du magma, le singulier du social ; c'est moins une différenciation intelligente qu'une séparation affective du milieu ; les symboles dominants sont ceux de la discontinuité, du refus, du tranchant, de la rupture ; les mythes relèvent du cycle de Cronos, qui châtre son père et dévore ses enfants ; une sorte d'autisme bloque alors l'évolution personnelle et l'intégration sociale. La troisième phase, autogénique, relance le mouvement et tend vers l'équilibre, la mise en place et en ordre ; les fonctions d'assimilation et d'accommodation s'exercent harmonieusement et se traduisent par une adaptation mobile aux influences et aux milieux ; les symboles sont ceux d'un Moi dominé, d'une continuité ordonnée ; et les mythes appartiennent au cycle de Zeus de la dernière période gréco-romaine. L'être personnel s'affirme, avec son équilibre intérieur et dans une relation adaptée au monde extérieur. Il a conquis son autonomie ; il est adulte et majeur, au plein sens du terme.

7. Ces trois phases de l'évolution correspondent à l'observation psychologique du processus d'individuation en trois périodes : l'individu se pose dans un ensemble confus ; puis, il s'oppose pour s'affirmer ; enfin, il se dispose à s'intégrer dans un ordre social. Elles correspondent aussi aux trois moments de la dialectique : thèse, antithèse, synthèse ; le dernier moment étant marqué par des distinctions apportées à la thèse et par un dépassement des oppositions dans une intégration nouvelle. La thèse exprime une prise de position avec tendance à dominer ; l'antithèse la conteste, avec tendance à s'affirmer contre l'autorité ; la synthèse traduit un sens supérieur des réalités. Ces trois phases correspondent aussi à l'évolution des mythologies, dont la gréco-romaine donne un exemple manifeste. Quelles différences entre les cosmogonies d'Hésiode et l'Olympe organisé de Saloustios, un ami néo-platonicien de l'empereur Julien, qui résume la distribution fonctionnelle des tâches divines en une hiérarchie de quatre triades : les dieux et déesses qui font le monde, ceux qui l'animent, ceux qui l'harmonisent, ceux qui veillent sur lui. Quelle évolution pour chaque dieu, considéré séparément, depuis l'Athéna guerrière ceinturée de serpents jusqu'à l'Athéna civilisatrice, ordonnatrice des arts et métiers ! L'image changeante du mythe n'est-elle pas la transposition symbolique du progrès de la conscience ?

Il n'est pas jusqu'à l'évolution de la pensée religieuse qui ne reflète ce lent passage de l'indétermination à l'autodétermination. En simplifiant les données historiques et en replaçant les « révélations » à l'époque où elles sont historiquement transmises, on voit d'abord, phase cosmogénique, un animisme, avec différentes formes de pan-

théisme et de monisme (à ne pas confondre avec le monisme philosophique) où tout est esprit et Dieu ; puis les dieux se distinguent, phase
schizogénique, coexistent ou s'opposent, jusqu'à l'affirmation du
Dieu unique, universel et transcendant, créateur nettement séparé de
sa création ; enfin, phase autogénique, ou bien Dieu meurt
(athéisme) et l'homme autonome apparaît, avec la conscience scientifique, ou bien s'opère la synthèse du Dieu, à la fois transcendant
et immanent, qui donne naissance à la conscience mystique. Confusion, séparation, autonomie relative, telles sont bien les trois
étapes du progrès de la conscience et les trois dominantes de la
symbologie génétique. (Voir : *Image* et *Imaginaire*.)

C. J.

SYMPTOME. Pour Jung, le symptôme peut être traité comme un
signe dans la mesure où il est rapporté à des données déjà connues
et il a valeur de symbole dans la mesure où il représente des
processus inconscients. Il révèle un échec de l'aperception, qui survient « lorsque certains contenus sont constellés dans l'inconscient
mais ne peuvent être assimilés faute de concepts aperceptifs » (*cf.*
IX, 2, p. 169). Le symptôme se forme selon « un rapport de complémentarité » avec le contenu inconscient qui lui est sous-jacent (*cf.*
131, p. 562). Il est somatique ou psychique, selon que la libido sur-
investit ou désinvestit certaines fonctions (*cf.* 114, IV, p. 113).
« Tentative avortée » vers une nouvelle synthèse, il contient « un
noyau de valeur et de sens » (*cf.* 134, p. 91) sur lequel s'appuie
toute tentative d'élucidation et de guérison. (Voir aussi : *Aperception, Sujet secondaire, Symbole*.)

L. D.

SYNANON. Fondée en 1958 par Charles Dederich, ancien toxicomane et alcoolique, cette organisation d'anciens drogués qui
utilise une forme originale de thérapie de groupe a connu un succès
spectaculaire avec les toxicomanes. Partie avec 33 dollars versés
à Dederich par un organisme de chômage, Synanon fonctionne
actuellement dans une vingtaine de villes américaines avec un bud-
get de plusieurs millions de dollars gagnés par les membres ou provenant de dons privés.

Les professionnels de la psychothérapie ont été hostiles à Synanon
surtout à cause du principe fondamental de cette organisation, selon
lequel les membres doivent se prendre en charge les uns les autres
sans thérapeutes reconnus et sans tutelle administrative. L'action
thérapeutique repose sur une forme particulière de thérapie de groupe
appelée « jeu Synanon ». L'accent est mis sur le comportement
immédiat et le Surmoi plutôt que sur le Ça et l'inconscient. (Voir
le livre de Lewis Yablonsky, *Synanon*, Penguin Books, 1967.)

B. J.

SYNAPSE. Région de contact entre deux neurones consécutifs. Les cellules nerveuses ne sont, en effet, que contiguës, leur succession s'opérant de façon discontinue. Le passage de l'information nerveuse d'un neurone à un autre est réalisé au niveau de la synapse, par l'intermédiaire de messagers chimiques, les neuro-transmetteurs ou médiateurs chimiques.

La discontinuité interneuronale est un élément essentiel aux processus d'intégration. En effet, les éléments nerveux ne sont que très exceptionnellement reliés de façon univoque aux cellules voisines. Les neurones sont, au contraire, très largement interconnectés, un même élément recevant en général des informations de plusieurs cellules (convergence) et pouvant établir des contacts multiples avec ses voisins (distribution). Le phénomène de convergence existe d'ailleurs au niveau même de la synapse qui peut recevoir à la fois des informations activatrices et inhibitrices, successivement ou simultanément. L'ensemble de ces processus supporte le phénomène d'intégration à son niveau élémentaire. Une réponse donnée apparaît donc comme le résultat d'une somme d'informations (sommation spatiale et temporelle), résultat qui peut être exprimé de façons diverses selon les circuits de réponse mis en jeu. La notion de *schème d'intégration* (*) découle très directement des principes qui fondent l'organisation neuronique et dont elle est l'expression (*cf.* 135-139-141-142). (Voir aussi : *Cerveau, Médiateur chimique, Schème d'intégration.*)

L. J.-F.

SYNCHRONICITÉ. Terme forgé par Jung pour exprimer une coïncidence significative entre :

a) un événement psychique et un événement physique qui ne sont pas causalement reliés l'un à l'autre (par exemple, un rêve et un accident) ;

b) des phénomènes psychiques correspondants qui se présentent simultanément à différents endroits (*cf.* 127, p. 463).

L'observation de ces coïncidences conclut à la relativité du temps, de l'espace et de la causalité, et à l'existence d'un quatrième principe fondé sur la signification. Jung commence à l'envisager dans son séminaire de 1928 et en établit l'hypothèse, en 1952, dans une œuvre (*cf.* 114, vol. VIII) commune avec W. Pauli, prix Nobel de physique. En tant que phénomène, la synchronicité est une corrélation temporo-spatiale, qui excède la probabilité et ne peut être expliquée causalement, mais qui, par contre, impose une signification. En tant que principe, elle suppose que le physique et le psychique sont reliés, entre autres, par des significations ou facteurs formels, ordinairement inconscients, mais susceptibles de se manifester dans le cours des événements lorsque le psychisme de l'individu ou du groupe subit un abaissement du niveau mental. Ce principe rendrait compte de façon satisfaisante des développements corrélatifs du physiologique et du psychique dans l'unité psychosomatique. Jung en propose également l'application à un domaine que la psychologie atteint mal : les actes de création. (Voir aussi : *Acausal*, *Psychoïde*.)

H. E.

SYNTONIE (et focalité). Bleuler distinguait deux « principes vitaux » : premièrement *la syntonie,* ou participation à l'ambiance, et plus particulièrement participation accordée à l'ambiance sociale ; deuxièmement la *schizoïdie,* ou séparation de l'individu et de l'ambiance. Ces deux notions correspondent à deux groupes de tempéraments, de types caractéristiques, que Kretschmer (1921) a étudié parallèlement. On a pu les disposer selon le schéma suivant :

	Série Cycloïde	Série Schizoïde
Normal	Cyclothyme	Schizothyme
Prémorbide	Cycloïde	Schizoïde
Morbide	Cyclophrène	Schizophrène

Le second groupe (schizo) possède pour caractéristique essentielle une notion voisine de la notion d'intériorisation (voir *autisme*), alors que le premier (cyclo) évoque l'idée d'alternance, de cycle. C'est dans le premier groupe que se situe la folie maniaque dépressive (cyclophrénie), affection dans laquelle le malade passe alternativement par des phases d'excitation et de dépression, tandis qu'inversement, dans la schizophrénie, le sujet, coupé du monde, se replie pour une rumination monotone. On voit déjà se dessiner entre les groupes cyclo et schizo la dialectique du contenu et du discontinu. Leur comparaison nécessite l'intervention de la notion de syntonie, qui est une aptitude à participer effectivement et harmonieusement à l'ambiance. Comme le remarque Eugène Minkowski, « le maximum de syntonie se trouve ainsi dans le domaine du normal, tandis que le maximum de schizoïdie semble devoir être recherché dans le domaine pathologique ». Mais, il convient de remarquer que les choses sont telles de par le manque de symétrie des notions comparées, à savoir que la notion de syntonie est d'emblée considérée comme positive quand les notions de schizoïdie et d'autisme sont d'emblée considérées comme étant négatives.

On pourrait nommer *focalité* cette centration constructive qui permet à l'homme d'accéder à la syntonie, la maîtrise de soi-même étant l'organisation d'une autonomie autour d'une personnalité considérée comme foyer. « L'état normal » posséderait une conscience individuatrice comportant ainsi deux fonctions vitales inséparables et complémentaires : la syntonie et la focalité.

La *symbologie génétique* (*) image ces deux ensembles de notions en les rapportant au système de référence du continu et du discontinu et, plus simplement, à son image de la corde vibrante.

La partie de la corde vibrante (le ventre) située entre deux nœuds a une mobilité maximum et paraîtrait être animée d'une agitation anarchique, si la pensée n'y ajoutait pas l'idée d'axe et de nœuds. Le nœud, par contre, qui est cristallisation du mouvement, va correspondre à l'aspect schizogénique. La syntonie sera l'intégration, c'est-à-dire la continuité restituée de ces deux aspects contradictoires. La focalité correspondra, dans ce schéma, à l'apparition des notions d'orientation et d'axe — qui constituent précisément le principe abstrait de la vibration.

Toute syntonie implique une focalité, car il ne peut y avoir création et participation dynamique à l'ambiance que si les éléments de l'ambiance convergent, en quelque sorte, en un point commun intérieur, en un centre, où ils peuvent être synthétisés. Que les éléments intériorisés se chevauchent comme les images floues projetées par une lentille non réglée, et le foyer perd toute chaleur. C'est une forge éteinte. La syntonie n'est plus ; elle a fait place aux associations non dirigées. De même, toute focalité implique une syntonie, la focalité étant une possibilité de synthétiser les éléments proposés par l'ambiance. La focalité serait donc, en quelque sorte, une syntonie intériorisée tandis que, réciproquement, la syntonie serait l'extériorisation d'une focalité.

Ainsi le cyclophrène ne peut être considéré comme étant le cas le plus syntone de son groupe dans la catégorisation de Kretschmer. On ne peut dire en effet qu'il participe réellement à l'ambiance, car de cette ambiance il paraît être en quelque sorte indifférencié. Son action non focalisée subit anarchiquement les multiples et mouvantes sollicitations du milieu. Faute d'un meilleur terme on pourrait parler ici d'une hypersyntonie. Ajoutons encore que les caractéristiques des deux groupes de Kretschmer peuvent se retrouver conjointement dans un seul et même cas nommé par Henri Claude : la schizomanie (*cf.* 198).

V. A.

T

TACHE. But conscient que se donne un groupe, et qui peut être thérapeutique, de formation ou de production.

TECHNIQUE ACTIVE. Liée à Sandor Ferenczi, l'expression « technique active » implique que, contrairement à ce qui se passe dans une analyse classique, le psychanalyste se départisse de sa neutralité, formule des injonctions et des prohibitions, bref qu'il joue le rôle, dans certaines situations bien précises, d'un *Surmoi parental*. (Voir : *Activation*.)

J. R.

TECHNIQUE DES IMAGES. Voir *méthode des images* (du Dr Marc Guillerey).

TAOISME. Système métaphysique élaboré en Chine à partir du *Tao-Te-King* (ou « livre de la Voie et de la Vertu ») de Lao-Tseu, qui vécut entre les ve et vi^e siècles avant J.-C. Le « tao » est à la fois le principe unique divin (source de toute la manifestation du monde sensible) et la « voie » qui y mène.

Le principe essentiel du taoïsme est le « non faire « (wouwei), silence du mental et du comportement qui exclut les agitations, ambitions, avidités et angoisses qui caractérisent l'existence de l'homme ordinaire. « Celui qui sait ne parle pas, celui qui parle ne sait pas » et encore « Le Sage agit comme n'agissant pas. Il enseigne sans parler. Il donne sans posséder, travaille sans rien attendre, fait le bien sans s'y attacher et pour cela ses œuvres subsistent. » (Lao-Tseu.) Ce principe du « non agir » a rencontré en Chine au ve siècle après J.-C. la doctrine bouddhique de « l'illusion du Moi » et il en est né le *ch'an* (ou *zen*, voir ce mot).

Le taoïsme s'appuie sur un autre principe dont l'origine se perd dans la nuit des temps, celui de l'alternance complémentaire des deux principes : *yin* (principe féminin) et *yang* (principe masculin) dont l'interaction crée, entretient et dissout toutes les formes d'existence de l'Univers.

Les différents modes de combinaison possibles du *yin* et du *yang* sont codifiés dans le plus vieux livre chinois, le *I-King* (livre du principe unique, dit « Livre des métamorphoses ») dont l'origine est dite remonter à 3 000 ans avant J.-C. Ces modes de combinaison sont synthétisés sous la forme de 64 hexagrammes, figures composées de six traits superposés, continus (yang) ou brisés (yin), et qui symbolisent l'ensemble des réalités.

Considéré longtemps comme un traité de divination, le « I-King » semble être en fait un moyen pour permettre au sujet qui le consulte d'entrer en contact avec les contenus de son inconscient, en induisant chez lui une ouverture à ses dynamismes profonds. C'est sous cet angle que le « I-King » est parfois utilisé par certains psychothérapeutes jungiens dans le cours d'une analyse (*cf.* le chapitre V, par Jolande Jacobi, dans *L'homme et ses symboles* (*cf.* 120).

La complémentarité Yin-Yang se condense dans le symbole du Tai-ki : cercle divisé en deux parties égales (l'une blanche et l'autre noire), par une ligne en forme de « S », et comportant un point noir dans la partie blanche et blanc dans la partie noire : exprimant ainsi que yang et yin sont totalement inséparables, et distincts tout en étant unis. Ce symbole se rapproche de celui de l'Androgyne primordial.

M. J.

TELEOLOGIE. C'est l'ensemble des spéculations s'appliquant à la notion de finalité. On sait que Adler considère la vie psychique comme conditionnée par la finalité du style de vie du sujet. La manifestation consciente comme les productions inconscientes (rêves, souvenirs) obéissent au sens de cette finalité. L'intention qui sous-tend chacune d'elles peut être décelée par l'analyse psychothérapique et nous permet de comprendre la structure de la personnalité.

S. H.

TENDANCE. Propension d'un être à accomplir certains actes, à décharger son énergie par certaines voies déterminées (*cf.* 24, glos.). Action à l'état de potentiel ou à l'état de désir. Le désir est un état affectif révélant une tendance au moment où elle s'active (*cf.* 23, lex.).

A. A.

TEMPERAMENT. C'est l'ensemble des facteurs biologiques qui, joints aux facteurs pyschologiques, forment la personnalité. L'aspect morphologique d'un individu traduit sa spécificité statique, sa physiologie la variante dynamique. Avec Hippocrate (460-377 av. J.-C.) on peut distinguer quatre tempéraments : le mélancolique, le sanguin, le flegmatique, le colérique. Ces quatre tempéraments étaient liés à la prédominance respective d'une humeur : atrabile, sang, pituite, bile. Cette conception des tempéraments a été par la suite défendue par le médecin grec Galien (129-199 ap. J.-C.) et elle survit en partie aujourd'hui encore.

Il existe de très nombreuses classifications des tempéraments et des caractères. Certains chercheurs s'efforcent d'établir un rapport entre l'aspect caractériel et l'apparence morphologique du sujet. Parmi eux une partie attribue les traits caractériels propres aux différents tempéraments à des données constitutionnelles : équilibre des facteurs hormonaux, humeur, d'autres voient dans les éléments inconscients et l'histoire personnelle, le vécu du sujet, la spécificité de ses structures caractérielles.

C'est à cette deuxième catégorie qu'appartient Adler. Dans un ouvrage publié en 1912, *Le tempérament nerveux,* il s'efforce d'établir une relation entre le substratum biologique de l'être et sa superstructure psychique. Pour Adler, les traits caractériels ne sont pas héréditairement transmis. Ils se forment dans les premières années de la vie du sujet. Ils sont accessible à une action psychopédagogique ou psychothérapique. La compréhension de traits caractériels d'un sujet permet de comprendre les déviations et amplifications que nous trouvons dans ses manifestations psychopathologiques (*cf.* 1).

S. H.

TENSION PSYCHOLOGIQUE. A côté de l'hystérie, « forme de la dépression mentale caractérisée par le rétrécissement du champ de la conscience personnelle et par la tendance à la dissociation et à l'émancipation des systèmes d'idées et des fonctions qui par leur synthèse constituent la personnalité », P. Janet a décrit la psychasthénie (*cf.* ce mot) fondée sur la psycholepsie, ou « chute de la tension psychologique » où l'on voit disparaître chez les névrosés en question « les fonctions les plus difficiles qui exigent précisément le plus de tension ». Ceci se réfère aux thèses centrales de Janet concernant la hiérarchie des phénomènes psychologiques, chez les sujets normaux ou névrosés, et les oscillations de l'esprit qui viennent moduler la suite des conduites. Lorsque la tension psychologique est basse (fatigue normale ou asthénie pathologique), les phénomènes conservés ou exagérés sont en premier lieu les phénomènes physiologiques ou psychologiques isolés, simples et sans coordination, de peu d'importance finalement face à la réalité, reproduction de systèmes anciennement organisés et peu aptes à modifier la situation présente.

Au contraire, les actes de haute tension comportent l'appréhension de la réalité sous toutes ses formes, l'action difficile qui s'exercera sur le milieu social, comportant une synthèse de nos tendances les plus variées, avec attention et conscience du réel. Comme dans une chute d'eau où interviennent la hauteur de la chute (tension) et la largeur du cours (force), les relations entre force et tension psychologiques jouent un rôle capital. C'est là un des principaux apports des recherches de P. Janet. Les diverses tendances ont en même temps une certaine force psychologique et une tension, laquelle est en rapport avec leur degré hiérarchique et le degré d'activation auquel elles peuvent parvenir. Les tendances élémentaires et anciennes ont en général beaucoup de force (douleur, peur, colère, faim, tendance sexuelle), les tendances supérieures et récentes ont d'ordinaire moins de force. Ainsi la force psychologique, « puissance, nombre et durée des mouvements » se maintient équilibrée chez l'individu en bonne santé par la tension psychologique « caractérisée par le degré d'activation et le degré hiérarchique des actes ». Les actes qui exigent le plus de degré de tension sont ceux qui restent bien coordonnés malgré l'urgence, qui répondent efficacement à des situations complexes, qui inventent des solutions originales à une situation présente et nouvelle. Pour chaque sujet cela varie en fonction du substrat et du passé. Les actes de haute tension réussis s'accompagnent d'une forme de remboursement de la dépense lors de la réaction de triomphe qui leur fait suite. Janet pensait que l'on poursuivrait l'étude de cette dynamique mentale fondamentale (cf. 109-110-111).

B. J.-C.

THANATOS. A partir de 1920, Freud oppose la pulsion de mort représentée par Thanatos à l'instinct sexuel représenté par Eros. Freud n'a jamais utilisé le terme grec Thanatos dans ses écrits ; il l'employait cependant dans la conversation courante.

L'opposition de la pulsion de mort et de la pulsion de vie est au cœur de l'œuvre de Mélanie Klein.

J. R.

THEATROTHERAPIE. Il s'agit donc de l'emploi du théâtre parmi les moyens thérapeutiques en psychiatrie. Sa paternité reviendrait au marquis de Sade qui, au début du XVIIIᵉ siècle, organisa des séances théâtrales avec ses compagnons d'internement à Charenton. Si elle reste une des formes de la sociothérapie institutionnelle, la théâtrothérapie comporte certaines difficultés ou faiblesses lorsqu'elle reste trop liée au théâtre, en raison de la lourdeur de l'appareil, le « par cœur » et surtout les rôles dont le caractère pathogène est parfois évident. La tendance actuelle est plutôt à l'emploi de procédés de l'art dramatique (cf. expression scénique) ou à l'utilisation éventuelle de la scène et du public comme élément final de thérapies d'expression corporelle, musicale ou plastique, ou dans l'emploi de marionnettes. Ces expressions « médiatisées » par une technique bien définie ont des résultats plus positifs que la théâtrothérapie classique (*cf.* 60).

B. J.-C.

THEOSOPHIE. *Theo-sophia* est étymologiquement *sagesse* de Dieu, ou *doctrine* de Dieu, ou *connaissance* des choses divines. Ce mot, peu fréquent jusqu'au XVIe siècle, signifiait souvent « théologie » ou « philosophie ». A partir du XVIIIe siècle le mot prend son sens actuel. On entend essentiellement par là, en Occident, une herméneutique ésotérique (*ta-will* en Iran), c'est-à-dire une interprétation de l'enseignement divin, à la fois selon des voies intellectuelles (mystique spéculative, mais fondée sur des raisonnements homologiques, l'homme et l'univers étant symboles de Dieu) et selon la révélation d'une illumination intérieure.

La théosophie est dès lors la philosophie de l'ésotérisme (et si l'ésotérisme est une pensée, l'occultisme en est la pratique). L'historien W. E. Peuckert appelle « pansophe » celui qui comprend Dieu en partant d'une réflexion homologique sur les choses, et « théosophe » celui qui part d'une vision divine pour comprendre la nature ; mais on peut dire « théosophe » dans les deux cas pour désigner ces hommes qui insistent sur des points de doctrine ou de dogme que l'exotérisme des Eglises établies a tendance à négliger ou à passer sous silence. Ces points, ils cherchent à les élucider à la fois par leur propre réflexion (de type homologique) sur le mythe auquel ils adhèrent, et par l'illumination intérieure, celle-ci résultant d'une quête individuelle ou d'une initiation. Ils acquièrent la certitude de recevoir la connaissance en même temps que l'inspiration, croient à la révélation permanente, au caractère jamais clos de la prophétie, ne s'interrogent pas sur les preuves de l'existence de Dieu mais sur la nature même du divin, insèrent leurs observations et tout leur symbolisme dans un système qui englobe une cosmogonie, une cosmologie, une eschatologie : les thèmes de l'émanation, de la chute originelle, de l'androgyne primordial, de Sophia, de mystique des nombres, surtout des forces polaires (logique des contraires, principes alchimiques) font partie de leurs préoccupations essentielles. Au fond, ils cherchent à posséder la vision intime du principe de la réalité du monde. Et cela à bon droit s'il est vrai, comme le dit saint Paul, que « l'Esprit saute tout, jusqu'aux profondeurs divines » (*cf.* 57, II, 10).

Bien plus que dans l'histoire des grandes Eglises constituées (ou « exotériques »), on trouve dans celle de la thésophie un monde du discontinu, de la rupture — stades initiatiques, chutes, etc. — qui est en même temps un monde unifié par l'homologie, un univers dynamique, dialectique à sa manière, vivant. On ne peut parler ici d'*irrationnel,* à moins de le faire dans un sens strictement aristotélicien, car cet irrationnel, ou plutôt cet *alogon,* se meut tout entier dans une forme de rationalité, au sens de « cohérence » : point d'homologie sans une harmonie du monde, d'illumination sans un parcours, d'initiation sans un rituel. Le théosophe apparaît comme un rationaliste mystique (« raison » signifiant ici « cohérence dans le mythe ») ou mieux comme un mystique rationaliste ou encore comme les deux à la fois. L'histoire de l'alchimie spirituelle (*cf.* ce mot) constitue naturellement un chapitre de l'histoire de la théosophie, en raison de l'idée alchimique de régénération de l'humanité et de la nature auxquelles il s'agit de rendre leur dignité perdue depuis la chute (*cf.* Paul, *Rom,* VIII, 19-22).

Le mot « théosophie » a été emprunté, depuis 1875, par une Société initiatique d'importance quantitativement considérable mais dont la doctrine a peu de points communs avec ce qui précède. Cette Société théosophique a été créée par Mme Blavatski. Dans *Le Théosophisme, histoire d'une pseudo-religion* (Paris, rééd. 1965), René Guénon a précisé avec une indispensable rigueur qu'entre « la doctrine de la Société théosophique, ou du moins ce qui lui tient lieu de doctrine, et la théosophie au sens véritable de ce mot, il n'y a absolument aucun lien de filiation, même idéale », si bien qu'on ne saurait confondre l'un et l'autre « que par mauvaise foi ou ignorance ». La théosophie occidentale, ajoute Guénon, a toujours pour base, sous une forme ou sous une autre, le christianisme : « Telles sont, par exemple, des doctrines comme celles de Jacob Böhme, de Gichtel, de William Law, de Jame Lead, de Swedenborg, de Louis Claude de Saint-Martin, d'Eckartshausen. » (Voir : *Initiation.*)

F. A.

THÉRAPIE FAMILIALE. A côté des interventions habituelles au niveau des familles en psychiatrie infantile, ont vu le jour, plus récemment, des méthodes de soins psychologiques impliquant l'environnement personnel, non seulement pour les enfants mais aussi pour les jeunes adultes psychotiques. La famille est un tout, structurée de façon dynamique et, selon les théoriciens de la communication, susceptible de jouer un rôle important dans le déterminisme des troubles mentaux de l'un de ses membres. Des études minutieuses conduites dans cette perspective ont montré que les familles où se trouve un sujet schizophrène sont caractérisées par un fonctionnement clos avec projection de fantasmes latents sur le monde extérieur. Le repli de la famille sur elle-même est un équilibre statique où se trouve impliquée l'aliénation du malade, que celui-ci soit présent matériellement ou non (hospitalisation). En pratique, les thérapies familiales sont considérées comme une thérapie de groupe où sont mis en présence un ou plusieurs thérapeutes, le « malade identifié » et un certain nombre de membres de son entourage. La maladie ou les symptômes sont abordés en tant que reflet d'un équilibre familial perturbé, homéostase où la pathologie est utilisée et entretenue parmi des éléments nécessaires au maintien des relations habituelles. Dans le « go-between » (Zuk), le thérapeute essaie de prendre la place, au cours des séances, du malade, dit encore « médiateur pathologique ». Pour l'école de Palo Alto (Bateson, D. D. Jackson, J. Haley), il s'agit plutôt d'identifier et de dénoter les faits de « double bind », double lien, double communication ou communication paradoxale, c'est-à-dire que les messages émis vers le patient comportent un double aspect, constitutif d'une contradition interne : simultanément un message en langage clair et l'autre par la voie paraverbale, ou encore une demande affective exprimée comme un ordre, ou l'inverse, alors que dans tous ces cas il est demandé au patient une réponse claire. Les thérapies familiales comportent des formes multiples, mais constituent un ensemble de réflexions et d'apports cliniques très originaux en thérapie relationnelle. Leur développement est à la fois très important et anarchique.

B. J.-C.

Thérapie simultanée des deux conjoints ou d'autres membres de la famille par le même thérapeute. Parfois les enfants ou d'autres parents participent aux séances. Il arrive aussi que deux thérapeutes travaillent avec le groupe familial entier.

La théorie, en partie dérivée de la psychanalyse, repose surtout sur la notion d'*homéostasie familiale* décrite par Don D. Jackson, selon laquelle tout symptôme a un retentissement dans le groupe naturel où (et à cause duquel) il éclôt. La famille est considérée comme un système en équilibre et l'intervention du thérapeute est calculée en fonction de son interaction avec ce système (voir Thérapie interactionnelle). La thérapie familiale est souvent indiquée pour des troubles qui n'affectent apparemment qu'un seul membre de la famille (énurésie d'un enfant, schizophrénie d'un adolescent, alcoolisme de la mère, etc.). Depuis que le groupe de Palo Alto (Gregory Bateson, Don D. Jackson), et, à sa suite, R. D. Laing, ont mis en évidence l'intercorrélation des symptômes individuels et de la pathologie familiale, on ne considère plus, en effet, qu'il existe de trouble purement individuel.

Plus récemment, on a eu l'idée de réunir des couples ou des familles souffrant de problèmes analogues pour procéder à des thérapies familiales de groupe, qui, pour certaines indications, ont donné d'excellents résultats.

B. J.

THÉRAPIE INTERACTIONNELLE. Forme de thérapie active et brève, inventée en 1961 par Don D. Jackson, du groupe de Palo Alto, et reprise par son élève Paul Watzlawick. L'intervention consiste à introduire un changement au moyen de *doubles contraintes* thérapeutiques. Chaque symptôme est considéré comme un message : le thérapeute réinterprète le message de telle façon que le patient est obligé de l'abandonner.

B. J.

THYMIE. Caractéristiques de l'humeur (modalités de la vie affective et émotive).

TIC. Automatisme moteur conscient, rapide, spasmodique involontaire mais pouvant être transitoirement interdit par la volonté.

TOPIQUE. Littéralement « théorie des lieux ». Le terme « topique » appartient depuis l'Antiquité grecque à la langue philosophique. Il est également d'usage courant en logique et en mathématique.

Freud l'utilise pour décrire l'appareil psychique, distinguer les « systèmes » (conscient, préconscient, inconscient), puis les « instances » (Ça, Moi, Surmoi) qui le constituent, et pour les mettre en rapport.

Dans la théorie psychanalytique on parle généralement de deux topiques ; la première — exposée dans le chapitre VII de *l'Interprétation des rêves*, 1900 — établit les fonctions des systèmes inconscient, préconscient, conscient. La seconde, exposée à partir de 1920, différencie trois instances : le Ça, le Moi, le Surmoi. C'est dans *l'Abrégé de psychanalyse*, chapitre IV, que l'on trouvera l'exposé le plus précis de la tentative de Freud visant à concilier ses deux topiques.

J. R.

TORPILLAGE FARADIQUE. Méthode qui consiste à lever un blocage pithiatique en soumettant le malade à des décharges de courant faradique (suggestion armée).

F. R.

TOTALITE. La totalité n'est pas la somme des possibles, mais le principe vivant de leur organisation. Ce qui se projette dans la relation primaire avec la mère, puis dans les fantasmes de toute-puissance et leurs variantes, se met en place comme structure des rapports conscient-inconscient, selon lesquels le Moi est simplement le centre du conscient, articulé sur le centre de la psyché inconsciente, le Soi. La totalité rend compte du fait que le psychisme ne vit pas du perfectionnement de ce qui existe déjà, mais se développe par formation d'opposés, différenciation, conflit et conjonction. Sa dynamique est celle de la compensation et aboutit à instaurer la fonction transcendante. Dans la mesure où elle est projetée, la totalité fige ou même détruit le développement qu'elle est supposée promouvoir.

Pour l'épistémologie, la totalité signifie un renversement des points de vue. La psychologie analytique aborde les phénomènes psychiques non pas en tant qu'ils se constitueraient à partir et par rapport au conscient, mais en tant qu'ils se déroulent dans un ensemble qui le dépasse. (Voir aussi : *Centrage (effet de)*.)

H. E.

TOXICOMANIE. Le terme désigne une appétence morbide que manifestent certains sujets pour des substances toxiques. La voie d'entrée dans la toxicomanie est la souffrance morale (chagrin) ou physique (douleur), la recherche de la volupté, le besoin d'échapper à la monotonie de la vie journalière, le désir de ne pas se désolidariser du groupe.

L'usage des toxiques à des fins non médicales est courant depuis des siècles en Extrême-Orient, en Afrique, en Amérique du Sud. Notre monde occidental a connu des cas individuels, endémiques, éventuellement des groupes très restreints de toxicomanes. Or, ces dernières années ont vu déferler sur ce monde une véritable épidémie que peut à peine restreindre la surveillance du trafic des drogues et la chasse aux trafiquants. Un deuxième fait mérite également d'être mentionné. C'est l'utilisation incessante de certains produits pharmaceutiques dont les nouvelles découvertes et les formules chimiques inédites empêchent une connaissance approfondie, principalement en ce qui concerne leurs effets secondaires.

On appelle drogue toute substance ayant un effet sur le corps ou sur l'esprit et drogue psychotrope tout produit ayant des répercussions sur la fonction psychique.

L'absorption périodique ou continuelle de ces drogues se dénomme dépendance. Elle peut être chimique, physique, dans certains cas psychophysique.

Le désir d'avoir sans cesse recours à la drogue s'appelle accoutumance. Mais la suppression de la drogue n'entraîne pas l'apparition de manifestations pathologiques désagréables ou dangereuses. Dans ces cas il n'y a pas de dépendance physique.

L'absorption prolongée de drogue fait que l'organisme s'habitue progressivement et réclame des quantités de plus en plus importantes pour obtenir l'effet désiré. C'est la tolérance vis-à-vis de la drogue.

Dans certains cas l'organisme réagit par des manifestations physiques à la suppression traduisant ainsi son état de besoin, d'asservissement au produit. Il faut distinguer entre les substances qui créent une dépendance physique et psychique tout en causant des lésions corporelles, en particulier cérébrales (morphine, héroïne), celles qui, sans créer une accoutumance, causent des préjudices physiques et intellectuels (L.S.D., amphétamine), enfin celles qui ne provoquent ni accoutumance ni préjudice. Il semble que le cannabis (marihuana, haschisch) soit à classer dans cette catégorie.

Les drogues habituellement utilisées par les toxicomanes occidentaux sont les stimulants (amphétamines), les sédatifs et tranquillisants (barbituriques du type phénobarbital ou certains anxiolytiques), les narcotiques — produits qui soulagent la douleur et induisent le sommeil :

a) opiacées extraits du pavot : morphine et héroïne, six fois plus puissant que la morphine ;

b) fabriquées synthétiquement.

La suppresion brusque de ces substances provoque des manifestations morbides organiques et physiologiques très pénibles.

Les hallucinogènes (L.S.D. ou diéthylamide de l'acide lysergique), peuvent produire des minipsychoses avec délire mégalomaniaque, des états dépressifs pouvant aller jusqu'au suicide, des réactions paranoïdes, des états de confusion. Ils laissent comme séquelles des troubles de la mémoire et de l'attention. La mescaline, tirée du cactus peyotl, donne des troubles de la perception.

Les stupéfiants sont des drogues qui produisent une sensation de détente avec euphorie. Parmi eux, l'opium et ses dérivés, la cocaïne, les diverses préparations obtenues à partir du chanvre (cannabis indica ou sativa) : haschisch, marihuana, kif.

La marihuana, « tabac » qu'on fume, est obtenue en coupant les fleurs ou les feuilles de la plante femelle. Le haschisch est la résine beaucoup plus riche en principe actif (cannabinol). Il est ingéré sous différents modes de préparation : gâteaux, confitures, rahat-loukoum, boissons.

Les préparations à partir du chanvre sont particulièrement goûtées par les jeunes. Ils se rencontrent dans des réunions clandestines qui ont leur rituel.

Les motivations de ces rencontres sont variées : la curiosité, l'attrait de l'interdit, le désir de rencontres, la bravade du danger, la recherche d'une compagnie, la contestation d'une société qui les a déçus. Ils ne se sentent appartenir à aucun groupe, à aucune communauté. Ils refusent les données religieuses, politiques et nationales. On pense à la définition que donne à cet aspect psychosocial le sociologue Durkheim : l'anomie. La contagion, l'imitation, le snobisme interviennent dans l'apparition de l'attrait pour la drogue.

Adler a laissé des études approfondies sur la psychologie du toxicomane isolé. L'utilisation de la drogue devient effective lorsque le sujet se trouve dans une situation qui lui paraît insoluble. Le besoin d'avoir recours à la drogue cache un profond sentiment d'infériorité confirmé par la timidité, un besoin de solitude, une hypersensibilité, de l'impatience, de l'irritabilité. Des symptômes névrotiques du type anxiété, dépression, impuissance sexuelle manquent rarement.

Confrontés avec les difficultés de la vie, ces sujets manifestent une tendance à s'effondrer sous le poids de souffrances psychiques provoquées par leur ambition démesurée, leur vanité, l'appréciation erronée de leur valeur aux yeux des autres (*cf.* 3).

Cette surestimation de leur propre valeur, résultat de leur éducation dans l'enfance et les échecs que la vie leur réserve provoquent rapidement une profonde déception, un désenchantement qui les pousse à fuir la réalité. La drogue leur ouvre les portes d'un monde imaginaire. Le thérapeute s'efforce de détecter le complexe d'infériorité qui sous-tend la personnalité du toxicomane, de saisir la finalité de sa structure psychique, d'intensifier son sens social, de réduire ses aspirations trop tendues et de l'encourager dans la recherche de solutions socialement plus valables (*cf.* 3).

S. H.

Il est certain que des mesures collectives peuvent être prises pour empêcher sur une haute échelle certains fléaux sociaux. La création du carnet de toxiques a vu diminuer considérablement l'abus de certains toxiques (morphine). La surveillance du trafic des drogues contribue à réduire la masse des toxiques disponibles. L'information et l'éducation de la population a indubitablement des effets favorables.

S. H.

TRAINING AUTOGENE. Technique de relaxation de Schultz dont le deuxième cycle consiste en un certain nombre d'exercices de représentations imagées. Par exemple, J. H. Schultz propose au patient « de laisser surgir dans son imagination une couleur uniforme quelconque ». Suivent : l'exploration systématique du spectre coloré puis la représentation d'objets concrets. A cette phase proprement dite d'imagerie mentale (*), succèdent des exercices de concentration sur des idées abstraites. (Voir : *Relaxation*.)

F. R.

TRAINING GROUP ou T-GROUP. Groupe de formation aux relations humaines, créé en 1946-1947 par Kurt Lewin et ses élèves, dont Leland Bradford. S'est développé, après la mort de Lewin, au National Training Laboratory de Bethel.

Le training group, dénommé également groupe de diagnostic ou groupe de base, est un groupe de discussion qui comporte en général moins de 20 personnes. Il n'a pas de thème, d'histoire, et son seul programme est celui de la formation des participants. Il comporte parfois un moniteur qui intervient rarement et seulement pour donner une interprétation. Ces groupes ne sont pas essentiellement thérapeutiques, mais sont destinés à sensibiliser et former les participants aux techniques de la dynamique de groupe. (Voir : *Psychothérapie de groupe* et *Sensibilisation (groupe de.)*

B. J.

TRANSACTIONNELLE (Analyse). Doctrine psychothérapique lancée par un psychiatre de Sacramento (U.S.A.), le Dr Thomas A. Harris. Dans son ouvrage dont le titre français est : *D'accord avec soi et les autres*, (éd. de l'Epi), l'auteur se réfère au complexe d'infériorité d'Alfred Adler pour constater que de nombreux sujets se comportent comme s'ils étaient des enfants dominés par des adultes. De ce fait, ils ne sont pas heureux (O.-K.) mais considèrent les autres comme O.-K. Harris envisage le psychisme comme formé de trois parties : un élément parental, un élément adulte, un élément enfant. Dans la relation interhumaine saine la partie adulte s'adresse à la partie adulte de l'interlocuteur. Mais, bien souvent, c'est l'enfant ou le résidu parental qui communique avec autrui. Il en résulte des intercommunications pathologiques. L'analyse qui se pratique en groupe permet au sujet de prendre conscience de ses structures et l'encourage pour avoir confiance en lui-même et dans ses possibilités.

S. H.

TRANSFERT. Freud a découvert très tôt que les patients répètent à l'égard de leur analyste des situations, des sentiments, des pulsions et des processus psychiques en général, qu'ils ont vécus antérieurement dans leurs relations avec des personnes dans leur vie extérieure et dans leur histoire personnelle. Ce transfert sur l'analyste de désirs primitifs, de pulsions agressives, de craintes et d'autres émotions est confirmé par chaque analyste. Voici, par exemple, la définition qu'en donne, en 1909, S. Ferenczi dans : *Transfert et introjection* : « Les transferts sont des rééditions, des reproductions de tendances et de fantasmes que la progression de l'analyse réveille et doit ramener à la conscience et qui se caractérisent par la substitution de la personne du médecin à des personnes autrefois importantes. »

Dans les premiers temps de la psychanalyse, le transfert était considéré comme un phénomène regrettable qui empêchait de retrouver les souvenirs refoulés et perturbait l'objectivité du patient. Mais vers 1912, Freud en était venu à le voir comme une partie essentielle du processus thérapeutique : « En fin de compte, c'est dans la sphère du transfert que tout doit être résolu. » Il insiste sur le fait que la tâche de dompter les phénomènes de transfert comporte certes les plus grandes difficultés pour l'analyste, mais qu'il ne faut pas oublier que « ce sont justement elles qui nous rendent l'inestimable service d'actualiser et de manifester les notions amoureuses, enfouies et oubliées ; car, en fin de compte, nul ne peut être mis à mort *in abstentia* ou *in effigie* ».

Freud distingue un transfert positif et un transfert négatif ; on relèvera, à la suite de Laplanche et Pontalis, la parenté de ces termes avec ceux de composante positive et négative du complexe d'Œdipe.

Pour les psychanalystes, le but de toute cure authentique est de remplacer la névrose présentée au départ par le patient par une névrose de transfert. Cette nouvelle névrose transférée en somme de la réalité extérieure à la situation analytique, sera, dans les cas favorables, liquidée, la manipulation du transfert ainsi que les prises de conscience des réactions contre-transférentielles (voir : contre-transfert) constituant les instruments nécessaires et suffisants — théoriquement tout au moins — pour mener à bien cette liquidation.

La « névrose de remplacement » qu'était la névrose de transfert ayant disparu, la névrose originelle dont elle n'était que la réplique doit disparaître avec elle.

Toutefois, il faut reconnaître que certaines névroses de transfert sont à l'origine d'analyses interminables, ladite névrose, comme l'ont montré S. Nacht et R. Held dans divers travaux, devenant irréversible, et tout le processus de guérison se trouvant par là même « gelé ». La pleine maîtrise des réactions contre-transférentielles, observe St Nacht, est nécessaire pour empêcher les échanges conscients et inconscients transfert-contre-transfert de conférer petit à petit à la névrose de transfert un caractère d'irréversibilité.

R. J.

A la suite de Freud, Jung définit d'abord le transfert par « la projection, sur le thérapeute, d'imaginations infantiles ». Il conservera toujours cette façon de voir mais commence, dès 1933 (*cf.* 122), à l'inclure dans une perspective plus générale où le transfert est considéré comme un processus de transformation. Ce point de vue aboutit en 1946 à un de ses ouvrages les plus importants : *Psychologie du transfert* (*cf.* 114, vol. XVI). Il y définit le transfert comme une condition privilégiée de formation de la fonction symbolique ; il montre comment cette fonction ne s'élabore que dans une rencontre humaine extérieure où l'Eros est en cause et comment elle suppose et développe chez le sujet une différenciation et une coordination des deux centres conscient et inconscient, Moi et Soi, du psychisme. La réciprocité de la relation à l'autre et de la relation à soi explique la polysémie du transfert et son caractère sexualisé. La rencontre y est essentiellement celle de l'homme et de la femme. Mais ils figurent aussi bien l'analysant et l'analyste que l'inconscient de l'un et le conscient de l'autre, et finalement, chez l'analysant, le masculin et le féminin, le conscient et l'inconscient.

Le transfert tient croisées deux pulsions différentes. L'une à l'endogamie, qui conduit à revivre l'inceste comme lieu du devenir ; l'autre à l'individuation par la connaissance de soi. Cela demande que l'analyste s'implique et pourtant maintienne l'épreuve de la différence, qu'il accepte les contaminations mais ne tombe pas dans l'image. Conjonction et distance sont nécessaires et causent une longue mort. Un tel processus ne peut aboutir que par le jeu d'un troisième terme. Il n'est pas à la mesure des volontés ou du bon sens des participants. Il dépend d'une créativité inconsciente.

H. E.

Le transfert est le déplacement d'une tendance d'un objet sur un autre (*cf.* 23 lex.). Terme fort utilisé dans le langage analytique et relatif à la relation de l'analysant et de l'analyste (contre-transfert). Dans le cas du *transfert latéral*, la conduite passée est bien revécue actuellement, mais en dehors de l'analyse et avec des partenaires pris dans la vie réelle — lui aussi doit être analysé — (*cf.* 22, pp. 117 *ss.*).

A. A.

TRANSGRESSION. Violation d'un tabou. Elle peut maudire ou diviniser, culpabiliser ou affirmer (voir « Totem et tabou » de Freud et *cf.* 198) — (voir aussi le mot *inceste*).

V. A.

TRAUMA PSYCHIQUE. Dans son acception courante, choc affectif qui bouleverse l'organisation psychique du sujet et qui est susceptible de produire des effets pathogènes durables.

Plus spécifiquement, on entend par cette expression un afflux d'excitations internes tel que le sujet se trouve incapable de le maîtriser ; le Moi, pour y faire face, déclenche alors le signal d'angoisse.

J. R.

TRAVAIL DE DEUIL. Il s'agit essentiellement dans le travail de deuil de lier des impressions traumatisantes de sorte que progressivement le sujet parvienne à se détacher du « cher disparu » ; une fois cette tâche accomplie, de nouveaux investissements deviennent possibles.

J. R.

TRAVAIL DU REVE. Opération par laquelle les tendances inconscientes et les souhaits refoulés du dormeur s'amalgament à ses impressions sensorielles pour éviter son réveil et donner naissance au rêve manifeste ; la déformation est l'effet de ce travail du rêve.

J. R.

TRAVESTISME (ou transvestisme). Adoption par un inverti de l'habillement et aussi des conduites sociales du sexe opposé. Parmi les personnages illustres qui se sont adonnés au travestisme, il faut citer le chevalier d'Eon de Beaumont qui a donné son nom pour désigner le travestisme masculin (éonisme).

S. H.

TROISIEME TERME. Il est, dans un conflit, la solution impossible (le « tertium non datur » de la logique), c'est-à-dire l'événement, l'activité, l'idée... qu'on ne pouvait prévoir parce qu'ils réunissent les opposés dans une problématique d'un autre ordre, à un autre plan. Alors qu'il dépend du Moi de prendre la confrontation au sérieux et de la soutenir jusqu'au bout, la solution ne lui appartient pas. Quand tout se passe bien, elle se présente spontanément comme un phénomène de nature que sa gratuité et son caractère inattendu font ressembler à une grâce. Le troisième terme a généralement la qualité d'un symbole, principe unificateur, résultat de la fonction transcendante, c'est-à-dire de la coopération du conscient et de l'inconscient. Il est, dans le sujet jusqu'alors déchiré, une pente énergétique qui entraîne l'adhésion. Jung y voit la marque de la créativité psychique et le sens des conflits. (Voir aussi : *Fonction transcendante, Opposés*.)

H. E.

TYPOLOGIE. La typologie jungienne mise en place en 1921 dans : *Les Types psychologiques* et qui s'est enrichie dans les œuvres ultérieures, n'est pas une caractérologie mais une analyse structurelle du conscient et de ses mécanismes de perception et d'aperception. Jung distingue, dans une vue dynamique, des attitudes (extraversion, introversion) qui déterminent la direction habituelle que prend la libido, et des fonctions, au nombre de quatre, qui sont les formes de la libido. Huit types psychologiques sont alors définis à partir de la fonction principale et de l'attitude habituelle (ex. : type pensée introvertie). Ils ont entre eux des relations d'opposition et de complémentarité qui fournissent le cadre d'une analyse des modalités compensatoires et organisatrices de l'inconscient.

Cette typologie trouve son application dans la cure analytique. De trop grandes différences typologiques entre analyste et analysant provoquent « des résistances qui sont superflues » (cf. 134, p. 86). Dans le décours analytique, on constate que les contenus compensatoires d'une attitude consciente déficiente, tendent à se présenter par le canal de la fonction opposée « qui serait apte à remplacer efficacement l'attitude consciente défaillante » (cf. 133, p. 57). La considération de la typologie fait donc partie de l'analyse. La différenciation et l'actualisation des fonctions conditionnent, en effet, l'intégration des dynamismes inconscients où intervient aussi le jeu affiné des fonctions entre elles. Les fonctions intermédiaires jouent le rôle d'auxiliaires, appuyant la principale, mais aussi de pont vers la fonction mineure. Enfin, cette typologie permet de comprendre et de conduire la vie puisqu'elle développe la dialectique des contraires. (Voir aussi : *Aperception, Attitude, Compensation, Fonctions, Opposés.*)

L. D.

U

UNILATERALITE. « Caractéristique inévitable et nécessaire du processus d'orientation » (*cf.* 114, VIII, p. 71) sans lequel le développement de la conscience ne pourrait se faire. Elle résulte, d'une part, de la prépondérance de la fonction principale d'adaptation (*cf.* 118, 103-104), d'autre part, de l'emprise d'une dominante du conscient. L'unilatéralité du conscient suscite dans l'inconscient une contre-position qui peut agir à la façon d'un complexe (*cf.* 114, VIII, pp. 122-123), perturbant l'adaptation jusqu'à la névrose. Le rétablissement de l'équilibre ne s'effectue que par la reconnaissance des contenus de l'inconscient et de la signification de l'unilatéralité de la conscience. Ainsi se forge la fonction transcendante (*cf.* 114, VIII, p. 71). (Voir aussi : *Dominante du conscient, Fonction transcendante, Fonctions, Névrose.*)

L. D.

UNITE DE LA PERSONNALITE. Si la psychologie classique s'efforce d'étudier les différents éléments de la fonction psychique dans leurs aspects isolés : mémoire, jugement, discernement, affects, volitions, la psychologie des profondeurs se propose de les comprendre dans une perspective dynamique. Le domaine de ce dynamisme concerne tantôt les couches conscientes et inconscientes de l'être bipolarisé, où les instincts, les pulsions, les manifestations archaïques se trouvent en conflit avec le domaine du conscient domestiqué et adapté.

La psychologie adlérienne affirme que ce conflit ne se joue pas à l'intérieur de la personnalité, mais entre elle et le monde social environnant. Adler appelle sa doctrine psychologie individuelle et comparée, individuelle du latin *individuum*, unité indivisible, entité comme l'avait entrevue Aristote lorsqu'il parle d'entéléchie. Il étudie cette entité dans ses manifestations conscientes et inconscientes pour les comparer à une norme fictive. A la conception d'un conflit intrapersonnel entre le conscient et l'inconscient, Adler oppose celle d'un affrontement entre la personnalité et son environnement. L'unité de la personnalité avec ses aspects inconscients (rêves, souvenirs, lapsus) et conscients obéit à une finalité qui confère à chaque manifestation partielle sa valeur dans ce jeu de l'ensemble. Ces vues se trouvent d'ailleurs confirmées par la psychologie de la forme, gestaltpsychologie. Cette école psychologique propose d'étudier les phénomènes psychiques dans leur totalité, sans vouloir les dissocier d'un tout. L'être humain est indivisible et indécomposable. Dans cette perspective la psychologie individuelle et comparée (synonyme d'adlérienne) applique dans son activité thérapeutique à la fois l'analyse et la synthèse. (H. Schaffer *La Psychologie d'Adler*, Masson, 1976, p 60.)

S. H.

URETRAL. Fantasmes et plaisirs associés à la miction. La clinique montre chez le petit enfant que l'urine est souvent associée au feu et que les fantasmes de destruction corrosive liés à la miction apparaissent très tôt. Dans les dessins d'enfants énurétiques, les thèmes du feu et de l'incendie sont quasi constants.

J. R.

VAGINISME. Contraction spasmodique soudaine et durable des muscles constricteurs du vagin. Le plus souvent d'origine psychique.

VALORISATION. Produit biologique et social, l'être humain trouve son appréciation et sa valorisation face à l'opinion des autres. Isolé du reste du monde, le sujet ne présenterait que des ébauches insignifiantes d'une vie psychique. Au fur et à mesure que se développe la conscience de soi s'épanouit aussi celle des autres. C'est dans l'attitude des autres vis-à-vis de nous, dans leur appréciation que nous trouvons l'affirmation de notre propre valeur. Mais l'échelle des valeurs varie avec les individus et tous n'ont pas une conception très précoce sur le sens de l'existence. La réussite matérielle, la domination des autres, leur exploitation semblent à certains un but valable de valorisation. D'autres trouvent cette valorisation dans l'intérêt et l'aide qu'ils portent à autrui. Le degré du sens social dicte les modalités de cette recherche de la valorisation.

S. H.

VICARIANT. Dans son étude sur l'état d'infériorité des organes, Adler cite les modalités qui permettent à l'organisme de retrouver son équilibre. Le thème de la compensation revient ainsi avec ses différentes variantes. Parmi elles nous trouvons la fonction vicariante. En cas d'ablation chirurgicale d'un rein — pour atteinte néoplasique, dégénérescence kystique ou autre maladie — son homologue assume le travail des deux organes. Les dosages sanguins satisfaisants (urée) confirment cette assertion.

La mise au repos d'un poumon tuberculeux par le pneumothorax — mesure thérapeutique employée avant la découverte de la chimiothérapie et celles des antibiotiques — ne prive pas l'organisme de la moitié de son apport en oxygène. Le poumon homologue prend à

sa charge la presque totalité de cette oxygénation. La fonction vicariante illustre le principe réparateur qui règne en biologie. Adler s'est
servi de cette notion pour l'introduire dans le domaine psychique.

S. H.

VIDE. — Diverses méthodes se proposent de rééquilibrer ou de
développer la personnalité par le recours aux techniques du vide
mental. Le bouddhisme *, sous différentes formes, et notamment
le Zen *, ont déjà préconisé la recherche du vide pour accéder à la
délivrance et à l'éveil. La « méditation transcendantale », de nos
jours, avec Maharishi Mahesh Yogi, et d'autres initiatives, sous
divers noms, s'en inspirent.

Il s'agit d'éliminer, autant que faire se peut, du champ de la
conscience actuelle, idées, images, désirs, sensations, émotions,
soucis. On y parvient, pour ne citer que des processus psychologiques, soit par des méthodes de décentration *, soit au contraire par
des méthodes de focalisation * (fixation sur un point imaginaire,
sur un mot-mantra, sur un mandala..., qui finissent par s'effacer de
l'attention), soit par une méditation immobile et silencieuse. Il
s'agit de rétrécir, voire de vider, le contenu différencié de la
conscience pour qu'elle ne soit plus que conscience d'être, toute
autre attention ayant disparu de son champ. Elle quitte alors tous
ses points d'appui ou de départ, pour se fixer au niveau le plus
profond de son être, se préparant ainsi à de nouvelles émergences.

Le vide auquel elle tend à parvenir, loin d'être le vide du néant,
est au contraire le plein indifférencié de l'être, la source de l'énergie, le centre vital. C'est ce que C.G. Jung appelerait : « L'étrangeté
première, le creux, l'antre à la profondeur abyssale, ... rien moins
qu'un destin. » En symbologie génétique * le vide, le trou, est « le
symbole du symbole, la schize, le lieu de rupture, du rite de passage » (Virel).

Deux attitudes peuvent alors se présenter. Par l'une on tentera
de se maintenir un certain temps à ce contact, à cette existence
exclusive avec l'un, comme pour se ressourcer, avant de revenir,
enrichi d'une force nouvelle au multiple des occupations et préoccupations quotidiennes. C'est comme si l'on avait éveillé et libéré
une énergie enclose au cœur de l'être. Des forces insoupçonnées
pourraient ainsi se dégager, favorables à la santé physique et
mentale, aussi bien qu'aux activités créatrices de l'esprit. Suivant
une autre attitude, on laissera, dans cette conscience déchargée et
détendue, affluer spontanément l'imaginaire. Un phénomène de
« schize », de séparation, d'isolement sensoriel *, s'est en effet
produit, par rapport à tout l'univers du non-moi, qui monopolisait
l'attention : de ce point de vue, elle est « décentrée ». La conscience

devient disponible à une résurgence du subconscient à la fois révélatrice et libératrice. C'est là un des aspects de la méthode intégrative de l'imagerie mentale *.

Le vide s'affirme donc, dans les deux cas, comme le médiateur d'une évolution. Si l'on y rencontre un abîme d'angoisse, on laissera déferler l'imaginaire, lourd d'affectivité, qui écrasait le cœur de l'être ; si l'on y trouve au contraire une source de vie, on s'y plonge et s'y réconforte. Mais le vide reste toujours un risque à courir, auquel on ne s'exposera jamais seul. (Voir aussi : *Décentration, Image, Initiation, Isolement sensoriel, Lumière, Rêve alpha.*)

C.J.

VIGILANCE (vigilance et conscience). La vigilance est souvent définie comme le fait d'être éveillé et plus souvent encore, comme celui d'être conscient. Par ailleurs, il n'est pas rare — et cela parfois dans le même ouvrage — que la conscience psychologique soit définie comme le fait d'être vigilant. Ainsi, pour certains auteurs, la conscience est simplement synonyme de vigilance (Delay, 1965), les états non vigiles comme le sommeil ne pouvant supporter que des processus inconscients.

D'un point de vue neurobiologique, la notion de conscience apparaît comme une conséquence de la complexification progressive du système nerveux, devenu capable de fournir des réponses « originales » aux sollicitations extérieures. Ainsi, pour Laborit (1973), la conscience est « un phénomène résultant de l'impossibilité où se trouve un individu d'être... inconscient », c'est-à-dire de répondre aux sollicitations du milieu par un comportement « ou entièrement automatique ou entièrement aléatoire ». Au cours des niveaux de vigilance abaissés, le système nerveux, affranchi des contraintes fonctionnelles que lui impose l'environnement, peut alors effectuer un traitement autonome des informations mémorisées. Ce traitement — inconscient — est la condition essentielle à toute activité imaginative.

A partir de ses travaux sur l'imagerie mentale, Virel a été conduit à proposer une définition différentielle de la vigilance et de la conscience, qui repose d'une part sur la distinction entre la notion de niveau et celle d'état et qui, d'autre part, fait appel à une conception unitaire du phénomène conscience. En effet, plutôt que d'isoler en tant qu'instance autonome un hypothétique inconscient, l'oniro-thérapie intégrative propose un modèle unifié et dynamique de la conscience fondé sur la notion de fonction biologique de l'imaginaire et d'après lequel l'onirisme ne serait pas seulement l'expression d'éléments refoulés, mais participerait à l'élaboration et à la régulation des réponses adaptatives (Virel 1967, *cf.* 199 ; — Fretigny et Virel 1968, *cf.* 200). La notion de conscience onirique est ici substi-

TABLEAU SYNOPTIQUE DES CORRESPONDANCES ENTRE ETATS PSYCHOLOGIQUES
NIVEAUX DE VIGILANCE ET MODALITES DE CONSCIENCE (d'après Virel et Fretigny)

ETATS PSYCHOLOGIQUES	NIVEAUX DE VIGILANCE	ELECTROENCEPHALOGRAPHIE	CARACTERISTIQUE CLINIQUES ET SUBJECTIVES	FORMES ET MODALITES DE CONSCIENCE
Etats émotionnels	Hypervigile	Tracé de fréquence rapide 30 c/s.	Colère, abréaction, etc. Imagerie Mentale lysergique, comportement moteur mal ou pas contrôlé.	Conscience perturbée ou désintégrée.
Etats d'attention focalisée ou d'alerte	Vigile	Amplitude basse. Rythme gamma dit parfois bê a.	Pensée et comportement bien intégrés avec focalisation d'attention sur le monde extérieur (syntonie) ou sur le monde intérieur (par ex.: calcul mental).	Prédominance de la conscience réflexive ou de la conscience pragmatique.
			Possibilité d'une participation au monde « cosmique » ?	Possibilité d'une « intuition cosmique » ?
Etats hyponoïdes	Subvigile	Tracé de rythme alpha typique (8 à 12 c/s) et bouffées, à prédominance postérieure. Grande amplitude.	La vigilance est diffuse. L'attention fait place à l'attente. Un état analogue à l'isolement sensoriel, dit de décentration, peut s'ouvrir à un surgissement spontané d'images mentales et s'accompagner de mouvements oculaires rapides. Possibilité de suggestibilité hypnotique.	Disponibilité à la conscience onirique de veille: imageries mentales (dialectiques) ou rêveries, rêves éveillés (solitaires).
Etats hypnagogiques	Mésovigile	Diminution de l'amplitude et du nombre des bouffées ce rythme alpha. Rythme thêta.	Assoupissement. Déconnexion du Moi et du Réel. Réactions motrices mal coordonnées.	Imagerie discontinue et peu mémorée.
Etats hypniques	Hypovigile	Différentes phases de sommeil correspondent au niveau hypovigile. Phases à ondes lentes et phase à ondes rapides.	Au cours d'une phase a ondes rapides, des mouvements oculaires seraient symptomatiques du rêve visuel et dramatisé, forme la plus aisément mémorée de l'onirisme permanent.	Disponibilité à la conscience onirique hypnique.
Etats comateux	Avigile	Les ondes très lentes sont très apaties, proches de a ligne iso-électrique.	Plus de réactions aux stimulations.	?

tuée à celle d'inconscient. Ainsi, la vigilance peut être définie comme l'expression objective de l'activation du système nerveux central. Il s'agit d'une notion essentiellement neurophysiologique, quantitative, objectivement mesurable, qui exprime à la fois l'intensité du fonctionnement cérébral et celle des conduites qu'il dirige. On peut donc envisager un certain nombre de niveaux de vigilance caractérisés chacun par des activités électro-encéphalographiques et neurovégétatives relativement spécifiques. Le continuum de vigilance se subdivise en niveaux hypervigile, vigile, subvigile, mésovigile, hypovigile et avigile (voir tableau p. 354).

Le phénomène conscience peut être envisagé d'autre part en tant que manifestation subjective et personnelle de l'organisation dynamique de l'activité nerveuse supérieure. En d'autres termes, la conscience psychologique apparaît comme l'expression d'une régulation de second ordre émergeant des mécanismes nerveux responsables de l'ajustement des conduites au cadre spatio-temporel (la conscience est « être au monde »), de l'intégration de l'expérience (la conscience est structurante) et de l'adaptation du fonctionnement même du système nerveux à la réalisation d'activités finalisées (la conscience est projection). Il s'agit donc d'une notion subjective dont la nature strictement qualitative interdit de la diviser en niveaux hiérarchisés. Ainsi, le déroulement de l'activité psychique en séquences de nature et de contenu variables conduit à envisager un certain nombre d'états de conscience, différant les uns des autres par l'importance relative de leurs composantes émotionnelle, affective et cognitive, la nature des rapports qu'ils autorisent avec l'environnement, la qualité de l'information qu'ils supportent. On parle de conscience vigile et de conscience onirique, de conscience claire, perturbée, passive ou réflexive (voir tableau p. 354). Chacun de ces états reflète un mode particulier d'insertion de l'individu dans son contexte temporospatial, sans qu'il soit fondé d'attribuer à chacun d'eux une correspondance stricte avec un niveau de vigilance donné. Ainsi, la conscience onirique peut se manifester soit au cours de l'éveil (onirisme d'éveil, rêve alpha), soit au cours du sommeil (rêve hypnique). En outre, les niveaux vigile, subvigile et hypervigile peuvent supporter une activité consciente claire ou perturbée (Virel, 1967).

Bien qu'il ne s'agisse finalement que de conventions de vocabulaire, il paraît particulièrement fondé de réserver le terme de vigilance pour désigner exclusivement l'aspect intensif des conduites et des mécanismes nerveux qui les commandent. Quant à la notion de conscience, la difficulté d'une définition réside moins dans la reconnaissance de sa nature qualitative et subjective que dans l'appréciation de son extension : faut-il, avec l'onirothérapie, parler d'états de conscience multiples et non hiérarchisés, ou faut-il, au contraire, en restreindre le sens à la seule conscience vigile et réflexive ? (*cf.* 34, 52, 53, 64, 93, 135, 139, 166, 190, 191, 199, 201). (Voir aussi : *Electroencéphalographie, Emotion, Onirothérapie, Réponse électro-dermale, rêve alpha.*)

L. J. F.

VIGILANCE D'ALERTE. (Voir : *Focalisation d'attention.*)

VOCATION. La voix du soi se faisant entendre du moi et élevant à son égard une exigence essentielle. C'est aussi le soi en action dans le monde. Elle incite bien le sujet à une activité de restitution et de dévouement (dans le cas de vocation spirituelle ou sociale) selon un mode éminemment propre au sujet et par lequel il s'exprime dans toute l'originalité de sa personne (*cf.* 22, p. 272 et 25, p. 87).

A. A.

VOLONTE DE PUISSANCE. Dans son désir d'affirmation l'être humain a recours à toutes sortes de modalités compensatrices. Stimulé par son sentiment d'infériorité, le sujet trouve sa valorisation tantôt dans une activité socialement utile, tantôt dans des comportements, asociaux ou antisociaux. Parmi eux la volonté de puissance, le désir de s'assujettir les autres, de les dominer, semble à Adler une particularité fréquente, rencontrée chez le névrosé. La volonté de puissance indique ainsi la trajectoire d'une compensation d'où le sentiment social est exclu.

Adler était un fervent lecteur de Nietzsche. Il se peut qu'il ait emprunté le terme à ce philosophe. Mais la similitude ne va pas plus loin. Pour Nietzsche la volonté de puissance devait permettre à l'humanité d'atteindre des niveaux supérieurs, une race de surhommes. La volonté de puissance est pour Nietzsche une qualité supérieure, pour Adler le témoignage d'une compensation mal réussie.

S. H.

WORK-CURE. Technique consistant, en cas de déficience, vraie ou supposée d'un organe ou d'une fonction, à les soumettre à un travail intensif. Quelquefois efficace dans les fausses déficiences de l'attention et de la mémoire.

Y

YOGA. L'étymologie du mot yoga permet à elle seule de comprendre ce qui permet de parler du yoga comme d'une méthode psychothérapeutique : le mot, qui signifie en sanskrit « jonction » a la même racine que le mot latin « conjugo » : unir. En effet le yoga, l'un des six grands systèmes philosophiques de l'Inde, est un ensemble de méthodes psychophysiques ayant pour but de conduire son adepte à un état supérieur de conscience, ou plus simplement à réaliser l'unification de l'être humain dans ses aspects physique, psychique et spirituel (dont la dissociation ou le déséquilibre caractérisent les états névrotiques ou psychotiques).

La forme de yoga la plus connue et pratiquée en Occident est le Hatha Yoga, ensemble de méthodes physiques associant postures corporelles particulières (les « asanas ») et exercices respiratoires, permettant d'obtenir une maîtrise progressive des différentes fonctions physiologiques (y compris celles qui, contrôlées par le système neurovégétatif, échappent normalement à la volonté consciente). Ainsi le corps devient-il l'instrument essentiel de cette unification des différents aspects de l'être : physique, psychique et spirituel.

De nombreux travaux expérimentaux ont été menés en Occident pour étudier scientifiquement les répercussions physiologiques entraînées par la pratique du hatha yoga (*cf.* 211). Nous n'en retiendrons ici que les études électroencéphalographiques (depuis les travaux princeps de Th. Brosse et Laubry) faites dans ce domaine au laboratoire de psychophysiologie de l'Université de Paris (Virel, 1961-1967). Ces travaux avaient permis à leur auteur d'avancer l'hypothèse, depuis confirmée, que des états de méditation tels que ceux du yoga, de même que des activités cérébrales imaginaires très riches pouvaient s'accompagner de tracés caractérisés par un rythme alpha lent (9 cycles/seconde environ) et de grande amplitude, reflétant une relaxation psychophysique complète correspondant à une sensation subjective de calme profond et de pacification intérieure.

On peut donc, du point de vue des indications psychothérapeutiques, rapprocher le yoga des autres méthodes de relaxation (Training autogène de Schultz notamment), et de la méthode Vittoz. (Voir aussi : *Décentration* et *Vigilance*.)

M. J.

Z

ZEN. Zen est le nom japonais d'une forme particulière du bouddhisme Mahayana, introduit en Chine dès le ive siècle après J.-C. où
il se développa sous le nom de Ch'an à partir du vi^e siècle. Le Ch'an
s'y est en fait constitué par l'amalgame et l'interprétation de données
bouddhiques et taoïstes. Mais c'est au Japon qu'il connut, sous le
nom de *Zen,* son plus grand développement dès le xiie siècle, au
point de marquer de son influence l'ensemble de la civilisation
japonaise.

Le mot chinois *ch'an* (en japonais *zen*) est la transcription du
mot indien« « dyana » qui signifie méditation ou contemplation.
C'est dire que le but essentiel du zen est d'instaurer en l'homme une
vision du monde dégagée des excès du rationalisme conscient : un
état d'harmonie totale par intégration complète des couches les plus
profondes de notre être.

Les deux formes principales du zen existant actuellement encore
au Japon se distinguent surtout par la nature des moyens employés
pour briser les barrières que le mental oppose à l'intégration dans la
psyché des dynamismes profonds : le *rinzai-zen* utilise surtout le
« koan », problème que le disciple doit s'efforcer de résoudre en
s'interdisant tout recours au raisonnement logique, alors que le
soto-zen utilise essentiellement la pratique très poussée de l'assise en
une position proche de la posture du lotus, dite « zazen ». De
toute façon, le résultat recherché semble bien passer par une dissolution de la dictature absolue qu'exerce le néocortex (centre d'élaboration du discours rationnel et logique, foncièrement dualiste)
sur le cerveau limbique et le mésencéphale (*cf.* 153) (centres des
instincts fondamentaux et des archétypes) afin de « vaincre l'aliénation et supprimer le hiatus sujet-objet dans la perception du monde »
(E. Fromm) (*cf.* 96).

De multiples techniques dérivées du zen, élaborées au Japon depuis le XIIᵉ siècle, s'offrent au sujet désireux de parvenir à cet équilibre : arts martiaux, arrangement des bouquets floraux, peinture à l'encre, etc. Toutes sont susceptibles d'être employées comme des moyens à visée psychothérapeutique au même titre que yoga où relaxation, et permettent d'envisager une véritable psychothérapie inspirée du zen (*cf*. 136) telle que la « Moritathérapie » (*cf*. 137). Quand à l'analyste « par son opposition absolue à l'intellectualisation, à l'autorité, à la duperie de l'ego... la pensée zen approfondira et élargira son horizon (*cf*. 96) (E. Fromm). (Voir : *Bouddhisme*.)

M. J.

ZONE. Freud parle de zone érogène, terme par lequel il dénomme toute région du revêtement cutané-muqueux susceptible d'excitation sexuelle : zone orale, anale, urogénitale, mamelon.

Charcot, puis Freud ayant constaté qu'il existe sur le corps des zones privilégiées où la compression provoque la crise hystérique, les appellent zones hystérogènes.

S. H.

Bibliographie

1. ADLER Alfred, *Le tempérament nerveux*, traduction du Dr Roussel, éd. Payot, Paris, 1948.
2. ADLER Alfred, *Connaissance de l'homme*, préface du Pr L. E. Hinsie, traduction J. Marty, éd. Payot, Paris, 1949.
3. ADLER Alfred, *Sens de la vie*, préface du Pr L. Lavastine, introduction et traduction du Dr H. Schaffer, éd. Payot, Paris, 1950.
4. ADLER Alfred, *La psychologie de l'enfant difficile*, préface et traduction du Dr H. Schaffer, éd. Payot, Paris, 1952.
5. ADLER Alfred, *La Compensation psychique de l'état d'infériorité des organes*, suivi de *Le problème de l'homosexualité*, préface et traduction du Dr H. Schaffer, éd. Payot, Paris, 1956.
6. ADLER A. et JAHN, *Religion et psychologie individuelle comparée*, suivie de la *névrose obsessionnelle* et *Les enfants difficiles*, préface et traduction du Dr H. Schaffer, éd. Payot, Paris, 1958.
7. ADLER Alfred, *Pratique et théorie de la psychologie individuelle comparée*, préface et traduction du Dr H. Schaffer, éd. Payot, Paris, 1961.
8. ADLER Alfred, *Les névroses* (commentaires, observations, présentation de cas). Introduction du Pr P. Sivadon, traduction de O. Chabas, éd. Aubier, Paris, 1969.
9. ADLER Alfred, *Psychologie à l'école*, introduction et traduction du Dr H. Schaffer, Petite Bibliothèque Payot, Paris, 1975.
10. ADLER Gerhardt, *Essais sur la théorie et la pratique de l'analyse jungienne*, éd. Georg, Genève, 1957.
11. AIGRISSE Gilberte, *Psychothérapies analytiques : huit cas*, éd. universitaires, Paris, 1967.
12. AIMEZ P., Psychophysiologie du cancer ; existe-t-il un terrain

psychologique prédisposant ? influence des facteurs psychiques sur la relation hôte-tumeur. *Revue de médecine psychosomatique*, t. 14, n° 4, éd. Privat, Toulouse.

13. AJURIAGUERRA (J. de), *Manuel de psychiatrie de l'enfant*, 2ᵉ édition, éd. Masson, Paris, 1974.

14. ALLEAU R., *Aspects de l'alchimie traditionnelle*, éd. de Minuit, Paris, 1953 (rééd. 1974).

15. AMAR André, De l'histoire de notre image à l'histoire de la pensée, dans *Sciences*, n° 45, sept.-oct. 1966, Paris.

16. ANGIBOUST R., L'isolement sensoriel, *Archives médicales de l'Ouest*, 3 (4), 1971, 219-233.

17. ARTHUS André, *Répertoire des images et symboles oniriques*, éd. du Mont-Blanc, Genève, 1967.

18. AUCHER M. L., *Les plans d'expression, schéma de psychophonie*, éd. Mame, Paris, 1968.

19. BACK Kurt W., *Beyond words the story of sensitivity training and the encounter movement*, Basic Books, New York, 1972.

20. BARUK Henri et LAUNAY Jacques, *Annales de Thérapeutique Psychiatrique*, t. III (actualités sur les thérapeutiques psychiatriques et les recherches psychopharmacologiques), P.U.F., Paris, 1967.

21. BAUDOUIN Charles, *Introduction à l'analyse des rêves*, éd. L'Arche, 1949.

22. BAUDOUIN Charles, *De l'instinct à l'esprit*, éd. Desclée de Brouwer, 1950.

23. BAUDOUIN Charles, *Mobilisation de l'énergie*, éd. Institut Pelman, 1955.

24. BAUDOUIN Charles, *Y a-t-il une science de l'âme ?*, 1956.

25. BAUDOUIN Charles, *Découverte de la personne*, éd. Messeiller, 1957.

26. BAUDOUIN Charles, *Psychanalyse du symbole religieux*, éd. Arthème Fayard, 1957.

27. BAUDOUIN Charles, *L'œuvre de Jung*, études et documents, éd. Payot, Paris, 1963.

28. BAUDOUIN Charles, *L'âme et l'action*, éd. du Mont-Blanc, Genève, 1969.

29. BAUDOUIN Charles, *L'âme enfantine et la psychanalyse*, éd. Delachaux et Niestlé (dernière édition).

30. BELLER I., *La sémiophonie : les troubles du langage, la dyslexie, la rééducation sémiophonique*, éd. Maloine, Paris, 1973.

31. BENOIT J.-C. et BERTA M., *L'activation psychothérapique*, éd. Dessart, Bruxelles, 1973.

32. BERGE André, *Les psychothérapies*, coll. S.U.P., aux P.U.F., Paris, 1968.

33. BION W. R., Experiences in groups and other papers, London tavistock, 1961, traduction française de l'anglais par E. L. Herbert. *Recherches sur les petits groupes*, P.U.F., Paris, 1965.

34. BLOCH V., Les niveaux de vigilance et l'attention, in Fraisse-Piaget, *Traité de Psychologie expérimentale*, t. III, P.U.F., Paris, 1973.

35. BOREL Adrien et ROBIN Gilbert, *Les rêveurs éveillés*, librairie Gallimard, Paris, 1925.

36. BOSS M., *Un psychiatre en Inde*, éd. Fayard, Paris.

37. BOUCHER Joël, *Rêve alpha, rêve d'éveil* (préface du Dr Roger Frétigny), éd. de l'Institut de psychothérapie, 12, rue Saint-Julien-Le-Pauvre, Paris, 75005, 1977.

38. BOURGUIGNON A., Veille, Sommeil et Rêve, Le discours psychanalytique, *Revue de Médecine clinique*, n° 16, avril 1972, pp. 1065-1079.

39. BRIEM O. E., *Les sociétés secrètes de mystères*, éd. Payot, Paris, 1941 (traduit du suédois).

40. BROGLIE Louis (de), *Continu et discontinu en physique moderne*, coll. « Sciences d'Aujourd'hui », Albin Michel, Paris, 1941.

41. BROGLIE Louis (de), *Matière et Lumière*, coll. « Sciences d'Aujourd'hui », éd. Albin Michel, Paris.

42. BRUNO Jean, « Yoga et Training autogènes », revue *Critique*, p. 159-160, Paris, août-septembre 1960.

43. BRUNO Jean, « Extase, transe, expérimentation », in *Critique*, 312, mai 1973, p. 417-446, Paris.

44. BUHLER C., *Kindheit und Jugend. Genese des Bewusstseins*, éd. S. Hirzel, Leipzig, 1931, 414 p.

45. CAILLOIS Roger, *Le mythe et l'homme*, éd. Gallimard, Paris, 1938.

46. CAILLOIS Roger, *L'homme et le sacré*, éd. Gallimard, Paris, 1950.

47. CASABIANCA R. M. (de), *Sociabilité et loisirs chez l'enfant*, éd. Delachaux et Niestlé, Neuchâtel-Paris, 1968, 286 p.

48. CASLANT E., *Méthode de développement des facultés supranormales*, éd. Rhéa, Paris, 1921, 3ᵉ éd. chez Jean Meyer, Paris, 1937.

49. CASLANT Eugène, *L'éveil à la vie*, éd. Adyar, Paris, 1949.

50. CARTWRIGHT D. et ZANDER A., *group dynamic*, Tavistock, 1969.

51. CHAMBRON H., « Du psychothérapeute au maître ultime », *Hermès*, volume 4, Paris, 1966, 269-280 p.

52. CHAUCHARD P., *Le cerveau et la conscience*, 1 volume, éd. Seuil, Paris, 1960, coll. Le Rayon de la Science.

53. CHAUCHARD P., *Physiologie de la conscience,* 1 volume, éd. P.U.F., coll. « Que sais-je ? », n° 333, Paris, 1963.

54. CHEVALIER Jean, *Dictionnaire des symboles,* éd. Robert Laffont, Paris, 1969.

55. CORBIN Henry, *L'imagination créatrice dans le soufisme d'Iln Arabi,* éd. Flammarion, Paris, 1958.

56. CORBIN Henry, *Terre céleste et corps de résurrection,* éd. Buchet-Chastel, Paris, 1960.

57. CORBIN Henry, « Mundus imaginalis » ou l'imaginaire et l'imaginal, in *Cahiers internationaux du symbolisme,* n° 6, pp. 3-26, 1964.

58. CORBIN Henry, *En Islam iranien,* éd. Gallimard, Paris, 1971, (tomes 1 et 2) et 1972 (tomes 3 et 4).

59. COX Harvey, *La fête des fous (essai théologique sur les notions de fête et de fantaisie),* Harvard University Press, Cambridge, Massachussets, sous le titre *The feast of fools,* 1969, traduction française aux éd. du Seuil, Paris, 1971.

60. DARS E. et BENOIT J.-C., *L'expression scénique,* éd. E.S.F., Paris, 1973.

61. DAUDET Léon, *Œuvres philosophiques,* éd. définitive, Nouvelle Librairie Nationale, Paris, 1925. Ce livre rassemble *L'Hérédo* (1916) et *Le monde des images* (1919). Voir aussi *Le rêve éveillé,* éd. Bernard Grasset, Paris, 1926.

62. DAVID M. et APPEL G., La relation mère-enfant. Etude de cinq « pattern » d'interaction entre mère et enfant à l'âge de un an. *La psychiatrie de l'enfant,* P.U.F., 1966, vol. IX, fasc. 2, pp. 445-531.

63. DELAY J. et PICHOT P., *Abrégé de psychologie à l'usage de l'étudiant,* Masson et C° éditeurs, Paris, 1964.

64. DELAY J., *La psychophysiologie humaine,* 1 volume, éd., P.U.F., coll. « Que sais-je ? », n° 188, Paris, 1965.

65. DELMAS J. et DELMAS A., *Voies et Centres nerveux, introduction à la neurologie,* 1 volume, éd. Masson, Paris, 1965.

66. DEMENT W. C. et GUILLEMINAULT C., *Les troubles du sommeil,* La recherche n° 42, volume 5, pp. 120-129, février 1974.

67. DENIKER P., *La psychopharmacologie,* 1 volume, éd. P.U.F., coll. « Que sais-je ? », n° 1216, Paris, 1966.

68. DENNER A., *L'expression plastique,* éd. E.S.F., Paris, 1964.

69. DOLTO Françoise, *Le cas Dominique,* éd. du Seuil, Paris, 1971, 258 p.

70. DURAND Gilbert, *Les structures anthropologiques de l'imaginaire,* éd. P.U.F., Paris, 1960.

71. DURAND Gilbert, *L'imagination symbolique,* éd. P.U.F., Paris, 1964.

72. DURAND-DASSIER Jacques, *Psychothérapies sans psychothérapeute, l'expérience de Daytop*, Paris, éd. Epi.

73. DURKIN Hélène E., *Le groupe en profondeur*, éd. Epi, Paris.

74. EINSTEIN Albert, *Comment je vois le monde*, traduit de l'anglais par Cros, Flammarion, Paris.

75. EINSTEIN et INFELD, *L'évolution des idées en physique*, traduit de l'anglais par Maurice Solovine, Flammarion, Paris, 1948.

76. ELIADE Mircea, *Traité d'histoire des religions*, éd. Payot, Paris, 1949.

77. ELIADE Mircea, *Le mythe de l'éternel retour*, Gallimard, Paris, 1949.

78. ELIADE Mircea, *Images et symboles*, N.R.F., Paris, 1952.

79. ELIADE Mircea, *Forgerons et alchimistes*, éd. Flammarion, Paris, 1956.

80. ELIADE Mircea, *Mythes, rêves et mystères*, coll. les Essais, Gallimard, Paris, 1957.

81. ELIADE Mircea, *Naissances mystiques*, Gallimard, Paris, 1959.

82. ELIADE Mircea, *Méphistophélès et l'Androgyne*, Gallimard, Paris, 1962.

83. ELIADE Mircea, *Aspects du mythe*, éd. Gallimard, Paris, 1963.

84. EY Henri, BERNARD Pierre, BRISSET Charles, *Manuel de Psychiatrie*, éd. Masson, Paris, 1963.

85. EY Henri, Le problème de l'isolement sensoriel hallucinogène, in : *Traité des hallucinations*, tome 1, p. 683-710, éd. Masson, Paris, 1973.

86. FAIVRE Antoine, *Eckartshausen et la théosophie chrétienne*, éd. Klincksiek, Paris, 1969.

87. FAIVRE Antoine, Pour une approche figurative de l'alchimie, in : *Annales — Economies — Sociétés — Civilisations*, mai-août 1971.

88. FARAU A. et SCHAFFER H., *Psychologie des profondeurs des origines à nos jours*, éd. Payot, Paris, 1961.

89. FAVEZ-BOUTONNIER Juliette, *L'angoisse*, éd. P.U.F., Paris, 1963.

90. FAVEZ-BOUTONNIER Juliette, *L'homme et son milieu*, C.D.U., Paris, 198 p.

91. FOULKES et ANTHONY E. J., *Psychothérapie de groupe : approche analytique*, éd. Epi, Paris, 1957.

92. FOULQUIE Paul, *Dictionnaire de la langue pédagogique*, P.U.F., Paris, 1971.

93. FRETIGNY Roger, Exposé au premier congrès de Paris (1953) de l'Association Mondiale pour l'étude scientifique du Symbolisme.

94. FREUD Sigmund, voir liste des œuvres dans le *Vocabulaire de la psychanalyse*, de Laplanche et Pontalis, P.U.F., Paris, 1967, pp. 15 à 18.

95. FROMM Eric, *Le langage oublié* (introduction à la compréhension des rêves, des contes et des mythes), traduction aux éd. Payot, Paris, 1953.

96. FROMM E., SUZUKI D. T., MARTINO R. de, *Bouddhisme Zen et Psychanalyse*, P.U.F., Paris.

97. GANZENMULLER W., *L'alchimie au Moyen Age*, éd. Aubier, Paris, 1940 (éd. allemande, 1938).

98. GAYRAL Louis, *Précis de Psychiatrie*, éd. J. B. Baillière et fils, Paris, 1967.

99. GENNEP Arnold van, *Les Rites de passage*, Emile Nourry, Paris, 1909.

100. GORCEIX B., *Le mystique V. Weigel et les origines de la théosophie allemande*, Lille, 1972.

101. HALEY Jay, *Changing families : a family therapy reader*, Grune et Strahon, New York et London, 1971.

102. HATWELL Y., *Privation sensorielle et intelligence*, P.U.F., Paris, 1966.

103. HERNANDEZ-PEON R., Neurophysiology, Phylogeny and significance of dreaming, *Exp. Neurol.*, 1967 — suppl. 4, pp. 106-125 (physiological correlates of dreaming).

104. HUBERT R., *Traité de pédagogie générale*, P.U.F., Paris, 1965, 688 p.

105. HUTIN Serge, *Histoire de l'alchimie*, éd. Marabout, Verviers, 1971.

106. IGNACE de LOYOLA, *Les exercices spirituels*, édition initiale, sept. 1548. Nouvelle édition, Bibliothèque 10/18, Union Générale d'Editions, Paris, 1972 (traduit de l'espagnol par Jean Ristat).

107. JACOBS H., *Sagesse orientale et psychothérapie occidentale*, éd. Payot, Paris.

108. JACOBI Yolande, *Complexe, archétype et symbole*, éd. Delachaux et Niestlé, Neuchâtel, 1961.

109. JANET Pierre, *Névroses et idées fixes*, Librairie Félix Alcan, Paris, 1898, voir tome 1, pp. 393-422 (n° édition 1925), tome II, p. 134.

110. JANET Pierre, *Les médications psychologiques*, 3 t., Librairie Félix Alcan, 1re éd., Paris, 1919, 2e éd., Paris, 1928. Sur la dissociation de l'idée fixe par modification des images, pp. 287-288, t. II.

111. JANET Pierre, *L'automatisme psychologique*, réédition Société Pierre Janet, Paris, 1974.

112. JOUVET M., Veille, Sommeil et Rêve, Le Discours Biologique,

Revue de Médecine clinique, n° 16, avril 1972, pp. 1003-1063.

113. JOUVET M., Le Rêve, *La recherche*, n° 46, juin 1974, vol. 5, pp. 515-527.

114. JUNG C. G., *Collected Works*, 18 volumes, Bollingen, séries Princeton University Press.

115. JUNG C. G., *Mysterium conjunctionis*, éd. Rascher, Zurich, 1955 (éd. angl. 1963).

116. JUNG C. G., *Psychologie et Religion*, éd. Buchet-Chastel, Paris, 1960.

117. JUNG C. G., *Psychologie et éducation*, éd. Buchet-Chastel, Paris, 1963.

118. JUNG C. G., *Un mythe moderne*, éd. Gallimard, Paris, 1963.

119. JUNG C. G., *Réponse à Job*, éd. Buchet-Chastel, Paris, 1964.

120. JUNG C. G., *L'homme et ses symboles* (en collaboration), éd. Robert Laffont, Paris, 1964.

121. JUNG C. G., *L'homme à la découverte de son âme*, trad. aux éd. du Mont-Blanc, Genève, 7e éd., 1970, et aux éd. Payot, Paris, 1966.

122. JUNG C. G., *Dialectique du Moi et de l'inconscient*, éd. Gallimard, Paris, 1967.

123. JUNG C. G., *Problèmes de l'âme moderne*, éd. Buchet-Chastel, Paris, 1967.

124. JUNG C. G., *Métamorphoses de l'âme et ses symboles*, librairie de l'Université, Genève, et éd. Buchet-Chastel, Paris, 1967.

125. JUNG C. G., *Introduction à l'essence de la mythologie* (avec ch. Kerenyi). éd. Payot, 3e éd., 1968.

126. JUNG C. G., *Types psychologiques*, librairie de l'Université, Genève, éd. Buchet-Chastel, Paris, 1968.

127. JUNG C. G., *Ma Vie*, éd. Gallimard, Paris, 1968.

128. JUNG C. G., *Présent et avenir*, éd. Denoël, 2e éd., Paris, 1970.

129. JUNG C. G., *Aspects du drame contemporain*, librairie de l'Université, Genève, et éd. Buchet-Chastel, Paris, 1970.

130. JUNG C. G., *La guérison psychologique*, librairie de l'Université, 2e éd., Genève, 1970.

131. JUNG C. G., *Les racines de la conscience*, éd. Buchet-Chastel, Paris, 1970.

132. JUNG C. G., *Psychologie et Alchimie*, éd. Buchet-Chastel, Paris, 1972 (éd. allemande 1944 et 1952).

133. JUNG C. G., *L'énergétique psychique*, librairie de l'Université, Genève, et éd. Buchet-Chastel, 3e éd., Paris, 1973.

134. JUNG C. G., *Psychologie de l'inconscient*, librairie de l'Université, Genève, et éd. Buchet-Chastel, Paris, 1973.

135. KAYSER C., *Physiologie*, t. 2, système nerveux, muscle, 1 volume, éd. médicales Flammarion, Paris, 1969.

136. KONDO A., Le Zen et la Psychothérapie, in : *Le monde du Zen*, éd. Stock, Paris.

137. KORA I., SATO K., Moritatherapy, a psychotherapy, in the way of zen, *in Psychologia*, 1958, I, p. 219-255.

138. KOYRE A., *La philosophie de Jacob Böhme*, Paris, 1929 (rééd. 1971).

139. LABORIT H., *Les Comportements*, Biologie, Physiologie, Pharmacologie, 1 volume, éd. Masson, Paris, 1973.

140. LAGET P., SALBREUX R., *Atlas d'électroencéphalographie infantile*, 1 volume, éd. Masson, Paris, 1967.

141. LAGET P., *Biologie et physiologie des éléments nerveux*, 1 volume, éd .Masson, Paris, 1970, coll. Structures et fonctions du système nerveux.

142. LAGET P., *Relations synaptiques et non synaptiques entre les éléments nerveux*, 1 volume, éd. Masson, Paris, 1970, coll. Structures et fonctions du système nerveux.

143. LAMBERT J. F., De la signification biologique du sommeil, *bulletin de Psychologie 1970-1971*, 291, XXIV 9-11, pp. 543-569.

144. LAPLANCHE J. et PONTALIS J. B., *Vocabulaire de la psychanalyse* (sous la direction de Daniel Lagache), P.U.F., Paris, 1967.

145. LAUNAY C., *L'hygiène mentale de l'écolier*, Paideia, P.U.F., 1959, 211 p.

146. LEBOVICI S., Quelques considérations d'un psychiatre d'enfants sur les soins à donner aux enfants dans des crèches et institutions. *(Les soins aux enfants dans les crèches)*, *Cahiers de santé publique*, n° 24, O.M.S., Genève, 1965, 198 p.

147. LE HUCHE F., Quatre malfaçons fondamentales dans la parole du bègue, in *Revue de laryngologie*, n° 3-4 de mars-avril 1971, éd. G. Portmann, Bordeaux.

148. LE HUCHE F., Méthode de relaxation « *les yeux ouverts* », et son utilisation en phoniatrie, in *Revue de laryngologie*, n° 3-4 de mars-avril 1971, éd. G. Portmann, Bordeaux.

149. LE HUCHE F., La rééducation vocale, in *Vie médicale*, n° 18, mai 1974 (2).

150. LE HUCHE F. et YANA M., Aphonies et dysphonies par inhibition vocale, in *Bulletin d'audiophonologie*, Besançon, 4, n° 8, 1974 (51-104).

151. LEZINE I., *Psychopédagogie du premier âge*, P.U.F., Paris, 1964, 212 p.

152. LOWEN Alexander, *Love and orgasm*.

153. MAC LEAN P. D., *Le cerveau limbique, à propos de la tendance paranoïde chez l'homme, psychophysiologie*, Spécia éd., 1970, 6, p. 45-64.

154. MAETERLINCK Maurice, *La vie de l'espace*, Fasquelle, Paris, 1928.

155. MARCHAIS Pierre, *Psychopathologie en pratique médicale (voies d'entrée-thérapeutique)*, éd. Masson, Paris, 1964.

156. MARCHAL J., Efficacité de l'imagerie mentale employée comme méthode thérapeutique en médecine psychosomatique, in *Rivista spérimentale di Frenatria*, Age éd. Reggio Emilio (Italie), vol. 94, fasc. 5, 1970 (p. 1292-1309).

157. MAUCO G., *La paternité*, éd. Universitaires, Paris, 1960, 183 p.

158. MAUCORPS P. H., et BASSOUL R., *Empathies et connaissance d'autrui*, C.N.R.S., éd, Paris, 1960, 94 p.

159. MERLEAU-PONTY M., *Les relations avec autrui chez l'enfant*, C.D.U., Paris, 1951, 60 p.

160. MINKOWSKI Eugène, *La schizophrénie*, éd. Payot, Paris, 1927.

161. MINKOWSKI Eugène, *Le temps vécu*, coll. de l'Evolution psychiatrique, d'Artrey, Paris, 1933, Delachaux et Niestlé, 1968.

162. MINKOWSKI Eugène, *Vers une cosmologie*, éd. Montaigne, Paris, 1936.

163. MINKOWSKI Eugène, *Traité de psychopathologie*, P.U.F., 1966, (dossier Logos).

164. MORENO J. L., *Les fondements de la sociométrie*, P.U.F., Paris, 1963.

165. MORENO J. L., *Psychothérapie de groupe et psychodrame, introduction théorique et clinique à la socio-analyse*, P.U.F., Paris, 1965.

166. MUSSEN P. et ROSENZWEIG M. R., *Psychology, an introduction*, 1 volume, D.C. Heath and company, éd. Lexington, 1973.

167. OSTROVSKY E., *L'influence masculine de l'enfant d'âge préscolaire*, éd. Delachaux et Niestlé, Neuchâtel, Paris, 1959.

168. PAGES M., Notes sur le T. group ou groupe de diagnostic, *Bulletin de psychologie*, Psychologie sociale, III : « Groupes », p. 156-161, n° spécial, 1959.

169. PALMADE Guy, *La Psychothérapie*, collection « Que sais-je ? », éd. P.U.F., Paris, 1964.

170. PELS Frederick S., *Rêves et existence en gestalt therapie*, éd. Epi, Paris.

171. PERDONCINI G. et YVON Y., *Précis de psychologie et de rééducation infantiles*, éd. Médicales Flammarion, Paris, 1963, 575 p.

172. PIERON Henri, *Vocabulaire de la psychologie*, P.U.F., Paris, 1951.

173. POROT Antoine, *Manuel alphabétique de psychiatrie*, P.U.F., Paris, 1952.

174. RAMBERT M. M., *La vie affective et morale de l'enfant*, éd. Delachaux et Niestlé, Neuchâtel-Paris, 1949, 168 p.

175. REICH W., *La révolution sexuelle*, collection 10/18, Paris.

176. ROGERS Carl, Carl Rogers on encounter groups. Harper et Rav. New York, traduction française : *Groupe de rencontre*, éd. Dunod, 1970.

177. RUITENBERK M., *Les nouveaux groupes de thérapie*, éd. Epi, Paris, 1970.

178. RYCROFT Charles, *A critical dictionary of psychoanalysis*, éd. Thomas Nelson, Londres, 1968. Traduction française : *Dictionnaire de psychanalyse*, éd. Hachette, Paris, 1972.

179. SAPIR Michel, *La formation psychologique du médecin* (à partir de Michael Balint), éd. Payot, Paris, 1972.

180. SATIR Virginia, *Thérapie du couple et de la famille ; thérapie familiale*, éd. Epi, Paris.

181. SCHILDER Paul, *Das Körperschema*, Springer, Berlin, 1923.

182. SCHILDER Paul, *L'image du corps*, paru sous le titre original *The image and appearance of the human body*, New York, 1935, traduction française, éd. Gallimard, Paris, 1968.

183. SCHUTZ W. Joy, *Expanding, human awareness*, New York, Grove Press.

184. SCHUTZENBERGER, ANCELLIN A., *Précis de psychodrame*, éd. Universitaires, Paris, 1970.

185. SIVADON Paul et GANTHERET François, *La rééducation corporelle des fonctions mentales*, éd. Sociales Françaises, Paris, 1965.

186. SMIRNOFF V., *La psychanalyse de l'enfant*, P.U.F., Paris, 1968, 298 p.

187. SOLIE Pierre, *Médecine et homme total*, éd. la Colombe, Paris, 1961.

188. SOLIE Pierre, *Médecine psychosomatique et psychologie analytique*, éd. du Mont-Blanc, Genève, 1969.

189. SPITZ R. A., *Le non et le oui. La genèse de la communication humaine*, P.U.F., Paris, 1962, 132 p.

190. SOULAIRAC André, « Les Bases neurophysiologiques de la fonction symbolique ». Dans *Polarité du symbole,* Etudes carmélitaines, Desclée de Brouwer, Bruges, 1960. « Les limites psychologiques et intellectuelles de l'acte infra-humain », dans *Limites de l'humain* (même éditeur, Bruges, 1955).

191. SOULAIRAC A., Essai de définition psychophysiologique de l'homme, *Bulletins et Mémoires de la société d'anthropologie de Paris*, t. 9, XIᵉ série, 1966, pp. 437-444.

192. SOULAIRAC A. et CAHN J., Essais d'interprétation psychologique des manifestations de l'anxiété et de l'angoisse, in *Colloque*

international Anxiété, Angoisse, Angor, Monaco, 24-25 avril 1970, I.P.F., éditeur.

193. SOULAIRAC A., Les aspects neuro-endocriniens de l'agressivité, *Vie méd.* 52, spécial 4, décembre 1971, pp. 25-32.

194. SUSINI E., *Franz von Boader et le romantisme mystique*, Vrin, Paris, 1942-1943, 2 volumes.

195. TEILLARD *Ania, Le symbolisme du rêve*, éd. Stock, Delamain et Boutelleau, Paris, 1944, 7e éd. 1948.

196. TOMATIS A., *L'oreille et le langage*, collection « Le rayon de la science », éd. le Seuil, Paris, 1963.

197. VIREL André, « Psychologie et mythologie comparées », dans *Connaissance de l'homme*, n° 10-11, pp. 35-45, Paris, juin-juillet 1955.

198. VIREL André, *Histoire de notre image*, éd. du Mont-Blanc, 2, rue de Lausanne à Genève, 1965.

199. VIREL André, *Vigilance et Conscience* (contribution à leur définition différentielle par l'expérimentation de l'imagerie mentale). Thèse de doctorat en psychologie. Laboratoire de psychologie clinique de la Faculté des lettres et sciences humaines. Sorbonne, Paris, 27 avril 1967 (épuisé).

200. VIREL André et FRETIGNY Roger, *L'imagerie mentale (introduction à l'onirothérapie)*, éd. du Mont-Blanc, 2, rue de Lausanne à Genève, 1968.

201. VIREL André, Approches psychophysiologiques de l'imagerie mentale, in *Bulletin de Psychologie*, 291, XXIV, 9-11, p. 682-692, Paris, 1970-1971.

202. WATTS A., *Psychothérapie orientale et occidentale*, édition Fayard.

203. WATZLAWICK P., HELMICK-BEAVIN J., et JACKSON D., *Une logique de la communication*, éd. du Seuil, Paris, 1972.

204. YATES F. A., *G. Bruno and the Hermetic tradition*, Routledge, Londres, 1964.

205. YALOM Iruin D., *The theory and pratical of group psychotherapy* — Basic Books — New York, 1970.

Revues

206. *Annales de Psychothérapie*, en particulier n° 5 (thérapies de couple et familiales), n° 6 (techniques d'expression), n° 7 (thérapies familiales et expression scénique), n° 8 (musicothérapies et thérapies familiales, t. v., 1974), ed. E.S.F., 17, rue Viète, Paris, 17e.

207. *Group psychotherapy*, 259 Wolcott Avenue, Beacon (Etat de New York), 12508.

208. *Bulletin de Psychologie*, n° 285, 1969-1970, Le Psychodrame.

209. *Bulletin de Psychologie* (1959) Collab : Anzieu D. Favez-Boutonnier J., Faucheux C., Maisonneuve J., Pages M., Pages R., Pontalis J. D., Schuntzenberger, Ancellin A., Stoetzel J., Psychologie sociale et formation — Bulletin Psychologie. N° spécial III, « Groupe », février (réédité 1969, ne variatur).

210. Modèles animaux du comportement humain — *Colloque du C.N.R.S.*, 8-11 décembre 1970 — Edition du C.N.R.S., Paris, 1972.

211. Yoga et Relaxation — *La vie médicale*, Paris, mars 1974.

212. Le rêve éveillé dirigé, conférences à la Sorbonne de Robert DESOILLE, dans un cycle organisé par André VIREL, avec la collaboration de Roger FRETIGNY et du Groupe des étudiants en psychologie — in : bulletin de la *Société de recherches psychothérapiques de langue française*, tome III, n° 2, mai 1965 — Ces conférences ont eu lieu les 11, 18 et 25 janvier 1965 (enregistrements magnétiques à *l'Institut de psychothérapie*, archives).

213. *Le Quotidien du médecin*, « L'inducteur du rythme alpha : pour stimuler la sensibilité créatrice » par Alain Marie, 6-7 avril 1973. « L'Imagerie mentale », étude du Dr Marchal, n° 484 et 495, Paris, avril 1973.

Achevé d'imprimer sur les presses de **Scorpion,**
à Verviers, pour le compte des nouvelles éditions **Marabout.**
D. septembre 1982/0099/171
ISBN 2-501-00307-1

marabout université

Les grandes disciplines du Savoir

Biographies

Histoire

Encyclopédies

Anthologies